第１図　粘土のバイソン彫刻．両者とも約60センチ大，マグダレニアン期，テュク・ドードゥベール出土．（本文205，267ページ）

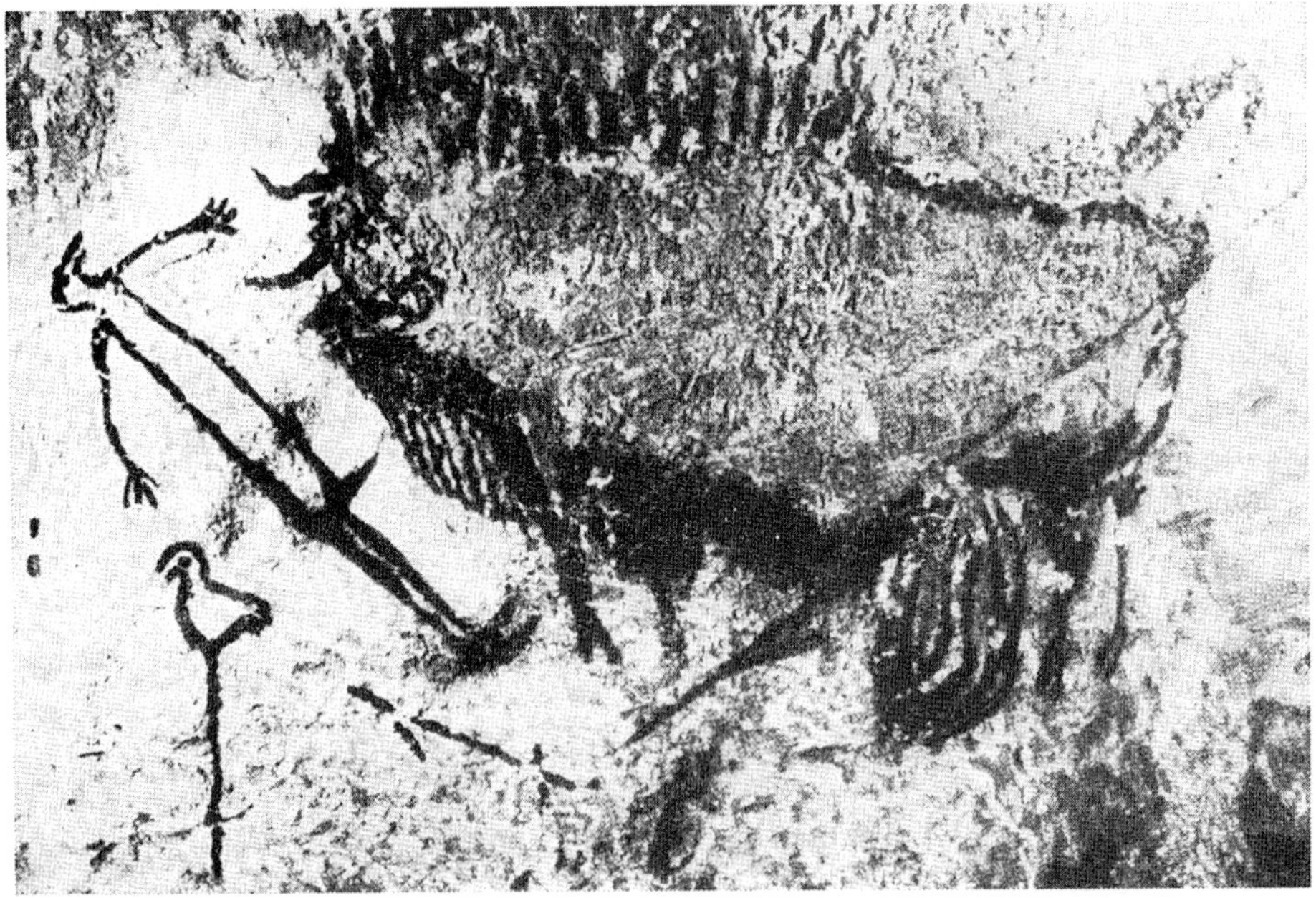

第2図　槍のささったバイソン，鳥の頭をした人間，竿の先の霊鳥．多分シャーマニズム的な催眠状態のバイソンであろう（H.キルヒナー）．黒色画，ラスコー洞窟，15500年前±（許容誤差）900年．（本文332ページ）

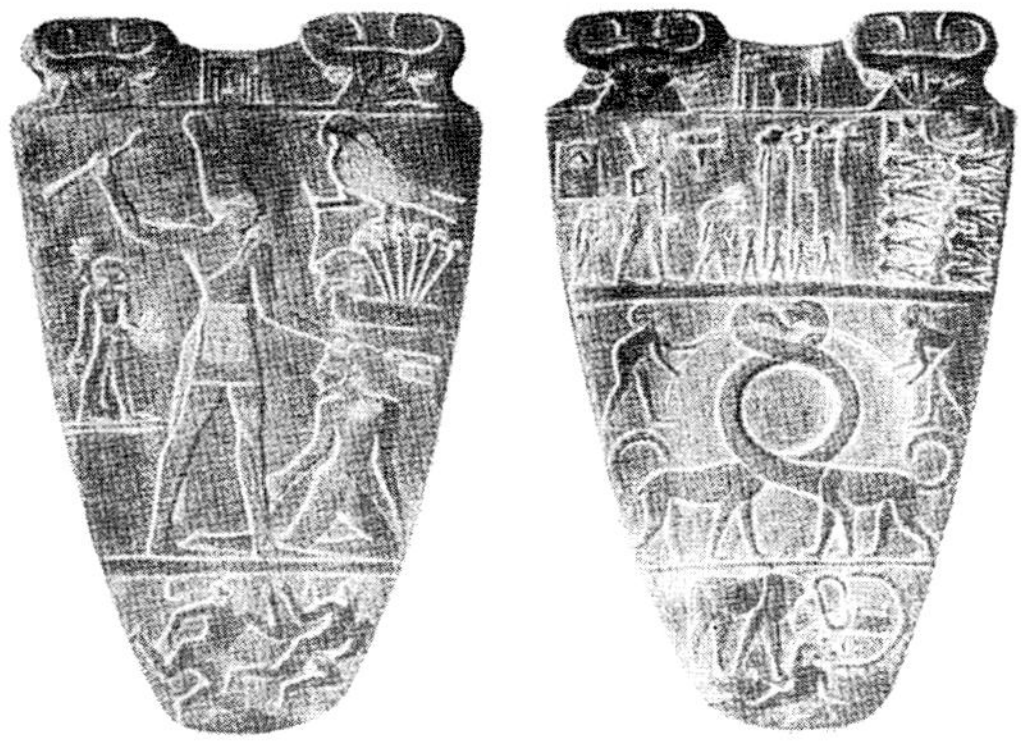

第３図（Ａ） エジプト第一王朝ナルメルの化粧板．紀元前3000年頃，像から文字への移行期．（本文322ページ）

第３図（Ｂ） 変身儀礼，祭祀ダンス．マグダレニアン期，トロワ・フレール洞窟．（本文169ページ）

叢書・ウニベルシタス 213

人間の原型と現代の文化

アーノルト・ゲーレン
池井 望 訳

法政大学出版局

Arnold Gehlen
URMENSCH UND SPÄTKULTUR
Philosophische Ergebnisse und Aussagen

人間の原型と現代の文化――目次

凡　例

一、欧文挿入の基準は――例外をのぞき――原著者がドイツ文で表現した上になお（　）付で同じ内容を外国語で示した個所に限った。その他の場合、つまり外国語のみの場合は訳の右にルビを付した。なお、ドイツ文でも日本語としてなじみにくいものには原語のルビを付した。

一、〔　〕は理解の便のため、訳者が挿入した個所を示す。

一、注は原著者の意向にしたがい、本文中にそのまま挿入、原書のスタイルを守った。

一、訳注は、近くレーベルクによる『全集』の厳密な注解が出るので、その折に完成することとし、今回は文脈上理解しにくい場所に限った。日本語の百科事典、入門的社会学・哲学・心理学・動物学辞典等で容易に発見できるものも――一部の例外をのぞき――除外した。

一、原文のミスプリントはレーベルク氏とも確認しあい、訂正の上、訳出した。

I 制度

1 序章

筆者の人類学的研究[1]は必然的に社会哲学の諸問題へ発展した。この問題によってわたくしの研究は歴史の分野をこえて——というのは、この分野は本来そういった逆らいがたい方向をそなえたものだから——けっきょく起源の問題へさかのぼった。数年にわたる、この仕事の結果をここに述べよう。

仕事の途中、もちろん最初はたがいにもつれあった事実と疑問の巨大な量が現われてきて、われわれが一本の糸を引くと目のつんだ編物全体がもち上がり、すでに糸がどこでつながっているかを見出すことさえ、しばしば絶望的に思われた。とくに問題になったのは、たいていの場合、文化哲学の既成の概念が通用しなかったばかりでなく、概念自体、批判的に検討されねばならぬものであることが分かった点である。単なる概念ではなく、現実を追求しようとする哲学的研究の特別の難しさは、そもそもつぎの点にある。つまり他のすべての科学は、一般的に言って、すでに用意された既定の事実に立脚しているのに、哲学は叙述しようとする現実をまず取り出さねばならない。哲学はさまざまな現象を明らかにして対応する概念を用意し、はじめてより大きな理論的関連へ進む。これらの概念は「批判的」でなければならない。つまり、それは主観的なものや、時代的なものを、ないしは不用意な明白さといったものをふくんではならない。

カテゴリーとは、この本では、これ以上遡及することのできない文化的・社会的・歴史的観点《アスペクト》から見た人間の本質的特性を言う。それは徹底した分析によっても、もうこれ以上溶解しない残留物である。「全部」のカテゴリーが取り上げられねばならない、言い換えれば人間が完全に定義されねばならない、という素朴な要求はここでは問題にしない。そのような要求は筆者が主張する経験的哲学からすればまったく無意味なことであろう。だが、いずれにせよ読者は、人間の、新しい未知のカテゴリーの検討が現代こそ可能になっていることを得心されるにちがいない。

確実な前提がなければ、そもそも研究を進めることは不可能だったであろう。そのうち、とくに二つの前提が重要であった。ちなみに、それらは単なる仮説のようなものではなくて実際の状態《ベフンデ》なのである。一つは人間を行動する存在としてとらえる、すでに以前から取り上げられてきた手がかりにある。この手がかりは、すべての他の手がかりより事実の解明により役立つ。なぜなら行動の概念には、その肉体的な面とともに、思考し、認識し、意欲する面が――もちろん、その際、双方の一体行動《ウノ・アクツ》が対立を前提としつつ、相互に包含しあっていると考えられているのだが――ふくまれているからである。ここでは二元論的な、生物学的な、唯心論的な抽象概念同士の空虚な論争はあらかじめ除外されていなければならない。しかし他面、このような方法で社会学を哲学の中へひき入れる利点はたいへん大きいし、またそれは可能である。なぜなら最近の社会学はもともと行動の形式と類型に高い関心を示しているからである。だからここに、この本質的焦点をめぐって行動論としての文化人類学的研究が展開されたのである。

第二の前提も同じように原則的な種類のものである。すでにわれわれは、いろいろな機会に、人間が自己を理解しようとすれば制度がきわめて重要になることを述べてきた。制度は〔人間〕存在——それは強く固定されていないかぎり、あらゆる衝撃によってごく簡単に変形される——の驚くほどの可塑性、柔軟性、受傷性《フェアゼアバールカイト》に対して、真に基礎的な意味をもつ。諸衝動の中心部まで支配する安定性、人間内部の高級なものの一切の持続性、連続性はけっきょく制度にかかっている。人間は歴史的存在であるという意味は、逆に言えば、歴史的につくり出された現実によって人間が消費されざるを得ないということである。そのような現実とは、それもやはり国家、家族、経済的・法的権力、等々の制度である。この点がはっきり理解されるなら、われわれは新しい課題——個人に対抗して制度が入手する独立性と自律性を、人間の性質からみちびき出すという課題——の前に立つことになる。われわれはそれを、ヘーゲルが同じ事態を想定しつつ「客観的精神」という概念でとらえたようなより現実的なレヴェルにおいて解きたいと思う。ヘーゲルのいう装置、つまり人間の思考と行動の一切合財の出発点になっているこの装置は、その固有の法則を人間の心の中にまで適用するような巨大な力として独立のものである。だから、われわれはまた、「主体的な」精神生活なるものも、けっきょくは制度によって条件づけられた精神生活の自律性にほかならないことを知っておく必要がある。そのような自律性は心理学の諸概念では、もともと捕捉できない独特のカテゴリーをもつものである。なぜならこの点に関するかぎり、心理学は「元型《アルヘテューペン》(2)」の詩《ポエジー》に巻きこまれ、紡ぎこまれてしまったからである。現代ではもう力を失った陳腐な観念論が「理念」の名のもとに理解したすべてのものは、けっきょく、それらが当該の制度に関連づけられることによって初めて科学的に扱うことができるようになる。つまり制度だけが「理念」を具体化し、世界の中に固定する。逆に言えば、制度の中へ入ってきた指導理念を制度の側で精密化、安定化し、効力をもつ状態にまで高め、時代をこえて存続させる。基本的には単に、理想化された自画像にすぎない学者たちの人間の概念は、ここでは関係がない。なぜなら制度を生み出す原材料は、ふたたび、相互に制限され、規制され、義務づけられた現実の行動そのものだからである。以上の観点から見れば、本書の内容は——その起源と原始の形式の問題をふくんだ——制度の哲学ということになる。

すでに予告したように、こうして研究は必然的に、文化の最も原始的な古代の状態が提出する諸問題にさかのぼった。このような先史時代への関心は今日たいへん盛んであるが、ここでもやはり民族学や文化史で使われる諸概念がそのまま使用できないことが再び明らかになった。なぜなら重大なジレンマが生じたからである。つまり、共感や、想像力や、主観的感受性や、規範を解かれた精神的関心の活躍といった——これらは考えられるかぎりのすべての先史的・異質的文化へのとびらを開くものだが——このまったく同じものをもちあわせた現代の技術、芸術が、同時に、すべての本来的な、実体的な、根源的なものをおおいかくしてしまうからである。けっきょく、現代の文化の趣味人は深い過去の坑道の中の自分自身の影を見ている。その意味で、洞窟画をえがいた氷河期の大型獣狩猟人は、いわばピカソの先行者としてわれわれの前に現われたのである。

われわれが古代の特徴である祭儀的演出行動（第Ⅱ部に述べる）をその本来のカテゴリーの中で解明できたとき、初めて現代の——主体性という普遍的特徴下にある——体験・行動形式との巨大な距離が明らかになった。この点で言えば、主体性こそ制度解体期の人間の烙印と解することができよう。こうして広く利用できる手段——つまり、過去に光を当てることによって現代をはっきりさせるような補色の手段——が生れた。われわれがここで、古代の人間と、基本的制度の成立と、それらの原始儀礼・原始祭祀との関係、について述べたことは、現代文化とその中にいる人間のいたる所に応用できるものであった。それは、さまざまな個所で驚くほどぴったり当てはまるのである。だから、われわれの考えの中の、この面には「原始文化と現代」という題がつけられても、よかったであろう。

ところで筆者が、古代的人間とその文化がもつ一連の本質的特徴（つまり、そのようなカテゴリー）を描きだすことができるためには、何よりもまずそのことが、演繹可能な――資料的に確認しうる――豊富な洞察によって証明されなければならない。呪術や神話のような重要な現象は演繹的に――つまり当時の人間の中に存在した前提から洞察的に――解析され、現代から逆行して「理解」されてはならなかった。もっとも古い太古の遺跡、あるいは現存する自然民族の行動に関する安易な、もっともらしい説明は哲学者から見て、かなり疑わしいものである。それはカテゴリー追求の法外な努力とはもともと無縁のものである。この努力の一つの成果として、長い人類史の進行過程で意識構造そのものの変化が起こったこと――もちろんそれは意識の内容が無限に変化してゆくことではないが――が知られるようになるであろう。こうして筆者は、証明可能なこの主張によって、〔筆者と〕同時代の哲学に対立したわけである。これらの哲学は、今日、思考可能だとして見出されたものが「世界」や「人間」の正しい解釈だとする自明の前提に立っているのである。

表象の浮動性は、まさに現代の意識構造に見られる本質的特徴であり、いわゆる「精神的現実」をもつ内面世界の主体性の特徴でもある。これらすべては、意識と行動は完全に無関係だと考えることができるほど分離しうる、という前提のもとでのみ自明なのである。このような意識形式の引力にとらえられるすべてのものは、可能的な、しかし決して現実的ではない生の表象に翻訳されてしまい、かつてイエーリングがいみじくも表現した一種の変質をこうむる。つまり「規範の代りに観念の存在《ザイン》が登場し、規範は――命令の形式を放棄して――観念の契機にすぎないものになる」（『法の目的』第二巻、一〇〇頁）。

これこそ、われわれがここで慎重に除外してきた、例の文化価値の多神教と化した文化哲学なのである。このような見地からは、人間を人間そのものに高めることができた制度の力と、その充実した完全な内容を理解することはできない。

さらにわれわれは、一切の観念的《プラトーニッシェ》な、扇動・教育的なものを締め出そうと試みた。印刷された言葉は目に見えない強力な影響力をもつものだが、著者はそのような呪術的迷信の新形式ともまったく無関係である。この本は自由な研究書の一冊であり、そのような運命をたどるべきものである。

2 道具

われわれはまず、人間の生得的な、あるいは後天的なあらゆる種類の欲求は社会的労働によって充足されるという、疑うことのできない事実から出発しよう。そのような労働は、一般的に言えば、見出されたそのままの状態の物を――前述のさまざまの欲求がこの物によって方向づけられ、充足されるようになるまで――変化させることの中に成り立つ。したがって、衝動の明確な形をとった外界定位は、動物のように、自然によってあらかじめ与えられているのではない。動物たちの場合には、直面する自然のデータが、図式化された知覚・運動準備態勢の中へ、彼らを押しやるだけでよい。そこには一種の「完了行動《コンサメトリ・アクション》」――つまり単純な衝動充足――の中に完結するような、生得的・合目的的行動のリリーサーが働いている。しかし、人間のあらゆる種類の欲求や衝動と、その充足状況の間には一種の知的な、実践的な態度、つまり行為が登場する。

このような天然のままの自然を変化させる行為には道具が使われる。眼前にあるものをたまたま利用する方法は、すでに類人猿にも見られるが、道具の製造は動物と人間の能力の境界をはっきり区別する。人間が石を加工した時に突然この境界がひかれたのか、あるいは偶然の物理的原因がそうさせたのか、それが分からなくなる時点で人類の発展史は不明瞭になる。

取り上げたものを、そのままの形で使用する場合の道具は、道具としての性質をただ行動の完成の中でのみ、そしてまたその行動がつづいている間だけ、帯びているのに、つくられた道具はその製造と同時に完全に物のレヴェルに置かれる。一つの石が削られるとき、そこには一定の利用のための適性が取り出されている。したがって、ここにはすでに一種の抽象過程が働いている。それははっきり言表できるかどうかは、どうでもよいが、少なくとも思いえがかれねばならない。すなわち人が燧石《フリント》を割って刃を造り出そうとしたとすれば、「切断一般」の、ないしは「切断作用一般」のモデル、あるいはそういった計画図式、作用図式が構想されなければならない。さらに、このような〔物を切るという〕仕事に対する未来の関心や欲求が、つまりその場合に起こることが――たとえば動物の死体から皮を切り離すような場合のことが――意識されていなければならない。これらすべてが食事などのような一次的欲求と、その充足の間に起こってくる。

ここで「切断作用一般」という抽象的幻像《ファンタスマ》が正確に与えられなければならぬということは注目に価する。そうでなければ、どんな刃もでき上らないのである。この「一般」という意味は、あらゆる使用例で、すべての実施過程で、ということである。それがどの程度――観念的に、あるいは誰にも分かる完全な具体性をもって――思い浮べられているかどうかは、どうでもよい。いずれにせよ、その使用のケースが時間的に特定されていない。このようなことが可能になるのは、客観的に見て、道具自体がもっている単純な事情――つまりそれが石製であり、実際に存続するということ――によっている。同じようにして、食事という一次的欲求もまた「慢性化《クローニッシュ》」される。

切断という行為の幻像は決して、切断者がわたくしであるという表象へわれわれを強制しない。「人が……できる」という表現もこのような幻像のもつ中立性を示すものと言える。刃の場合でも、刃という物質的な物として利用者が誰であるかにはまったく関係がないという事実が、同じ表現を許すのである。それらはいつか、この先取りされた関心にとらえられる、すべての人間のためにある。

だから、旧石器時代の道具類が、すでにもう「石製の概念」なのであり人間の欲求と思考を物の状況と結びつけるものである。経済はその始まりから「論理の母体」(シュムペーター)であり、関心や権利の交換性の母体である。また、この人間の最もすぐれた、超合理的構想である経済は——それが存続を望むかぎり——現実のもつ合理性と執拗性への人間の適応を強く要求する。同時にそれはまた、永遠の困窮を封じる万力《まんりき》であり、すべての見込みのない可能性をひき留めておく鉛錘である。だから反対に、人が経済から離れれば離れるほど、経済のもつ権利の中へ、個人の唯一回性、機会の唯一回性——すなわち一人の人間だけが、その時点でのみ成功するといった唯一回性——の自由がますます多く登場してきて、負担免除された主体性の愚行の空しい領域がひろがるのである。

3　実験的行動

完成された器具の性質的存在《ソーザイン》は一つの困難な加工作業の結果である。このような活動は——よく見られるように——何かの一次的欲求に動機づけられて行われることもあるが、自由に、そのような欲求を免除されても起こりうる。これが「実験的行動」である。知覚・行動・物からの抵抗・実際の成功や不成功といった一連の対象との対決は、人間の行動がもつ自律的な、独立に活動しうる領域を明確に示している。それは、すでに遊びの中に芽ばえているものである。

すなわち、一種の「利害に関係のない実用知識」(„connaissance pratique sans être intéressée")(M・プラディーヌ)、一種の無関心な実際知、言い換えれば一次的欲求の意味では無関心な、しかしその結果には大いに関心のある知識が存在する。一切の事実的結果、行動から展開したある事物の一切の性質的存在《ゾーザイン》こそ、この根源的な、実用・知的関心にとって実現の価値があり、当初の欲求にとって、なおそれが重要であるかどうかは、どうでもいいことなのである。事物との交渉によって「露呈された」結果が常に重要である。行動というものは、いろいろな欲求によって生じる。行動はいわば「欲求的行動《アペテンツ・フェアハルテン》」であろうが、もともと、完結的事実《ファクト》に関連する付随的動機にも従っている。感情的誘因が欲求の側から後退し、阻止されたり、延期されたりすればするほど、すなわち行動が欲求から免除されればされるほど、行動はますますはっきりと事物の支配下に落ちこみ、あの露呈された結果の性質的存在《ゾーザイン》に対する関心が現われる。

だから行動の動機は欲求からではなく――いわばそれが括弧に入れられて――事物からも取り出すことができ、事物によってさらに助長されうるのである。こうして、事物的成果が衝動の勢力圏から仮想的に取り出される。なぜなら、それはもはや衝動の目的につかえる手段行動ではなく、事物的行動に始まり、抽出・変形を受けた事物的行動に終るものだからである。

これが車輪や、投げ槍や、矢、弓、ナイフのような基本的発明が生れた過程である。つまり、これらは少なくとも大まかなプランとして実験行動の中に見出されていたにちがいない。それが目的に役立つかどうかは後から分かったことである。これらが「偶然の」発見であるかぎり、そのような偶然の成果が注目を集め、採用されて、完全なものに仕上げられるためには、何よりもまず——今われわれが問題にしている——事物的関心が存在しなければならない。

今日でも技術はこのようなやり方をする。技術は、まだ存在していない目的や欲求のために、先回りして手段を発明する。その時はじめて、目的や欲求もつくり出される。なぜなら誰も、そのような欲求をまだ感じていないからである。

以上の状況は人類学的にきわめて重要な意味をもっている。すなわち、二次的な——作製され、誘導された——欲求もまた衝動をもつようになり、自明のものとして、つまり自然の欲求として現われることができる。たとえば理論的・科学的興味といった珍しい後期文化の産物がそれであり、これらは決して「人間」自体がもちあわせていたものではない。さらにまた、一次的欲求も、その時、その時に利用される手段や行動型のきめる軌道にはめこまれ、それらの事態や目的にしばりつけられる。防衛や安全の欲求にとって、かつては洞窟が自明のものに思われたのである。これは「欲求定位」(第17章) のテーマである。

障害や抵抗にぶつかって妨げられる、この実験的ないし修復的行動は、前述のような先回りする思考——それは吟味行動と呼んでもよいだろうが——によって負担免除を受ける。すなわち「自己転位」という一種の操作的空想運動が生じる。そこでは完全に外部へ向けられた実用的知性が、空想上の行動とそのような事物からの反応を思い浮べるのである。この手順は、行動の着手点の空想的転位の中に、物そのものの空想的転位の中に、解体・転置・再構成という事前計画の中に成立する。最近、このような道具的意識が、外界から借りてきたモデル概念を精神内部の世界に有効に利用していることは注目に価する。つまり、精神療法医は患者の心の中の意識・無意識メカニズムについての具体的な図をえがき、その再配分と編成替えをこころみている。

われわれは今、欲求・実践行動・合理的道具的思考の継起を——常に後続の段階が、先行する段階のもっていた現実からの負担免除の中に展開し、そのような可能性の中に初めて解放される——という具合に設定した。これを外部から見ると、いつも先行の手つづき《インスタンツ》が行動規定的であることをやめるのであり、その際、絶対に、生存に不可欠なものの優先が維持されるのである。

4 超越性

知覚と合理的思考は、われわれが客観的現実を認識するための重要な手つづき《インスタンツ》である。われわれは今、超越という難しい概念に、人類学の諸概念を使って説明を加えることができる。
(一) 知覚の中では、物ないし事態そのものが与えられている。すなわち、それはあくまで知覚されたものとして、実際の事態にまきこまれてしまうような直接的関与を超越(克服)している。同じように、考えるということは何かを存在するものとして考えることである。思考は根源的、直接的に、諸内容をそれだけで独立したものとして経験する。人は「何かのことを」考えるのである。この客観性こそ、まさに知覚されたもの、あるいは考えられたもののもつ特性である。このことは知覚されたもの、あるいは考えられたものが、何かの関与の対象に、注目や関心や欲求の対象に——その中に埋没してしまうのではなく——なりうることを意味している。知覚できない、ないしは明確に考えることのできない存在物は、ただ充足されるはずの場所として、消極的に考えられるだけである。
さらに、ある知覚された——または考えられた——ものが「超越的」であるという意味は、それが「われわれに」そのようなものとして与えられていることが、言表はされぬけれども、自明のことだということである。わたくしの知覚と思考の外側にも、他の知覚と思考の――同様にやはり、それらの中に埋没してしまわぬような――対象が存在しうる。

この超越の中にこそ、真の客観性が成り立つ。そのような客観性の実体は常に、知覚や思考や行動等の単なる方向づけの中にだけ存在するのであり、しかも、これらすべての方向づけを超越して、その結果、新しい潜在的方向づけが現われるという確信と共に存在するものである。

㈡　根源的な欲求から、高度に条件づけられた――つまり知的な――欲求に至るあらゆる種類の顕勢的ないし潜勢的な欲求の対象としての（時には単に存在すると考えられた）あらゆる種類の客観的な事物と内容が存在価値をもつ。すなわち渇いた人びとにとっての水とか、あるいは――潜在的欲求の例に見られるように――それを人びとが目の前にして、わたくしがもう一度使うことができるように、しまっておこうというような場合の対象が存在価値をもつのである。あるいはまた、潜在的欲求のための調度品、本、芸術作品がそうである。重要な特殊ケースのすべての客観的な事物や内容にともなうものは存在価値である。それらはすべて、慢性的に充たされていて、それゆえにもはや顕勢化しない欲求充足、すなわち「背景的充足《ヒンターグルンツエアヒュルング》」になる。「わたくしの住居」は被保護への欲求を顕勢化しないし、家族にかこまれた生活は――もし一人でいれば非常に強い不満をひきおこすに違いない――他の人間の存在への欲求を背景的充足へ追いやってしまうのである。同様にこのことは、小屋や部落《テリトリウム》に始まって、遠くの山やま――精霊の住み家――あるいはさらに遠く、「死者のキャンプファイヤー」（オーストラリア原住民）である星にまでひろがっている原始集団の「大きな故郷」、「世界の巣」にもあてはまる。

一つの物の存在価値は――その客観的存在があらゆる顕勢的な欲求充足を長びかせれば長びかせるほ

ど、つまり、そのような存在が欲求充足の中で「消費」されることが少なければ少ないほど、言い換えれば、将来の潜勢的欲求状態のために使われることによって——ますます大きくなる。美に対するわれわれの欲求を無限に充足させるような芸術作品が存在する。原始集団の呪術師は未来の困難な状況の救済者として期待されるかぎり、これらの集団にとって非常に高い存在価値をもつ。

㈢　あらゆる種類の物や生物はどれも、その存在価値が仮定されるとき——いわばそれらが括弧に入れられたままで、行動の主題にならぬとき——存在の中の自己価値をもつ。すなわち、その行動は、これらの物の存在の姿に従って遂行されることの中に——言い換えれば人がこれらの物の本性に従って行動することの中に——のみ成立することができる。このような条件のもとに、すべての物はその存在価値を超越する。それらは存在の中の自己価値をもつのである。

すでに、われわれは一匹の家畜を飼い、世話をし、あるいは畑をつくることによって——たとえ、将来のある時点でわれわれの食料になるにせよ——これらの植物や動物の存在の中の自己価値に対してふるまっている。この関係は本来の欲求に対して留保された関係である。つまり、ここで露わになる行動は欲求を免除された、自立した行動であり、対象の存在条件が展開され、高級化され、手を入れられ、洗練化され、あるいは対象そのものが強化されて、その最良の特性が展開される、といったことから生れた行動である。その際、本来の欲求は——依然として前提とされながらも——抑制され、(たとえ一時的にもせよ) 背景へ押しやられ、あるいは潜勢化されている。自己価値は、それが存在価値を可能態として閉じこめることによって、存在価値を超越する。

おそらく原始的関係の中では、精霊や、神々や、魔神等々に対する供犠は、人びとが助けてもらいたいならば、これらを強化し、養わねばならないという意味をもっている。ボガス・キョイ出土のヒッタイト文献(A・レスキー「ヒッタイト文献とギリシア神話」、『オーストリア科学アカデミー』誌、一九五〇年)では、エア神[3]が神々の会議で、人間を滅ぼす不合理を訴えている。彼らが神々の犠牲に供されるならば、神々は人間抹殺の後で、養ってくれるものの欠乏に苦しまねばならなくなる。しかし、それでもなお供犠が完全に行われることによって、初めて神は独立のものになる。神は存在の中の自己価値であり、実用性の欲求は潜勢化されている。きわめて高度な創造的能力は——たとえば動物祭祀に見られるように——何よりもまず、リリーサーのように、つまり強い情緒をともなって挑発的に、登場する生物について、自己価値のカテゴリーを発展させることの中に成立する。この能力は、人が衝動的に自分の感情や欲求に(また不安感にも)結びつけるものを、自立的存在の中で見分けるというかぎりで、すでに倫理的な能力である。まさに、このような二重の関係の中に、存在の中の自己価値が生れる。別の言い方をすれば、即物的なあるがままの存在物と結びついた欲求や感情を制止し、括弧に入れ、後退させ、潜勢化し、あるいは留保条件をつけることは、目下の同一の主題の中で遂行される本来存在への決意であり、そのような立場で行動しようとする決断なのである。こうして、存在の中の自己価値が生れ、存在価値を超越する。

今、推論されたような、対象の側から規定を求めてくる行動が、対象の現実そのものに定位されると、いよいよ現世への超越の問題が登場する。この非常に重要な根源的行動形式は演出の中に成り立つ。演出はまず模倣として、模倣的儀礼形式として起こる。儀礼的に演技する態度は、もはや他のすべての人間行動のように対象の変更を問題にしない。なぜなら、そのような態度の存在が、すなわちその内容なのであるから……。だから問題なのは、行動の対象を改良、純化、豊富化し、何らかの変更を加えることではない。何の変化も加えない行動だけが、永続的で超時間的な存在の表象をになうことができる。現世的な、目で見ることのできる、しかも超越的な――まさに古代文化を性格づける――生命体の段階とは、こういうものである。

原始の宗教のこの「功利主義」――それ自体はやはり間違いなく、そうであるが――はまったく誤解されやすい。K・T・プロイスのようなすぐれた識者は、自然民族たちが救済宗教とは反対に完全に現世を土台にしており、彼らの信仰が本質的に現世に結びついていることを強く主張している（『最高者の影のもとの信仰と神秘教』一九二六年、一九頁、二四頁）。しかしそれは、ベルクソンによってひろめられた――神々、魔神、精霊、生命体等々は、いわば生活必需から生れた行動の延長された道具にすぎないという――考えが正しいということではない。礼拝は常に彼ら自身の生存に向けられているが、依然として潜勢的欲求のための存在価値が前提になっている。そのような欲求は生命を賭けた、きびしい生活条件のもとでは、たいてい「第一義的なもの」である。だからこそ生存闘争の焦点で「現世への超越」が始まるのであり、その最初の「生命体たち」が危険な大型狩猟獣であったり、本能的に恐怖心をひきおこす死霊だったりしたのである。

ここで重要なことは、何かある存在の中の自己価値への決意は欲求の面を前提とはしているが、潜勢化し、括弧に入れられ、あるいは後退させられているという前述の事実である。もっとも単純なケースは耕作《クルトウラ・アグリ》に見られるような単なる延期である。この場合、われわれは前年の収穫によって生活している。この例では栄養への欲求が「背景的充足」へ押しやられている。欲求は伝染性《ヴィルウレント》のものではない。だからこそ、われわれはまるで耕作そのものが目的であるかのように、それに没頭できるのである。背景的充足のこの形式には、もっと古いローマの神々の一人――とりこまれた収穫物の監視人――コンスがいる。

他のケースでは、このような何かある自己価値にもとづいた行動は、衝動面でのきわめて激しい抑制を必要とする。括弧に入れられること、あるいは後退させることは欲求の意識的退行、さらに積極的断念にまで、段階的に進むことができる。子供に対する母親とか、旗に対する兵士や、創作に憑《つ》かれた人や、主義のための信者などの犠牲心や禁欲的姿勢は、こうして、これまで必要であった本来の欲求充足を放棄させるまでになる。

(四) 本来存在と現実そのものの在り方を目ざす行動、しかも潜勢化して（自己の欲求充足に必要な）一切の存在価値までも放棄するに至る行動、そのような行動と関係をもつ物や生命体や制度等々が絶対的な意味での自己価値をもつのである。だから、このような行動は、極端な場合には、ほとんど自己の生の意志を放棄するかに見える。

われわれがこのようなカテゴリーを設定したのは、こうして初めて、原始状態での人間の文化創造力が明らかにされるからである。しかし誤解をまねかぬために、なお二、三の説明がつけ加えられなければならない。

彼岸への超越は唯一者——見ることのできない神、つまり精神的な神——が構想されて初めて可能になる。すなわち一神教である。それはわれわれが越えてきた一種の絶対的な文化の関門を示している。つまり、このとき以来、すべての内的および外的存在の条件が変化し、はじめて信仰という言葉が現在われわれの知る意味をもつようになったのである。それは古代の状況には適用できないものである。

この結果のうち、特に重要に思われるものは次の二つである。すなわち一神教の誕生以後、「否定的生命体」——つまり存在の夜と恐怖の面を具現している「魔神たち」——とそれらに捧げられる恐怖崇拝は共に不可能になることである。こうして当然、逆の側から弁神論の問題が起こった。われわれの立場からすると、原始的な「恐怖の中の倫理」ほど理解困難なものはないであろう。たとえば死体をめぐる食人俗は、生者が亡くなった者の死神をひきうけることによって成り立つ。フォルハートはこのことを多くの個所で強調している（『食人俗』一九三九年、四二〇頁、四五五頁）。死者たちは生者のためにではなくて、死者自身のために食べられるのである。神々の祭祀とむすびついた食人俗は、アフリカのマングベトゥ族、バソカ族、タンガル族や、ポリネシア諸島の例のように、高度に発達した自然民族にも見られる。われわれは——かつて、人間が自ら想定した責任の遂行のために、戦慄をもよおすほどの段階に踏みこんだ——不気味な重圧を前にして、ただ狼狽するばかりである。この現象について、わたくしはこの本でこれ以上言及しないけれども、右の指摘は書きおとすわけにはいかぬものである。

もう一つの、決定的な一神教の帰結は、このとき以来、制度が本来の神統記的な力、つまり神々を創造する力を失ったことである。制度は本来——言葉の完全な意味での——現世への超越であった。トーテミズムは血統と部族秩序の完成に深い関係をもっていた。かつては、祭られることのできる生命体としての部族の祖先や英雄たち、豊穣の神々、神格化された支配者、町の守護神たちが存在していた。労働や、支配や、家族等のすべての制度は、今日でもやはり人間の第一次的欲求に対する直接的な充足価値をもっている。しかし、それらは人間から離れて独立しており、われわれがそれを維持し、その独自の要請と法則を尊重せざるを得ないために、かえってそれらに従う結果になっている。こうして、われわれは本来の衝動の領域でも、同様にきわめてきびしい規制、制約、限定を受けている。すなわち制度は——それが絶対的な自己価値という極端なケースにたどりつくまでは——わたくしが前に言った意味での、存在の中の自己価値をもっていた。制度はキリスト教的思考と彼岸への超越の周辺で、あの神統記的な力を失ったのである。すでに述べたように過去はそうではなかった。制度は——それが過去のそのような力を失って以来――ヘーゲルが「客観的精神」の概念でとらえようとした「半ば超越的な」不思議な状態におかれている。このようなとらえ方は、たとえば政治〔国家〕学にほとんど克服しがたい困難を与えている。わたくしの本はこの問題をめぐって書かれた。われわれは制度の人類学的カテゴリーを探そうと思う。しかし、それは〔攻囲された〕エペソス人たちが町の守護女神アルテミスの神殿と域壁を綱でむすんだ事業（ヘロドトス『歴史』第一巻、二六章）よりもっと困難な仕事である。

現代の精神文化にひろがっている唯美主義は「聖なるもの《ヌミノーゼ》」や、それに似た概念を放棄するようにせまっている。美的なものは、はっきり言えば、実りのないものである。単なる経験からは何物も生れない。問題なのは行動である。われわれの考察は古代的行動型をとり上げることにあり、彼岸への超越の段階を全く問題にしないのだから、ここに求められる基準も、前述のような、対象のもつ現実性によって規定される行動と、禁欲という欲求放棄の極限に至るまでの段階的欲求抑制の問題だけで充分である。われわれは原始の祭祀がいわゆる神を対象とする段階に達していたかどうかを決定する手段をもっていないが、以上の基準に従えば、やはり倫理的なものであることはたしかである。「聖なるもの《ヌミノーゼ》」についてのわたくしの発言は、美学的な解釈の道をたどればすべての文化に近づくことができると考えることに対する警告を意味する。そのように思わせる力は、まさに、あらゆる表象を論理的帰結の中へ、つまり〔現代の〕自由な行動の中へ、翻訳してしまう短絡から生れるのである。

後で分かるように、ここでは内容的な価値の階梯《スカラ》は放棄されている。つまり、どんなに違った対象も前述のカテゴリーの中にあてはめられる。経験的人類学にとって、それ以外のどんな方法も可能ではない。経験的人類学は完全に客観的な第一次領域の中で扱われる。この本の中に展開されたカテゴリーについて知ろうと思う人は、右の立場を認めなければならない。このカテゴリーはすべての文化と時代によって、実に多様な形で体験され、現実化されながら、しかも認識されなかったものである。さらにまた、われわれは財と価値の区別を立てない。一つの現実に根ざさない価値は行動へ移行することはない。行動こそ価値の表象そのものである。

5　習慣と習慣の外的支持者

ここでもう一度、道具の分析にもどろう。すべての道具や器具が――その明確な一面的機能への特殊化の中で――反映している事実は、反復的な習慣化した工程に対する慢性的欲求ないし関心が、類型的な、同様に反復的な事物の状態や状況に結びついている、という事実である。

すべての文化は、それを支える生活必需的な労働の面から見ると、ステロタイプ化された、安定化された習慣の上にきずかれている。習慣は限定された事態にそって開始される明白な過程の形式であるために、常に一面的である。文化的産物の一切の持続性、時間的耐久力は、行動過程の一面化――特殊化――に、それと同時に事物の相《アスペクト》の一面化に関係している。逆に言えば、一つの社会が安定化されるということは、社会を持続的制度のもとにおくことであり、一面化と結びついた態度、および状況を選びとることである。その後のすべての発展は、こうして確立された出発時の条件内で――そのような条件に水路づけられて――起こる。

どのような文化であれ、またどのような社会であれ、たとえば規定され、限定され、一面化された政治的、経済的特性を――たとえ、それが多くの場合、たいへん複合的な特性であっても――もっているし、もっていたのである。そのような特性は、単に現存在と――非常に多くの場合――高度な精神的所産の内容を限定するばかりでなく、しばしばその内容に完全に偏頗な性質を与えている。実例をあげよう。

エジプトでは（トーテミズム的）氏族秩序が灌漑夫役国家の官僚制によって、すでに王朝期以前に破壊されざるを得なかった。したがって三〇〇〇年を越える安定した死者崇拝一般が存在したにもかかわらず、どんな祖先崇拝も発達しなかった。

言い換えれば、死＝死者（死体）＝死霊観念複合《コンプレクス》に対応する儀礼行動への欲求が一般化しており、どんな経済的前提からも独立のものであった。つまり、それが最重要課題だったのである。しかし、この行動の現実の形式は——それを存続させようと思えば——〔観念の〕一定の相《アスペクト》に限定し、他の生活の相《アスペクト》と合致させるものでなければならなかった。王を中心とする死者崇拝だけが、既存の政治的、経済的状況に合致し、封建的祖先崇拝は合致しなかった。古代オリエントの高度文明について「神の観念の擬人化に際して、王権が重大な影響を与えたことは、いずれにせよ、まったく疑いのないところである」（H・シュラーデ『隠れた神』一九四九年、一六頁）と言われるとき、われわれは同じ意味で理解することができる。

他の例をあげよう。われわれの文化と宗教の中では「聖なる森」は何の意味ももたないが、ムンダ族や、その他の北東・西南インドの原始的部族にとっては、唯一の神殿である。ダルトン（一八七二年）は、これらの中に開墾された原始林の残滓を見た。つまり、それが問題にしているのは、さまざまな〔生活〕存在要素の非常に意味深い〔精神的〕常時存在化、すなわち今日でもわれわれがしばしば見かけるような現世への超越の一種である（R・ラーマン「西南インド北東部の原始部族神」、『アントロポス』誌、第三一号、一九三六年、六九頁参照）。さらに、これと同じような——太陽神や、祖先の霊や、村の守護神等々に捧げられた――さまざまの祭祀がある。すべては、これらの部族の生活実践、経験、慣習と一連の関係をなすものである。

社会の「統合」とは、その中で世界と行動がたがいに関連しあって、どちらも一面化された相《アスペクト》をもつような体系のことである。人間の衝動が本来もっている可塑性、行動の可変性がものを言うような、そしてまた、事物の見方が無限に変るような文化は無秩序であろう。そのような文化はきわめて不安定であるにちがいない。

この解明に役立つ、より大きい連関を理解するためには、「衝動の可塑性」という概念を生物学的視点から考えてみるのがよいであろう。そうすると、本能退行と関係するきわだった特性が分かってくる。くわしくはわたくしの著書『人間』の中に述べられているが、今は次の説明で充分である。すなわち、本能退行が意味するものは〔他の動物種に見られるような〕基本的、生物学的欲求と物理的行動型の直結からの――人間にのみ特有の――解放や、遮断である。そこでは、もはや、遺伝的に確立された、生得的合目的的過程、つまり、まさに本能的と呼べる過程が不可能であり、だからこそ「人間的」なのである。言い換えれば無限に変化することができ、無限に刺激を受けいれることができる。説明を簡単にするために、O・シュトルヒの公式を使おう。彼は動物の「遺伝的運動型」を、人間の「獲得的運動型」に対比させた（『オーストリア科学アカデミー報告』数学・自然科学部門、一九四九年、第一集）。そして、動物に見られるような――その感覚器官が束縛され、特殊な環境世界の課題に対するきわめて制限された奉仕だけが許されている――機能回路が、人間ではいかに破壊されているか、その結果、感覚器官が他の恣意的活動に対していかに「解放され」（免除され）ているかを強調した（『生活遂行と遺伝における人間の特殊な位置』一九四八年）。

同じように、またわれわれは内部に保留されて、自由に、可動的になる衝動量といったものを想像することができる。われわれは衝動過剰（マックス・シェーラー）、ないしは刺激過剰の理論、つまり本能と、その環境癒着度の退化によって免除され、自由になる衝動力の理論に到達する。このような衝動の力は仕事のエネルギーに変換することができ、貧弱な本能をもった、根本的に不確実な――人間という――存在にのみふさわしい、慢性的永続的欲求に役立てられるのである。

だから、この可塑的な衝動の過剰、学習可能な行動の可変性、知性と感覚の「世界開放性」は、それらが現状を克服して、安定と永続を目ざさざるを得ないような必然の関係をつくり出している。「生かじり」のカルカチュア生物学を反駁するのに、われわれは精神科学をもち出すまでもない。それは、すでに人間の生物学そのものによって反駁されている、ということを明らかにするのは難しくない。すなわち〔人間の〕知覚は――その過剰な活動の中で――基本的な意味で生活に不可欠な、いや、そもそも有用であるような、すべてのものを越えている。星や影を見ることは、どんな生理的利益ももたらさない。このことは思考にも――単にそれが実用的な思考として思い浮べられる場合でも――ずっとよくあてはまる。つまり思考はまったく自由な内容を移行し、組み換え、新たに秩序づけ、関係づける。思考のメカニズムは、ここに思い浮べられるように、たいへん形式的であるからこそ、無限の内容によって満たされることができる。ベルクソンはこのことをよく見ぬいていた。「すべての単なる形式は、まさにそれが空虚であるがゆえに、物の無限性によって――たとえそれが何の役にも立たぬような物であっても――次第に、自由に、充足されることができる」（『創造的進化』ドイツ語版、一九二一年、一五六頁）。それればかりでなく彼はまた、行動の行動者自身との葛藤、行動のそれ自体や物との格闘が「監禁されていた意識」を解放し、意識に内容と、幻想《ファンタスマ》と、動機を与えていることを見抜いていた（一八七頁)。だから、意識と行動をフィードバックの意味で理解するなら、意識は行動の道具であり、行動は意識の道具であると見ることができる。けっきょく、われわれに博識を与え、経験させ、理解させるものは行動であり、このことは、すでにわれわれが述べた——発明は実験する行動から突然あらわれてくる——ことと完全に一致する。

つまり、意識の過剰能力の背後へ、衝動の過剰エネルギーが入りこんで、発明を完成させるのである。それは、ベルクソンのいう意味で、行動にも当てはまる。すなわち、行動と物が関係しあって発展すると、意識は豊かになり、意識は新しい経験の処理に没頭する。このことはわれわれの子供たちに見られるし、先史時代の技術のはじまりにも当てはめることが許されるであろう。たとえば、やわらかい粘土にかき傷をつけたり、ひねくり廻したりする、ごく些細なたわむれから完成されていく行動は、最初のきっかけをはるかに越える想像もできないエネルギーで満たされることになる。こうして、内・外両面にまたがる、この新しい経験は安定化され、既存の永続的形式にくみこまれるのである。

原始社会の「世界観」はいつも、見事な完結性をもっている。彼らの社会秩序——社会的身分体系や経済形式——と、彼らの生活の基本に対する決意はいつも、彼らの儀礼や天上の神々に投射することができるし、逆に後者を前者に投射することができる。このような完結性は、すべての個人個人の内容が鮮明な輪郭《プロフィール》、明確な特徴を目ざして結合するときにのみ達成される。単なる個性の無限の力だけでは、どんな社会的意味も、ましてステータスも生れない。すべての法の形式、慣習、習俗、作業過程、儀礼と祭祀、神々と魔神たちは「不寛容な《イントレラント》」性質をもつ。だからこそ体系全体の中で持続を主張することができる。主体性の文化は、その本質上、安定的ではない。大量の一時的な過剰生産に終らざるをえない。

人類学的に見ると習慣形成のテーマは重要な意味をもっている。なぜなら、すべての制度は個々の習慣の体系として存在するからである。習慣はあらゆるレヴェルで——もちろん、精神的な、倫理的なものの中にも——存在する。すなわち、習慣は「無自覚」なものではない、もしくは必ずしも無自覚である必要はない。大事なのは、むしろ、行動のたびに動機づけられねばならぬ労力を免除されている点にある。免除は、非常に重要なケースでは、動機づけの形成が外界の明確な物質にむすびついており、その結果、行動が外界のもつ安定性によって、その持続を保証される、という具合になる。だから、即物的な対象がシンボルとして使われ、きわめて精神的な、複雑な、重大な状況にも外的支持を与えることができる。たとえば支配者のステータスは、支配者自身にも、また被支配者たちにとっても——エジプト〔王〕の羊飼い曲柄杖や殻竿のような——彼の標章《エンブレム》と、本来、わかちがたく結びついており、これらの標章《エンブレム》が支配者に対する〔人びとの〕行動の持続性を保証するのである。

同じ見方は、すべての習慣化された、明白な行動にあてはまる。われわれの最初の例に戻ろう。切断運動とそれに必要な道具は意味深い一つの連関を形づくっている。これを内部での計画と、肉体的行動と、外的な道具というふうに分解して考えることは正当である。しかし、本能的行動——その定義の中には当然、外界に反応するリリーサーがふくめられている——と同じような安定した構成体として描かれることも同様に正当である。この第二の方式は人類学的に、より得るところが大きい。なぜなら最初の分析的方式では、人間の実用的習慣行動というものは、ちょうど動物に見られる本能的反応と同じ位置にある、という洞察が生れないからである。何よりもまず、われわれがそこに見るものは——社会的接触を進展させ、相互交渉を安定的なものにする——的確な、明白な、予測可能な、持続的な行為であり、しかも、それがあらゆるレヴェルで行われることである。言い換えれば、具体化された、（一面的に）性格づけられた道具や器具や、あるいは事物のシンボルは一種のリリーサーの働きをもっている。それらは——目で見ることのできる持続的に存在する対象が、用意された習慣に、いわば、実践のきっかけを与え、出発態勢をとらせるといった意味で——似たような固定的行動習慣に働きかける。一つの習慣は、独特の意味で、自立化し、機能化したものである。目に見える器具は単に「ビヘヴィア・サポート」、すなわち行動の支持者であるだけでなく、慢性的な活動使嗾《しそう》者の一種なのである。内界と外界の分離はこの間の事情も、また実際に行動がどのようにして行われるかも、描き出すことはできない。実際の関係は特別の安定性をもち、その後の、附加的な、さまざまな内外の動機の働きは一時棚上げされている。そもそも、この関係は——主体的なものとしてではなく——外部の状況の中で体験されるのである。朝、自分の作業場や、事務机に近づく人はそのことによって現実化され、すでに決意の第一段階にまで高められて、自己の特殊化された行動の連続性を体験する。同じように、たとえば退役した官吏は抽象化された「仕事」ではなくて、執務室、事務机、書類にあこがれるのである。習慣という構造体の独立性、その独特の安定性、動機の豊富化、継続の中にのみ考えられる創造性の見こみは、器具のリリーサー的な働き、義務づけへの器具のもつ暗示性、器具の中の人間性として、外部から体験される。

あらゆる社会の協同性は一切これによっている。一つ一つの制度の存続は、習慣的な、外部指向に合致した行動の、このような下部構造が——たとえ、それが形式化をまぬがれぬものであるにせよ——存在するときにのみ可能である。この真理は体験狂の現代主観主義に真向から対立する。したがって、まさにそれが制度の存在をおびやかしている。文化は、その本質上、数世紀をこえる高度な思考と決断によってつくり上げられるものであり、同時にその内容を堅固な形式へつくり変えるものである。その結果、文化は——小さな魂の貧弱な能力とは無関係に——時代ばかりか、人間をも超えて進歩することができる。この高度な、濃縮された内容は形式主義の中へつつみこまれることによってのみ、長い時間と大きな数にまたがって、生きながらえることができる。形式が信頼の糧であり(forms are the food of faith)、そこにまた、豊穣の可能性をひらく精神が存在する。もちろん宗教的行動も、大部分は、同じ安定化された習慣に——もし無為の留保に終りたくなければ——もとづかねばならない。法律家や学者や官吏のような熟練した働き手や、政府や教会のような職業団体の、完成作業《オプス・オペラトゥム》を目ざす規律がこわれるとき、あるいはまたイデオロギーや人道主義がひとり歩きして、これらの形式を外側から弱めるとき、文化は終る。人びとは、もはや形として存在しないものを「形づくろう」としはじめる。

一切のものが、それに依存している安定性、連続性の下部構造がここに在る。同じことは原始的諸関係にも当てはまる。かつて世界のいたる所に存在していた呪術の実修《プラクティクム》は、たいてい無味乾燥な作業過程の印象を与えている。基本的には、〔社会〕規制という万能の強制力からの脱出さえも、つまり衝動の解放である恍惚やエクスタシーさえ、形式化され、儀式化されていた。

この視点に立つと、人間を当為《ゾレン》の状況におき、義務を喚起するまことにさまざまな基盤のあることが分かる。社会的環境におかれた、ある物や行動のもっている精密さや造形性そのものが、すでにこれらの内容に命令的性質をおびさせる。高度に様式化されたバロック形式の広間の中では、誰も完全に自由ではない。この様式は、当時の同じようにバロック的な行動形式にふさわしいものであった。それは現代では、消え去ってしまったが、それでもなお義務づけの暗示は残っている。それは抑制《ゲヘムトハイト》に変化し、現代の参観者たちは両手をズボンのポケットにつっこんでいる。

6 行　動

このような義務づけの暗示に関するもっと身近な実例はいたる所に見られる。言葉をはっきり音節で区切って発音することは、子供から見れば、違反を許されない義務と受けとられる。道具や造形材料を使って行う趣味的な工作は、失敗の問題とは別に、一種のつまずきを覚えさせる。なぜなら、物そのものがもっている片寄った性質が、それらといかにかかわりあわ「ねばならぬ」かを規定するからである。

人が体験する現実の過程としての習慣という行動型は「主体」と「客体」とか、「肉体的」・「精神的」といった通例の分け方をしない際に最もよく描写することができる。それらを明らかにするために、ここで仮に一つの造語を採用しようと思う。全体の組み合わせ《コンプレクス》を前提にした一義的対象に対する、一義的行動という関係を「真事実相《タートザッヘンフェアハルト》」と名づけよう。誰かが錠前に鍵をつっこんで廻してみるとき、彼の行動変化群の中へ、反応する物の、進行と阻止の一群が連続的に入りこんでくる。この一方の群の部分相が、そのつど、他方の群の部分相に応えるのである。その際、適正な全体過程の構想が、そのつど、本来「在るべき型《ソルフォルム》」として思い浮べられる。つまり、そのつど、構想が行動の手がかりを与えるのであり、行動の手がかりは常に構想と関係しているのである。ここでは目的達成に一番近い行動が問題となっているにもかかわらず、実践の中では、自立した全体過程というものが存在する。

だから日常生活の中では、われわれの行為の動機形成は、大部分――欲求の高まり、動機の葛藤、「決心」といった――内面の分野を離れて、外面的なものにとらえられている。ここに法外な負担免除作用が働いていることは明らかである。すなわち、われわれの動機づけは外界の一様性に依存しており、われわれの行動はそれによってあやつられる。ビュルガー＝プリンツは「衝動因の対象への転位」に関する精密な叙述の中でそれを語っている（『動機と動機づけ』一九五〇年、二一頁）。彼はまた、きわめて緊急だと評価されるような重大な決意を要する事態は、人間生活ではまれであると述べている。

「衝動因の対象への転位」という現象の重要性は、単に習慣の形成に止まるだけではない。けっきょく、今、問題になっているのは、本能とリリーサーに見るような根本的関係を――しかも、それを自由な、学習可能な、しかも安定化しうる行動型という高次元で――どのようにつくり出すかである。高次の、複合された関心の「外方定置《ナーハアオセンレーゲン》」、目に見える対応相《ゲーゲンハルト》の建設は、動機維持のための文化の重要形式である。たとえば、一つの「記念碑」がもつ意味は、本来、だれかが主観的な回想をつくり出したい、というのではない。目に見ることのできる記念碑は、むしろ、共通の行動ないしは決意が実行開始の状態のまま、永続化される根源的形式なのである。ラバンとヤコブの盟約も、彼らが食事をした場所に石塚が建てられることによって固めが行われる（「創世記」第三一章、四三節以下）。食事は兄弟の契りの儀礼であり、石塚は同時にこの契りを公けに知らせ、緊急状態に固定するものである。

原始文化研究の大きな魅力は、文化のもつ可塑的な力と、文化の内面の真理を知ることにある。モラルの魅力が人をひきつけるのである。行動を抜きにした〔自然民族の〕心性を、饒舌によって本当らしく見せることほど原始文化から遠いものはないであろう。決定的な動機がただちに行動にうつされる。この行動は事実のもっている現実的な、具体的な形象の中で明確化され、この事実によって終局まで維持される。具体的ではない、抽象的な制度などは存在しない。相互行動は――それが長く定着する必要のあるかぎり――かならず外部安定器《アオセンシュタビリザトーア》へみちびかれる。たとえばイニシエーションが少年を、せまい家族〔関係〕から抜き出して、年長クラスのような新しいグループへ——はっきり移籍を強調して——組み入れるとき、彼は新しい名前、異なった服飾、別の髪型、入れ墨をもらう。それが何であれ、彼には新しい、きめられた行動型が許され、以前の行動型はタブーになる。他の行動型——つまり、彼より年少や年長の行動型——の停止は、まさにこの目に見える標章《エンブレム》によっている。だから、彼ら全員の行動は、伝統化された形式の中で、この現実の仕切り《アクチュアリテーツシュヴェレ》をたよりに安定化されている。これがステータスである。一人一人の品位の感情——一人一人が自分自身について一つの表象をもつこと——はステータスにかかっている。今日でも、まだ損なわれていない裁判官や医師たちの大きな権威は、本質的に、彼らの職務服によっている。形式は信頼の糧である。

ここで、われわれの方法の正しさを証明するために、認識論では行動をどのように扱うかを挿入しておくのがよいであろう。

完了された行動のまったく疑問の余地のない体験では、どんな省察も並べたてることができる。しかし、人は同時に行動し、省察することはできない。ただ、その行動を見ることができるだけである。人は他者の行動を、原初の時代には、そして現在も幼児期には、追体験によって——つまり、現実の、もしくは想像上の同じ行動へ自分を移しかえることによって——理解する。人は行動を、言葉の助けをかりて、順を追って推論し、機能という形で理解する。動詞はそのために使われる。しかし、実際の行動体験の中では、内部や外部の動機がダイナミックに「〔自分の〕行動の中に」存在し、それらが全体状況という内容として体験される。動機の形成は、すでに行動の初期段階である。このような能動性が自由——すなわち自足的な状況——として感じられる。行動の中では〔行動を構成する〕部分などというものはまったく問題にならない。行動の中では部分は効力をもたないのである。

第二点として、われわれは行動を客観的、分析的に——すなわち外部の事件として——しらべることができる。しかし、そのばあい行動は物の見事に消えさってしまう。つまり、そこでは因果関係の中にある物と過程のつながりを考えざるをえない。たとえば、われわれが動物の本能行動を描くとき、内部に刺激が蓄積され、「リリーサー」が参加し、それが解発される、今、生得的運動メカニズムが発動しているのであり、その間には定位的走性が働いている等々、という具合に語る。このまったく非のうちどころのない考え方によって、ただし、行動はふるいの目からこぼれるように抜け落ちてしまう。それはまた、知覚刺激、知覚神経系、運動中枢と筋神経繊維について、反射や条件反射について語られるときでも同じである。思考のために避けることのできない、すべてのこのような概念の中では、過程と因果性、作用と反作用だけが考えられて、行動は考えられていない。

以上の二つの見解は、厳密に考えれば、無関係に並行している。われわれはこの二番目の見解を自分自身に適用することができる。つまり、省察の中では——すなわち行動しないかぎり——自分の過去の行動は反射連鎖メカニズムであった、と言うことができる。しかし行動の最中には言うことはできない。もし、そうなら行動は妨げられるであろう。この意味で、W・グレーベの、対象化された行為はすでに過去の行為である（『活動する人間』一九三七年、八九頁）の言は正しく、深遠である。そしてまた、現代劇の劇場で現代の紛争問題が過去化されている、というホーフシュテッターの見事な観察（『社会心理学入門』一九五四年、一二三頁）も同じ関係のものである。

通例の言い方では、体験された状況を原因と結果に分けることで妥協している。動機が行動を「ひき起こす」、あるいは行動や、感情とか衝動等々が「行動となって現われる」と言う。これは理解のためには充分でも、正確ではない。なぜなら、刺激《インパルス》や心理作用《アクト》の現実化されたものとしての欲求や衝動や動機の表明（単なる思考上の、ではない）は、すでに行動そのものの初期段階だからである。

この事情から、まず、意志の自由の問題は合理的・分析的には解決できないことが分かる。つまり、そこではけっきょくのところ、そもそも行動が存在するか、しないかが問われている。完全に即物的な因果律によって決定される反応などというものが考えられるようになって、はじめて、そのようなレヴェルで体験できる行動を考えようとする欲求が生れたのである。しかし、それは今示したように、不可能である。われわれが客体レヴェルで問題を考えるなら、ただ原因と結果のみを見出す。この問題は、すでに、エピクロスを二律背反の洞察へみちびき、彼の場合には、「今日、わたくしは手紙を書く」という命題は昨日は正しくもなければ間違いでもなかった、と主張することによって矛盾命題の止揚に至った（ライプニッツ『神義論』一六九節以下参照。ベール『歴史批評辞典』、「エピクロスの著作」）。ちなみに、類似のパラドクスは心理学が、表象化（客観化）された精神生活を実際の体験生活に関係づける際にも起こる。すべての熱情は心理学をつから自己解説のモデルを押し流してしまう。

われわれの目的のために、なお二、三つけ加えておこう。まず、われわれが注目したいのは現象である。だから叙述の中では、行動を構成する諸要素の間を――いったん、それらを即物的レヴェルで起こっている問題の側から定義し、ひるがえって関心、欲求、動機の側から論証するというふうに――往復しなければならない。これら関心や欲求や動機を、即物的状況へ方向づけることこそ、われわれが見失ってはならない第一級の人類学的課題なのである。このように方向づけられた欲求は、それなりに、やはり同じ行動の残留物《リュックシュタント》であり、この間の事情は、たまたまパレートが循環的に描いたものと過不足なく一致する。つまり、彼は「残基」が――すなわち明白な欲求複合体《コンプレクス》が――一定の事実、状況、行動の持続から生れ、次には逆に、これらの事実を安定化することを指摘している（『一般社会学提要』第一巻、一九一七年、一〇一三節、一〇一四節)。「実際には、事実が残基を強め、残基が事実を強めるのである」(„En réalité, les faits renforcent les résidus et les résidus renforcent les faits.")。

われわれが行動を――衝動ないし動機から、行動を経て、対象にいたる――統一の中で安定的要素として扱い、その全体を「自立した習慣」という概念のもとにとらえるのは――さらに言い換えれば、習慣こそ制度の構成要素であり、制度はそのような習慣の関係網として同じように自立的なものであるとするのは――なお一つの特別な理由からである。すなわちここにこそ、後に説明するように、直接体験できる自由の可能性《シヨーンス》が存在する。つまり「安定化による負担免除」というこの前提があって初めてつくり出される動機の増大、動機の蓄積、物の蓄積の中にこそ、その可能性がある。もちろん、これは、義務の枠の中でのみ人は自由を得る、という古い命題と同じことになる。しかし、恣意的な主体的なものが自由であるとする現象がいたる所に起こっている現在、それをくり返す価値がある。

さて最後に明らかなことは、行動を考えるための、なお第三の形式――命令《イムペラティーフ》――の存在である。命令《イムペラティーフ》は慣習、法規、倫理的戒律、実務の具体的指示等々を公式化するものであるが――言い換えれば命令は常に、指示の権限を与える弁別機関《インスタンツ》を前提にしているが――けっきょく、そのような弁別機関をきめるものは制度である。さらに命令は、言表されてこそ命令と言えるのであり、それ自体、一つの行動である。命令は行動を解発することによって行動の中に存続する。けっきょく、持続的に有効であるもの、ないしは定型化された状態にあるものだけが、命令の内容であり、このことから命令は行動を考える唯一の形式だということになる。行動は――それがひきつづき行動であろうとすれば――行動自身によって命令されるのである。

7　自己目的としての行動

合理的な、一つの目的を目ざした行動は特徴のある仕方で一種の意味変化をこうむることができる。つまり、行動は自己目的化するか、あるいは前に使った言い方をすれば「存在の中の自己価値」へと超越する。このことによって行動は――その究極の〔即物的〕目標を果たす力を失うことなく――行動そのものの中で満足する体験の内容になる。より正確に言えば、「技量《ケンネン》」としての行動の完成度に応じて、もちろん同時に、技量の証明となる対象物の完成度に応じて、そうなる。

たとえば、われわれは原始的な格好をした暁新世紀初期の石器から、ソリュートレ文化期〔最新氷河期〕の優美な「月桂樹葉〔石やり〕」の形に至るまでを、完成度の高さの順に整理し、最後にポリネシア人たちのすばらしい研磨石具を置くことができる。われわれは――かつて、ここに費やされた法外な忍耐から――成功した作品と自分の能力に対して彼らが抱いたであろう満足の度合いを計ることができる。その際「究極目的」、つまり本来の切ったり割ったりする道具の適性は、労働自体が自立を目ざす手段労働――言い換えれば労働自体の中に満足を目ざす労働――のために、ますます遠く後退してしまう。最後には究極目的が手段の中に消えてしまうことさえ起こる。古代・近代文化に見られる装飾用・閲兵用武器がそれである。こうして、われわれは道具から芸術品への連続的な移行をもつ。

このことは、人間の中に「そのこと自体が面白いという経験に対する、逆らいがたい衝動」があるために、また、「芸術活動は通常の経験の中に見出される性質を純化する」（デューイ『経験としての芸術』一九三四年、六頁、一一頁）ために可能である。

より完成度の高い製品をつくることによって定着する技量の洗練は——製品側からの触発によって、さらに蓄積され——ついには、こうした循環過程が自己価値——いわば自己正当化——を生むまでになる。ここでは本来の目的、ないし目的の行使は外へ押しやられて、周辺条件になる。しかし、だからこそ新しく生れる条件のために、あるいは根源的に定まっている目的の移動のために、対象が解放されるのである。閲兵用の武器は権力のシンボルになる。

ここに芸術の根源の一つがある。芸術の根源は感覚的な——主題を創造する——活動がもっている充足価値の中にある。「自己自身に意味と価値を付与する直接的、感覚的経験の能力には限界がない。そのような価値は——抽象的な見方だが——『観念的』な、あるいは『精神的』な価値と名づけることができる」(デューイ、前掲書、二九頁)。もちろん、完全に計画された、分業による工業的製作過程では、手段行動そのものを目的にするようなことはあり得ない。「経験そのものの中で楽しむ経験」(„experiences enjoyable in themselves“) はない。この点からも、工業社会の社会心理学的特徴——すなわち、充足体験が労働過程の外部で可能になることを期待し、しかもそれを先取りしたいという特徴——が明らかになる。

知的労働の中へも、この現象は入りこんでくる。学者は解答をさがし、見つける満足のために問題をつくる、とギヨームは言う(『慣習の形成』一九四七年、一四七頁以下)。遺憾なことには、知識の所有ではなく、単なる獲得だけが学者の意欲をかき立てる。一度知られたものは、もう発見の喜びをもたらさない。この点に間違いなく関係しているのは、いったん有効な解決の基準が確立すると、たちまち異常な速度と範囲で発達して行く現代科学である。したがって、科学は何に役立つかという問いは、決して充分な答えをもつことがない。〔科学もまた〕具体的欲求から出発して、自立し、存在の中の自己価値へ超越する。そして、その際すでに挙げた例のように異質の目的設定が展開する。

目的をめざす直線コースの上におかれた人間の関心と感情は、すでに述べた「手段行動の独立」過程によって、背景へ押しやられる。そして、この「間隙《ヒアトウス》」へ新しい別の主題が現われてくる。材料の中に暗示されている性質が強調されることによって、一部の図案のようなものが装飾や紋様へ発展する。それらはまったく別の関係から生れてきたほとんど嗜好に似たものである。しかし、これは前手工業的な手仕事では、ごく普通のことであった。

ドゥ・マデーは、ここに言われるような過程を「手段の、目的への移行」(„passage des moyens aux buts")と呼んだ(「動機の心理学――社会学的方法の基礎」、『第一四回国際社会学会議録』第三巻、一九五一年、五三五頁)。彼もまた実例として「仕事への愛」(„l'amour du métier")、「人間の仕事の美」、「科学的労働の成功と喜びから生れる満足感」をあげている。ハウアッド・P・ベッカーは、論文「道具としての価値」の中で同じ問題に言及している。「かつては完全に実利的な性格をもっていた慣習が儀式と儀礼に高められる」(「社会学の現代的諸問題」、『A・フィアカント記念論文集』一九四九年)。

われわれは製作された道具の完結性について実例をならべたが、道具は人が何か具体的な課題を処理するたびに――人間行動のすべての分野で――外化《エントオイセルン》される技量《ケンネン》の置き換えられたものである。そこでも、やはり常に前提となっているのは自己安定的な行動の習慣化である。このことを明確に把握するために、さきほど、われわれは――限定された欲求から始まって、同じく限定された物との結合に至る――習慣の性質をえぐり出したのである。そこに見るように、習慣は本来の目的との結びつきを失って、欲求圧とか一次的関心といったものが背景へ退いてしまうほど、自立化することができる。こうして負担免除された行動が――それによって付随的に生れてくる――豊かな動機に自由な活躍の場をあたとえ、動機が従来の次元での行動をより豊かなものにするばかりでなく、今度は逆に動機が、より高次元の習慣的行動を支えるようになる。

この非常に重要な状況をカテゴリー化するなら、目的からの動機の分離という表現が適切である。ある種の連続行動では、主観的に考えられる動機が行動の目的と一致することができる。たとえば、喫煙したいと思って葉巻を買う場合のまったく合理的な目的行動がそうであり、同じことは真の本能行動にも言うことができる。これらの「完了行動《コンサメトリ・アクション》」は、同時に動機であり、最終目的であるような行動である。

その他の多くの行動では、動機と目的は分離している。すくなくとも潜在的に分離している。つまり、すべての自己確信的になった行動圏では、どのように対象を制御できるか、行動が専門化されるか、動機や意図に合致するか、という観点はどうでもよいのである。言い換えれば、全体の構造が——それをつくり出した——本来の目的関係、本来の欲求から、はるかに——極端な場合にはまったく——分離してしまう。この洞察は人類学的に非常に重要である。ただちに二、三の例を示そう。

すなわち、この種の——自己確信的になり、自己欲求化した——自己価値に満足した行動は他の人びとの直接的な目的に仕えることができる。工芸家の逸品が支配者によって、地位の権威づけ、威信の誇示に使われるような場合を想像すればよい。この、動機と目的の分離というカテゴリーが分業の問題とどう関係するのかを、われわれはすぐ知るであろう。次章ではそれを扱いたい。

われわれが扱っている状況は、倫理学では古典的な方法で、二者択一をせまられたものである。功利主義は、けっきょく倫理的行動というものは公共の福祉といった最終利益をもたらすよう、目的づけられていないにちがいないと主張した。反対の立場は、道徳的行動が「道徳自体のために」行われなければならぬ、と要求する。いずれにせよ、ここに明らかなことは、目的からの動機の――潜在的な――分離である。また、人はなぜ惜しまずに利他的行為を行うことができるのか、といった論理的難問も同じように解くことができる。つまり、行動の動機は無私でありながら、結果はその人自身にとって合目的だということが可能なのである。しかし、制度が人間の中の各個人のエートスと衝突する際のような、明確に現われてくる激しい動機の葛藤では事態は別である。そうなると、われわれはいや応なく責めを負う道を選ぶことになる。

自己価値的な充足と、存在の中の自己価値を獲得した行動型が設定する二次的な目的は、芸術と科学の自由にとって重要な問題になる。これらの独自性主張《アイゲンゲルトウング》の情熱《パトス》は、社会学的に見ると、たいへん分化した社会にのみ、その均衡状態の中にのみ、発達するように思われる。だから、そのような情熱はいつもたいへん不安定なのである。一つの時代と社会が――われわれには、もう、うまく言い表わせないが――未来のひらかれた腕の中へ突入するような感じを受ける状況では、右のことは起こらない。しかし、やがて芸術と科学が「開花」し、それらがどんな社会的利益をもつのかがまったく問題にされない時代がくる。芸術と科学が、いわば攻勢にまわるのである。いずれにせよ「芸術のための芸術《ラール・プール・ラール》」という表現は〔芸術の本来の性格であった〕拝命《アオフトラーク》の自明性が失われるとき初めて生れることは明らかである。なぜなら、その前に、国王のための芸術、教会のための芸術（L'art pour le roi, pour l'église）があったからである。「自律的」になった芸術は、こうして再び、資本主義にとらえられる。

今日、科学は他の権力や暴力が設定する二次的な目的と闘っている。科学が現実そのものを叙述しようとするかぎり、それは当然である。ただし、生き生きした、豊かな、自由な存在形式が、まだ科学の側にあるかどうかは、もちろん別の問題である。独自性の主張の情熱には、うつろなひびきも含まれている。しかし、それでもなお、科学が道徳的強制力をもつ可能性は存在している。すなわち、医学や化学が毎日、実例を提供するように、大きな、広範囲にわたる、苦しい精神的出費が、小さな利益のために払われている。〔主体性〕万能の時代がちがった考えを許さないとき、われわれがポリュビオスと共に——歴史記述は若い読者には教訓になり、年輩の読者には娯楽になるように書かれるべきだ——という言葉(『世界史《ヒストリアイ》』第三巻、一六章、一—二節)を吟味してみることは大いに価値のあることであろう。

8　分業、制度

少し引用しすぎの感がある石のナイフの例を、もう一度最後に使うと、その製作技量、その完成度には常に個人差があったにちがいない。だから有能な誰かがもっぱら——全員のために——そのような道具の製作に従事したことが当然、考えられる。そして、この「専門家」は製作労働を免除された人びとによって養われたにちがいない。ハイヘルハイムが想像するように、あの壮大な洞窟絵画の製作者も、すでにこの種の専門家たちであった(『古代経済史』第一巻、一九三八年、二九頁)。メンギンによればアシュール期には本格的な石器の製作場があった(『石器時代の世界史』一九三一年、一九九頁)。チモノフカ(南ロシア、旧石器時代後期)の仕事場の一つから出た二万五千個の道具のうち、三二五三個は彫刻用のみであった(クラフト『創造者としての原人』一九四八年、一七三頁)。

分業の最も原始的な形態は性的分業である。アマサリク・エスキモーでは男は狩猟に従事し、狩猟用具は自分でつくる。女は動物の皮をはぎ、衣服、天幕、ボート用の皮を仕上げ、服を縫う。夫婦が一つの自足的統一体である(M・ミード『原始民族の間の協同と競争』一九三七年所収、ジャネット・ミルスキー論文)。

多くの原始文化の中に、すでに高度に発達した社会的分業が存在する。ルース・ベネディクトはメラネシアの「国際的」交易行事を描いている。そこには、閃緑岩をみがく種族、カヌーをつくる種族、つぼをつくる種族、木ぼりの彫刻をつくる種族等々がいて、彼らはみな一つの渡洋交易環にむすばれている（『文化の型』、ドイツ訳『原始民族の文化』一九四九年、一四一頁）。

さてここで、われわれの今までの考察を社会的関係へ拡大してみよう。そうすれば、すでに個人的な相《アスペクト》のもとに研究した欲求の免除、習慣の形成、行動の動機の蓄積が――たがいに相手を前提としつつ――社会的関係にどう結びつくのかが明らかになる。つまり、数人の専門家たち（それは鍛冶屋でも、つぼ造りでも、何でもよいが）が〔社会の〕全員のために生産し、今度は全員によって養われるような単純なケースを考えてみると――人類学的には――そこに相互の欲求免除状態が成立している。「専門家たち」の栄養への欲求は「背景的充足」の状態――つまり持続的に、潜勢的に充足されているという安心感――へ退いており、同様に他の人びとが抱く――専門家たちの生産品を所有したいという――いっそう間接的な欲求も後退している。

われわれは、ここに、さまざまなカテゴリーを見ることができる。つまり、衝動力学の視点から言うと、欲求充足が――自から行動するというリスクなしに――最初から保証されており、したがって動機の場から後退しているところでは、欲求の永続的充足と、その結果である過剰な興奮の免除、および平板化が起こっており、そのことが衝動のエネルギーを〔新しい対象に向けて〕解放する、という諸カテゴリーである。だからこそ、植物栽培や動物飼育が人間を食料探索から解放するやいなや、おどろくほどの文化の飛躍が起こったのであり、それは、第一次的欲求が持続的充足を得ることによって新しい欲求が展開する傾向に、すでに専門化されていた労働がますます細分化・多様化して行く傾向が、重なりあって進行した。これはマルクスが「労働の社会的分割は、労働を一面化すると同時に、欲求を多面化する」(『資本論』第一巻、三章)という言葉で集約した関係にほかならない。

分業という事件は、合理的な外見上の合目的性をもっている。それは生産性の向上によって簡単に証明できる。しかし、そのことはこの事件の成立を説明するものではない。分業を事件からさかのぼって説明することは不可能である。つまり、一つの制度の成立の理由は、なぜ人が制度を維持するのか、という理由と、通常、大変ことなっている。

分業を生み出す——内面的、人類学的——動機は、ピディングトンも提唱するように、合目的的に理解し、把握することが可能なような分業の機能とは、区別されなければならない(『社会人類学入門』一九五〇年、一三九頁)。ここでもまた、われわれは動機と目的の分離に出会う。これこそ、すべての文化理論が根底におかねばならない区別である。なぜなら、われわれは今日、制度の成立を合理的協定以外のどんな姿でも想像できなくなっているからである。この視点は、分業のような基本的制度では、なかなか活用しにくい。だから分業は依然として謎のままなのである。

今まで描写してきたすべての形象は、人類学的に説明することができる。われわれは明白な根拠からのみ解析をすすめる。つまり、労働が——自己価値に満足した——習慣形成へ転じること。こうして可能になる新しい——対象自体、ないし社会的経験によって目ざめさせられた——動機が流入してくること。それを労働する者が受け入れ、身につける《インヴェスティーレン》こと。そのような行動が直接的な、身近な欲求からそれて、わき道へ発展してゆくこと。ついには、この活動に他者の関心がむすびつくようになり、労働する者はこの同じ関心につかえること、が起こっている。言い換えれば、他者が自己の関心に奉仕することを——たがいに——前提とした一つの過程が起こっているのである。

循環の中に成立する――つまり、それに個人が参加し、死によって立ち去って行く過程としての――生産・分配の組織は、客観的に言っても自立しているし、現行の秩序によって生み出される参加者の意識の中でも、主観的に自立している。さあ仕事をしなければならない、と農夫は畑を見て言う。いったい何故しなければならないのか、という問いに彼はもちろん答えられない。それは、自立という意味から言って当然のことである。人間は食物を得なければならぬからと、彼が答えたとしても、それは組織の機能を述べているので、彼自身の動機を語っているのではない。習慣が人間自身の衝動をつくり出す。あるいはまた彼は、最大多数の最大幸福などの理論で答えるかもしれない。しかし、彼を仕事にさそう役割を、この理論が果たすなどということはあり得ない。

経済制度だけでなく、すべての制度を描くために必要なものは、われわれが前章で「単独の《アインザーム》」製品に関して展開したカテゴリーである。すなわち、動機群とその実現行動がたどる自立化と習慣化。新しくつけ加わってくる目的のために転位した潜在的目的。動機の場から追放された一次的欲求の永続的充足状態。衝動因の行動対象への転位。行動対象から発生する喚起――ないし義務づけ――機能。これらのすべてが、経済以外の制度にも指摘できる動機である。

分業化された企業は、その設立趣意どおりに、個人の合理的目標、たとえば新種の手段を駆使して収益をあげようという株主たちの関心から説明することができる。また、職員や労働者や従業員たちの協力は彼らの生計に対する一次的関心から説明できる。しかし、すべての稼動している組織体は、「企業」という言葉で呼ばれる自己目的的な自律性に転化している。企業はその機能活動の中で、予測不可能な一連の客観的事実と接触することになるが、企業はそれらの事実を企業自体に――その永続的存在に――役立つようにのみ組み合わせる。つまり企業が自己目的化するようにのみ組み合わせる。そうなると——すべての制度と同じように——企業の中に働く人びとの行動型と関心は、大部分、このような自律性からみちびき出されることになる。なぜなら、すべての稼動している組織は客観的であり、関与者の意識の中でも個人を超える構造物だからである。そのような構造物は関与者の態度と行動型を義務内容《ゾルゲルトウング》として規定し、この態度を習慣化して外部から支えてやり、〔行動の〕発動準備状態《イニチアルシュヴェレ》に保つ。だから、すでにマックス・ヴェーバーが強調したように、「営利追求」は単なる心理学的概念や独立の精神的動機なのではなくて、競争状態におかれた企業の生き残りが問題になるとき、その責任者たちに強制される一つの態度なのである。同様にすべての従業員にとって、労働の本来の目的である生計は周辺条件へ——意識されない自明の前提へ——押しやられている。目的は、具体的な相互労働関係の中では、行動を明確に動機づけるものでは無くなって行く。それは、むしろ労働工程自体の中に、その即物的秩序の中に求められる。すべての実際に活動している、よく機能している組織は「存在の中の自己価値」の域に達しており、その中に活動する人びとの態度と行動型を、組織の側から規定する。人びとは具体的な職場で、同じように自律的に——つまり倫理的に——行動するよう義務づけられる。こうして、T・パーソンズが「経済生産の技術過程そのものに対する無私の献身」（『社会的行為の構造』一九三七年、一六三頁）と名づけるものが生れる。同様にゾムバルトも「生きた人間を呪縛し、つれ去る」「企業の自立性」（『資本主義』第三巻、一九二七年、三五頁）を上げたのである。ただし彼は、すべての制度に固有の特徴が、ここに特にするどく刻まれていることを見落している。制度はすべて、何らかの程度で「個人をこえたその強制力によって自立的」(„selfsustaining by virtue of its compulsive power over individuals“) なのである（パーソンズ、前掲書、五一〇頁）。国家にも、法にもそれがあてはまる。それればかりでなく、われわれから遠くへだたった非常に多くの原始民族の、きびしく規定された、硬直した婚姻秩序の制度でも、そうである。アンダマン島民の神話は来世のパラダイスを、地上の生活のくり返しだが、皆が年をとらず、病気と死を知らず、誰も結婚せず、結婚させられない、というように描いている(レヴィ＝ストロース『親族の基本構造』一九四九年、五六七頁)。つまり、「強制力」(„compulsive power")のない生活なのである。

最も合理的な制度でも、長期にわたって観察すると、とどまることのない目的変化の過程を示している。大企業は対内政策ばかりでなく、対外的な政策構想の展開を余儀なくされているように見える。かつては目的設定の中心にあった採算性は、まったく新しい目的設定のために境界条件へ移行し、採算性を追求させた動機は転移していると言うことができる。今日では、自律的な総合福祉団体であろうとする新しい傾向が、はっきり読みとれるほど寛大な、「自発的な」厚生施設をもつ会社が存在している。採算のとれなくなった企業も、公的な援助によって、労働者に仕事を与えるために営業をつづけることができる。

われわれは、さきに、制度には目的があるとは言っても、必ずしもすべての制度が合理的な、目的を意識した行動から生れたものではない、と述べた。統治システムというものは、なるほど今日では、想定されるさまざまな経験を勘定に入れて、たいへん意識的に設計されている。しかし、最初は――はっきり定義された合理的な意図をもって――利益団体として設立された制度も、いつまでも、この同じ狭い視点から見ようとするなら、間違いである。制度が自律性と自己価値的充足へ転化するために、最初の目的はとっくの昔に周辺条件に変り、そのシステムが完全に新しい一連の動機に開放されることは、充分ありうることである。このことは多くの団体にあてはまる。たとえば、その団体が次第に大きくなって行った結果として、事物との接触が蓄積された結果として、従業員に対する支配の程度――つまり「力の密度」(B・ラッセル)――が増大した結果として、そうなる。そもそも、信じられぬほど多様な、後から付け加わった機能を、国家本来の存在条件として、足もとへ押しこんでいる国家の場合もまったく同様である。だから、国家の目的ないし「本質」は何か、という問いにはただイデオロギーだけが答えることができる。

われわれは、すでに、人間の行動型と関心は大部分——その中で、いわば人間が作成される——制度《ザハ》の自律性から、生れざるを得ないことを述べた。この一人一人の人間の実際の態度、信念、行動型、専門分野《ベライヒェ》は、それがかかわってくるたびに、内部と外部の両側から義務的なものとして体験させられる。これこそ制度の機能そのものである。ここで重要なのは、基本的欲求さえ制度につかえるために登場する、という極端なケースである。人は、いわば行動能力を維持するために食べ、飲み、眠り、健康に留意する。そうなると、動機と目的の分離は基本的な目的（一次的欲求の充足）さえ、一つの手段になるほど進行する。行動が手段に奉仕し、行動の動機は制度の存在と持続に見出されることになる。

9　制度、内面への波及

経済以外の制度の事例を研究するために、ここで集団競技を取り上げてみよう。非常にすぐれた本である『精神・自我・社会』（一九四七年）の中で、G・H・ミードは、集団競技というものは行動の面から分析すると「返答のシリーズ」であることを明らかにした。つまりそれは、それぞれの競技者の行動が、それに見合った他の競技者たちの行動を、いつも、引き起こすように組み立てられている。皆が、味方チームに対しても、敵のチームに対しても、きまった返答を期待し、要求することができる。そしてまた各競技者は、すでに自分の行動の中へ、他の競技者たちの潜勢的返答を織りこみ済みである。他の競技者たちの側でも全く同じ仕方で反応している。すべての集団競技（ゲーム）は、たがいに関係しあった、一定の課題に向けられた行動の体系であり、これらの行動はすべて、先取りされた一定の他者の返答に照準を合わせられている。味方や敵方の——起こりうるいろいろな——反応を秩序づけられているこの体系は「競技ルール」の形で明示される。それが、行動の可能性の〔関係〕網を組み立てているのであり、この網の中で初めて、偶然というものを自由に利用することが、すばらしい魅力になる。フットボール、テニス等にも見るように、規則の厳守はレフェリーの特別の「権限」下にある。それに対してはどんな訴えも許されない。

あらゆる競技は、たとえば一個のボールをゴールへ押しこむというような、他のすべての日常的関係の中ではまったくどうでもいいことを問題にしている。そのような状態が実現されねばならぬのであり、この状態から見て合目的的でない一切の行動はしりぞけられる。しかし、だからと言って、どんな手段に訴えてでも達成してよい、というのではない。たがいに拘束された行動型の中でのみ許されるのである。ルールの義務内容《ゾルゲルトウング》はその強制力を二つの源泉——つまり、競技の主題《ザッヘ》と、他の競技者たちの協力・反対に対する配慮——から取り出している。そのかぎりで競技は、制度化された——目的をもった——社会的協同一般のひな型である。ただし、ここでのみ「労働という真面目」の中では引きとめられていた情熱と能力が完全に展開されるのである。ミードが一定年齢の子供の発育には家族内の生活より集団競技が、より重要であると強調するのはまったく正しい。子供たちの意識にとって最も重要なものは規則である。つまり、彼らはいくらでも勝手にふるまうことができる。しかし、約束が成り立っている。だから、それを破らないのである。遊んでいる子供たちによって、まさに本能的に求められているものこそ「目的と化した集団規則一般」である。

競技が行われている間、全体の構造は徹頭徹尾、自己目的に変化している。この制度は自己価値的充足の最高段階に達しており、そのような充足状態が、規範の実体、つまり行動に体現される規則の厳格さ、と完全に不可分のものになっている。制度が自己価値にまで高まっているからこそ、「動機と目的の分離」が生じうる。おどろくほど多彩な動機が活躍の場を見出すのである。つまり、運動の喜び、闘争心、名誉欲、仲間意識等々が解放されることになる。

この競技の例は、それを使ってわれわれが制度の目的転化を示すことのできる極めて意味深い例である。つまり、ある種の競技は——目的変化を起こして——大衆運動、軍事的民族示威行動、販売促進のための大規模な商業企画、工業社会の真に社会学的な要求であるレジャーの消費になる。この根源的な、人間に深く根ざした相互行動の刺激は、何か特定の課題が与えられると義務の形態——ただし労働ではない形態——に転化して、周辺条件になる。同時に、当然の結果として、新しい競技を発明する能力は失われてしまう。

制度の意味変質の研究は、反対に過去の方角へさかのぼって行っても、やはり得るところが多い。競技にこだわれば、チョクトー・インディアン（ミシシッピー州）は大人数のチームがふた手に分れて、めいめい二本のラケットをもち、柱を立てたゴールをねらう球戯・トリを行っていた。ボシーは一七六八年にすでに、それを報告している（スワントン「チョクトー・インディアンの社会・儀礼生活資料」、『アメリカ民族学局会報』一〇三号、一九三一年参照）。それは当時すでに、完全に世俗化した「スポーツ」であったが、やはり細部には複合された古い意味内容が依然として残されていた。つまり、競技者たちは馬の尻尾とたてがみで身を飾り、「予言者たち《プラフィッツ》」（シャーマン）が彼らの上へ鏡で太陽の光を反射させたのである。競技前夜の長時間にわたる儀式も太陽儀礼を暗示している。馬は、神話にしばしば出てくるように、太陽の動物だったにちがいないし、ボールはおそらく太陽なのであった。

この競技には、本来はもっと違った一群の動機が働いていたにちがいない。すなわちチョクトーたちも、すべての大陸の非常に多くの自然民族のように、たがいに女を交換しあう（外婚制）半族（モイエティ）の社会を組織していた。すべての下位集団はこの双分組織下にあった。このような半族は非常にしばしば——民族学が教えるように——起こりうるあらゆる激情、つまり敵意、競争心、優位要求等々の排水溝の役を果たしていた。チョクトー族でも競技者たちは本来、半族分けに従ってチームをつくったが、報告された時点では——内婚制が広まっていたために——すでに人選の混乱が起こったと報告されている。競技はたいへん激しい（「驚くほど乱暴な」„amazing violence“）もので、皆が完全にへたばるまで七時間も、あるいはそれ以上もつづく。このような文化複合は、この競技が非常にはげしい葛藤の調停を儀式化し、社会的に無害化したであろうことを、想像させる。したがってそれは、さらに「異部族間《インターナチオナル》の」紛争問題の規制にも役立ったことは明らかである。チョクトー族とクリーク族の間に争われた、あるビーバーの湖と、ある領地をめぐる所有権問題は二つとも、こうして解決された。太陽と馬の二つの文化複合のどちらが古くて、他方を吸収したのかは決定できない。前述の形式の太陽儀礼が、スペイン人によって行われた馬の輸入より、古くないこともあり得るからである。

このことを、われわれが報告したのは、普遍的な認識を明確にしたいからである。ホーフシュテッターは競争状態の「儀式化」について述べている。つまり、競争状態の中から根源的な葛藤の実質《マス》が、いわば抽出され、「類型的対立」という制度化された形式の中に存続するわけである（『社会心理学入門』一九五四年、一二二頁以下）。彼は労使紛争の儀式化を期待している。今日でも問題になっている緊張は、すべての人びとが社会的生産物を完全に享受するには未だ生産量の少なすぎる時代に生れたものである。しかし、われわれが——消費の上昇、過剰生産の在庫が問題とされる時代に——さしかかっているとすれば、伝統的敵対関係をつづける理由は成立しなくなる。それでも制度は存続するだろうし、敵対関係は儀式化されて残るにちがいない。ただ、その際には内容の変質が期待される。つまり、本来の経済的葛藤はイデオロギーのそれか、あるいは優位の要求にとって代られるのである。

　制度は、右の二つの例で分かるように、様式化された、儀式化された空虚な形式として作用する。それはまったく異なった敵対関係の動機、まったく異なった目的設定を収容することができる。あらゆる種類の制度は高度に形式化することが可能であり、政治的デモクラシーの形式主義が世界の半分をわたり歩いたように——ただし、場所、場所でまったくちがった内容をもちながら——「輸送可能《トランスポルターベル》」になる。したがって制度は、概念のように機能する。概念もまた——空間・時間的に定まった——個別の内容に適用されるのではなく、そのような内容を図式的に型どるだけであり、したがって何にでも適用することができる。

　ここで、さらに一言、説明しておかねばならぬことは、形式と内容を分離すれば、われわれは、もうおたがいに充分に表現しあうことは、ほとんど不可能であるということである。人間の行動型——それは常に、秩序づけられた状況と外的支持物に依存しているが——が、時につくり出す見事な簡潔性《プレグナンツ》と形式性《ゲフォルムトハイト》（と同時に安定性）は、人間の体質に深く根ざした欲求と一致している。われわれは先に、競技の規則に賭ける子供たちの情熱について述べておいたが、同様に、多くの社会や文化の間でも——いわば単に——明白な効用をもつ物質財だけがやり取りされているのではない。まさに原始的社会の間でも、高度に様式化された制度と、その義務的内容が引きつがれているのを見ることができるし、一部の発展途上国における国会の宗教儀式でも事情は同じである。このことは、あらゆる種類の文化部門に当てはまる。中でも特に、われわれにはかなり矛盾したものに見える「社会図式」に、つまり、きびしく義務づけられ、厳密に規定された親族分類の型に当てはまる。そのような親族分類は、たとえば「正統的な」結婚を規定することによって、家族発展のための大局的な論理をつらぬくのである。このように、ナンギオメリ族（オーストラリア）は、まだほんの数年前、南方の隣接部族から、母系的な（女系をたどって親族を分ける）八分組織《サブセクション》――つまり、自分の姉妹の息子の娘（！）と結婚できる婚姻形式――をもつ、まことに複雑な組織をひきついだのである（レヴィ＝ストロース、前掲書、二二五頁）。

つまり、すでに述べたように、形式と内容はもはや分離することはできない。概念と同じように内容が、まさに形式的なのである。そして、これが自己自身の主観的な体験の世界にも当てはまっていることを知らねばならない。内面生活をよく見るなら「絶えず変化する意識の流れ」などという像ほどまちがった表現はない。すなわち、われわれの内面世界の内容――思考、感情、関心、表象等――のたがいの関係の中でも、同じような形式と内容の関係がくり返されるのである。常時行われるある内容がステロタイプ化すると、ただちに他の内容の中へ出入りして、その内容を組織する力をもつようになる。それは重力の中心、道しるべ、抑止力、コーディネーターとして――つまり形式の付与者として――ダイナミックな力を発揮する。感情でさえ、この仕方で型紙化し《シャブロニジーレン》、そうなることによって初めて、固定された特有の性質になる。これは、内容の交替を追い求める現代の体験欲《エアレーブニスギーア》にははなはだお気に召さない真理だが、しかし精神の最高領域にまで当てはまる真理である。ここで一つのたとえ話をすれば、理念とはいわば思考という国民の制度である。そのような国民は制度の枠の中でのみ生産的になる。もともと理念は、すでに言葉とのむすびつきによって図式化されている。もし、そうでなければ理念が伝達されることは不可能であろう。だからこそ理念は一瞬一瞬の体験の変化をこえて生きつづけることができる。精神的なものの中の安定した内容こそ、形式を与えられている。そうでなければ、行動の中で内容を固定することはできないであろう。同様に行動の中にある習慣という概念が、「何であるか」〔＝内容〕はそのまま「どのようであるか」〔＝形式〕であることを教えている。こうして再び習慣は、そのまま制度の実体に関係してくる。理念と制度の恒常性は、たがいに前提しあっている。

ところで、われわれはこの考察によって、経験的哲学がもうこれ以上進むことのできない限界点に到達した。言い換えれば、経験的哲学はこの偉大な、最後に残った、経験を超える思考を、ただ表象として、つまり「理念」としてのみ考えることができる。すなわち経験的哲学は理念を、過去のものとして、その歴史性のもとにのみ考える。

意識と決意の中の真に高貴な権威としての理念は、それを自己の思想と行動の形式にした人にだけ与えられる。しかも、現実の中に痕跡を残す統一的行動の形式にした人にだけ与えられる。それに反していわゆる「理念」は信者たちの主観によって生きる。われわれは理念のために決意しなければならない。理念を擁護し、支持しなければならない、理念のもとに立ちあがらなければならない、等々という具合である。そのような理念は決して直接的な行動様式をつくり出さない。

偉大な思想は、ただ制度の内容としてのみ、理念を越える状態――行為を基礎づける自明性をもった状態――に達する。宗教の本質でも同じである。宗教にとって制度は単なる外被ではない。教会なしには、宗教は「観念的なものになる」にちがいない。つまり、芸術と同じように、主観主義の中へ解体されてしまい、体験販売の中に消費されてしまうにちがいない。

宗教とは反対に、けっきょく孤独な作業である哲学にとって、制度化は――たとえば大学がそうであるように――偶然のものであり、本質的なものではない。だから省察と表象をこととする哲学者は、観念論をまぬがれることが困難である。イエーリングが言ったように、省察の中ではあの観念論の権威が制度のもつ命令の形式を奪い取り、制度は概念の〔行動の、ではなく〕動機に低下する。つまり、人びとは行動の様式としてではなく、ただ確信と内容としてのみ、制度をもつ。第三の道を知る人は、ソクラテスとアスクレピオス(4)を兼ねる人である。

10　制度による人間の内的安定

生来、不安定な、可塑的、可変的な領域が人間の体質全体に、くまなく広がっている。専門化されていない本能、学習によって変更可能な行動、および言語（その中に流れる思考もふくめて）は、まさに想像もつかぬほどの可能性を秘めた可塑財のそのような分野の実例であり、その内部では安定した統一を確立することが最重要課題になっている。人間種《ゲヌス・フマヌム》という観点で見るとき、民族学の大きな魅力はどのように多くの可能性が、空間と時間の中で本当に実現されたか、をたしかめることである。そこには、無いものはない、と言えるほど多くの成果がある。

　われわれはまた次のような問い方をすることもできる。つまり、本能にしばられていない、しかも過剰な衝動をもった、環境から自由な、世界にひらかれた《ヴェルトオッフェン》〔人間〕存在にとって、自己の生存を安定させることはどうすれば可能なのか？　と。それに対して否定的《ネガティーフ》にははっきり答えることができる。つまり、教育、教養、宣伝活動《プロパガンダ》による、意識に働きかける手段はまず不可能である、と。だから、われわれはまず、道具の使用を分析することから始めたのである。どのようにして、視覚的に解発される、「自明の」、不変の、しかも専門的な運動が可能になるかを示すために、道具を取り上げた。物の形から受ける刺激によって一つの明確な運動像が解発される、という点では——外から見るかぎり——一羽の鳥が、真の本能のあやつる解発・知覚に従って一本のワラを巣づくりのために取り上げようと、あるいは人間が一つの道具を取り上げようと、そこにはまったく差がない。しかし、内部のカテゴリーには天地の差がある。その差を知るために、われわれは次のことを考えてみるがよい。つまり、どんな動物でもよいが、動物たちは最初から——おたがいの行動の間に——本能的、自動的に反応する「信号」を確立している。それに対して、人間がつくり出すすべての製作物は、道具やシンボルから社会形式にいたるまで——人間の体質との関係から言って——本来そなわっていなかった行動の自動性《オートマチズム》を二次的に適えてやり、そのことによって、特に、物や相手の人間に対する——同様に本来決して自明のものではなかった——行動の規則性をつくり出し、けっきょく行動が相互間の確実な予測可能性を生む役割を果たしている、ということである。

　右の人間の製作物の場合、もちろん制度が決定的な安定の構造母体をなしているのだが、それはすでに先史時代の道具によって証明されている。なぜなら個人の労働は全体の構造の中の位置価《シュテレンヴェルト》としてのみ持続することができるからである。すべての社会的行動は、制度を通じてのみ、効果と永続性と、規格性、疑似自動性、予測可能性をもつ。

　ここで、なお二つのことが強調されねばならない。すでに定義づけたような——人びとの内的な関心や価値観まで支配してしまう——行動準備態勢は、基本的に、明確な「外的支持」がなければ永続しない。制度による外的支持を離れた——つまり行動ぬきで伝承しようとする——志向の存続期間は、フランスの君主制構想の運命が証明するように、せいぜい二世代から三世代までである。それ以上は追跡できない。逆に制度は、その内部がすでに空洞化しつつあるときでさえ、思いもよらない寿命をもつ。なぜなら、けっきょく制度は、それ自体が価値であるような抽象的持続を具体化するからである。プルタルコスは、プラタイアイで戦死した兵士たちの六〇〇年記念慰霊祭を体験している。とうの昔にマケドニアに併呑され、その後ようやくローマのフラミニヌスによって「解放」されたごときギリシアの自由が、プルタルコスの同時代人にとって一体どんな意味があっただろう？(5)

第二に、行動の習慣化はそれ自体、生産的であることを忘れてはならない。なぜなら習慣化は、より高次の豊かな組み合せをもつ動機づけのために、負担免除の見込み《ショーンス》を与え、そのようなことは、ただ行動の習慣化によってのみ可能になるからである。われわれはそれを「出来のよい《ゲコント》」製品が芸術作品へ移行する姿の中に示しておいた。また、すべての言葉が――われわれがそれを習ったとき、規範的な権威と感じられた――変えることのできないシンボルを明確に定めていること、その完全な習熟がすべての理解と、すべての自由な思考の基礎になっていること、も容易に理解できるところである。人は言葉から出発して、規範化された習俗や行動型一般の領域へ進む。そのような領域は、法的に正しいとか、宗教的に、実用的に正しい等々といったすべてのものを、はるかに越える領域である。ここで真に問題になっているのは、万人が異議なく了解ずみであるという絶対的な土台を維持することである。土台が崩れると、異習俗に接したときのように、人びとはまずいことや、こっけいなことをやる。それは、ちょうど道具や機械を正しく扱えない人に似ている。なぜなら物自体が規範的な機能をもっているから、そこに見られるのはまったくステロタイプな、陳腐な行動なのである。

すべての制度に本来そなわっている負担免除の機能――つまり、主体の動機づけを代行し、持続的な臨機応変態勢をつくりだし、時には代って決断を下す機能――はすばらしい文化的特性の一つである。なぜなら、すでに前章で見たように、この機能による安定化がわれわれの精神的姿勢の核心にまで及んでいるからである。制度が時間の推移の中に頽廃し、風化し、あるいは意識的にこわされるとき、このような行動の確実性も失われてしまう。一切が自明のことであるはずの場所が、不当の決断をせまられることによって過重の負担を受ける。「過度の識別強要」(„too much discriminative strain")――つまり、過大の判断・決断圧――というアメリカ式の定義は当を得たものである。臨機応変の態度表明の際にも、やはり動機づけられる必要があるのだから、主体は自分自身に支持点を探さざるを得ない。そうなると主体は当然、自からの公的権威を要求することになる。高度に分化された社会の中で、政治的・社会的大変化がもはや共通の方向をもたなくなるとき――つまり人びとがたがいに制約しあい、侵入しあい、排除しあうとき――不確実性が一般化する。そこで人は〔行動の〕核心層で実験を行ったり、現在の状況に沿って試みてみたりしなければならない。そして、再び完全に習慣化される態度を括弧に入れなければならない。原則的なもの、安定的なものを求める基本的欲求が、位置を変えて意識の表面へ――すなわち、目下、鋭敏になっている領域、非常事態に直面して活動している領域へと――せり出してくる。個人を意識の側から、つまりイデオロギーによって安定させようとする試みは、見込みのないものであると同時に、強制的なものである。もちろん、その吸引力の中へ一切のものが完全に落ちこんでしまうような多くの世論が生れることもある。そのような情勢下ではすべての言明が実行可能な行動のように思えるからである。しかし、それは完全な事実誤認である。だから今や、過大な重荷を負った意識が、言葉や意見が、公的な行動を大部分、肩代りしなければならぬのである。印刷物とか、演説のようなものに対する感受性はどこまでも高めることができる。皆のポケットには他人の言葉に敏感に反応する試験管がいっぱい詰まっている。

これが呪術の現代の形である。われわれはここから、この重要なカテゴリーを裏づけることができる。呪術は内容によって定義されるのではない。それは行動の一形式である。すなわち、いずれにせよ呪術は、行動に重要な支点を与える原理の道具化されたものであり、そのような原理は背景的充足の状態から生じ、日常生活を支配する。それはまさに日常行動の不安定性から生れた、きわめて意味深い一過程なのである。呪術の古代的内容は、今日ではただ、機能しなくなった残存物として、発展の周辺沈澱物としてのみ、見ることができる。S・ブラチョフスキーの研究は、学校の子供たちの、この種の例を紹介している(「学校における児童の呪術的行動」、『アメリカ心理学ジャーナル』第五〇号、一九三七年)。たとえば、良い結果を得るために、悪い結果を祈る、という逆の考えである。大事なことは、そのような行動が両親の家とは無関係な、つまり、不安定な領域でのみ起こることである。この人類学的課題の根は非常に深い所にある。外形上の呪術行動は高度に合理的な意識の周辺でも起こりうる。そこでは人びとは、認識されたものから目をそらせながら——古代呪術と同じように——自からは理性的で、現実に即した態度を取っていると思いこんでいる。信念が現実を操作できるという信仰は、この意味で、知的文化の中の呪術的恒産に属している。それはちょうど、われわれが意識によって人間行動を安定化しうると考えるのと同じである。この信仰こそ、今わたくしが述べた一定の意識状況から生れたものであり、フリートリヒ・ナウマンが、人間をつくろうとする者は組織をつくらねばならない、と言ったことにほかならない。個人的にのみ活動するすべての精神は飛翔し去ってしまう。精神は、組織的精神として登場するときに、初めて建設的になる。

11 相互性

人間の性質と文化に対する制度の意味が、ここでは強調されすぎていると思う人は、真の社会関係というものはきわめて限定された一部の領域でのみ本能の支配を受けていることを、考えてみなければならない。われわれには――幼児に対してほとんどリリーサーのように、かなり的確に働く――保護・養育反応があること、そしてこの本能も〔われわれの場合には〕その専門性を失って、いわゆる「可愛らしい」何にでも働くことが知られている（K・ローレンツ「現実の経験の生得的形式」、『動物心理学雑誌』第五号、一九四二年、二七四頁）。同じくまたローレンツが証明したように、人間の表情運動の原形式(6)も本能的な返答――もちろん、それは単なる感情刺激に低下したものだが――を引き出す真のリリーサーである。力と服従、保護と従順の関係にはうたがいもなく本能的な要素が入っている。しかし、この要素はそのような関係の安定性を長期にわたって保証するものではない。さらに「ヴィンケルリート機能」(7)――つまり自からを盾に集団の危機を救おうとする行動――のような終末状況に現われる二、三の本能的反応もある。が、これも、知られているように、必ずしも非常に信頼のおける、というものではない。家族の性関係も、もちろん本能とリリーサーを人為的に配分することで成り立っている。だからこそ婚姻制度は決して解明されないのである。一人でいたくないという非常に強い欲求、いわゆる「群居本能」は、一人ぼっちにされようとする際に――ただ被隔離現象《エントツークスエアシャイヌング》として――現われるという不思議な性質をもっている。彼がもともと一人でいたときには、本能的に他者に接近したいというどんな特別な既定行動も、自然には、起こらなかったのである。

だから、われわれが集団からの失踪体験というこのネガティヴな形によってのみ知ることのできる、社交性への欲求は、どの行動型とも結びつかない完全に中立的な欲求であり、相互性の上に成り立つあらゆる行動の中で充足される。そのための前提は持続性の保証である。別の言い方をすれば、行動の互恵主義こそ、真に基本的な人類学的カテゴリーであり、その中にはどんな内容でも盛ることができるのである。したがって、この社交性の欲求の持続的充足はカテゴリーの外的安定にかかっている。

われわれが、まさに原始的文化に見ることのできるものは、積極的な相互性を目ざす行動型こそ——社会的結合を確立し、維持するための——唯一の可能性の提供者だということであり、しかも、それは〔われわれの文化のような〕堅固な即物的支配構造や、永続的経済活動が人間の義務的行動を自覚させ、その結果——社会秩序の存続という単なる自覚だけで充分なほど——おたがいの行動がささいなものになる、といったことのない場合ですら可能なのである。

人びとが警戒心の強い、臆病な土着民たちと行う交易——つまり等価の物品を展示しあい、必要とあれば、全然姿を見せない相手が納得のゆくまで次第に物品を追加してやることによって成立する——いわゆる「沈黙の交易」が、すでに商業の互恵主義さえ一種の理解の形式であることを証明している。すでにヘロドトスがカルタゴ人とリビア人について報告している同じケースの中に、すばらしい理解の形式がある(『歴史』第四巻、一九六節)。原始的社会の、相互に幅広い交際の場をもつ通常のケースでは、物の交換が抽象的な経済面に限定されないで、経済以外の側面も合わせもっていること、つまりそれがいわば社会のセメントとして働いていることが、はっきり示されている。したがって、交換こそ社会的行動の主導的形象だということになる。人は物品、儀礼、舞踏、呪文、祭、埋葬のための奉仕、子供、結婚適齢期の女を交換する。交換は消えない物質を借りた言語の分身である。マヌス島(アドミラルティー諸島）では、どの家族も自分たちの需要のために働くのではない。ほとんどただ交換のためだけに生産する。交換が「すべてをつらぬく関心事」である（『原始人の協同と競争』一九三七年所収、M・ミード論文）。多くのバントゥー族は、あらゆる儀礼的関係を仲介するものとしてロボラ――牛の贈答――を知っている。それは殺人をあがない、死者に供えるいけにえとして、「結納金」として使われる。結納金でも、その超経済的な意味は明らかである。なぜなら、花嫁の兄弟の方では、その牛でまた少女を手に入れるから、動物たちは再び――同じ方法をとる――次の新しい義兄弟の手にわたることになる。つまり牛の群れが少女たちと逆の形で文字通り流浪してあるく（レヴィ＝ストロース、前掲書、五七七頁）。この交換制度の完全に独立したものでは、同じ代替可能な財貨をやりとりすることができる。あるいは、他のものとは交換できない単なる儀式用財貨が――前述の貝飾りのように――巨大な円をえがいて循環することもある。このように、交換の非商業的側面はまったく疑いの余地がない。それは社会的儀礼なのである。

互恵主義は人間存在の本質的特徴にかかわる基本的カテゴリーである。もし、これを「本能的」と呼べるなら、言語とまったく同じ意味でそう呼ぶことができる。つまり、人間存在を「貫通している」――言い換えれば、人間行動のあらゆる層をつらぬいて、性格づけている――構造の意味でそう言うことができる。G・H・ミードは、その天才的な研究の中で、言葉と身ぶりによる意志の疎通を「他者の役割を引きうけること」という文句で表現した（前掲書）。言葉というものは、他者の未来の言葉として仮定され、ないしはまた、先取りされた他者の言葉に沿って発言されて、初めて意味をもつ。人はシンボル使用の中で、他者の反応の場へ身を移し、そのような立場から行動する。このアメリカの著者はそのすぐれた適切な分析の中で、人間の中の自我の展開、自我の分離は、本来の自我の――他者の目で見た――部分から生れることを、このような言葉の始原現象からみちびき出した。つまり、自意識の成立を説明した。互恵主義はまさに言語そのもの、意識の形式そのものであるから、それは〔人間存在の〕すべての「層」をつらぬいて流れている。われわれがそのような比喩を使って語ろうとする際にも流れている。衝動や欲求の領域さえ——方向づけられた欲求がすでにその欲求自体の中に、対象の与えるにちがいない印象の予感をふくめているかぎりで、あるいはもっと高い次元で、個人がある人間やある集団に「同一化」するかぎりで——「言語的」になっている。同一化は単に意識の中にのみ限定できない現象であり、そこでは先取りされた、すでに確認ずみの他者の反応が、この永続的欲求の性質自体の中にとりこまれている。同一化という、あいまいなカテゴリーは本来この観点からのみ理解される性質のものである。そればかりか、このカテゴリーはそのような欲求がやがて到達する状態、「背景的充足」を言い表わしている。いずれにせよ、われわれは一人一人の孤立した行動の中にも、相互性という言語の形式と同じものをもつのであり、そこでは感性的な活動が前もって感覚された当該の返答をすでに組みこんでしまっているのである。したがって、このことは——もともと、われわれがそこから議論を始めた——社会行動一般に、ますます多く当てはまる。

だから、われわれの主張は、相互性から発展し、持続し、やがて自立する社会構造が——社交性という主要な欲求のために——基礎的な、根源的な充足の場を提供する、ということである。

交易には元来、非経済的な面があり、むしろそれが本質的なことである。今日でさえ、一貫した、「化学的に純粋な」経済行動の例を見つけることは難しい。物もまた、他のすべての交換可能な「存在価値物」と同様に、始原状況では、相互性の安定器であり、相互性そのものが、とりもなおさず社会的・倫理的生活、意志の疎通、欲求の充足なのである。だから、神々や霊たちとの関係についても同じことが言える。「なんじが与えうるために《ドー・ウト》、われ与う《デス》」は、これら生命体たちとの計算ずくの取り引きを意味しているのではない。「与えること《ダーレ》、は自己を関係の中へすえることである。すなわち第二の人格に、一つの対象を使って、参加することである。それは、もともと『対象』ではない自己自身の一片である」（ファン・デル・レーウ『宗教の現象学』一九三三年、三二八頁）。犠牲を供える人は自分を神にむすびつける。同時に彼は、この自己自身である神からの答を期待している。なぜなら答えられることからのみ、神が敵ではないことが明らかになるからである。同じように原住民たちもリヴィングストンに「お前はわれわれの友人だと主張するが、お前がわれわれに少しもお前たちの食物を与えず、われわれの食物をためしてもみないのに、どうやってそれを知るのだ」と言ったのである（v・d・レーウより引用）。

交易のこの非経済的側面から、ラウムによって展開された重要な洞察が生れてくる（『聖貨』一九二四年）。つまり、祭られる犠牲の側から、規格化の問題――いわば財貨の品種ステロタイプ化――が初めて誕生する。太陽神は明るい色の牛だけをお受けとりになる。犠牲の牛は五歳でなければならぬ等々のように。ホメロスの時代に三脚架[8]が「一二牛価」として登場するように、まさに祭祀的起源から、犠牲獣が――牛が――最初の価値の指標になったのである。「祭祀秩序が標準的な定型としての代償手段をつくり出す」（前掲書、一五八頁）。祭祀的な代償手段の世俗化への最大の道の一つは、もちろん寺院の自家経済であった。その保護された平和の中で交易が栄えたのである。

贈与の相互性は、ここに論じられた機能のどれを取り上げても、そのような機能の裏返しとして、初めて義務が生じたということではない。贈与はむしろ、義務づけられた存在の外部に現われ、明確になった面なのである。与えることと、受け取ることとの連続性こそ、すでに了解ずみの存在が――現実存在に必要な相互義務の中で――暮して行く制度の形式である。この行動型の中で、ほんらい持続的なさまざまの関係が――宗教的、法的なものから経済的なものにいたる関係が――内容豊かに、無限に変化しながら展開して行く。B・レーフェルトは、なぜ法が義務と感じられるかという問いに関係して「報復衝動」を語っている（『法の源泉』一九五一年）。彼はこの衝動を——われわれの意見では、心理学で公式化された表現にくらべて——はるかに適切に捉えている。つまり彼は、報復衝動の中にはもともと互恵主義への欲求がふくまれていること。それが本来の意味の報復や刑罰としてであれ、交易の例のように物と結びついた関係としてであれ、——犠牲的行為や、あるいは犯罪者がぼんやり感じている刑罰欲求にまで至る——進んで引き受けた義務の相互性としてであれ、ふくまれていることを理解している。われわれの考えでは、犯罪者の刑罰欲求というものは、犯行者である自我と彼の中の社会的自我の間の相互関係を、長もちするように、再建しようとする欲求なのである。これが多分、パレートが「統合残基（統合『本能』）」と名づけたものに至る理論経過である。そのために彼は『一般社会学』の一二〇七節から一三二三節の中で、観念複合《コムプレックス》、刑罰、犯罪、罪、浄化、贖罪等々、さらに犠牲的行為までもふくめた〔いわゆる本能的なものを見わける〕豊富な決疑《カズイスティーク》法を作成した。モースは、後に、豊かな民族学資料を使って、最も広義の交易の意味を明らかにした（「贈与論」、『社会学年報』、第一巻、一九二五年）。

完全に形式化され、すべての内容が空になり、権利要求の形で社会に提出される相互性は平等である。社会の高度の複雑さと、完全に発達した個人主義のもとでは、この要請はつぎのような意味をもつ。つまり、誰かある人に許された行動型や権利や機会は——それらがおたがいの直接的行動の中ではまったく関係のない遊離したものとして現われるときでも、個人競争や経済競争の機会均等、国家等に対する同じ条件や状況の保証のための機会均等として——すべての他の人びとにも与えられねばならない、ということである。

通常まず、引きはなし現象として自覚される社会的結合への欲求は、だから、何よりもまず相互性と持続性をもったすべての行動の中で充足される。したがって行動の不変性は、言い換えればこの欲求が起きるや、ただちに満足させることのできるような表出軌道は、まさに内部から要求されている。なぜなら、この欲求にとっては、どんな遺伝的に確立された、生得的に不変な、活動形式も可能でないからである。一般的に、この保証は制度だけが提供する。制度は自己証明的な自立性に転化し、制度の側から人間の行動を権利と義務にふり分けて明確に規定する。人間が、多くの交差しあった、しかしうまく調整された制度の関連の中に取りこまれているかぎり、社会的欲求の空転、赤字会計は生じないし、歴史をいちべつすれば分かるように、(経済的原理をふくめた)平等な競争原理にしたがって作られた社会だけを取り上げるというわけでなくても、非常に大きな権利と義務の不均衡は生れない。しかし制度が、ゆさぶられ、老朽化し、不確実なものになると、多分また巨大化し、複雑化する機能について行けなくなると、あるいは互恵的な接触を失うと、あの引きはなし現象が起こる。それは「ゲマインシャフト」を求める具体的欲求として登場し、ゲマインシャフトを制度の平板化によって達成するか、もしくは制度と並行して建設しようと努力する。「ゲマインシャフト」を求める非常にはげしい情緒的支配こそ、まさしくあの一種の社会的本能の空転を物語っている。古代社会や原始的社会や、あるいは、よく「統合された」高度文化の社会では、そのような要請は決して現われない。

もうお分かりのように、われわれは「本能」という表現を、人間存在のカテゴリーが問題になる場所で、ただ比喩的に使っているのである。すなわち、そのような「本能」は通常、背景的充足状態の中に存在する。意識化された「ゲマインシャフト」への要求を、直接満足させようとするどんな行動も不必要である。人は社会的連帯感をもつために行動するのではない。満足感は「副次的結果」として与えられる。当然のことだが、副次的結果は直接求められたものではない。幸福、健康、充足、労働のよろこび、愛情等、すべてそうである。相互性のための行動の制約が自己目的に転化し、一つの制度をつくり上げる程度に応じて、恒常的背景としての社会的な充実感、永続的な親近感がつくり出される。最も分かりやすい例は、ここでもまた分業である。

12 背景的充足

このまったく重要な「背景的充足」の現象について、もう少しくわしく説明されなければならない。なぜなら、ここに保証性、ないしは存在保証性と呼べるような、重要な人類学的概念の根があるからである。

単純なモデルケースを探せば、まず「アディエント衝動」(9)、つまり満足を与える刺激源との接触をつづけたいという欲求、を挙げることができる。子供はなでられると、その状態ができるだけ長くつづいてほしいと思う。しかし最後には、自分を愛撫する人びとが傍にいるということだけで満足するようになる。彼らは子供をなだめるために、最初のうちだけ直接的な刺激を与えたのである。欲求充足がいつでも可能であるという意識は、状況の安定的事実から生れるものであるが、このことによって欲求自体が非常に特徴のある仕方で変化する。つまり欲求は、情動性の前景からうしろへ引きさげられる。だからわれわれは、それを背景的充足と呼んだのである。その極端なケースでは、もはや最初の欲求が行動の形で実現されることは絶対にない。明らかにそこでは欲求が――ただ外的支持物が持続的に存在することによって――潜勢的状態のまま、充足されている。もちろん、ここには衝動全体の向きを変えさせる強力な力の源泉が存在する。なるほど飢えは相変らず周期的に先鋭化するけれども、分業の中で他の人びとによって養われているわれわれ「専門家」の場合には、ホッブズが言ったような「未来の飢えが飢えさせる」ことは、もはや起こらない。人びとは栄養獲得のための継続的活動から免除され、飢えの恒常的な面、つまり飢えそれ自体に対する不安は感覚化から後退している。これこそ、問題の保証性なのである。

この子供の例題が提示しているものは――大人たちとの日常的な、完全な交渉関係が確立し、自己目的化すると、それが絶えず新しい動機と行動型を生み出し――けっきょく愛撫への欲求は背景へしりぞいてしまう、ということである。しかも、その理由が、もとの欲求が「昇華され」たり、(どんなものであれ)代用の手段で満足させられたり、するからではなくて、一つの決定的な理由によって、つまり全体状況からいつでも可能であるような潜勢的充足が――欲求充足の環境自体を安定させるような――唯一の生命の形式を提供するからであり、「止まれ、なんじはあまりにも美しい」等といった永遠の欲求充足状態を直接願うような何らかの行動によるのではない、ということなのである。慢性的に欲求している〔人間〕存在にとって、背景的充足はまことに重要なテーマであり、真に人類学的なカテゴリーである。ブッシュマンたちが、ダチョウの卵に水を入れて砂に埋める例にも見られる貯蔵の問題は、何よりもまずこのカテゴリーに属している。未来の欲求充足を意識すること、言い換えれば潜勢的な充足は、それ自体充足体験なのであり、しかも、それが特別の「保証〔希求〕本能」によってではなく、すでに保証ずみの未来の欲求であることによって、欲求実現活動の負担を免除されている。これが保証性と呼ばれるものである。動物たちは温かさと、隠れ家を本能の指示のままに求めて、環境信号に従う。彼らはいわば一番手近な暗がりにかくれるのである。それに対して人間は環境世界を、つまり周囲の偶然の現実を――永続的な欲求充足状態をつくり出すことによって、いちいち欲求に直面したり、そのための適当な道具を準備したりする負担をまぬがれるように——改造する。もっとも単純な例は毛皮や小屋である。温かさや隠れることへの欲求は、前者〔毛皮〕ではもともと恒常的に充足されている、つまりそのつど欲求の形式をひっぱり出さなくても充たされつづけているし、貯蔵のケースに当る後者〔小屋〕では、時に応じて充足される。これも背景的充足の中で持続されているわけである。

人間の慢性的欲求というものは——別の面から少しくどく表現すれば——欲求隠蔽状態を手もとに置いておこうとする欲求である。この欲求は拘束された大量の情緒で占められており、平常の場合には力を現わさないが、保証状態がおびやかされる現実的徴候が少しでも見えると、この情緒のマスは爆発的に解放され、われわれを最高の非常事態段階に引きあげる。

欲求隠蔽状態の保有は顕在的にも、潜在的にも起こりうると言うことができる。保温としての衣服のケースでは、完全な充足状態を環境的に不変のものにし、それを身のまわりに所有するわけであり、貯蔵と住居小屋の場合、欲求はなるほど周期的に先鋭化するのだが、充足可能性そのものは永続的に安定化されている。このように先鋭的欲求さえ平板化されるということは、意識ばかりか、行動の基礎もまた修正されることとの証明である。

H・シェルスキーは筆者との会話で、このような「周辺的保有」が——負担免除、動機と目的の分離、一切の持続行動がもつ外部依存的安定性等とならんで——一つの重要な人類学的カテゴリーであることを主張した。われわれはこの命題を採用したい。実際、類人猿たちはそのつど取り上げた「道具」を自分の周辺に保有したりはしない。彼らは調教されていないかぎり、道具を放置し、使用をあらためて思いつくのである。人間は武器や、道具や、食料を周辺に保有し、あるいは貯えとして倉庫に保管する。だから、必要なときにそれを再び手にしうるという知識は、潜在的欠乏状態の充足存在がもつ背景的保証から切り離すことのできないものである。このカテゴリーはまた、火の発見の謎がここでいくらか明らかになるために、重要である。火の製造は、まさに人が新しい元素に近づく大胆な実験活動と関係していると言ってよい。そのかぎりでプロメテウスは、同じ理由から水や空気にいどんだ最初のパイオニアたちと異なってはいなかった。しかし、火の保存になると別の問題が生れる。すなわち「周辺的保有」のカテゴリーである。動物をおどすために、あるいは暖を取るために、実際に火が役立つことは容易に発見されたであろう。しかし、その保存は隠蔽存在という状況の持続的維持——緊急時の毎回の使用をふくめた——を意味した。

この考察は財の成立の理論に影響をおよぼす。W・ニッポルト(『自然民族における財の起源』一九五四年)や、W・シュミット師(『原始文化の中の財』一九三七年)は、事実、労働が財を基礎づける行動型の一つであることを示した。この理由から、財は何かをなす人に属するのである。しかし、われわれは疑いもなく、財のもう一つの合理的ではない、生産からみちびき出されるのではない構成要素を認めなければならない。その要素は保有から展開される。どの集団もそれぞれのテリトリーを防衛する。テリトリーはすべての欲求を背景的に充足させるための外的保証者の総和をふくむからである。同様に個人もまた、自尊心の高揚、自己評価の高まりの意味で入れ墨や、装身具を身につける。こうして個人のプレステージ欲求——とりわけ、自己自身に対する体験安定化への、より深い欲求——が持続的に満足させられる。装身具は製造の理由による財ではなく——なぜならその製造はたいていは他人が引きうけている——周辺的保有の理由による財である。

この、周辺的保有と背景的充足のカテゴリーは、なお一つの別の面から見られる必要がある。ブッシュマンがダチョウの卵の中へ雨水をため、蒸発をふせぐために砂中に深くうめる技術は、多くの経験を組み合わせた精神的に重要な能力である。この問題の中心は、人が遭遇する最初の充足状態（雨）という偶然の経験が――対象の側に移って、その本質的な構成要素（水）を直接的現存の非合理性からとき放し、永続化させることによって――独立することにある。この現存の（時間・空間的位置からの）解放は非常に大きな意味をもつ。われわれは後で（第13章）、いわゆる先史「芸術」の中の演出の起源がここにあることを示したいと思う。その起源は、やはり「背景的充足」と関係しているのである。

主体の側から考えると、慣習的な、伝承可能な、そして同時にいつでも使うことのできる知識と技量《ケンネン》は、まさに右の事態に合致している。人はそのようにして能力をもつ。すなわち、一つの事態に出会って獲得される能力というものは経験状況から、有用な手段を分離することの中に成立する。われわれが何かある事態をひとたび把握し、支配することを学ぶと、この能力は潜在的技量として――同じ能力が使われるような――次の事情が到来するまで所有されるわけである。われわれはこの証明ずみの実用的な、同時にまた理論的な種類の行動型を、その経験と学習状況の時間・空間的位置から切り離して「われわれの手もとに保有する」のが常である。こうして、これらの能力そのものが――「いつでも対応で《ゲヴアクセンザ》き《イン》る状態」という――一種の不動の背景的感情となって、保証性を与えるのである。

この最後の説明をよく考えてみると、今述べた保証性の二つの形式には内面的なつながりのあることが分かる。つまり、われわれの、本能に近い欲求のすべては顕在的、あるいは潜在的な背景的充足状態へ移行し、手もとに保有される欲求隠蔽状態として出現するのだが、それは高次の、負担免除された、結果の保証された、「完成された《ゲコント》」行動型から生れ、そのような行動型は、またこの欲求隠蔽状態の中でのみ初めて可能になったものなのである。別の言い方をすれば、対象を熟知し、可変的になり、しかも専門化し、有能になるような行動型が駆使されるためには――行動型が衝動量を保存しつつ自立、強化され

――一次的欲求が背景的に充足されるという前提が必要であり、この前提からのみ、そのこと〔有能な行動〕が可能になるのである。背景的充足が初めて、あのさまざまな行動型を解放したのであり、人間は逆にそこから欲求を感じるのである。背景的充足の保証性を個人に約束するものが婚姻、家族、分業、あるいは、（農耕等に見る）自から継続的に再生産してゆく貯えのような、基本的な不動の制度であることは言うまでもない。そして、この保証性は衝動領域ほんらいの様式《モードゥス》として、また保証されているという感情を高めるものとして、その制度の目に見えるような存在に、あるいは少なくともシンボルに完全に依存している。たとえば現代の抽象的な国家の概念は大部分、おなじみの、よく知られた機能する国家という表象の中に成り立っている。が、しかもなお国家は目に見える「代表者たち」を要求している。より根源的な状況のもとでは、国民というものは――すべての古代オリエント文明に見るように――支配者なしにすますことが出来ず、王権の簒奪者をただちに受け入れたのである。社会関係を安定化し、秩序づけようとする感情は存在保証性から要請されているのであり、そのためには客観的な、目に見える外的支持者が必要なのである。

このような保証性、背景的充足、制度の安定性の間に存在する関係を洞察すれば、特にその――心理学的変種の振幅などとは完全に無縁な――カテゴリーとしての関連を考察するならば、人は「主観的な洞察の能力をはるかに越えた動機の背景が存在することを知るにちがいない。そのような背景は個人を越えるものであり、人間の性格や気質やその他の特性の中に、代表を見つけることのできぬものである」（ビュルガー＝プリンツ『動機と動機づけ』一九五〇年、一六頁）。まさに、このような主体を動機づけの負担から免除してやること、核心の層と行動習慣の中ですでに了解の成り立った存在であること、は現代文明にとって一種の救いである。なぜなら現代文明の増大する複雑さは、伝統の継続的解体と同時進行し、個人に過大の決断の重荷を負わせているからである。このショックと共に――雰囲気的にかもし出される――個人の不安定、先取りされた不安いっぱいの情緒、まったく自動的に生れてくる不信感が始まる。これがフランス革命の中で、まず「大きな恐怖」(„grande peur“)として爆発的に出現し、やがてうすめられ、遅延され、慢性化された「小さな恐怖」(„petite peur“)なのである。そこに見られるのは主体性の前景的な優位である。

13　演出の中の外界安定

ここまで読んできた人は、文化人類学的研究の難しさが――すでに見たような、本来、明快に、具体的にとり出すことのできる――基本的カテゴリー自体の中に存在するのではなくて、その連携と組み合わせの中にあることに気づいたであろう。だから、ここで演出の問題へ進まねばならない。今、描いた、背景的充足(周辺に保有された隠蔽状態)と、結果の分かった発展可能性ある行動のもつ保証性(有効な経験手段・方法を空間的、時間的位置から分離すること)、およびこの二つが初めて安定化される制度、という三重の関係はなお一つの第四の関係と、つまり外界と関連しているのである。そのことを、われわれはすでに水の貯蔵の例について述べた際に示唆しておいた。すなわち、そこでは充足状態という生活のための重要な要素が、目下の空間・時間的位置から――対象の側において――分離され、そのことによって同時に永続化されるのである。

まさに、ここで、農耕と牧畜が文化史の上でもっている、はかり知れない意味が明らかになる。なぜなら農耕と牧畜こそ、数少ない真の文化期の始まりを意味しているからである。これに先立つ前旧石器時代の狩猟・採集文化から見れば、場所を限定され、一個所で継続的に再生産されてゆく貯蔵というものは、人類の実際的、精神的行動を驚くべき程度で免除したにちがいない。地上の生活必需品目を自然のままの非合理性から引き離し、無限の栄養探索と食料調達から解放したことは、新たに獲得された存在保証性として力を現わし、まったく新しい精神的地平を開いたにちがいない。真の農耕民文化がすでに新石器時代に登場しているのだから、これらの技術の最初の試みが後期旧石器時代に起こったことは十分ありうることである。クラフトは当時すでに、粗放な形にせよ、トナカイの飼育が行われ、ヴュルム氷河期の終りには野生の草が栽培されたと考えている(『創造者としての原人』一九四二年、一六五頁)。トナカイの枝角から作られた大変美しいエスペルジュの穂がこの時代に出ていることは、少なくとも当時のきわめて強い関心を明らかにするものである(クラフト、右書、図版一一)。

すなわち、生存のために重要な、外界物を空間・時間的位置のもつ非合理性から引き離すことは、とりもなおさず、それらを永続へ固定することである。

ここに芸術の人類学的源泉の一つが横たわっている。われわれに分かっているのは、これらの芸術がフランスやスペインの洞窟の有名な後期旧石器時代の絵画の中で、どちらも先行者なしに、同じように完成し、ともかく固定した素材の中に出現したことである。そこでは、今日、自明のことであるような――単なる審美的・情緒的なものに矮小化されてしまった――芸術の概念がもとになっているのではないから、われわれはこの辺でもう、演出のカテゴリーを導入しなければならない。後に分かるように、このカテゴリーの中へ別の多くの人類学的カテゴリーが、いっぺんに流入してくる。うつろい行く外界の事実《データ》をその現在性から――つまり現存在の偶然性から――引き離すことは、当の事実《データ》の演出によって可能になる、しかもその演出が――後に見るような――われわれの分析にとっても、ある意味で容易な方法で行われる、ということは目下の関連にとって重要な命題である。このように見れば、演出とは周辺的保有と永続のカテゴリーへの移転であり、まず模倣的儀礼として生体の中《イン・ヴィヴォ》に起こり、ようやく二次的に、物質《マテリア》の中の演出として、絵画や彫刻として起こったのである。これが、なぜ今日ではもうこれらの古代的な像の前段階が証明できないのか、の理由である。しかし、両方のケースとも外界による安定化が問題の中心である。そのために、水の入ったダチョウの卵のような、実用的、技術的な形式が存在するのであり、まさに、そのような形式が時に応じてそれぞれの内容をもつのである。われわれには、全体としての世界が、意識の中にのみ、与えられている。そのような世界は実用的な、変化する行動の対象ではなくて、特別な行動の、すなわち演出の、対象である。この演出〔をする行動〕も、たしかに個々の内容を拠り所にしなければならないが、演出しようとする現実自体の理念《イデー》に方向づけを受けている。演出とは現世への超越であり、まさに背景的充足の内容に関係したものである。この此岸的感情《ダーザインスゲヒュール》——つまり人はこの世界を逃れることはできない。この体験可能な世界だけが、永続的な背景的充足を、この地上の最も孤独な被造物のために適えてくれるのだという、この感情——は、ただシンボル化された、過剰な内容を盛った演出の中でのみ表現できたのであった。つまり劇的な個物の中に、大型の狩猟獣の中に……。

　こうして彼らは、最も基本的な生物学的次元をふくむ自己の欲求に対応したのであった。しかし、この人たちは心理学者ではなかったから、自己の欲求そのものをテーマにしたのではなかった。彼らの世界と現実の真の中心点に向かったのである。つまり、人間はリスクの多い、危険にさらされた存在であるという感情の中で、欲求を永続的に働く機能とすることによって自己の生活能力と結びつけたのであった。彼らは精神的なものが緊急必須の欲求よりも一段高い存在であることを確認する必要はなかった。なぜなら彼らはヘーゲリアンのように精神について考えたのではなくて、あの現実の焦点を演出する彼らの生きた活動的存在が、そのまま実現可能な最高の精神的行動だったからである。人びとは緊急必須の生活課題の中で自己自身を安定化したからこそ、それらを乗り越えることができたのであり、演出された意識的行為こそ、背景的充足のもつ保証性を適えるものであった。それこそ、流れ去る時間の手をのがれた——像によって媒介された——此岸への超越であった。すなわち神は、抽象的なものではなくて、目に見えるもの、肉体をもつようになったもの、生物そのものとして存在する。ここには、単なる思考にすぎぬような省察による、どんな道もひらけていない。ある想像された精神、想像された欲求、想像された生命という考えられた意識の間の、考えられた関係からは、何かある者に対する肯定を引き出すことはできない。そのようなものは単なる独善である。彼らの表象は、行動に直面する実在者として、そのような者をもつ。

だから、世界の安定を求める素朴な深い人間の欲求——世界がわれわれに向かって問いかけてくる焦点をとおして感じられる欲求——は、とりもなおさず永続的な背景的充足と、周辺的保有という欲求隠蔽状態への欲求であり、同時にそれは負担免除と、より高次の行動を果たす自由への欲求なのである。したがって古代のいわゆる「芸術」は最高度に濃縮された文化行為である。なぜなら人びとは、この最後にあげた欲求を、演出的行為の中で自から充足させ、そうすることによって、この全体の関係を意識の中へ取り上げたからである。像が、そのまま像なのではない。どのような意味でも、現実について「個人が見たもの」を「演出すること」が問題だったのではないし、一九世紀の最高傑作のような、認識的努力の変種としての絵画なのではなかった。後期旧石器時代の洞窟壁画に見られる途方もない表現力は、その中に一つの世界の構想を感じさせるところから来る。それは他のどんな手段も自己自身を位置づけるきっかけを与えなかったような世界であった。この世界の中には、概念を越えた演出というもののもつ圧倒的優位が存在している。つまり、演出は、対象の性質的在り方《ソーザイン》から行動し、実際にそのような在り方を永続化し、行動の中で世界自体の安定を意識する。それに反して概念はただ何かを「思う」だけであり、もし外的支持物によって生命を与えられなければ雲消霧散してしまう。同じことが書字の意味をつくり上げている。演出をこのように解釈することによってのみ、われわれはすべての古代文化にとって呪術がどんなに大きな意味をもったかを理解することができる。呪術は現実そのものの安定を――たとえば雨乞い師が旱魃のときに水をまくような――演出行動の形式を通じて実際に達成しようとする試みである。ちなみに言えば、われわれがここに見るような演出の概念は、像の概念をはるかに越えたものである。それは――本来の呪術もそこからほんの一つの派生体として出てきた――生体の中の《イン・ヴィヴォ》模倣的儀礼をふくんでいる。このことはまた、そのような概念が直接、外界へ投影された場合でも同じである。つまり、ヒンズー教徒の間では、彼らがそこに見る牛は単なる一個、一頭の牛ではなくて、聖なる牛として、生体の中《イン・ヴィヴォ》へ牛自体が演出されたものである。それは、真に衝動が望んでいる存在価値が現実化しないときに力を現わす「存在の中の自己価値」である。この〔聖なる〕動物の根源的力と重要性はここでは当然のものになっている。それは常時有効なものとして思い浮べられている。そこで人びとはこの動物の性質的な在り方《ソーザイン》を演出しようとする。彼らが手に入れ、支配するのはまさにそのような在り方である。これが動物祭祀の中で人びとが実在しているものの自己価値に対してふるまった形式である。つまり、人びとはそのような自己価値を像の形で演出することによって此岸へ超越したのである。

多分また、このことは〔人間の〕本来の最初の最も強い欲求それ自体が演出の手段になり、そもそも欲望と呼べるものとは正反対の一つの行動――つまり、実在するものの現存在《ダーザイン》と性質的存在《ソーザイン》〔の関係〕に応える行動――に逆転するあの暗い境界にまでひろがっている。すなわち犠牲、禁欲、自己抹殺にまでひろがっている。

だから、ここでわれわれはまた、偶像をもたない、見ることのできない一神教的な神が、いかに新しい画期的な意味をもったかを示唆しておかねばならない。一神教の中には常に儀礼を最小限に抑えようとする傾向が存在していた。この傾向は儀礼的な正確さを目ざした日常生活のステロタイプ化――すなわち演出内容のステロタイプ化――をふくんでおり、ついにはすべての呪術と、外界の具体的なすべての聖物を解体するに至った。聖なる動物、聖なる林、聖なる山はあり得ないものになり、太陽祭祀から神殿の中の像をもつ神々に至る「現世に生きる《ダーザイエント》」神々は――もちろん、一神教的意味で――あり得ないものになった。宗教の究極のあかしは外界支持物をはなれて、内部へ、魂へ移った。今までは人びとが――アレクサンドロス大王がアンモン神殿の神託を聞きにやらせたように――任意の礼拝に参加することができたのに、今や教会には、以前にはまったく知られなかった意味、教会の外に救済なし《エクストラ・エクレシアム・ヌラ・サルス》、が付与されねばならなくなった。まったく世俗的な起源をもつ書もまた、聖書として、思考を義務づける一定の宗教的規範内容をもつようになった。こうして目に見えぬ唯一神と共に、当然、逆に、外界は――事実という神聖さによって空白にされて――ますます多く中立化されるようになる。聖牛はすべての他の牛と同じ一匹の動物になり、聖ガンジスは航行可能な河川になり、聖なる森はただの林になる。すなわち、儀礼による外界限定、あるいは思考禁制なしに、合理的な理論と実践が中立化された外界に没頭するのである。

外界が物理学と化学に変化して初めて、外界は沈黙する。演出された像はこう語っている。わたくしはここにいる。真実の世界は性質的存在《ゾーザイン》の中にある。わたくしが永続するように……。神は、なるほど、世界と人間の間を「内部で橋わたしする」ものとだけ考えられている。しかし神は、最初、外部から体験させられたものであり、その最初の重大な言明は永続であった。この言明をただ一個の物、ただ一つの行動がになうことは困難である。だから最初から多くの神々、多くの魔神と生命体が存在したのであり、多くの儀礼——ただし規範化され、永続する儀礼——が存在したのである。外界による安定は人類の最初の重大な文化的行為であった。だから、まず最初に、そしてその後も数千年にわたって、神々と魔神たちは現世的な、偶像的、可視的な形をとったのである。なぜなら外界は、みずからそのことを告げなければならないからである。したがって、われわれは哲学的根拠から、農耕と家畜飼育のあの技術は前呪術的・儀礼的演出行動一般から初めて発展しえたのだと、考えてよいのである。この点については後にくわしく考えてみたい。なお、この章を終えるに当たって、今の問題に関係する注目すべき新仮説に立ち入っておきたい。それは、後期旧石器時代に演出が始まるとき——つまり外界が語り始めるとき——が、そもそも言葉への新しい関係の時代ではなかろうか、ということである。

　前期旧石器時代の法外な時間の長さは、いくらか謎めいたものである。われわれはこの間に、まったく原始的な石製の握斧やナイフの技術をこえる文化の進歩をほとんど見ることができない。アシュール文化期、ルヴァロワ文化期をふくめると、ほとんど停滞した文化状態のまま、五〇万年の時が流れたにちがいない。つまり、何も「仮構され」なかったのである。初期の旧石器時代の人間は埋葬を——ホラアナグマの頭骨を使う多分、祭祀的な埋葬を——知っていた。装身具用に穴をあけられた歯や骨が、きわめて散発的に残されており、赭土《しゃど》と二酸化マンガン、つまり赤と黒の顔料が発見されている。さらにヴィーレンでは——しいて、とれば装飾と受けとれる——一連の刻み目をつけたマンモスの歯が見つかっている。しかし、完全に明白な装飾、演出は一つも証明されていない。

　後期旧石器時代になると豊かな演出の技術が爆発的に開花する。大量の装身具が現われ、燧石《フリント》の技術は「組織的な、ほとんど工場生産のような熟練」の姿を示す（G・クラフト、前掲書）。錐、彫刻刀、スクレーパーのような専門の道具が大量生産される。骨製の優美な銛、柄のついた道具、矢と弓、針穴をもった針等が現われる。焼いて粉末にされた骨や象牙の混合物や陶土のような「材料」から彫刻がつくり出される。死者に装身具や什器が副葬される。多分「個人の財産」が存在したのである。一言でいえば、人間は五〇万年の後で、仮構的になったのである。動物飼育、農耕の起源もおそらくこの時代にさかのぼることができる。

リチャード・パージェット卿はここから注目に価する結論をひき出した。つまり、この時はじめて「指向性をもった思考」と、環境世界から個々の事物をつかみ出し自由に組合せること、が――すなわち、一〜三万年よりも古くはない言語が――可能になった、という結論である（「言語の起源」、『世界史評論』第一巻、二号、一九五三年）。言語と共に、はじめて人間が仮構的になったことは認めざるを得ないだろう。この著者は、長い前期旧石器時代の、身ぶり劇《パントマイム》のような、大まかな状況をまねる身ぶり言語を仮定している。「原始の自然な方法は、彼の経験した事件を、すべての、その（彼自身もふくめた）出来事をひとまとめに取り上げて、できるかぎりそれを皆と共通のパントマイムによってまねることであった」(„The original and natural plan was to take the events he experienced with all their incidents ((himself included)) lumped together, and to imitate them, as best he could, by a generalized pantomime“)（前掲書、四一四頁）。

「全体」の伝達も、もちろん言語の機能である。しかし、それでもやはりリチャード・パージェット卿の論拠は印象深い。なぜなら、身ぶり劇《パントマイム》のような、情緒たっぷりの、感情音声《アオスドゥルクスラウテ》をともなった、包括的コミュニケーションは決して前述の発展的「仮構」に到達しなかったからである。「一括言語《ホロフラーゼ》」(10)は打開されねばならなかった。個々の事物が一つ一つ名づけられる、そうして初めて個々の事物の組み合せと転移が可能になった。この理論を受け入れようと、受け入れまいと、いずれにせよ当時の飛躍的進歩は以前よりはるかに高度な思考・言語能力の活動の開始を示しているように思われる。われわれは、それをクロマニヨン型の人間の登場に、つまり、ホモ・サピエンスの登場に結びつけることができる。彼こそ後期旧石器時代の担い手であり、ネアンデルタール人に較べてはるかに進歩した人間であった。リチャード卿の主張が本当らしいとすれば、われわれは——区別言語の登場によって初めて初期の表現形式、つまり生体の中《イン・ヴィヴォ》に全体状況を演出すること、が全体状況から離れて自立できた——と想像せざるを得ない。こうして区別言語が儀礼行動を生み出す土台、周辺的保有をつくったのである。したがって儀礼行動は——ちょうど区別言語の登場が個々の事物の変更を目ざしたと同じように、世界状況の安定を目ざしながら——高度に分化されてゆく合理的実践とバランスをとる形で成立したのにちがいない。

14　制度の義務内容

行動の過程と習慣が転化して自律性を獲得すること、最初の欲求から解放され自己価値へと向上することは、われわれが見てきたように、その行動が扱う事件《ザッヘ》そのものの新しい相《アスペクト》と特性をつくり出す結果になる。そのような創造的行動型は、たがいに交差しあって、超個人的秩序へと自立する。そしてこの秩序が参加者の意識の中で自己保証的な効力、つまり「存在の中の自己価値」に転化するのである。われわれは、このような効力の存在を——そもそも一つの欲求が存在するかぎり——その有用性の側から証明できるし、あらゆる種類の欲求の背景的充足という点からも、また事件《ザッヘ》の成功そのものからも証明することができる。すなわち、われわれは事件《ザッヘ》の成功の原因を、制度が一人一人の個人に付与する規範内容に求めることができる。けっきょく、そのような成功は内面的創造性に、今初めて可能になったような、主体的な、しかし同時に定位された動機づけの場の解放に求められるのである。ひきつづき生じる現象の詳細について、しばらく格闘しなければならない。

　われわれの思慮と行動は非常にしばしば目的論的に、つまり合目的性の観点から行われる。しかしそのような目的は、その内部でわれわれが行動する制度の秩序法則から生れるような目的なのである。この目的は何よりもまず、われわれがいかにこの設定された秩序構造の中で「正しい」事態をととのえられるか、にかかっている。われわれの行動の（同時にまたわれわれ自身にとっての）合目的性は、だから長い目で見ると、行動の事物性と一致している。したがって現代の複雑になった文化的諸条件のもとでは「事物への献身一般《ザハヒンガーベ・イーバーハウプト》」へ向かう態度が定式化する。それはいわば、究極の場面では自分に権限のない責任を遂行している、という感情である。ラテナウの主張――責任をとるということは、義務を機械的に遂行することにほかならない。いや、それこそが機械化の倫理的カテゴリーと見なさるべきである（『時代批判』一九一二年、七七頁）――は、このように理解されなければならない。われわれが包みこまれている多くの制度、とうの昔に本来の動機を失って、今やその自己目的的転化のために義務的権威が力を発揮している制度は数えきれぬほどある。誰かがいろいろな人物ととりかわす往復書簡は、すでにそのような制度である。手紙は、返事の緊急度のいろいろな段階に従って、われわれを待っている。あまり、それを遅らせることは、われわれに「やましい感じ」をおこさせる。

　つまり、規範は事物の二次的派生物なのではない。いろいろな規範源泉の一つとして、物の中に存在する事物性の相《アスペクト》――それは社会によって制裁《サンクション》されているのだが――が、われわれに向かって主張する要求の中に成立するような規範源泉がある。現実性のもつ頑固さがわれわれに人びととの交際の在るべき型を強制する。他者の関心と欲求はこの頑固さの背後へ位置づけられる。もちろん、これ以外の規範の源泉も存在する。たとえば人間そのものの間で、また彼らのたがいの行動型の間で現われる――倫理的に同意されたり、されなかったりするような――規範源泉であり、前述の（第11章）相互性のカテゴリーから生れてくるものである。しかし、これらの規範も、現実を超越することができるためには、やはり現実との直接交渉から展開されざるを得ない。単なる「価値」の表象、もしくはプロパガンダによって一社会の行動を変えることは不可能である。そのためには制度が参加しなければならない。規範が有効なものとして明示され、宣言されるためには、人びとが見通しのきく平面で、直接、永続的な相互作用の中に立たねばならない。しかし、現代の、大衆社会的な、交通の発達した文化はそのような永続的相互生活を最小限に抑えて、その代り、機械化された責任のモラル、事物の要求に従属したモラルを――驚くべき方法で――発達させている。このようなモラルの支配と管理と検閲が意味するものは、もともとあの事物の要請によって知られることになったたいへん異質な規範への服従なのである。

　現代人はまことに数多くの制度の交差点に生きている。これらの制度は個人に、前述の自己目的的権威をふるい、個人同士をあらゆる事態をこえて結びつけている。「自己目的」という概念は、もちろん、職業、交通、家族、国家等々の自立的秩序組織が厳格な意味で「究極の」規範や行動目的を示すということではない。そうではなくて、これらの中の習慣化された行動が、意味への問いを一時停止させるような、まったく実際的な作用をもつということである。意味を問う人は逸脱者であるか、あるいは意識するにせよ、しないにせよ、現行の制度とちがう制度への欲求をあらわにする人である。「文化批判」はたいてい、主観的な不快の勝手に理由づけられた表現としてのみ行われる。そして、最高ランクの制度、つまり究極の規範体系が疑問視されると、きわめて劇的な論争が姿を現わす。

毎日われわれは、家では家族の秩序に、町では交通の秩序に、職場に入れば定められた業務の要請と就業規則に従っている。それに加えて、家族、職業組合、労働組合、政党、兵役、インフォーマルなグループや友人関係といった他の制度の要求がある。これらの組織のそれぞれには専門的な集団規律が存在して、そのためにわれわれの内部で重なりあう多数の秩序が「集団規律一般」への準備態勢をつくり上げている。このようなことは、おそらくプトレマイオス朝のエジプトを除けば歴史上例のないものである。われわれはすでに他の場所で、大衆のこれほど無力な従順さの度合いはどんな文化期にも見られなかった、と指摘しておいた(『産業社会の社会心理学的諸問題』一九四九年、一八頁)。だから、最初から進んで服従しようとする機能化された準備態勢が経済・政治社会全体に浸透しており、服従を悪用する可能性が根本的に増大している。その反面で、個人の反乱ばかりでなく、主体と名のつく一切のものの反乱が顕著になっている。ただし、その際これらの無力さが徹底的に露呈されるのであるが……。われわれが拘束に対する革新的反撃の中で、主体性による脱出を考えるとき、「政治参加《アンガージュマン》」や「直接民主制」のようなあこがれに満ちた抽象が現われる。

自己目的的な自律性に転化した制度の中の、われわれの行動は、個人にとっての直接的、直線的な利益を度外視するよう強制している。ここに動機と目的の分離という、前にわれわれが述べたカテゴリーが当てはまる。古い合理主義者の理論の意味で、またマリノフスキーの「機能主義学派」の意味で、すべての行動の目的は「欲求の解消」にある、と主張することは完全なあやまりである。人は何よりもまず事物《ザッヘ》のために行動する。すべての仕事には何か果たされねばならぬものがある。それを独立した関心が問題にしている。そこで人は、これが自分の仕事であるという義務感から、習慣と自己の技能の継続の中で行動する。そこへ、個人的な——途中で解放される——無限の動機がつけ加わってくる。しかし人は、一般に欲求の解消などを念頭において、言い換えれば自己の精神状態の未来の主観的状況などから、行動したりはしない。たしかに、そのような——非常に異なったコンテクストの中で、少なからぬ意味をもつ——行動型も存在する。しかし、それは特殊なコンテクスト中のものとして、はっきり分けて考えなければならない。すなわち、行動の目的が自己の主観的な状態の変化に及ぶようなとき、初めてわれわれは「衝動方向の反転」(第44章)について語ることになる。そして、人格の遊離を体験するような行動をとるようになる。その段階《スカラ》は、たとえばシャーマンたちのベニテングタケ〔毒きのこ〕による陶酔のような、意識的につくり出されるエクスタシー状態から始まって、映画館の座席にまで、またがっている。

だから、人間がその一次的欲求にそって必然的に行動するなどということは、通常、決してないのである。人間は自己の欲求から——その充足のために他者の行動が参加することによって——免除されて、初めて自分の立場で行動を起こすことができる。

すべての、持続的に営まれる——事実と規定どおりに取り組まれる——仕事は、自分個人の直接的利益を度外視するよう要求している。われわれはつねに、何らかの分業化された装置に組み込まれて働いている。そして、そこに通用する規則が、まさにわれわれの本来の目的になることができる。われわれの第一次的な、直接的な生物学的欲求は動機づけの次元から除外されるのである。この経過を欲求の平板化と名づけよう。それは欲求が背景的充足の状態へ移行することによって、つまり何らかの生産・分配装置で安定的に保護されることによって、生れてくる。衝動を隠蔽状態で保有するという意味での、このような基本的衝動自体の安定化こそ、われわれがすでに(第12章)見たように、過剰な慢性的な人間の要求が自からを調整する方法の中に見せる、特有の欲求なのである。すでに、この点からも、すべての行動が欲求の解消という目的をもち得ないことは容易に理解される。なぜなら隠蔽状態にある欲求は、そもそも欲求の形として現われていないのだから……。保有された隠蔽状態は、むしろ外部保証者の安定性に関係がある。安定性はそこから体験される。それは自然の過程の同一性を拡大すること、自然のままの偶然性からその中に在る重要な内容を引き離すこと、に関心をもっている。あらゆる種類の衝動——威光や勢力をえたいという欲求から始まって、従来あまり研究されてこなかった精神的欲求、たとえばわれわれの意識の中の秩序、ステロタイプ化、連係、つまり一言で言えば「相互性」への欲求等にいたるまで——が背景的充足の状態へ移行する。

こう考えてはじめて課題は取りあつかいやすくなる。際限のない平板な議論をしないでもよいようになる。「科学の自己価値」なるものは存在するだろうか？「存在の中の自己価値」というすでに定義した(第4章)意味で、たしかに存在する。しかし、その自己価値は、すべての他の——制度として存在する——仕事の形式がもつ自己価値を超えるものではない。科学の制度も、経済や法や芸術ばかりかスポーツの制度とも同じような、今われわれが充分知るところとなった特性をもっている。それらは等しく、自己価値に転化して効力を現わすのである。「科学」はそれ自体が目的であるという科学者の確信は、彼の制度の特性と、彼の仕事が要求する義務と規範への——すでに自己自身の欲求に転化してしまった、主体的な——自己献身を物語っている。

科学にとって、さらに国家、法、経済にとって重要なのは、これらの制度が長らく現代文化の中で、たがいに依存しあってきたことである。相互依存体系の中では、何が条件で、何が結果であるかを問うことは、もはや無意味である。科学は古典時代のように、個人の、自由なアマチュアの問題ではない。したがって、もう本質的に哲学ではない。あらゆる文化領域に起こっている科学化は芸術にさえ指摘することができる。人びとは抽象的グラフを計測したり、暗号を解読しなければならない。トーマス・マン、ムシル、プルーストの書くような代表的小説は、多くの哲学者に望みたいような鋭い省察をもっている。スポーツでさえ、ゼロ、コンマ何秒をめぐる争いに殺到している。その確認のために特別な器械がつくられている。現代世界では抽象的な言葉で語られないものは、そもそも公的な資格をもっていない。まさにそのために「神話」へのあこがれが存在するのである。知識は社会的機能を獲得した、とすでにダランベールは言っている。知識はわれわれの生活を取り巻く空気をつくり出す。したがって教養の理想も科学化されたものになる。まだゲーテ時代には残っていた、最大の知る価値のあるものについての既成の合意は存在しないし、そこにこそまた、最大の瞑想の価値をもつものがあるにちがいない、というような既成の合意は存在しないのである。個別〔科学〕的精密さ、大理論の断念、確立されたものも一時的なものにすぎないという意識、部分に固執した確信は、かつての古典的人文主義を活気づけたような教育的、文化政策的情熱のための、めぐまれた環境を提供しない。

科学の制度、つまり研究と教育の制度はしたがって、これらの側からの貢献という点で論じられるかぎり、存在の中の自己価値をもつ。客観的に見て、社会全体からの最も強力な保証を期待することができる。なぜならそれらは、いわば現代の存在過程全体のコードをふくんでいるからである。だが、「絶対的な意味での自己価値」（第4章）を科学に期待することはできないであろう。科学が自己犠牲の限界に達するほどの人間の献身を要求することは無理である。「科学の殉教者」は、けっして完全な確信の姿をとることがない。認識自体のための認識は、人類学的な、人間の本質的カテゴリーである。しかし、この科学的な認識をえたいという、意識的な、訓練された欲望は文化的に後期の産物である。だから科学の評価はつねに、当該の文化がきめる評価に従っていた。ベーコンのような——科学に対する本質的な関係を維持していた――貴族さえ、まだそれを狩猟のたぐいに位置づけることができたのである。「真理の探究にあたっては、足跡を追い、見聞する事実を増やし、あらゆる方向を探さねばならない。このような忍耐と辛抱ののちに遂に獲物が手に入るのである」（『科学の威厳と進歩について』第五章、二節）。

科学、技術、工業の相互依存関係は――ぴったりした比喩というわけにはいかないが――ほぼ生物体の流動平衡にたとえられよう。(11) この三つの世界は相互に相手を制約し、制約される関係にあり、しかもこの関係自体が自立性をもったものである。その自立性の強さは――ハイゼンベルクの上手なたとえ通り――コンパスの磁針が船体の鉄塊だけを指すような巨大な鋼鉄船の船長の立場に人類がいる（「現代物理学の自然像」、『ウニヴェルシタス』誌、一九五四年、第二号）ほど強力なものである。しかし、個々の科学者が、このような相互依存関係を全く意識せず、工業と技術に依存する自己の存在を完全に消去できることにこそ、科学者の負担免除が成立している。別の言い方をすれば、この客観的関係の存在という現実が、科学者の背景的充足を保証し、自分の専門に没頭する自由を初めて適えてくれるのである。

こうして、人文科学、とりわけ哲学と考古学の分野で――医学や法学や多くの自然科学とはちがって――社会全体のための効用という視点を科学の任務一般から削除することが可能になった。このことは――このような教養のテーマ自体、科学化されたものだったために、また、科学だけが責任を取ることのできる活動の自由といったものこそ、これらの科学の本領であったために――当然、考えられることであった。このように内部から完全に合理化された文化では、教養と切り離すことのできない過剰は、ただ科学的な過剰としてのみ存続しうる。ただし、それに見合って、感覚的・唯美的な、つまり教育的なテーマの豊かさは減退せざるを得なくなる。

こうして、一つの文化領域が完全な自己目的化を宣言すると危険な発展が始まることになる。社会はそれでも彼らを援助するが、もう何も期待しないということは、今までにもしばしば起こったことである。今日の哲学と造形美術はほぼこの段階にある。これらの領域では、表現主義者や実存主義者たちが企てたように、世論の興奮状態に支えられて喧噪をきわめるか、あるいはそのテーマを自己自身から引き出して、ひっそりと孤立するか、のどちらかにならざるを得ない。

以上の言葉は非難のためではなくて、ここにも一つのカテゴリーが、つまり主体性化のカテゴリーがあることを言いたいためのものである。一見、完全無欠な組織、生産充溢の世界では、かえって全体が空虚になり、主体性によって補塡される結果になる。このような主体性は当然、何にでも首をつっこむ要求へ発展する。見る価値のあるものが、もはや存続しないか、または、見ることのできるものも本質的なものをおおい隠すとき、芸術家には「自己を表現する」以外、何も残らなくなるにちがいない。だからこそ、この要求の絶対性が意味深いものとして登場することができる。言い換えれば——外界があまりにも即物化されたために、あるいは人が行動できないために、あるいはまた、同一化に成功しないために、そして関係のあるものをうまく拾い上げることができないために——自分の体験した内面状態を外界の中に固定できないと、そのような内面状態は自分自身の暗号《シフレ》をさがさねばならなくなる。必然的に、その暗号は、われわれの芸術家や思想家たちの発想のように、流動的で不安定なものになる。しかし、そのようなシンボルでもやはり、他者の先取りされた返答といったものをふくんでおり、たがいの——ただし空虚な——義務づけを提供している。

15　衝動の即物化

われわれが義務に従って行動するとき、制度化された行動が生み出す負担免除が働きはじめる。今そこに、大変さまざまな主観的傾向を引き取るための空間が生れる。つまり、われわれは義務に従って行動することによって、とりわけ、あやまった行為の結果に対する恐れなしに、あるいは自尊心を傷つけられることなしに、あるいは――義務がそのまま性癖になったために――功名心や栄誉の要求なしに、利得の期待なしに、自からイニシアティヴを取ることに対するしりごみなしに、行動することができる。言い換えれば、われわれは今、高尚な無私の態度に見事に終始することができるのである。これらの〔主体の〕意向は――真の意味の動機として浮かび上がらぬまま――完全に充足される。われわれはこれらの態度のどれが今、問題になっているかを、たいてい意識していない。行動の習慣化と義務化はこれらの態度に発展の余地を与え、行動の即物的・規範的方向づけはこれらの態度にまつわるやましい感情を取りのぞく。

たとえばイエーリングは、負債を返さねばならないという気持の根拠は債務の圧力のなかにあるのではなくて、誠実な人間でありたい、信用と名誉を傷つけたくない、訴えられたくない、という目的のなかにある(『法の目的』一八七七年、第一巻、一九頁)と言っているが、これは間違いである。ここには、目的からの動機の分離が認識されていない。負債の圧力であれ、恥やその他の何であれ、あらゆる動機が可能であろう。しかし、ここで前提になっているのは、われわれが法慣習に従って支払うほど、それほど完全に法の制度が合法的行動を安定させ、習慣化させている、ということである。つまり厳密に言えばまったく目的を追うのではない、か、もしくは債務を果たすという行動の中に現われる目的を追うのである。法のメンバーとしてのわたくしの行動はすでに完全に公式化されている。イェーリングの理論は危険である。それは法が完璧な力を発揮した彼の時代にのみ許されるおごりである。つまり制度が不確実なものになると、もっと別の目的をもった方がいいのではないか、という考え方が出てくるかも知れぬからである。制度に関する実利的理論は、それをさまざまの意見の混乱から救いだす必要があるときに、よく使われる手であって、むしろ破壊的なものである。というのは、そのような理論は同時に、誰がいったい社会の目的を述べる権利があるのかという疑問を投げかけ、そのまま答えずにおくからである。

すべての制度に同じ事態が見られる。性衝動は、他のすべての本能と同じように、「ほぼ」目的に向けられているだけであって、人間では、行動は未定である。この欲求——一言つけ加えると、この、そもそも最も馴致困難な欲求——を結婚の制度が背景的充足の状況におき、まさに、そのことによって、もはやこの欲求固有の衝動的ダイナミズムを発揮しないようになる。が、反面、婚姻の中の相互行動が自立して無数の日常的、経済的、社交的慣習になり、この両方の負担免除過程が結びついて、男女相互の愛着と結合というすべての純化された感情のための精神的空間をつくり出す。だから〔男女間の純化された〕感情は婚姻制度によって初めて可能になり、安定したものになると言うことができる。この感情は常に外的支持を受けているために、それなりに自立しており、自由にその表現手段を求めることができる。だから、けっきょく、そのような感情自体が性行動の動機になり、行動を感情の表現手段にするのである。このことは、どのようにして最初の欲求が制度の力を借りて現われるか、を示す非常に重要な過程の一例である。ついでに述べておきたいことは、われわれがここでは——深層心理学をふくめたかに自明のものでないか、という二点である。

——伝統的心理学の概念形成のまったく外側で論じていること、「肉体的」、「精神的」といった分類がいかに自明のものでないか、という二点である。

今述べた方法で明らかにされる衝動には、競争心、権力欲、自己顕示欲の言葉で表わされる衝動も入っている。それらの衝動もまた、生得的な、遺伝的に定まった行動像を駆使できないので、いわばその場その場の活動型の姿を借りて出現しなければならない。そのような活動型に社会は行動を分割するのであり、したがって、たとえば狭い意味の実用的衝動、つまり儀礼衝動、芸術衝動、科学、政治等々の衝動をつくり出すのである。一つの〔文化〕圏の慣習にならされて生きる人は、〔社会〕装置や、人びとの態度の——そこでは自明のものになっている——「重層的決定」(12)にもはやまったく気づかない。たとえば産業の多くの分野では——持続する強力な即物的要求とむすびついた——はっきりした機能的ハイアラーキーが、行動第一主義を生み出し、それは頂点に達するまでは決して止むことのない能力と順位争いのために、緊張と注意をゆるめることがない。そこでは人びとは、軍隊や官僚社会の上層部では自信がそうさせるような、弛緩と軽率さの暴走を許さない。一集団の存在条件——したがってその行動型——が不確実なものになると初めて〔事態を〕「理解し」、批判的に、ないしは改革のイデオロギーをもって、活動しようと考える観察者たちが——集団の中から、あるいは外部から——生れてくるのである。

今、われわれが議論しているような——同時に展開しつつ、あとから参加してくるような——諸欲求は、一方では制度が、他方では作業条件、物的法則、物的抵抗が指定する行動のレールへ、はめこまれることによって方向づけを受ける。言い換えれば〔われわれの欲求行動は〕、「衝動因の対象への転位」の意味で——つまり、明確に切り取られた状況データによって行動する——〔動物の〕リリーサー運動に似たものになる。そして、このことによって事態のより良い支配へ導かれる。すなわち——行動の焦点となるような事態を超越した——一種の間接的葛藤・闘争といったものが可能になる。このことは事態にとって大変な利点なのである。この方法で、自己顕示欲は客体化されて競争心になり、利得の期待は他者の関心に配慮し、権力衝動は支配的状況を迂回することになる。これらの、それ自体けっして無害とは言えない諸衝動はこうして社会の有益な梃子になる。この過程はまた、文化の発展段階と関係がない。対立するシャーマン同士の憎しみは、たとえば死によって取りのぞかれるのではなく、おたがいの能力競争の中で解決される。各人が自分の「魔力」の強さを相手と比較してテストするのである。つまり、競争は——決闘に関する騎士たちの制度のように——制度の定めた技能的手段の中で行なわれなければならない。

重大な使命の——つまり、客観的現実の側から要請される使命——の化身となった人間は圧倒的な権力の所有者になる。というのは、事物のもつ選択権が彼を通して働きだすからである。そのような権力争いは社会的水準を引き上げ、新しくつくり出された内容を数世紀にわたって通用させることができる。とくに全集団が権力をめぐって争い、その戦いの中から、ついに新しい制度が出現するときには、そうである。ローマ元老院と民衆の戦いはこの種のものであった。この戦いの意味を拒否する人は、ローマの自由の原因を拒否する人である、とマキャベリーは言っている。敵兵を前にした軍隊のストライキという恐喝手段までをふくむ、あらゆる手段を駆使して、彼らはついに一定の競争形式を見出すに至った。つまり、ローマ政治の最高傑作、護民官制を発明したのである。平民の——貴族出身者ではない——利益代表、公職の権限をもたない——しかも元老院に属する——高級官吏、という規定に従って、護民官は彼自身の肉体的介入によって一切の議決をさまたげることができた。護民官はそれ自身、最古の観念の復活として、完全に「タブー」であった。すなわち、モーゼが「山に触れる者は必ず殺されるであろう」(「出エジプト記」第一九章、一二節)と言ったシナイ山のように不可触、不可侵であった。この計算しつくされた法的熟慮と、原始の恐怖を同じ一つの形式に合体させる方法を見るとき、われわれはそこに、はかり知れぬ道徳的努力と同時に、克服された憎悪の深さ、発見された制度の高い創造性を読みとることができる。

偉大な指導的立場にある一人の人間の行動を「権力衝動」から説明しようとすることは、まったく不合理である。権力衝動という概念が、最初の記述的アプローチのための単なる心理学的入門概念にすぎないことはしばらくおき、そういった指揮機能を制度の体系がふくむとすれば、それは実現されなければならない。そして、この機能に一連の権限が付随しているならば、けっきょく誰かが決定を下さねばならない。その際、この指揮機能が「権力好き」という動機に、そもそも活躍の場を与えるか与えないかは、制度の事情そのものの中で事前に定められている。たとえば多くのインディアン部族では、酋長は単なる道徳的権威にすぎない。制度が「仲裁」(„go-between")をあらかじめ勘定に入れているのである。つまり、彼は平和の斡旋者、調停人、時には集団間の葛藤へ進んで入って行く贖罪の山羊でさえある。したがってこの制度は、「権力衝動」の方向に位置するようなどんな刺激も解発しない。まったく別の刺激を解発するのである。反対に、王政時代には、一人の小心な支配者が自分の責任を果たさないこと、つまり高度に集中化した決定権の行使を前にして、たじろぐことがしばしば起こった。その結果、事態は——彼のために——本題を離れて展開し、あるいは充分、展開しないままに終った。本来、ここでは、権力と権力行使のための肉体的、精神的な力と嗜好が制度そのものによって計算されていたのであった。カール五世は「皇帝としては、あまりに脆弱である」とフランスの使者は言った。

福祉社会に普及している生存問題の瑣末視の特徴として、事柄そのものが消滅するわけでもないのに

「権力」という言葉は一種のタブーになってしまった。そして「社会統制」(„social control")とか、それに似た言葉が好まれる。このことは権力の誤用になやまされていない社会にまで当てはまる。というのは、そこに普遍的な理由があるからである。このようなルサンチマンは、まず国家権力に向けられる。なぜなら国家は個人の生の欲求の解放に限界をもうけ、したがって平均的人間の自己強調に逆らう恐れがあるからである。エントロピーと、緊張状態からの解放と、逸楽郷を求める自然の衝動は——エネルギーを維持し、絶えず危険を監視し、対応能力を極限にまで引き上げ、個人と集団の情熱を高い次元で選択する、のがその仕事である——権力の要請によってさまたげられる。いわゆる言葉のタブーの問題は重要である。なぜなら、それは、ここでも権力という言葉を〔いつも一方的な〕反対宣伝のためにしか使わせないからである。ガンジーの例が示すように、無暴力や無権力の教えが権力行使の絶対的形式でもありうることを、われわれははっきり知る必要がある。彼は高次の手段を選び、敵に牙をむくために義歯さえつけかねぬ人びとのルサンチマンとはかかわりあわなかった。しかし、この世の中には——その背後に同じように支持者たちのいる——反対の事柄の抵抗を排することなしには、かつて、どんな有益な事柄もひとりでに進展したためしのないことは、証明ずみの周知の事実である。アテナイ文化を肯定する人は——この文化を初めて可能にした、また、英雄テセウスの名とむすびついた——シュノイキスモス[13]を是認せざるを得ないであろう。その実体についてトゥキュディデスの注釈がほのめかしているものは、テセウスの遠謀深慮には暴力が結びついている、ということである(『歴史』第二巻、一五章)。知識は無力であり、そのことがまた無力を信仰する動機になっているのを見抜くことは、インテリには難しい。知識は事実を表示する。しかし、変えはしない。

権力衝動という言葉は——すでに暗示したように——認められないことに対する異議、を指す言葉である。強力な力を行使するなどという考え方をとらないなら、それは、むしろ一種の社会的、文化論的意味をもつ。すなわち、まれに見る偉大な――その性質上、公開をはばかる、思慮深い――精神の形式というものが実際に存在している。この形式が出現するかどうかは、社会体系がそれに機会を与えるかどうかにかかっている。なぜなら、それは発表手段をただ権力の中にのみ見出すからである。

心理学は現実のもつ選択権の完全な代理者たちに近づくことはできない。偉大な人間知でさえ、そうである。だからメッテルニヒはナポレオンのような人物を性格づけることはできたが、アーヘンのドームの宝物庫にある宝石に彫られたアウグストゥス(14)の肖像の語りかけに、誰も答えられないのである。

16 内的規範の創造性

われわれが見てきたように、義務的行動の習慣化が、はじめて、高度な可変的な内面的可能性を生み出すのである。どのような源泉から出た行動も、すべては、この規範的明確さを備えるようになる。つまり、まず事物のもつ頑固さに始まり、他者の期待がその軌道の中を流れている社会関係の網にとらえられ、やがて相互性という本来の人類学的解決に至るといった具合である。規範の効力にとって、背景的充足や保証性も重要な意味をもっている。なぜなら保証性の中には、権力の命令権が最終的に正当かどうか、つまり保護と服従の〔対応〕関係にあるかどうか、が横たわっているからである。

規範化されたものと、習慣化されたものの上に、あの――高度の自由を許す――負担免除が成立することは、われわれの見るかぎり普遍的なものである。ここには、言語の中でと同じことが起こっている。N・ハルトマンは、かつて、高次の精神的機能は言語という「器具」を飛びこえて前進することができるが、ただしそのような射程の自由を得るためには、やはりその器具によらねばならない、と述べている（「ドイツの新しい人間学」、『ドイツ哲学研究』第一五号、一九四一年）。われわれは行動の下部構造が、長い伝統の継続の中で積層化されたことを知る必要がある。ここで重要なのは精神的な高所にまでとどく重層《ズーパーポニアテ・シ》体系《ユステーム》のことである。専門化された習慣は、ますます鋭敏な刺激閾を発達させ、運動と感覚の繊細な反応と同時に、自由な思考図式の細分化された階梯を発達させる。たとえば、経験豊かな——数世代の過去の成果を学んだ——学者は無数の連想、象徴を支配できる。あらゆる記号、法則、通則、応用をともなった知的労働の広い領域も同じように習慣化され、自立化されているので、この高度に訓練された機能も、たがいの抑制なしに、作動して、微妙なニュアンスを求めることができるからである。こうして初めてそれは、目下の対象の「精密な性質」にふさわしいものになる。数世紀の時の流れの中で、思考の技術と対象物の増加が並行して進み、科学の初心者としての人類が両者の前述の水準に達したことはまったくうたがいないことである。このことに成功し、さきほどの行動の自立性が獲得されると、個人の空想、洞察、直観が活動を開始し、物によって自己を証明する可能性が初めて生れてくる。

　あらゆる文化領域の、真に豊かな異論の余地ない創造的能力は、だから、一種説明しにくい性質、言ってみれば、若返りとでもいう性質をもっている。それはすでに知られたものに新しい光を投げかけ、その既知のものの中で新しいものに変身する能力である。ただし、この新しさはすでに存在していた同じものの強制によって成立する。われわれが、ジョットから、レオナルド、ホルバイン、オランダの画家たちをへて、グワルディにいたる一連のすばらしい絵を並べて見ると、一つの側面をたどる一種の実験が明らかになる。つまり、光学的洞察の新しい展開が、絵画の支配する領域のたえまない拡大が、明らかになる。と同時に他方では、まさにこの中に伝統が完全に引きつがれていること、伝統がますます豊かになって行き、上品な嗜好や、繊細な感受性や、微妙な表現能力の一般的水準が中級の教授用絵画さえわれわれの手なぐさみにはとうてい不可能な密度と生彩をもつまでに高まることが[15]明らかになる。そのために、よく、絵をかくのは好きでないという声が聞かれるわけである。デ・ヘームや、ファン・ベエイエレンのように、ぶどうを描くことのできない人には、ぶどうは〔イソップの童話のように〕酸っぱいものになる。あの二つの面〔規範と習慣〕が崩壊して、伝統がとだえ、実験的なものだけが独走すると、先に説明した経緯に従って、主体性が空転することになる。だから、表現主義から抽象絵画にいたる一連の発展は当然のことである。絵画が外界の現実――それを「ただ模倣するだけ」で、人が「いわば可能性をのり越えて作品をものにする」ことができた（ゲーテ、一七八八年の言葉、『イタリアの旅』「第二次ローマ滞在」より）――から目をそむけて以来、絵画はすばらしい息をのむような美しさに達することはまれになった。完成された絵画には――自然そのものと同じように――近よりがたい威厳といったものがある。この両者には何か不思議な、異様なものがある。現代の方向での実験的絵画がその視覚的な豊かさの中で、自然と同じような隠された数学、秘められた計画性を暗示するまでには、まだ大分時間がかかるように思われる。

アンドレ・ジッドは『贋金づくり』の中で――人間は、自分が感じると思いこんだ内容を感じるものだ、と気づいたとき、わたくしにとって心理学は興味のないものになった――と言っているが、まさに、ここにより高い関心の出発点がある。かつて芸術が、その絶頂期に一種の「常套手段《トポイ》」、つまり形式と内容のステロタイプ――対象や技術だけでなく、美学自体の中での――をつくり出したとき、芸術はこれらの枠組の中で真に創造的になった。それと同じように、精神的なものの中にも、感情や、感覚や、観念や、思考の常套手段がある。こうして、その内容も、すでにわれわれが前に（第9章）述べたように、一定の仕方で、おのずと形式的になる。それらは、まさに一種の図式化によって安定する。社会感情は多くの人工的な、伝統的なものを提示している、とブロンデルは述べている（『集団心理学入門』一九四八年、一七四頁）。彼はさらに、それは高次の美的、道徳的、宗教的感情にも同様に当てはまる、とつけ加えている。これらの解釈が示すものは、義務的行動が一定の動機群と情緒群を共に義務づける、という事実である。体験の内側でも、われわれは持続と、安定性と、規範内容を区別することはできない。なぜなら状況が変化しても、つまり外的支持者、返答する他者が不在《イン・アブゼンティア》のままでも、この義務内容がたっぷりしみこんだ動機づけは「もちこたえる」にちがいないからである。動機づけというものは、どの程度までそれをわれわれが体験しているか言うことのできないものである。なぜなら、われわれはそれを体験すべきだからである。このことは「なんじ父母を愛すべし」ということが問題になり、人間の性質にはどんな強制も加えられないという抗議が出て、人間の性質はそのような恣意的な、権威的なものの中にはない、と答えられるとき、それもまた、道理にかなった議論だからである。

古来の宗教の分野、軍事の分野の、近代では政治的分野での、完全に習慣化した志向をかかげる強力な要請をもった制度がある。厳密な意味で言う志向は「共同義務を帯びた」観念、感情、情緒、行動準備態勢の複合《コンプレクス》のことである。それは、まず外部から――つまり実際に行動したり、しなかったりすることから――つくり出され、動機の形成という首尾一貫した規制によって出現・発展してきた。そして、ついには個人を動機形成一般から免除するような――言い換えれば、個人はただその場その場で動機づけられさえすればよい――複合《コンプレクス》のことである。このような、いわばわれわれを一つの秩序構造の素材にしてしまうような完全に禁欲的な傾向は現代の主観主義によってはげしい憎しみを受けている。もちろん、そこで問題になっているのは内容なのだが、たいていの人は内容が固定化するという理由で、このような行動形式一般に反対するのである。しかし、習慣と同じように、内容もまた、内容特有の空虚な様式を生むことは認めなければならない。どの点から見ても、やはり重要なのは人類学的カテゴリーである。一言つけ加えれば、高度に分化し、同時に整然としたエートスの傑作は、いつも、小さな掌握可能な共同体の規律ある姿である。大衆社会に志向を求めることは不可能である。

豊かな文化には、二つのたがいに関連しあって建設された規範の体系が見られる。一つは普遍的な、明快な、厳格な、行動と中止の規則であり、他の一つはその侵犯がきびしく禁じられている精神的反応の規則である。しかも、それはどんな動機の事情も配慮せずに断言している。つまり、〔万〕「人」がこれこれをする、あるいは絶対にしないことを求めている。この体系がいかに洗練されているかは、感情や思考――の高度に選択的な、共に義務づけられた――「常套手段」と表現法が個々のケースにうまく合致していること、たとえば正義や親切心のようなものも、あくまで公的性格をもつこと、によって証明されている。

17　欲求定位

ここに――今、せめて手近に扱うことのできるようになった――難しい、なおざりにできない人類学の課題がある。欲求の定位、つまり衝動と関心一般の方向づけの問題である。この問題は、そもそも人間の本能残基がもつ可塑性と脱専門化から、彼の「世界開放性」から、そしてまた、人間が取り上げてきた既存の環境データの恣意性から生じたものである。動物ではこのようなことは起こらない。そこではすでに、環境世界とリリーサーの安定した関係による定位が、生理的、本能的な知覚・行動型に与えられているからである。この問題は、われわれには受け入れがたい元型《アルヘテューペン》に関するユングの理論にも、すでに解答を与えていると言ってよい。なぜなら彼の言う、不変の無意識的精神原像、原象徴《ウアジンボーレ》は、まさしく〔今わたくしの説明した〕既往定位存在《ショーン・オリエンティアトザイン》を指すものだからである。ユングの理論は多くの生得《イナイト・》的観念《アイディアズ》に関する理論の深層心理学的亜種である。

欲求の〔高まりによる〕「像の支配《ビルトベゼッツング》」とは、欲求充足の対象を特殊な形に限定し、一面化することである。飢えは小さな子供にとって、像をもたない、不明瞭な――無計画な表現運動をもった不快、不安として入りこんでくる――状況、すなわち一種の〔漠然とした〕全体状況である。それは外から近づいてくる機械仕かけの神《デウス・エクス・マキナ》のような、ミルクびんによって充足される。こうしてミルクびんは、すべての感覚によって同時に知覚される対象として、その後の欲求を方向づける。おそらくこのことは「刻印」の過程によって、つまり動物にも観察されるような、感覚に直結した、仲介行動から独立した、外界による支配という幼児期の本能の過程によって完成される。ただし子供の場合には、二、三の行動型が必要である。つまり、まず内部の刺激周期に従って引き起こされる――びんをもった機械仕かけの神を動かすための――叫び声があり、次に叫び声が聞きとどけられる。言い換えれば子供は〔欲求充足の〕成功のために意図を用いなければならず、成功は遅延されることである。いずれにせよ、われわれはここに、欲求充足のための特殊な一組の行動がどのように形成されるかを見ることができる。すなわち、われわれの欲求は充足対象という方向性をもった像に支配され、同時に一面的内容に限定されるのである。

このような――ひとたび方向づけられた欲求の――対象は、われわれが強い欲求を感じないときでも、それと固く結びついた一連の行動を、外部から、引き起こさせることができる。だから人間は対象を潜在的欲求に結びつけることができる。われわれに関心の深いものが突然現われるとき、行動の成功の可能性が与えられるとき――さし当って強い欲求がまったくないので――誰でもそれを潜在的欲求に結びつけようとする。われわれは――すでに扱ったカテゴリーに従って――成功を「周辺に保有」しようとする。こうしてシャファーが「内部刺激に代って作用する外部刺激」と名づけるものが生れる(『適応の心理学』一九三六年、一〇〇頁)。すなわち、すでに述べた「衝動因の対象への転位」(ビュルガー＝プリンツ)が現われる。以上の言葉が示そうとしている現象全体は、衝動(欲求、関心)は方向づけられる性質をもつこと、人には秩序づけられた一連の行動と動機づけの力を駆使する能力があること、言葉の働きの中には対象をつくり出す力が存在すること、である。今、われわれは、前に研究した「道具」、「技量《ケンネン》」、「欲求」という一連の関係を、この図式の部分現象として理解することができる。われわれはこれらを出発点にして、なお多くのことを確かめておいた。つまり、これらによって秩序づけられた欲求が背景的充足の状態に達すると、これらが自立して完全な事物性に変化すること、そのことこそまさに習慣化された行動型が制度の一部として安定し、自己価値の領域へ引き上げられるケースにほかならぬことをたしかめておいた。そして、われわれはこのような負担免除状態が――新しく流入してくる動機によって――行動をいかに多様化するかを知ったのであった。

したがって、たとえば、栄養と性の周辺から出たような一次的欲求は――衝動因の、限定され一面化された対象への転位の意味で――リリーサーのようなものに変えられて初めて定位される。衝動のこのような方向づけは、もちろん社会関係の中での行動を通じてのみ起こるのであり、行動の上にのみ姿をあらわす。つまり〔社会によって〕きめられた内容が行動のリリーサーになり、そのような内容の中に浮び上ってくる欲求がわれわれを規定された行動へ駆り立てる、という逆の形をとる。この行動は皆が受け入れた規則に従った、しかも明確な、成功率の高いものでなければならない。

この、社会的に承認された行動には――先に描写したような――解放された、義務的な性質を帯びた他の動機群、すなわち社会的感性、道徳的情熱、義務感、社会的配慮等といった――本来の義務内容にともなって引き出された副次的、倍加的――欲求の全階梯が参加している。だから、欲求充足状態と言えるものは、これらすべての要素が共に安定化されるときに初めて安定する。すなわち性衝動のような一次的欲求は、その充足行動が――同時に義務づけを受けている――社会的、倫理的義務感情を排除しないときに初めて、完全な意味で安定化する。それは再度言い換えれば、その時その時の制度の中へ引き入れられるときに安定化するのである。多くの高度文化と同じように、婚姻における排他的性行動を義務づけられていない無数の原始社会は、婚姻外の性交渉をも制度化している。マードックの統計によれば、原始社会のほぼ三分の二は、たとえば義兄弟姉妹との間の性交渉を許しており、この慣習を自明のもの、つまり当然のものと考えている（『社会構造』一九四九年）。

たとえば「権力衝動」という言葉が出世欲以上のものを意味するとしても、それはただ、事態の支配可能範囲を拡大したいという欲求を意味するにすぎない。それが他人を自由に使うことを、ふくむかどうかは、まったく当該の事態にかかっている。活動範囲と自由裁量能力を拡大したいというこの欲求は人間種一般の特徴である。他人から高い評価を受けるような「技能」の讃美はほとんど本能に近いものである。つまり、人間の体質から生れた一種の直接的反応である。したがって「権力衝動」は、主体の側から見れば、人びとからの尊敬と讃嘆という御墨付によって事態を拡張したい欲求、の中に成り立つ。このことから、どの文化でも、子供たちは皆、大人たちのできることをしたい、彼らの承認を得たいという欲求として権力衝動を体験する。こうして、この欲求はきわめて早くから方向づけを受ける。つまり、その時どきの事態と行動目的に合致させられ、社会がそのような権力衝動の反対項として発達させる義務感情にむすびつけられる。

　われわれはこの事情を、人間の衝動生活がもつ言語性という概念で要約できるであろう。すなわち、あらゆる種類の欲求の定位づけは同時に欲求の公共化であり、どんな欲求定位も、共に義務づけられた志向や情緒の広場《ホーフ》なしには登場してこない。これらもやはり、すでに先取りされた他者の情緒であり、やはりまた、他者の反応をすでに含んだ行動の端緒としてのみ存在するような情緒である。同様に言葉の場合でも、ある思考の意図はそれが言葉に表わされて初めて、それ自体確実な、明確なものになり、それ自体一つの活動になる。言葉は常に、他者の言葉であり、その中で直接、思考の意図が公けになる。人間の衝動生活——つまり、すべての関心や欲求——が言語性をもつということは、大変重要な問題である。それは、熱くなりすぎたヤカンからピーピー吹き出している蒸気圧の図式で「衝動」を論じるような、あるいは「超自我」の中で社会の構成要素を衝動的な「エス」に対立させて描くような、精神分析の思考モデルでは明らかにされぬものである。

　だから、確実に定位された欲求や関心は、すべて外部へ転位されたものであり、明確に切り取られた外界データによって解発《リリース》可能に、言語的にされたものである。われわれは、そのような——言語による知識だけではない——外界のデータの中の他者や事物によって自分を知る。別の言い方をすれば、客観性というカテゴリーによって、真に自己自身を理解する。だから、これらはすべて、なんじ何を為し、何を欲し、何びとと交われるかを想え、しからばなんじ自身何びとたるかを知らん、ということわざと同じ基調のヴァリエーションなのである。方向づけられた、強い欲求は、まさに「内部の外界」である。「われわれの内部にも一種の外界がある。それは——われわれの外部で、外界がわれわれの外貌と関係しているのとちょうど同じように――われわれの内界と関係している」と言ったのはノヴァーリスであった（『ノヴァーリス全集』第二巻、一八一頁）。像の支配を受けた、敏感な関心複合《インテレセンコムプレクス》は一つの具体的な独立の世界を体験する。その中で人は――自己観察、自己規定の意味にまで至らないにせよ――自己自身を対象化する。ここにロータッカーが「人間存在の第一次対象化」と呼んだものがある（「精神科学に現われる教条的思考形式」、『科学・文学アカデミー論集』一九五四年、二二頁）。

古代の人類が、体験を省察によって主観的にとらえるような方法を、あまり、とらなかったと考えることは間違いではない。だから彼らの自己対象化は、われわれにはもう追体験できないほど深く、外界にかかわりつつ行われたにちがいない。われわれの展開したカテゴリーに従えば、アルタミラの岩壁の上に描かれた一頭の野牛は、何よりもまず、目前の現実から外界の核心的データを引きはなす意味をもっていた。すなわち、それは「外界安定化」（第13章）のカテゴリーに属する。それだけでなく、この絵の中には――今われわれが読み取るように――すべての個人が一つの支配的な欲求複合のもとに在るという了解がある。それは公けの形式の中に、この相互理解をいっそう安定化するものとして現われてくる。しかし、この主題については、またあとで、演出ということと関係する別のカテゴリーを紹介しようと思う。

前に述べたような、われわれ一人一人が自分の日課をこなすといった意味で自立している欲求は、われわれには――真のイメージ、アイデア、気分などのように振り返ってみることのできる――精神的なもの、と感じられない。それは何かまったく客観的な手順のように感じられる。失望、落胆等といった、もっと主観的な感情のうごきに直面すると初めて「人はそれに向かい合う」。ここに倫理的なものの本当の源泉がある。「難問題の慎重な処理に取り組む人間は、決して自負心を失わない」とバーナード・ショーは言った（『医師に関する序文』より）。しかし、このような「慎重な処理」の中に現われる恒常的関心についても、まったく同じことが言える。それは個人の資質などとして説明したり、分析したりできないものである。このような関心こそ――それと結びついた「指導理念」と共に――われわれの精神的脊椎を形づくるものである。たとえば先ほど述べた「力強く」行動する人も、その難問題が引きおこす興奮や想像や気分を、対象化の意味で、「もつ」ことがない。そうではなく彼自身がこれらの感情そのものになっている。彼は自分の行動が生む成功や不成功と一体のものである。既存の関心複合と行動型が、自然に、主観的なものがもつ動的な流れを規定する。それは、ちょうど既存の地形が川の流れをきめるようなものである。われわれは自分の行動が支配する内容をこえた、社会環境と人間自体の反応によって、初めて自分を対象化することができる。制度と公共性のもつ基本概念と規範の中でのみ自己を理解することができる。ちょうど、われわれが、完全に自分のものである独創的な意見も、他人の言葉の中でしか考えられないように……。「人が生活しているその社会の状況は、精神に一定の理念、一定の思考と行動の仕方、一定の先入観と信仰内容（教義《クロワヤンス》）を刻印する。それは将来も生きつづけて一種の疑似客観存在（！）になる」とパレートは言っている（前掲書、一〇四三節）。パレートが社会の影響について、ここで述べていることは――別の面から見ると――欲求定位、関心定位のことである。内部の外界の全領土を支配する、極端な自立性のまわりに、波のように打ちよせる主体性は、もともと公共の能力、公共の価値をもつものとして体験されていない。だからこそ、主体性は振り返ってみることができるという意味で、主体的なのであり、対象化されない「広場《ホーフ》」、同じ響きを出すもの《ミットアンクリンゲンデス》、なのである。われわれの文化のように、主体的なものの展開と演出がテーマになるとき、そこには非常に特殊な文化条件が存在する。ホーフシュテッターはいみじくも言っている。われわれの文化には、そのつどの唯一回性自体が役割になったと思えるほどの「役割どおりの個人」が存在する。「これはおそらく、われわれの文化がもっている驚くほど明白なものの一つである」と……（『社会心理学入門』一九五四年、二〇五頁）。人間の唯一回性は一種の宗教的カテゴリーであり、決して定式化されないものである。それはまた、昔からあらゆる現実生活の在り方の本質と深い関係をもちながらも、ほとんど公的強制力に似たものをもたなかったものである。

われわれはこの論究の中で、欲求（一次的欲求でさえ）と、高次の関心を区別しなかったが、その区別を否定しているわけではない。ただ、それをきめるのは心理学の仕事であり、われわれに必要なのは定位のカテゴリーだからである。この観点では二つには区別がない。一次的欲求を方向づけるということは、それを文化的条件のもとに置くことであり、この種のすべての条件が、潜勢的に、すべての他の条件を引き起こすのである。「昇華されない」衝動は、定位されない衝動である。定位された本能は、もう本能的なものをまったくもたない〔文化によって選択された〕行動の中へ消えた本能である。定位に失敗した本能は、もうどんな動機にもなり得ない――想定に転化した――混乱した衝動であり、願望の像にすぎないものである。この章で説明したかったことは、「衝動の言語性」は思考の言語性と同じく重要なカテゴリーだということである。両者とも、その表現形式、その公的な支持物を見出さねばならない。それらは、その見出された支持物によって初めて明瞭な、的確なものになる。制度は、言葉と同じように、関係と合意をつくり上げる。それは後者と同じように、負担免除作用をもたらし、その中で自由を実現する。一つの社会に行われる制度の抽象的内容、つまり法体系は、その社会の欲求の文法であると言うことができる。

18　安定化された緊張

今までわれわれが行ってきた衝動定位の主題に関する分析も、まだ「徹底した」ものではない。今しばらく困難な研究をつづけねばならない。この点に関する最後のカテゴリーとして「タンション・スタビリゼ」、つまり安定化された緊張を採用しようと思う。この表現は、ときおり、プシュルスキーによって、しかもいくらか違った意味に使われているが、われわれはこれを借用しよう（『人間の進化』一九四二年）。これで、一つのカテゴリーがうまく言い表わせると思うからである。

もっとも単純な例として、一つの「アンビヴァレント」な情動の姿が役に立つにちがいない。影響力の強い、権力をもった人間の前に出ると――それは対象が事態の場合でも同じことだが――われわれは、攻撃と服従ないし親愛の、両極の間にゆれる交錯した感情におそわれる。この情動の一方に負けてしまうなら、その行動は一種の単なる克服状態になり――そのどちらに負けても――対象との関係はこわれてしまう。なぜなら服従の要求も、たび重なる極端なものになれば、やはり攻撃に転化するからである。このような衝動の状態に見られる一定の方向づけは、明らかに、二つの情動が――一方が他方によって阻止されているという――タンション・スタビリゼに変化することを前提にしている。その結果は、一つの新しい感情の状態、非常に特殊な――留保された――片時も油断のない緊張、ドイツ語が本来の名前をもたない一種の臨戦態勢である。絶えず激しく緊張していなければならない原始生活の環境では、このような感情状態は具体的な表現の場、つまり――人びとがその〔聖〕域をあえて犯そうとせず、守り通そうとする――タブー地帯をもつ。タブーは、周知のように、フロイトが「アンビヴァレントな葛藤の結果」として初めて説得力のある解釈を下したものである。それはさておき、誰かが自分を観察して、わたくしは長上の前に出ると何か落着かない気分になる、と語るような場合、そこには何ら特別の変った感情はない。一種の行動拘束という結果になっただけの話である。そうではなくて、「長上はタブーである」という言葉は安定化した緊張と、行動にとっての中庸の距離が、両者の間に確立し、維持される事実を指している。

この新しい情動の状態はフロイトが指摘しなかった多くの注目すべき特性をもっている。まず第一に、この状態は――前に述べたように――ここに新しく定位された一つの「志向」の永続的形式を表現しており、その志向の中には、本能残基の一つ一つの要素が明確な方向づけを受けて収容されていることである。この明確さと永続性は、まぎれもなく、新しい感情の状態に組みこまれることになった抑制作用から来ている。第二に、安定化された緊張はわれわれの感覚を敏感なものに変え、特に対象の性質に対して、より覚醒した状態におくことである。だから、われわれはこう考えてよいであろう。つまり、一方的な直接的な感情の爆発よりも、この抑制作用によって、より高次の神経中枢が活躍させられるのである、と……。もちろん、このような覚醒状態が意味するものは、安定化された緊張からのみ発展可能な行動が――人間精神の内部から――生れてきて、無数の動機が参加してくること、つまり行動が事物の目的をとり入れることである。こうして、ここに、象徴的な態度と、きわめて合目的的な態度の――高度古代文化に見るような――混合物ができあがる。一つだけ例をあげれば〔だから感情的に〕たいていの人びとは、タブー視される首長の近くにいながら、遠くにいる。[16] したがって、この危機的距離は巧妙にあやつることができる。最も近くにいる王の近親や側近たちは、彼と国民との交流を奪うためにいつの時代もそれを完全に利用する。カール・シュミットによって研究された「受付け部屋現象」の本当の起源がこれである（『権力と権力者への通路について』一九五四年）。

第三に、この覚醒状態と油断のない緊張の中には、なお一つの隣接現象が起こっている。つまり、安定化された緊張は客体に対する高い〔反応〕限界値を維持し、それが完全に変化しない現象、言い換えれば主体の精神状態の変化や、主体のもつ何かある欲求の程度、満足の程度から独立している現象である。首長が言ったり、したりすることは常に人びとの最大の注目を集める。しかし、人びとには、彼の内心がどうであるかは、どうでもよいことである。別の術語で表現すれば、どんな「反応消滅」、慣れによる反応崩壊、――それ自体きわめて高度に維持された――刺激閾値の増減も存在しない。安定化された緊張の周辺では、どんな緊張の、飽和されねばならぬ欲求も存在しない。なぜなら、それは攻撃と服従の、一体化した、相互に抑制しあった衝動をもつからであり、そこでは恐怖と尊敬が完全に一つにとけ合っているからである。欲求と情動の安定した緊張というものは欲求や情動を、いわば単なる克服状態から引き出し、そのことによって本来の――外部から鎮められるはずの――欲求の性質を奪い取る。こうして高められた状態は、秩序づけられた行動と同じであり、もちろん、もうどんな直接的情動の表現も見られない。どんな突発攻撃も、卑屈なお辞儀も起こらない。安定化された緊張が外部に現われるのは――「象徴的な」対象を導入して緊張状態を鎮める――伝統的行動の中だけである。すなわち、首長のステータス――タブーの担い手であるための彼の公認の特性――は、彼の象徴的・伝統的行動によって保証される。それは同時に情動の緊張を完成し、背景に固定する。だから人びとは、世間の形式に従って、三回、叩頭《コタウ》するのである。

今、われわれが描いたのは――対象に関するどんな物も変更することが許されず、したがってただ、対象に組みこまれることができるだけなので――いやおうなく自分自身を相手にせざるを得ない行動、すなわち「儀礼」のことであった。このような自分の中で積極的に完成される行動の反射は様式化と呼ばれる。この行動は外から見れば、行動自体の規範化、または様式化の中に成り立つ。秩序づけられた対象で様式化に相当するものは「ステータス」であり、心の内部で様式化に相当するものは――衝動・欲求行動に移行しない――常に覚醒状態にある情動の緊張である。

社会的、宗教的、政治的領域に見られる伝統的ないし象徴的表現が、もはや直接の感情の発露をもたぬことは、常に見られるところである。人びとが記念碑や、旗や、貴人といったものの前で敬礼し、しかもそれが非常に大事なこととされているのは、自己に何か信じるものがあり、そのことをはっきり表明するためである。人びとは複雑な情動の緊張（「志向」）がそれ自体、拘束力をもった有効なものであることを明示し、同時に自分の行動を通じて、この観念的なステータス――つまり当該の対象の権威――を強調する。これらすべての、非常に高められた体験状態は、様式化されたその同一の行動そのものの中で――ちょうどフィードバックの中でと同じように――完了し、確立される。

ここに描かれたコンテクストには、つぎのような人類学的前提が入っている。つまり、外界のもつステータス的性質によって定位されるような欲求のない欲求充足状態というものが存在する、という前提である。このことによって、われわれは存在そのものとの関係に入ることになる。それは――ステータスの概念をいっそう明確にするために――再提示される存在であり、どんな変化の光にもさらされることのない存在である。すべてのそのような状況は、自己自身の中で充足されており、自己を越えて求めることをしない、時の流れから守られて、くり返し建設されるような状況なのである。

われわれはここで「絶対的な意味での自己価値」（第4章）に改めて出会う。すなわち、これら事物や、生命体や、制度といったものは絶対的な意味における自己価値をもち、それらの性質である独立の存在、現実そのもの、あるいはそう思われるものを目的とした行動が結びついている。それればかりか、真の欲求のために一切の存在価値を放棄するまでに至る行動が、潜在的に、結びついている。古代の、現世的な目に見える神々——現代の入口に至るまでの王や王冠——に対する感激《エクサルタチオネン》は、そのような精神的、情動的緊張の好例である。それは、支配できない現実の衝撃を精神の高揚によって防衛する必要が生じたとき、人間がとらざるを得なかった処置なのである。

われわれの研究がここに提出したテーマは、事態の変更なしに規範化されない行動である。だから今述べた典型的事例だけが、安定化された緊張を証明しているのではなくて、それが無限に分岐して社会生活に浸透していることは、容易に分かることである。別の言い方をすれば、社会的につくり出すことのできる、永続的な、相互に期待しあえるような雰囲気は、すべてこの規範化された行動型にもとづいている。したがって「安定化された緊張」という考え方なしには、どうして、このような言語に似た了解が生れるのか理解することができない。一例をあげると、安定化された緊張というこの種の社会的「志向」には、たとえば丁重さと冷淡さの間にくりひろげられる志向がある。そこでは、その前提となる安定化された緊張は、合意と闘争の間の緊張である。丁重さは合意の側に立ってこの緊張をつくり出す。丁重さとは、行動の中に様式化された、先取りされた合意にほかならない。他方、冷淡さは同じ緊張のコムプレクスを闘争の側から発展させる。しかし、必ずしも合意を不可能なものとしては表現しない。そのことが「冷淡さ」をつくり出す。いずれにせよ、伝統的、公共・規範的なものは秩序づけられており、同時に文化的に非常に変化する表現形式である。したがって、まただからこそ、中国的な決裂の身ぶり——だまって茶わんを伏せる——は〔中国人なら〕誰も取りちがえることはない。

ここに展開された「表現」のカテゴリーから、芸術的生産の際の主観的側面についても、何らかのことが言えるであろう。美学なるものは、それが芸術家の視点からの論証なのか、観客ないし社会的観客（大衆）の視点からのそれなのか、正確に区別しておく必要がある。前者の視点に立てば、もちろん、芸術家は現実の一片を前にして――彼がそこから出発するにもかかわらず――その一次的感動を表現するのではないであろう。彼の知性、省察がはたらき始めて、この感動が阻止され、感動が直接、露呈されるようなことはない。しかし、この阻止によって、今や他の多くのモチーフ、すなわち、二次的感動、思い出、感情・映像連想、思想等々を成長させる。そして、これらが安定化された緊張へ向かって整序されはじめる。こうして、この秩序づけられる行動が、たとえば省察による加工作業（そこに「哲学」が成立する）や、儀礼的行動形式に移行しないかぎり、また（自然民族のいわゆる芸術のような）一次的感動の対象と動機を演出する道を進まないかぎり、そこに何か非常に特別なもの、つまり主観的な感情・思想複合と演出される対象との相互発展と豊饒化（にほかならぬ芸術）が誕生する。たとえば画家は、蓄積されてゆく体験複合（その中には当然、思考がふくまれているが）を表現しながら、秩序づけられた行動が対象の演出に一役を果たす形で作品をつくる。言い換えれば、像に発展してゆく一本一本の線や、一つ一つの色の濃淡が、心に浮んでいる感情をいっそう明確なものにし、そのような感情が再び像に新しいニュアンスをつけ加える。そして、そのような作業は、内心に写し出された――大部分は制作中にようやく発展した――感情や思考の大量の豊かな実りが、外部に写し出される像の中に、最終的な満足のいく完全な拠り所を見出すまでつづけられる。こうして、感動は安定化され、同時にその表現を見出すことになる。同じことは言葉の芸術作品にもあてはまる。ロータッカーはクラウディウスの、夕べの歌の冒頭の文句「月はのぼりぬ」を一種の「抒情的命題」だと説明している。それは一種の「主観的、感情的な気分の特独な綜合であり、感情が、まさに展示しようと熱中した高級な像による気分」

なのである(前掲書、二三頁)。似た意味でデューイもまた述べている。「感動をあたためて、表現を求めるような衝動《インパルス》が、大理石や絵具や、言葉や音の中に雄弁な主張をもつためには、何か慎重な整理(マネージメント!)とでもいうものを経験しなければならない……画家がキャンバスの上に絵具を置くとき、あるいは、置かれた姿を思い浮べるとき、彼の思考と感情も同じように秩序立てられる」(『実験としての芸術』一九三四年、七四頁)。すなわち、芸術の演出作業は、感動の最初の対象をのり越えて、演出の中へ対象を引き上げると共に、最初の感動そのものも引き上げるのである。ここでわれわれは、人が感じていることと、感じていると思いこんでいることとは、区別できないというジッドの言葉を思い出す。

さて、安定化された緊張一般の問題にもどれば、そもそもこのような緊張は、いったい「意志」であるのかどうか、という決定しがたい問題がここに浮び上ってくる。しかし、これもやはり「意志能力」という概念——ギリシア人たちも、やはりそれを知らなかったが——を使わずに済ませることができる。われわれには、本能的な反応、反射、着想、幻像や、直接的な興奮、衝動のような、すべての「無意志的な」過程の方がはるかに理解しやすい。わたくしは『人間』の中に、この見解を支持しておいた(第一四章、一二パラグラフ)。われわれのような確定されていない生物の、行動と内面状態に見られる共通構造は意志することとである。彼は自己自身をテーマにし、この無意識過程を操縦する。したがって、狭義の、自由な処理能力をもった意志の力は、完全に訓練された「緊張体系」の高度の条件づけが生み出したものである。いずれにせよ安定化された緊張から発展することのできる行動——たとえば丁重さや、冷淡さのような様式化された身ぶり表現——が「意図されたもの」であることは間違いない。決して、それは無意志的な身ぶり表現ではない。しかし、このような、どちらかと言えば定義に関する議論よりも「タンション・スタビリゼ」が、本質的に、対象の存在に対する決断作用をふくんでいること、そのようにして高められた最終的存在を受け入れること、を認識する方が大事である。まさしく、この理由から首長という「役割」が——彼が死ぬと——新しい役割の担い手を要求するわけであり、この要求は、ただ彼の事務的な課題の連続遂行のためだけに求められているのではなくて、彼がこの役割の中で——様式化された重要な志向や行動型の——外的安定器であり、「結晶化の核心」であるからである。

さて、以上でわれわれは、安定化された緊張が日常的な対象を高い刺激限界値に固定することを知った。この安定化された緊張は、事物の次元で、新しい合理的な動機が生れるのを促進し、容易なものにする。たとえば丁重さは生活の多くの場面で、きわめて有用である。なぜなら、この行動型は主旨撤回の可能性を隠したり、不愉快な報告に衣を着せたり、深刻な問題をやわらげられた雰囲気の中で論じたり、といったことを可能にするからである。この点から、もっと複雑な文化現象を分析することができる。古くから、いや前期旧石器時代から、うたがいもなく、死体に対する一種の情動緊張が存在している。つまり、死者に対する不安は同時に、かつての生者に対する愛着と共に表現されなければならないが、これは安定化された緊張のかなり純粋なケースである。だから人は死者を（すでにわれわれの知ったカテゴリーに従って）周辺に保有すると同時に、除外する、つまり死者を葬るのである。二つの情動が安定化されて、一つの新しい高められた統一に移行し、その観点から、死者の本体、表象、魂といったものの永生という観念が定着する。そして、この観念連合から——「新しい動機の参加」によって、きわめて簡単に——あの（エジプト的）構想、すなわち石の中への埋葬、死体の保存こそが永生を「安定化する」という考え方が誕生するのである。

別の例はもっと深い洞察へわれわれをみちびく。たとえばマオリ族の間では、入れ墨や、彫刻された武器やカヌーの製作のような最もタブー視された技術は貴族たちの保証された特権であり、そこには一種の「分業」が行われていた。それはおそらく、動機を呪術的、威光的なものの中にもつ技術の独占から生れたものだったにちがいない。なぜなら、戦争の捕虜たちは「マナ」――つまり呪術的資格――を失ったものと見なされ、タブーの外におかれたからである。この二つの〔マナとタブーという〕感情複合を前提にすると、目下の状況に隠されている――安定化された緊張による合理的動機の参加という――明確な合目的性が浮び上ってくる。つまり捕虜たちはタブーを解かれて貴族の仕事を手つだい、そのような技術から締め出された一般自由人は、この特権的作業を奴隷たちと張りあうようなどんな関心ももたなかったからである。これこそ既存の権力事情のきわめて効果的な保証であった。すなわち――これが最も重要なことだが――この制度にたいへん異質な動機がつけ加わったのである。言い換えれば動機が必ずしも本来の動機としてくり返し再生産される必要がなくなった（！）ことである。制度の明白な構造はいつも、純粋な義務形式としてとらえることができるものだが、この場合も、制度の持続にとって、一つの理念形式（貴族たちのマナ、捕虜たちのマナ喪失）と、義務化された一組の行動形式だけで充分なのである。別の言葉で言えば、社会はその社会の制度の始源状態にある切迫性から、自からを免除するものである。このことは、おそらく――われわれが今まで記述的にのみ扱ってきた――制度の自律性への「転化」に関する真の説明になるであろう。

だから、シュムペーターの次の考えは一般的に正しいと言ってよい。「人間社会を観察して、その研究される社会が果たそうとしているさまざまな目的を、少なくとも健全な人間の思考力をもっておおよそ判断することは、ふつう、そんなに難しいことではない。さまざまな活動の根拠や意味を明らかにするものが、これらの目的だと言えるからである。しかし、だからと言って、ある活動型の社会的意味が、当然またその動機を示し、したがって動機を説明している、ということにはならない」(『資本主義、社会主義、民主主義』、ドイツ語版、一九四六年、四四八頁)。

合理的動機の新しい参加という問題について、われわれはなお別の形を、タブーの例からひろい出すことができる。すなわち、一次的な、合理的でない行動の、直接的道具化である。われわれはこの考えを、あとで、呪術の理論に使おうと思う。この似たケースの中でも、相変らず重要なことは、合理的でない行動の延長線に生じる、予期せぬ合目的性の獲得である。とりわけ南太平洋圏では、タブーが財産の保護や、身分的威光の維持や、とぼしい野獣や家畜数の確保や、苗床や種をまいた畑の警告等々のために、きわめて広く利用された。このことは、すでに非常に古くから、たとえばヨシュア記、六章、一八節の戦利品のタブー化(「あなたがたは奉納物に手を触れてはならない」)や、アカンの運命(同七章、一節、「……カルミの子アカンが奉納物を取ったのである」)に見えている。チモール島ではそのとき、そのときのタブーの布告、解除のための専門のタブー王侯《ラージャ》が存在した。これもまた、前の二つの章で扱った制度の「超越的決断作用」の例である。

19　文化に規定された自明性

意識の中には細部をすてて大綱につく単純化の過程がある。物理的刺激の無限の多様性が――感覚器官や脳の周波数変調によって――外部の目の前に見出される対象像だけに単純化される。これと同じことが、あるいは似たことが文化的領域にも起こっている。人間同士のきわめて多面的な、まったく計測しがたい集団的過程は、外部の事象データを取りこみ、単純化して――取りこまれたすべての事象から浮び上ってくる――一つの制度に「疎外」することである。
一つの制度に収容され、制度を超越的に決定する心理的、歴史的、合理的状況は、制度の自立的形態の中で――特にこの形態はもともと図式化され、形式的基準に合わせられる傾向をもっているので――ほとんど完全に背景へしりぞいてしまうことができる。こうして、まったく新しい動機の誕生を促すことができる。このような仕方で、制度は、ちょうど文化財のように伝播する。制度と共に一組の規範化された行動規則が世界にひろまるのである。たとえば民主主義的国家形式は、ヨーロッパの衣服と同じように多くの国民に受け入れられた。同時に、議会、選挙制度、閣僚、代議士のような無数の組織や役割が受け入れられた。しかし、その制度を運用する精神や、社会関係におけるその機能の具体的意味は無限といえるほど異なっている。たとえば西南アジアでは、民主主義はただ封建主義の一変形――その新しい形とルールによる保存――を意味するにすぎない。

古代にしばしば起こった神々の伝播も一つの例を提供する。神の受容は、いつも同時に引き継がれる儀礼、文化形式、祭日、犠牲慣習、聖職者制度の具体的基準点としての神々の像の受容を意味していた。この像にはまったく新しいさまざまの内容を盛ることができた。それらの内容は――もし、この像がなければ――決して客観的な方向づけを得ることがなく、したがってまったく具体化しなかったか、少なくとも定着しなかったにちがいない。だから神は単にその意味だけでなく姿も、完全に変えることができた。たとえば、なぜ「地の神」ポセイドン[17]――すなわちダー〔女神〕の夫《ポシス・ダース》――が、海神になったのか？

しばしば、集団意識や共同体感情は、その「シンボル」を支配者の中に見出すということが言われる。この場合、人びとは集団意識というものが支配者の制度と切っても切れないものと考えているわけである。これは明らかに間違っている。が、そう考えるのも無理のないことである。なぜなら、支配者に結びつけられた共同体感情は、まったく「自然のもの」に感じられるからである。だから、この感情こそ——それを、このような形で存在させることになった——制度の「解明」のための明白な材料として役立つことになる。無数の原始社会は、事実、制度化された支配者をもたずにすませている。しかし、〔制度化されていなくても〕支配者が存在すること自体、すでに集団の、自己の集団に対する関係を完全に変えてしまっている。そこでは、よく見られるように、集団の存続と繁栄が支配者の健康にかかっている、と信じられている。こうして集団は、新しいやり方で、自己自身に向かい合い、集団が——そのような形では決して以前には存在しなかった——懸念の内容になる。この新しく「安定化された緊張」が、たとえば国民感情のように、それ自体独立したものをつくり出す。ヨーロッパ近代の入口には多くの王朝が存在していた。それらは国家統一を経て、ようやく国民感情をつくり出し、この共に義務づけられた感情が自立したとき、初めて退位することができたのであった。今はそれが一般に「自然なもの」に思われ、あるいは早くも崩壊し始めているのかもしれない。

この洞察によって導かれるものは、まず第一に——たいてい長時間かかって、ようやく変化する——目下の制度の中で、つまり規範化された行動、理念、義務感情、安定化された緊張の中で、直接体験される生活を、その本来のものと取りちがえてはならぬことである。なぜなら、そのようなわれわれにとって「自明の」内容だけが、そもそも制度の枠内で（あるいは、その枠に対立して）現われてくる体験を——主体の体験内容として——可能にするからである。ここにほとんど見通すことのできない、そればかりでなく、なかなか認めてもらえない因果関係がある。にもかかわらず、合理的な、資本主義的な社会こそ「批判的知識人」を生み出したのだ、というシュムペーターの主張は、やはり真実だとわれわれは考える。つまり、この社会が彼らに表現手段を与えただけでなく、不平を訴える精神状態、「自由な個人」として批判する意識、を準備したのである（前掲書、二三五頁以下「知識人の社会学」の章）。現代的個人崇拝――言い換えれば、役割ないし困難な義務遂行、という唯一回性――を、そのようなものを許す制度体系に結びつけて説明する社会学でも、考え方はまったく同じである。

第二に、われわれが今行っている文化と制度に関する人類学的カテゴリー研究と、いわゆる文化「理解」の試みには、たいへんな違いがあるということである。文化を過去の形で理解しようとするかぎり、それは大部分、自己幻想だと、われわれは思う。このことは単に、解釈者の主観が入るからというだけではなくて、そもそも人間は自己の「自然らしい」衝動や感情の方向づけや、共に義務づけられた情緒と観念を離れることができぬからであり、それらを完全には意識に上せることができないからである。必然的に人びとは自分たちの全活動領域を、過去の現実生活の単なる残存物の中へ投影する。それは中国の絵画であれ、〔ナイジェリア〕ベニン国のブロンズ像であれ、クロップシュトックの浮世ばなれした詩であれ、すべては遠い昔に死滅した自明性の客体的外部支持物にすぎないのである。この点をエルンスト・ユンガーは「庭園と街路」の中で大変するどく表現している。「最後の沈澱物のように、わたくしたちの町に埋もれている化石になった聖堂たち。この団塊から、それに使われ、それを築いた生の力を明かすことは、やはりわたくしたちには縁遠い。この美しい殻の中に生き、この殻を完成したものは、白亜紀のアンモン貝より、もっと、わたくしたちから隔たっている……だから、わたくしたちはこう言ってもよいのである。現代人たちはこの作品を、一人の聾者がバイオリンやトランペットの形を見るように、見ている」と。誇張されすぎているが、この表現は、やはり真理をついている。

解明された異文化の習俗でさえ、よく調べてみると、やはり理解できないものであることが分かる。それればかりかわれわれ自身も「前兆」にこだわる迷信をもっている。リヒテンベルクのような明晰な頭脳の持ち主でさえ、イタリア旅行をろうそくの火が消えたために中止したのである。しかし、この場合でもやはり、情動の葛藤――つまり衝動と〔それと正反対の〕行動阻止の混合――が、どのようにこの感情複合の中に登場するか、さらに、こうして鋭敏になった感受性と限界値の向上が不断なら見逃してしまう不意の事件をいかに知覚させ、「きわだたせる」かを知ることができる。われわれには、もうよく知られた「衝動因の対象への転位」の公式どおりに、今、決意の形成が外部の力を借りて行われる。これが「前兆」〔依存行動〕と呼ばれているものである。ただし、古代のローマ人やボルネオのダヤク人に見られるような、前兆操作の厳格な呪術法則に従った仕事も、同様に「理解」できると考えるなら、それは大変な錯覚である。われわれの間では前兆〔操作〕は制度化されていない。だから、そのような独立性、自明性は実現されない。われわれはただ主観的な、軽い神経症のメカニズムとして知るだけである。したがって前兆が「うまく」当ったときに、成功に対するなんらかの法的権利要求が制度的に保証されていたことなど、まったく理解できないし、せいぜい抽象的に再構成するしかないのである。前兆を理解できる――言い換えれば前兆を体験できる――ための自然解釈がわれわれには完全に欠けている。そのような自然解釈では、未来の事件――いわば一群の運命――は目をそらすことのできない決闘の相手のように、すでに前兆の中に予告されているのである。だから多くの前兆〔依存〕習俗は、われわれにはまるで三百代言のトリックのように見える。いずれにせよローマ人の間ではそうだったし、河川を航行中のダヤク人もまた、不吉な鳥がまずい方向から飛んでくると、くるりと舟を一回転させ、そして感謝の火をともす（！）のである。

異文化の制度の中の人間行動と、そのような行動内部の一面化された自明性と、それが生み出す芸術、神話等の本質には、的はずれの解釈が下されやすい。われわれに許されるのは、主観的な、情動的な、そのかぎりでいつも審美的な「理解」であり、それはまったく主観的な実りのない表象の無限の可能性が生み出した現代的多元性が原因になっている。したがって、まさに「生活実践に反する」（ロータッカー）理解なのである。そのような解釈は現代の多元性から出たものであり、〔古代的な〕、自己自身を対象に選ぶ文化の——確実な、一面的な、制度的に固定された——行動と知覚とは本質的に別の物である。自己の文化の自明性で解釈できるかぎり、異文化を〔美的に〕理解しようとするような欲求は生れない。しかし、この自明性が不確実なものになると、入れ代りに新しい自明性、すなわち、そのような理解が万能であるという自己幻想が生れてくる。

20 精神と呼ばれるもの

今、われわれはようやく、行動という概念にふくまれるすべてを説明することができた。ここで一歩しりぞいて、二、三の一般的な哲学的推論を下すべきであろう。それは同時にわれわれの手段を明らかにするだろうから。

文化的生命の本質的内容は——一般的公式で表わせば——流転に対する戦いである。この戦いは攻撃的なものとして、つまり肉体的、精神的に支配可能な現実を拡大しようとする闘争として行われる。それはまた、そのつど獲得されたものを、時の流れから守る戦いである。われわれが不変の伝統に見ることのできる化石化、ないしエジプト化は、最大の永続的効力をもつものであろう。しかし生命の力はそのような堅固な形式をも乗り越える。ちょうどバイキングたちがカール大帝の国へ侵入したように……。この文化の「形成と再形成」には非常に長い波長をもった周期があって、人類はそのつど——新石器時代や原子力時代のような――以前には存在しなかった新しい次元の実験を自分自身にこころみる。

その本質的な原動力は、人間の側から見ると、三点に要約することができる。外界のもつ堅固さと頑固さ、〔エデンの園の〕認識の木による試み、衝動分野に見られる独特の驚くほどの可塑性と本能の未確定性、の三つである。人間は常に、この三つの世界から、一面化され、断片化され、視覚的に明確化された、たがいに一致した相をつくり出す。この一面性は――人間が恐ろしい自然の中で生きのびようとするときに――あらゆる面で、つまり、利用できるその時その時の物質的環境の偶然性という面で、知覚と言語の、つまり意識一般のもつ制約的次元性という面で、さらにまた、自己自身の深淵に架橋せざるを得ない必然性の面で、避けることのできないものである。したがって、外界に対するそのつどの状況や、社会的諸関係や、精神的方向づけの体系、を安定させる道は、ただこれら相互間の関係確立の中にのみ存在する。今日の文化研究がまったく疑念を抱いていないことは――資料さえ充分であれば――一つの文化の神々の世界、法体系、経済秩序、社会構造は非常によく似た形でたがいに証明しあえるという事実である。原始民族に見られる自足的文化は、すでに国民文化のひな形である。

したがって、一つの社会の制度は外界に対する人間の行動と、人間同士の行動を永続化するものであり、最高の精神的綜合、すなわち「指導理念」を――それを制度が失わないかぎり長く――持続させるものである。そのような安定状態は、人間が外界の完全に規定され、一面化され、明確化された内容を決定することによって生れる。自己の人間としての性質を、またその思考的存在を決定することによって、さらにこの決定を制度を通じて維持することによって生れてくる。決定は受容の中に――自分にせまってくるものを生産的に受容することの中に――成り立つ。ちょうどキリスト教を黒人たちが採用したように……。人間が婚姻、家族、氏族《シブ》、地縁的集団《クラン》のために発見したまことにさまざまな形式は、すべて永続化のために完全に規定された相として決定したものである。人間がそれらを性差、増殖、年齢差、血縁等々の複合から取り出したのである。究極的欲求関係、つまり本来の生命の能力は多くの制度——たとえば儀礼制度——によって特に明確に規定されている。放棄の強要は、性に関する基本的制度のばあい最も徹底している。限界のケースでは「絶対的意味での自己価値」(第4章)に至るのである。この意味でチャーチルが「なにごとにせよ、人の一生は十字架にかけられている。思想の一生であれ、行為の一生であれ」(『わたくしの扱った世界的事件』)と述べたことは真実である。

人間の行動はそれ自体、創造的なものであり、物を開発する性質がある。だから——事物の側から見ると——永続に対する不断の配慮が、そのまま一つの生産的行動となって、「豊富化」のカテゴリーをつくり出す。豊富化という階梯表のゼロ度が保有であり、それはすでに永続のカテゴリーの一部になっている。こうして次第に——単なる物の場合には——保護する、手入れをする、見ばえを良くする、「上品」なものにする、段階へと進み、動物や植物では、保護と育成の結果が最良の高級品種を開発して、遺伝的に固定されるまでに至る。こうして人間のつくり出す作品の無限の多様性は常に頂点に達するのである。人は何らかの公的な形式をふまないかぎり、どんな事柄の存在価値も明確に主張することはできない。そうすることによって、同時に人は社交的な——したがって、すでに永続的な——行動形式である「志向」を伝えるのである。人間は事物に誘導された明確さによってのみ、安心して——つまり永続的に——自分の情動に身をまかせることができる。

さて、この基本的見解の図式に、さらに、人間に関する二、三の命題を加えておこう。生物学の見地からも、この永続のカテゴリーは驚くほど深く人間に根ざしたものである。われわれは人間の体質にひそむ寄生生物的特徴についてのジェラルド・ハードの意見に賛成したい（『宗教の社会的本質』一九三一年、三二頁）。つまり、動物界に対する人間の態度は、「永遠の貯蔵」になるように動物の増殖に合せて搾取する点にある。寄生者は常にその餌食を根絶しない。すべての寄生的関係は共生的安定を目ざす、とハードは言っている。この寄生生物の特徴を、いつまでも胎児の状態を保存する人間の生物学的特徴（知能の特徴ではなしに）に関連させて考えることは大変、示唆的であろう（『人間』第一〇章、一一章）。いずれにせよハードは、トーテミズムを、飼育栽培段階以前の——つまり狩猟段階の——共生的安定としてとらえたのであった。

ここで、すぐ持ち出されるにちがいない「生物学主義」と言う非難のきまり文句に反論しておこう。われわれのカテゴリーの分析の利点は、われわれが通俗的二元論——プラトニズムの干からびた内容——を脱したことにある。そのような単純化された二元論は、とくにデカルト以来、大衆形而上学になってしまった。そして、その中にふくまれていた観念論の展開と崩壊のあとで、このいわば略式二元論出身の教養人が唱える直接哲学とでもいうものだけが、今日、残っている。それは観念論の残滓と相変らず混交している。

この二元論こそ、われわれが第一頁から——方法論的にも、実体的にも——排除してきたものである。なぜなら、われわれはすべてのカテゴリーを精神的にも、物理的にも中立のものとして規定するからである。負担免除、存在価値、存在の中の自己価値、自立性、動機と目的の分離、安定化された緊張、保有等々は、物心両面から見て中立的な行動のカテゴリーである。われわれは思考を、紙幣を、所持することができる。「安定化された緊張」や「背景的充足」といったカテゴリーは決して心理学的なカテゴリーではない。なぜなら、そこでは常に、秩序づけられた外部支点、外的支持物という実際に持続する存在を考えることができるからである。

だから、この出発点の中には、すでに精神の問題が——人類学上、一般に証明可能な経験としてその存在を問題にする範囲内で——考えられている。われわれの人類学と共に、言語を一種の特別な行動と解釈するなら、人間行動の知的性質を——通俗的二元論は、まさにこの点に反対するのだが——衝動生活の基礎までさかのぼって証明することができる。話された、事物に結びつけられた言葉は、安定化のカテゴリーがどこにでも存在していることの最も身近な例である。つまり、そこには、人間によって把握されるものは、すべて空間・時間的場所から分離する、という一般的意味が示されている。言葉が、まだ、精神・肉体両面の性質をもって意味しているものは、一種の——固定と存在安定化の——行動である。

われわれの衝動は、けっきょく言葉に表わされるので、われわれは言語と衝動の構造類似について、もしくは人間の衝動生活の言語性といったものについて、論じることができる。

たとえば、先ほどまではただ意味のひらめきにすぎなかった——それが消えると不快を覚える——思考の方向が、まず言葉の発音に固定され、初めて永続化されることは誰しも認めるところであろう。この思考の方向は言葉の発音として、直接、社会的な接触の場へ移され、現行の、万人共通の言葉としてすでに義務的な内容を——少なくとも期待される内容を——もつようになる。と同時に言葉は聴覚的刺激として、行動の有力なリリーサーになる。これは、内部構造から見れば、すでにわれわれが——おたがいの欲求の中で行動を通じて完成される——欲求の定位、相互の了解として、描写した過程とまったく同じ過程である。まさに、ここに示されているのは、可塑的になり、行動を通じてのみようやく衝動が方向づけられるような、退行した人間本能の姿であり、同時にまた、すべての次元の意識が——言語もふくめて——すでに「計画に組みこまれている」姿である。きめられた行動の中に初めて現われるような方向づけを受けた欲求は、すでにもう、単なる報告にほかならない。

だから別の観点から説明すれば、この本では一神教的な、彼岸と関係する、精神的神一般という——絶対的な文化の関門によって初めて構想されることになった——いわゆる精神の概念は取りあつかわない。われわれの展開するカテゴリーは、もっぱら古代文化——すなわち現世へ超越した文化——のものである。と言うのは、真の〔人間の〕カテゴリーが問題になるかぎり、やはりこのカテゴリーが人類学的に本質的なものだからである。このカテゴリーを応用して説明される現代文化生活の無数の事例が、それを物語っている。この、われわれの限定はまた、方法論の上からもきわめて明白な理由をもっている。つまり、精神の概念をキリスト教的な教義に従って、哲学的に論じようとすれば——対象の前提がことなって——経験的・分析的手段を、もうまったく使用できなくなるからである。

そこで、あの——何よりもまず彼岸と関係した——精神の概念の世俗化された形式をどう理解したらよいか、という問題を説明しておかねばならない。たとえばヘーゲルのような観念論的な構想に行きつく精神の世俗化を——それればかりでなく、けっきょくは通俗的二元論にまで水増しされてしまう、より広範囲な、もっと不明瞭で、感情的な、しかし完全に世俗的な精神の概念を——説明しておかねばならない。なぜなら、そのような通俗的二元論が、自由な哲学的省察に「世間的な意味づけ」の要求を受け入れさせたのであるから……。そこでは啓示による説明の要求は放棄されており、分析的研究が正当なものだという雰囲気が生れている。啓示をたのみとする形而上学は、やはり「蒙昧」だと言わざるをえないのである。しかし、キリスト教教義の形而上学が放棄されると、精神の絶対性が、その古い内容であった神から離れて、あらゆる恣意的な意見を横行させる——と言うのは、けっきょくそのような意見は「精神」の中で考えられ、精神が「絶対」なのだから——というようなことは、カントも予測しないことであった。にもかかわらず、やはり目的から自由な、精神的行動や創造的行為が存在することはまったく疑いないことである。それらは精神という主題に取り組んではいても、われわれの形而上学的な、ないしは神と関連のある生活にとって、まして経験的、日常的な生活にとっては完全に無縁のものである。精神という言葉は、けっしてすべての恣意的な内容を保証する公印ではない。精神は一切の拘束から自由であることができる。しかし、人がそのように言ったり、あるいは精神は絶対のものだと活字で表現しても、それですべてが合法化されるわけではない！　いずれにせよ、それは――われわれが無理だと感じている――絶望的な問題から目をそらせているにすぎない。その問題とは、彼岸宗教を――内容と制度をまったく変えずに――そのまま世俗化できないか、いわば彼岸宗教の代用形式を見出すことができないか、という問いである。

　われわれは、すべてのこのような困惑を、経験的・分析的態度によって――つまり意識と行動を、まさにその相互関係の中で考察することによって――脱することができる。この方法は、われわれが一部はもう、ほとんど追求できないような、非常に高度な〔精神の〕次元にまで応用することができる。そこで、まず精神と知性（または知能）の差を決定的、ないし根源的なものと考えるどんな根拠もない事実から出発しよう。今日、広く知られているあの厳格な差異は、目的から自由な意識と、目的にしばられた意識を、ただ現代の相対的文化が区別した結果、生れたものにすぎない。そもそもある物をつくり出そうとする最も単純な作業過程の中に、すでに「目的から自由な」と、「目的にしばられた」の差異が隠されている。まさにその理由から、われわれは「動機と目的の分離」に特に重要な意味を付与したのである。スイスのあるコンクリート橋の建設者は、あなたの設計はなぜこうも見事に風景にとけこむのか、という質問に、詩人であることが大切です（il faut être poète）と答えた（『メルクール』誌、第八二号、一九五四年、一二〇〇頁）。ソリュートレ文化期の燧石《フリント》製「柳葉形槍先」に見られる洗練された芸術趣味は、精神なのか、あるいは単なる〔技術的〕知能なのか？　そのような無粋な二者択一を、真剣に、せまることのできる人は、したがって逆に、細則に従った規格通りの厳密製作の中にも、いかに多くの職人芸がこめられているかを見ることのできない人である。「目的から自由な」という問題に関しては、われわれは高度に発達した多神教的宗教でさえ、神々の効用を軽視しなかったことを知っている。なぜなら、けっきょく人びとは日常生活の心配事のためにデルポイのアポロン神をわずらわせ、それでもアポロンが神であることに変りなかったからである。同様にヤーヴェも国民に約束の地カナンを教えたのである。このことの中に、まさにソクラテスの異端も成立する。彼は神々を――人間にかかわる事柄は人間たちにゆずり、自分たちの暗い、秘密の策略は手もとに残しておく――大侯《グランセニョール》に見立てたのであった。そもそもソクラテスが神々とかけ引きをするのはこの理由からである。これも、やはりクセノポンがはっきり語っているところである。

　われわれの方法は、そうではなくて、それぞれの特異な精神の中で営まれるすべての行動の系列を区別することにある。まず、われわれが取り上げるのは、転位させ、組み合わせ、再編成する行動である。もちろん、その重点は有用な仕事を果たすことにあるが、ただそれだけに終るのではない。先頃も合衆国は物理学者たちを精神と共に拉致《らち》し去った。ちょうどアイギナ人たちが、エピダウロス人からダミアとアウクセシアの神像を奪い去り「彼らの国の真中に立てた」（ヘロドトス前掲書、第五巻、八三章）ように……。ちなみに言えば、このような構成し、転位させる思考――任意の対象を扱うことができるけれども、すべてを一定の内容に公式化してしまう思考――は、数学を誕生させるものである。一般に理性は非理性的なものとの対比の中で、初めて理性的になることができる。それが対立者のない場所に展開されると、自己陶酔に近い形式が生れてくる。理性的な文明が、かくべつに高い水準で現実を認識する、というのは正しくはない。それは、むしろ世間ばなれした特異な形式を——とりわけ人間に関するものの見解について——発展させる。たとえば友愛の幻想は相手のない理性主義者たちの心の間隙を埋める情動にすぎない。

省察〔行動〕もまた、転位させ、再構成する行動の一種の変形である。省察は、それが今日のように、大衆の意識の永続的状態、構造的特徴になった場合には、重要な役目を果たす。一致したり、対立したりする一連の手順——つまり評価や警告——がたがいに干渉し合い、拮抗し合わなかったとすれば、大衆の意識のあてどもない、不安定な、無限の動揺が生じる。その結果、自我の強調が恒常的な主体の条件になるほどにまで発展する。

第二の行動の系列をわれわれは、あとで、祭儀的、演出的行動の中に示そうと思う（第31章）。それは独特な精神的高さと理性をもつ、と同時に独特な没我形式をもつものであり、「呪術」として、やはり実際的な用を果たすことができる（第43章）。第三の行動系列は、われわれが「衝動方向の反転」と名づけたものである（第44章）。つまり、自己の内面の状態、言い換えれば自己の意識や衝動の状態、の変更を目ざす行動であり、禁欲のような高級な形式からはじまって——「知覚の門」をひらくために、メスカリンを飲む——オルダス・ハックスリーまでに至る、徹底的に目的を追って内部へ発展する行動である。

人がどこまでも精神と知性の差を主張しようとするなら、多分こう言えるであろう。知性は内面的な問題であれ、外面的な問題であれ、事物のレヴェルでより多く活動するのに、精神の課題は、誰が想像を豊かにするか、何が多くの方法によって——つまり、他の何人も見ないものを見、見なれたものや、見過ごしたものを復活させることによって、あるいはまた、多くの考えを一つの考えに表現し、実り豊かな指示を与えることによって――引き出されるか、にある。それらの事柄が、しかも有用である場合には、この課題はますます重要である。精神の課題に、誰が何人も及ばぬような繊細で微妙な事物を考えるか、にある。それらの事柄が、しかも有用である場合には、この課題はますます重要である。

ローベルト・ムシルは『特性のない男』の中で言っている。精神は何にでも結びつく、世に存在する最も通俗的なものである。しかし、今日、精神が何かものごとを正確に観察しようとするなら、事実と発見という――ほとんど毎時間ごとに成長してゆく――肉体を通して眺めなければならぬ。精神は、単独では、あまりお目にかかりたくない言葉である(一五六―八頁)。

21 創造力

文化の領域に幅広く働いている創造的行動も、今まで展開してきたカテゴリーによって、少なくとも近似的に理解されるにちがいない。われわれの理解を演出の問題で苦しめないために、ここでは芸術家ではなくて、創立者、発見者、発明家、政治家の行動を考えてみよう。彼らは大きな発展の可能性をもつ関係の中で、そのために生きる人びとである。

そこでは、まず最初に、やがて実現されねばならないことが問題になっている。ただし、そのことがすでに念頭に浮んでいたり、そのことについての長い経験の後にそれが自からを予告していたり、するのではない。創造的な人間は「理念《イデー》を現実化するのだ」という心理学的な解釈は誤解をまねきやすい。「理念《イデー》」はただ、経験の中にすでに存在する近似のものを、完全なものにし、明確なものにするだけである。理念《イデー》とは現実から取り出せそうなものについての表象《イメージ》なのである。こうして、このような完全な事物をつくることが「指図をする欲求《コマンディーレン》」にとって、あらゆる内容の中の内容になる。どうやって貴方は発見に成功したのか、という愚問にニュートンは、いつもそのことを考えていたからだ、と答えた。

われわれが、ここに観察している創造的行動は、(考えられた、あるいは目の前に見ている)現実を、成果へ向かって変更するような行動である。変更しようと活動する〔人間〕存在の、この最終目標は「無限の」持続性をもった、いや、少なくともそのような要求をもった――まさしく「創造的」な――意図どおりの現実である。それを目ざす欲求は本能のように自立した、融通のきかない、したがって振返ることのできるといった意味(第17章)で、精神的ないし主体的なものに感じられない欲求である。ここに、われわれが先のところで――共同義務を帯びた情緒や、感情や理念《イデー》の複合体《コムプレクス》としての――「志向」について語ったこと、つまり、それらが行動によってあらかじめ形成され、行動の中に維持されるという事実が登場してくる。さらにその際、われわれにとって重要だったのは、核心部分での動機形成の負担が免除されること、臨機の対応の時に現われるような〔心理の〕底辺での葛藤が免除されることであった。言い換えれば、基調はすでに定まっており、大幅な単純化が生れていることである。

今、新たに付け加えねばならないことは、そのような志向から生れる行動世界の構造変革のことである。つまり、現在の行動と思考がもつ専門性が解除されて、そのオートマチズムから自由になる、すなわち今までの融通のきかぬ方向づけのおかげで、あらゆる高度な創造活動が、かえって多方面に、融通むげに展開されることである。筆者の観察に従えば「指導的な考え方」をもつ人びとを、彼らの専門活動以外の場所で、簡単に見分けるたいへん確実な基準がある。それは彼が、会話中に交される言葉や、彼の視野をよこぎる出来事、つまり日常生活のごくありふれた状況をまったく無視してしまうか、あるいはそれを、ひょいと取り上げて自分の専門に結びつけるかどうか――しかも変幻自在に――という基準である。ボスウェルに従えば、ヴォルテールはチェスの最中でさえ人びとを興奮させた、ということである。同じことはリンゴの落下とニュートンの古い話にもあてはまる。これらの人たちには、そのような並みはずれた才能が許されているので、人目をひかない物や、平凡な意味内容が、突然、思いもよらぬ千金の重みをもつものになる。逆に、われわれにとって重要に見える問題は、彼らにはまったく取るに足らぬ問題なのである。

　人類学的に見ると、行動の脱専門化こそ（種としての）「人間」の本質的特徴にほかならぬが、他方「確立されていない存在」のもつ危険《リスク》もまたそこにある。したがって、この〔人間の自由と危険という〕両者の間にバランスを見出さねばならぬからこそ、前に述べた「融通のきかぬ行動の中の融通性」それ自体が一つの実現されねばならぬ行動目標になる。それだけでなく、なぜ自分が生きようと決意しなければならないか、を本当に知る人は他の人びとや、運命によって左右されることが少なくなる。

　当然のことだが、問題を発展させ、新しい考えを見つけ、計画を実現させようとする人にとって、もう一つの重要な条件は、自己の一次的欲求が――身体の安全への欲求と共に――背景的充足の形でみたされているという意識である。社会を改造しようとする革命家はこの点で大きな危険《リスク》にさらされている。ここに隠れ家の意義がある。周知のように革命家にはそれが必要である。マルクスにとってロンドンが、レーニンにとってスイスがそうであったように、政治的な隠れ家が求められる。あるいはヒトラーの軍事行動のもとになった濫用された領土権が、それらもないときには「地下」が、つまり暗い隠れ家が求められる。隠れ家の姿のくわしいわたくしの分析は『言葉と真理』誌、一九六二年一一月号にあるが、心理学的な意味の隠れ家もまた、存在していることは、あまり知られていない。それは、けっきよく「禁欲」のテーマに至るものである。

つまり、無欲という隠れ家へしりぞく人は、浪費する人がさらされるあらゆる運命の打撃から保護されている。この行動が、必ずしもすべての問題と課題を解決するわけではないが、カントやデカルトのような人の無欲は、たしかに彼らの内的自由の条件の一つであった。ここから次のように一般化することが許されるであろう。高度の創造性の安定的条件には、つねに何らかの程度の禁欲が入っており、創造性というものは散漫でない生活態度の中に、安易《ファシリテ》さの断念の中に、拡散する刺激の拒絶の中に、無目的な面識、会話、公共性の回避の中にのみ成り立つものである、と……。神経症的な苦痛が、しばしば独創力と相関であるとされるのも、この拒否という根本形式の中に生産性と結実性の側面がふくまれているからである。

特に注目されるのは、鍛練《ディスチプリーナ》としての禁欲が〔創造の〕刺激剤になること、生産的な神経症も同様の傾向をもち、両者が――軽度の慢性的エクスタシー状態の中で――実現さるべき行動目標そのものになりうることである。神経症は、いわば、他律的な禁欲、ないしは生の中断である。他律的な禁欲では、まだダイナミックな一次的欲求の負担免除は主題になっていない。しかし、少なくとも、高度な人間生活の維持――つまり、一次的欲求の道具化――のきっかけがつくり出されている。われわれは、すでに一次的欲求が行動のための手段になりうることを指摘しておいた(四四頁、八七頁)。すなわち、栄養〔の摂取〕が、ごく平凡なものになり、本質的にはただ〔人間の〕行動能力を維持するためだけに行われるようになると、栄養もまた単なる「表現」のカテゴリーに組みこまれるのである。この事実は、常に現象として起こりうるということだけでは済まされない、重要な意味をもつ。なぜならここには、どうやって人間が自然の目的を自分の目的にするか〔自然を表現するか〕という問題、すなわち古代文化の最も重大な主題が関係しているからである。

やがて理念《イデー》の世界が——その内部に抵抗するものを欠くために人びとがもはや創造性を発揮することができないほど——月並みな、流通的な、反復的なものになる時代が来る。そうなると観念的なものだけが、禁欲的集中を抜きにして、信じられるようになる。理念《イデー》の世界は——単なるはげしい緊張にすぎぬようなものまでをふくめて——それなりに、本能的な称賛と尊敬を受けている。このことは、けっきょく衝動の定位と選択が、逆に言えば衝動の部分的除外が、人間の衝動過剰という体質から生れる当然の課題だ、と感じられているからに相違ない。

だから、われわれの以上の説にしたがえば、道徳的にも永続性をもつ現実の再構成に献身する人びとは、厳密な意味での人間のモデルである。そのかぎりで、彼らは人間の明確な体質的特徴を一種の「純粋演出」の形で見せてくれる人びとである。この点で人類は決して判断をあやまらなかった。人類は偉大な代表者たち《アウクトーレス》——プロメテウスとテセウス、シーザーとコロンブスに似た発見者や、建国者たち——を人類の制度の神話的創設者として記録したからである。制度こそ、重要な課題に献身する唯一の——万人に可能な——人間の道を示すものであった。

22 自然、事実的外界

われわれが——制度と行動の関係のくわしい解明によって——祭儀的・演出的行動をかなり知るようになると、なぜわれわれが本来の古代的状況をもっと深く理解しなければならないか、という理由が分かってくる。ただし、その際われわれ自身の意識状態から、本来の古代的行動がもつ堅固な異質性とはほど遠い——依然として自分の身辺をたのみにした——「解釈」で満足する、という危険が生じる。われわれは、自分たちが二つの絶対的な文化の関門を通過してきたために、完全な意識構造の変化——単に内容の変化だけではなく——を起こし、当時の状態からはるかに遠くへだてられているのだ、という主張を支持したい。この「文化の関門」の一つは一神教的宗教の関門であり、もう一つは——それから二〇〇〇年後の——技術・工業・自然科学的世界観と、それによる世界支配の関門である。古代文化はこれらの関門以前のものだから、ここでわれわれは、自分たちに当然と思われるもののどれが当時の結論とまったく関係しないか、を問わねばならない。そうすることによって、われわれは、人間文化の開始点から星の距離ほどもへだたっている自分を知るようになる。この点を明らかにするために、自然と自然性の概念に関する考察を以下の章に挿入しようと思う。われわれが発見したカテゴリーを使って、演出的な「前呪術的」行動を再構成するのは、それからである。なぜなら、たとえばトーテミズムを——われわれの意識状態から追体験の形で——直接理解するなどということは完全に不可能なことだからである。

われわれの自然に対する関係は大変、特殊なものである。それはすべて、あの二つの文化の関門に関係している。われわれにとって、自然は何よりもまず、ここ数世紀来、精密につくり上げられてきた知識の対象であり、その知識は自然科学の中で拡張され、体系化されたものである。自然科学の伝える自然解釈は、長らくわれわれの即物的自然観に入りこんで、もう誰も月を女神と考えたりはしない。このことは同時に、一神教自体がどのようにして自然科学の——切っても切れない——前提になったのかも明らかにしている。すなわち〔一神教のためには〕まず外界が呪術を解かれて中立化され、現存する神々を失って空虚にされねばならなかったからであり、こうして自由になった場所へ、内面的抑制をもたない理性的認識要求が登場できたからである。この過程は非常に長いものであったにちがいない。すでにシュラーデは、ユダヤ教の聖地へすべての供犠が集中したことについて、このことは何よりもまず「その結果について無論、評価することの難しい――日常生活の俗化」を意味したにちがいない、と書いている（『隠れた神』一九四九年、六二頁）。

第二に、自然とは、われわれにとって合理的実践の作業場である。なぜなら正確な自然認識を適用するという作業が、すでに自然認識そのものの中に――つまり、実験の中に――ふくまれているからである。したがって自然科学と技術は、すでにデカルトがはっきり見抜いていたように、根本的には同一過程の両面なのである。デカルトは、われわれが彼の分析的認識手段を使って自然の「主人公になり、所有者になる」ことを期待したのであった。このカルテシウス[18]の巨大な機械時計の世界は、潜在的には完全に支配可能な世界であり、当然、どんな月の女神も住むことのできない魔法を解かれた世界になる。そうなると〔この時計世界の〕人間内部に住む当然の同僚は悟性だ、ということになる。悟性は無限の生命力の騎手であり、事実われわれは現代の自然支配の状況下で、人間の生命力が人間自身にとっていかに問題になっているかを知っている。このことは、すでにデカルトにもさかのぼることができる。彼は『方法叙説《ディスクーア》』の終りに、自分の余生を「自然の的確な認識」のためにささげよう、「その認識は従来知られていたよりも、ずっと確実な医学の法則を引き出すことのできる種類のものである」と約束した。言い換えれば自然は――その認識された領域のすべてにわたって――即物的な、技術的な作業地域になる。そのような地域はかねてから、農業、鉱業、化学・電気工業、医学等々という「営為」の中へ取り込まれてきたものであった。

そして最後に、先の〔知識の〕問題と関連した――それに対応し、あるいは「補完」するものとしての――自然に対する美学的関係が存在する。現代芸術はもはや、そのような欲求に仕えることを好まないにせよ、やはりわれわれの美学は科学的なものである。自然の世俗的演出は――現代文化期の冒頭に目ざめた――ルネサンス精神の申し子である。レオナルド・ダ・ヴィンチは彼の論文の中で絵画を分析的自然科学として語っている。

これに反して「原始文化」の中の――一部はようやく理解できる、一部は原始文化から推定される――根源的行動は、われわれの概念と同列にならぶような「自然」の概念を決して生み出さない。なぜなら、そこでは自然的なものと、超自然的なものが、何ら峻別されていないからである。原始文化の超自然はわれわれの意味のそれではなく、日常的なものの一つの次元――いつでも発展しうる一つの性質――なのである。人びとは此岸に超越するので、彼岸と此岸の区別には関係がない。それはわれわれの超自然の概念からは想像もつかぬものである。そこでは自然はまだ、人類学の基本的要素の一つである「意外性の原野《イーバーラッシュングスフェルト》」によって満たされている。その中へ効果的な実践行動が、いわば――中立化されたもの、習慣によって確実化されたものの――島をきずくのである。ただし、この場合の実践的行動はステロタイプ化された行動、すなわち伝統的、法的秩序に組みこまれた行動であり、実践の領域はダイナミックでなければならぬという、科学化された工業文化にのみ見られる、あのわれわれになじみ深い観念を完全に欠いている。実践の領域は絶えず新たに打ち破られ、再構成、再解釈、再配分されねばならない。そのことによってのみ文化は、運動と、動乱と、「創造的破壊」と、進歩を経験する。

だから「原始の人びととの世界像」は自然的なものと、超自然的なものをまったく区別しないか、もしくは、われわれとは違った点で区別する。なぜなら生活労働の分野でさえ、少なくとも危険な仕事は「呪術的」処理にふさわしいものだからである。外界は、われわれの場合のように、倫理的に中立化されていない。つまり、目的から自由な、美学的にのみ接近可能な存在ではない。トーテミズムのような体系では一定の動物や植物を殺したり、取りつくしたりすることが厳格に禁じられている。ニュー・メキシコのズニ族が彼らの儀礼にかなった色の豆を育てることに、細心の注意をはらうように、意外性に満ちた、なまの自然は、いずれの場合でも、複雑な、その時その時の絶対的な義務の対象になる。そのような文化を何百となく見ているわれわれにとっては、これらの規則は限りなくつづく偶然性でしかないが、その社会の一人一人の人間にとっては、自分たちの体系だけが「自然らしい」体系なのである。

　現代的な世界観の一部は、周知のように、すでにギリシア人の間に現われている。もちろん、それは一神教的なものではないし、実験と技術の結合を目ざすものでもない。たとえ、あっても極めて散発的なものである。しかし、ギリシア哲学は最初から「啓蒙主義」的であった。つまり、それは外界を倫理的に中立化すると同時に、合理的認識要求と思考の実験のために外界を解放したのである。ギリシア哲学は——悟性は操作的な働き、つまり分解し構成する働きをもつと考えるかぎりで、まことに実践的な——無私の理論を自から発見したか、または、東方から引きついだ。ヘロドトスの言葉には説得性があるから、やはりそれは東方から引きついだと言ってよい。彼は「ギリシア」哲学の祖とされるミレトス生れのターレスが、フェニキアの出自だったと述べている（前掲書、巻一、一七〇章）。

　ここで獲得されたもの、ギリシア人の成果として残ったもの、そして現代では自明の先験性《アプリオリ》になってしまったものは、一つの「存在者《ザイエンデス》」としての自然の解釈である。言い換えれば、自然の現存在《ダーザイン》と性質的存在《ゾーザイン》[19]を通じて、自然そのものを規定してゆく事実の領域としての自然解釈なのである。世界は物と、物の性質の、そしてその両者間の法則的変化の、活動圏であり、この圏は自足的なものである、ということが決定的な新しさであった。なぜなら、このような仮説は人間がさまざまな関係の混乱の中から「真に存在するものは何か」を――つまり、一切がそこから出てくる存在するもの、事実的なものを――問う際に初めて立てられる当然の仮説だったからである。それは最初の「形而上学」であった。知覚それ自体は錯覚、偶然、見せかけの明白さ、見込みで満たされている。が、知覚はそれでもやはり、自由な悟性に、現象の背後にある秩序を解く鍵を与える。そのような秩序は、現象のもつまったく現存在的な目下の存在によって告知されている。人は現実の事実の正当性を、事実の中の事実である現実の自然から探したのである。そうでなかったら、空虚な、永遠にくり返される――「存在者が在る」という――パルメニデスの保証は、一体どんな意味をもち得るだろうか？　どんな物であれ、すべてはそれ以上の物を「意味する」ような――たとえば一匹の動物は単なる動物ではなくて、再び肉体を与えられた死者の霊であるというような――原始的世界像を破壊したのは、この形而上学である。ソクラテス以前の哲学者に関する――いつも一種の神秘説になってしまう――現代の解説は、完全にキリスト教起源のものであるわれわれの形而上学をも、単純にそこへ勘定してしまう。しかし、ソクラテス以前の哲学者たちが構想した存在は、事実的世界と、それを説明する事実的根拠の関係の中にこそ成立する存在であり、現《ダー》存在《ザイン》と現実存在《ヴィルクリヒザイン》だけで充分な関係なのである。彼らが関心をもつのは、ただこの点だけであり、混在する現代的思考と古代的思考の姿が目的なのではない。たしかに、そのような混在はいたる所に見られる。たとえばピタゴラスが世界のすべてを量としてとらえながら、しかも犬のクンクン泣く声に親しい男の魂を見出すとき、まさに、それは現代の文章のグルメたちのエッセイに、シュールリアリズムめいた格好の魅力を提供するけれども、当時の関心はそれではない。「ターレスの思想の値打は、とにかく彼が神秘的に、比喩的に考えなかった点にある」というニーチェの言は全く正しい（『ギリシア人の悲劇時代の哲学』）。

この、ギリシア世界で最初に解放された意識の状態は、古典文化の崩壊にもかかわらず、完全には消滅しなかった。なぜなら、そのようなものを決して発展させなかったけれど、実際には排除しなかったキリスト教的・中世的世界観が存在したからである。むしろ消滅は、霊や魔神たちの自然への再入植によって起こりえたであろう。それを締め出したものこそ、彼岸の神をもつ一神教であった。デカルトは巨大な世界時計を構想するために、ギリシア的なものを、たぐり寄せる必要はなかった。正確な自然の実験の最初の所見を一般化しさえすればよかったのである。

ある現象、ある物、ある変化は、その現存在《ダーザイン》と性質的存在《ゾーザイン》によって認められるか、または、それらを別の事実や法則に——それらも再び、それ自体の事実性にもとづくのだが——還元することによって認められる。このことはわれわれには自明のことであり、われわれの意識の構造に属することだが、それだけでなく、これが歴史的につくられたものにも属していることに注目しなければならない。つまり、このようなアプリオリがすでに知覚のアプリオリになっているという意味できわめて大胆な理論であり、そのような理論としてソクラテス以前の哲学者たちの命題が現われたのであった。

この、いささか驚くべき主張の保証人としてW・ケーラーほど役立つ人はいない。彼は『人類学の諸疑問に対する心理学的考察』の中で原始的世界像を研究して、これらの自然民族もすでに彼らの知覚の——われわれと大して違わない、しかし別の——専門的な座標系をもつ、と結論づけている（『アメリカ心理学ジャーナル』第五〇巻、一九三七年、二七一頁以下）。われわれの場合には、と彼は言う。「科学的文化の最奥にある確信はとっくの昔に、理論的につくり出された定理という性格を失っている。そのような定理が次第にわれわれが知覚する世界の視点になってしまったのである。世界は今日、われわれの祖先が学び、それについて語ったように映っている。わたくしは、科学的文化期以前には、知覚の世界は今日われわれが見ているようには映りえなかった、という事実をあくまで主張したい」（二七四頁）。

この主張の意味は、獲得された思考形式が、いわば知覚の中に本来あるものと同じほどの機能を発揮できる、ということなのである。M・シェーラーはすでに一九二六年に、このような後天的存在形式の機能性の理論に到達していた。彼は『知識の形式と社会』の中で「人間の意識と理性は同形的な、恒常的な、内在的な機能法則をもつ――すなわち、カテゴリー装置は恒常的なものである――という説をわたくしは認めない」と言っている（一七〇頁）。この表現は少しゆきすぎだが、二人の著者が「獲得されたアプリオリ」――つまり、意識構造と知覚の歴史的変容――を説くことにはまったく賛成である。「事実的外界」はまさにこうして誕生する。その中では、人びとが知覚によって特殊化された事物だけを受け入れ、さらに「思考」がそのような事物の特性を――抽象化・図式化された同じレヴェルの知識によって、たとえば「原子」とか、「因果律」によって――「説明する」というようなことが行われる。知覚の中の事実としての順序は、このようにして論理的順序に変えられる。ターレスはたった一つの知覚可能なものを〔世界の〕一般法則にした。それは水であって、万物のもとなのであった。彼とは対照的に、ほぼ同時代のピタゴラスは、アリストテレスによれば「何よりもまず、数学と数を目ざした」、つまり量化可能な〔世界の〕構造、言い換えれば最も単純な音楽のハーモニーを除けば、多分これ以外のどんな抽象的基礎も考えられない真の自然法則を目ざした。したがって自然の法則は――出発点のデータとして使われる物にぴったり一致した――物の現存在《ダーザイン》と性質的存在《ゾーザイン》によって正当化される。

自明なものが〔人間によって〕つくり出されたものであるということを認めがたい人は、別の事例について次のように考えてみるがよい。われわれの歴史意識は時間に対する一種の抽象的関係の中で働いている。われわれは過ぎ去った事件の表象を――未来と過去の両方へ無限にのびるような――一つの空虚な時間の図式へもちこむ。カントはこれをアプリオリな「純粋直観」と考えた。しかし、このような空虚な時間——その中で事件が継起するのだが——に対する抽象的関係も、A・E・イェンゼンが正しく見抜いているように「ただ書字の記録の発生と完成によってのみ成立したのである」(『自然民族の神話と祭祀』一九一五年、四三頁)。すべての出来事の「枠組み」としての無限時間の観念は、もちろん、宇宙の大周期運動の観察、つまり暦法計算に関係した天文学的研究から得られたものであり、そのような観察を文字で固定することと完全に関係していた。無文字自然民族にとって世界と自然は「けっしてそれほど古く」はない。彼らの表象は容易に神話的な「太古」へ復帰する。そこでは魔神たちが現存の植物や動物に変身したのであり、遵守すべき慣習が始まったのであった。このような場合の口頭による伝承は信じがたいほど頑固で正確である。サモア島の王たちの系譜は三三代をさかのぼるが、五二七行の或るハワイの歌の二つの伝承は一語だけが違っている。六一八行の別の歌ではハワイ島とオアフ島のもものが完全に一致する(R・H・ローウィ『社会組織』一九五〇年、二〇二頁)。しかし、時間と空間の無限の空虚は考えられていないし、構想されていない。「太古」は代々連続することを望んでおり、したがって、あの英雄的古代と関係をもつこと、古代の現存をたしかめることが重要な問題になっている。すなわち、絶えずそれを「手もとに保有」しなければならない。人びとは神話の報告する典型的な原事件のくりかえしの中に生きている。「この古代的体系の中で特にきわだっていることは、具体的な(!)時間の否定、つまりその反歴史的な傾向である」(M・エリアーデ『永劫回帰の神話』ドイツ語版、一九五三年、一二五頁)。

このような意識構造の変化からみちびき出すことのできる唯一の結論は、意識構造というものは、その時その時に達成される文化状態から、長期にわたって、独立ではありえないことである。そして、さらに言えることは、「自然」として、あるいは自明的なものとして通用することがらを理解し、解釈するためには、巨大な文化状況——少なくともあの絶対的な文化の関門——を考慮に入れなければならないということである。

われわれの文化にとって典型的なものは、つまり、それによって他の一切の文化から区別されるものは、われわれが「事実的外界」を知っていることである。そのような外界の大半は——石炭、石油、ウランといった大地の「自然の宝」に始まり、「自然」の強化剤である化学物質にいたる——われわれの文化に入りこんでいる「原料」である。われわれは化学肥料で育てられる小麦畑、新聞紙用に管理される森林を知っている。このような原料の領域は自在に拡大されて、無感動の領域へ移って行く。つまり星や草や昆虫は単なる存在になり、自立した文化領域、つまり自然科学の対象になる。この二つの圏のちがいは、前者が単なる実用、後者が理論ということになるが、知覚の中ではすでに一体化しており、これこそ、それ自体の特性と法則をもつ事実的外界としての自然になる。

このような状態でも、やはり自然的な……と呼べるだろうか？　われわれに言わせれば、自己の意識が、制約を受けた、つくられたものだということを知らずに、したがってすべての意味内容を当然のものとして体験するような——歴史的に完全に変化した——意識構造が生れるとき、それがまさに新しい自然の概念をつくりだすのである。この意味で、まだ伝統の力を失っていない社会は自分たちの道徳的・社会的規範を——それが空間と時間の中で、どれほど無限に異なっていたかを二、三の識者が知ろうとしているにもかかわらず——自然的だと感じるのである。こうして、ある社会は、一夫多妻制の存在を、あるいは、女だけが畑仕事をすることを——彼女たちだけが「ものを育てることができる」という理由から——当然の、自然のことと考えるのである。この重大な事情をH・シェルスキーは特に強調した。「だから、あらゆる社会でこれらの規範が絶対視されているのは当然であり、行動の変化を活用する領域では、実用のために、規範がゆるめられているほど絶対的な力をもっている」。「社会的にきめられた規範を絶対化するこのような能力を、一つの社会の社会・規範形成力が、完成するとき、それに従う行動が『自然的』だと感じられる。だからそこでは『自然的なもの』という言葉は、生物的事実を指すのではなくて、一つの規範が疑われていないという標識なのである」(「社会学的視野から見た規範的性行動と婚姻」、『性病対策社会報告』誌、一九五四年)。同じことをホーフシュテッターも言っている。「規範的な安定は堅固な文化では当然のことであり、したがってそれが『自然に合致した』ものと思われている」(『社会心理学入門』一九五四年、二五八頁)。

文化的に条件づけられたものと同じ内容で、事実的外界はわれわれにとって自然なものに思われる。われわれはこの知覚形式から一歩もぬけ出すことはできない。自然なものは一般に自明のものである。それは当然つくられたものだが、そのことはわれわれの意識にはかくされている。われわれは透視術を不自然と感じる。それは事実的に可能なこと、というわれわれの観念と矛盾するからである。少年愛も不自然ととられる。それは古代ギリシアとちがって、われわれの社会規範に属していないからである。

このことは古代の意識状態を再構成するための強力な論理になる。古代的人間は此岸へ超越し、そこから出ることがない。脱出の可能性は彼岸の、目に見えぬ神の段階で、ようやく現われるからである。中立化された、魔法を解かれた事実的外界の場は彼〔古代の人間〕には存在しない。彼は、それを、そのようなものとして知覚するのではない。そうでなくて、超自然的なものが、自然そのものの一つの次元になっている。超自然的なものは目に見える現実のどの場所からでも出現することができ、日常性の一種の例外状態、つまり「外日常性」の中に姿を見せる。だから、われわれには自然を無視した《インディフェレント＝ナチュルリヒ》ように思われる状況こそが、超自然的な内容の担い手になることができる。たとえば、瞑想（インド宗教の萌芽の一つであったような）、陶酔状態、夢、啓示、めずらしい動物などが……。さらに、この古代意識は――その世界には抽象的自然がまったく存在せず、ただ疑問の余地ない形成物だけがあるのだから――〔われわれのいう〕「不自然なもの」を知らない。不自然なものもまた、外日常的なものにすぎない。が、しかし不審なものである。不自然な行動をとる人、つまり伝統から逸脱する人は呪術の嫌疑をうける。すなわちここでは、われわれの知るような超自然（彼岸に関係するもの）と、自然（事実的に存在するもの、ないし規範通りのもの）と、不自然（事実的に不可能と考えられるもの、ないしは反規範的なもの）の区別が知られていないのである。

　われわれは人類学の立場から、文化に先立つ明確な人間の性質などというものが存在しないことを、はっきり知っておかなければならない。人間は、なんらかの文化的刻印をはなれて、自己を語ることはまったく不可能である。それには大変ふかい原因がある。つまり人間は自分自身について、直接、正当に語ることはできないのであり、彼はまず自分を人間でないものと同列におき、そこから再び自分を区別することによって初めて自己を知るからである。こうして彼はあの時代《イン・イロ・テムポーレ》に「トーテム的に」、すなわち動物との同列化による区別の中で、自己を知ったのであり、同様にまた〔現代では〕機械をモデルにして――彼がそこから再び自己を区別する――外界の一片の物質として自分を理解することができるのである。その対象は無限に取り替えられる。たとえばまた、祖先の霊であれ、守護霊であれ、精霊、半神、魔神、神々であれ、そのような神的な存在との区別によって彼は自己をつかむのである。人間のこの「自然的な」自己理解は常に、自己を何か別のもので確認することで始まる。それはいつも間接的に、彼の外にあるものへ向かって行われる。この――自然であれ、神であれ――外部にあるものが、それと一体化したあらゆる文化を説明する。すべては、世界における人間の特殊な地位を反映するものであり、人は――自分を明確にする他者との比較の中で――自己の唯一性を知るのである。だから、われわれもまた著書『人間』の中で――対照的な動物との比較からのみ獲得される――二、三の経験的事実を述べたのである。他物との比較によって初めて人間の不安定性と潜在的混乱が明らかにされる。ここに述べられる――制度は人間の「指導理念《イデー・ディレクトリス》」であると共に、支持点である、という――制度哲学も全く同じ見地に立っている。人間が制度から引き出され、制度が恣意にゆだねられるとき、人から何が生じるかをわれわれは体験によって知っている。

この理由から、われわれは文化が、人間の本性に属しながらも、〔この世に〕「ありそうにない《ウンヴァールシャインリヒ》」ものだと言ったのである。なぜなら人間自体が、ありそうにない、リスクをおかす生物だからである。〔そもそも人間の世界には〕非常に緩慢に、数百年・数千年にわたって実験しつづけ、ついに堅固な形式に到達しながら、それでもなお絶えず制約し・禁止しつづける――法、財産、一夫一婦制家族、分業のような――形式が存在する。それはわれわれの衝動や志向を、高度に排他的・選択的な要請へ向かって、万難を排して抑圧し、馴致してきた――文化と名づけることのできる――形式なのである。このような形式、つまり制度は、人間自身と同じようにリスクにさらされており、はなはだ脆弱なものである。われわれの本能と志向の文化は、これらの制度によって、外部から強化され、維持され、高められなければならない。このような支えがはずされると、われわれは簡単に原始化・自然化してしまい、人間の衝動生活が本来もっている不確実性、退廃の可能性へ引き戻される。崩壊へ向かう運動はいつも「自然らしい」、ありそうなものであり、偉大さと、要請と、カテゴリーへ向かう運動は、強制された、困難な、ありそうにないものである。混沌《カーオス》はすべての最古の神話の前提であり、宇宙《コスモス》は神に属し、危険にさらされている。

「文化の退廃」について、二、三述べれば、阻止されない文化は常に内部から退化し、自分自身の豊かさによって退廃するものである。こうしてどの文化も、それぞれの固有の、予見しえない退廃の形式をもっているので、後期ローマ時代と現代の――好んで行われる――比較は皮相のものであり、外観の類似をたよりにしているにすぎない。われわれはまったく、古代の過酷さと頑固さをもっていないが、その代り古代の美点、つまり快活さと自由を欠いている。われわれの文化の、明白な退廃の――このような種類の――徴候は、いまだかつて存在しなかったものである。快楽と富が当然の権利になり、貴族的な意味でも、プロレタリア的な意味でも、〔英雄〕悲劇的な行為が軽蔑され、精神的・倫理的力が過剰と逸脱を制止することができず、無為の生活が専制政治の変型を発達させる。これが現代のルイ＝フィリップ主義[20]である。

さて、ここでもう一度この章の主題に戻って、自然と自然性の概念に説明を――それはもう哲学が説明できる限界に達しているのだが――加えておこう。われわれにとって最大級の驚きは、人間の性質から生れた「ありそうにもない」文化行動型を――人が外界の現実に付与したいと思うその時その時の意味どおりに――実際に自然が受け入れる、つまり言い直せば、進んで自然がそのような行動型の内容になり、そのような行動に従う、という事実である。これこそ、ありそうにない、驚くべき現象である。たとえば――人類が少なくとも五〇万年もの間、そんなものなしに充分切り抜けてきた――きわめて人工的な分析的実験技術が、非有機的な現実と実際に合致して、信じられぬほどの完璧さに「到達する」。しかし、もともと人間は類比的《アナロジカル》に経験する存在である。だから常に――予期しない、最初から目的とはしない――二次的合目的性というものが存在したのである。それは、やはり認識することによって初めて発展することのできる生産性を秘めた――自明ではない――高次の行動型のものであった。ここに、文化史にとって基本的な二つの主題がふくまれている。

つまり、その一つは小家族ホルドの弱点を克服するより大きな社会集団――つまり氏族組織――をいかにして安定させるか、という主題である。人間社会には、そもそも「調和の秘密《シークレット・オブ・プロポーション》」があって（ジェラルド・ハード）、非常に小さな社会は常に安定的であった。しかし一般的には、より高級な、長期計画をもった経済形態、つまり農耕的経済形態や、完全な政治・国家組織が、その社会の安定と持続を保証する以前には、人類は性的増殖関係という最初の材料だけで――いわば自己自身を材料に――社会の安定を企画しなければならなかった。この最もやっかいな基礎を規範化しようとする完全な社会関係の秩序づけこそ、人間文化の壮大な古代的主題であり、――やがて、われわれが見るように（第38章）――最も人為的な、われわれにはまったく「不自然」に見える規制こそ古代的社会構造のもつ法外な安定性の鍵を提供したのである。文字どおり「一面的な」（いわゆる単系的な）、まったく人工的な親族の分類は上位集団すべてを、完全に分類して、自律的集団として機能することを可能にした。この分類は思いもよらぬ客観的合目的性に「到達した」。こうして――めったにないことであるが――歴史によって勝利の王冠をさずけられたのである。

二つ目の主題にも似たことが見られる。新石器時代という絶対的な文化の関門にはじまる危険な大型獣の飼育である。われわれは、それが再び二次的な合目的性――つまり「前呪術的」な、祭儀的行動の予期しない成功――としか説明のしようがないことを証明しよう（第36章）と思う。この飼育は意図されたのではなくて、たまたま幸運にめぐまれたのであった。

増殖と栄養の安定は人が直接、意図したから得られたのではない。言い換えれば自然の目的を自分の目的にしたからだった。人間が自然に対して絶えず展開してきた誇大な空想とひき替えになった最高の逆説的成功にほかならない。この予感された事態そのものに対応することが古代宗教の内容であった。だから、此岸宗教の最高の形式である神々は、人間が自分の中から引き出して自からに負荷したものを嘉《よみ》する――あの、ありそうにない、幸運な――世界の好意の象徴である。〔ローマの最高神〕ユピテル、それは「世界の惜しみなく与える者」(„the generosity of the world")であった。

23　事実的内界、主体性

事実的内界というものも、やはりあるだろうか？　もちろん、当然ながらわれわれの文化に、事実的外界と完全に相似の形で存在する。一つには、分析的・経験的心理学の対象として、二つ目には自己自身、何ものにもとらわれていないと思っている――その中にわれわれが生きている――内面的事件の領域として、存在する。この性質的存在《ゾーザイエント》のデータに、また、倫理的なもの、すなわち罪悪感、良心、精神的葛藤とその解決の体験も入っている。たとえ、われわれが――有名な色彩感覚の電磁波による「置き替え」のようには――その成立の事情を明らかにすることはできないにせよ、「直接所与」(„données immédiates")として、われわれはそれを完全に問題にすることができる。まことに多くの人びとが「自然な」外界と同じように、彼らの「自然な」内界に、同様な無邪気さで、生活していることは――しかも、この内界を一種類の意味や規範に従わせるような欲求をもたずに、かと言って決して反倫理的ではない、寛大な穏やかな現代版の倫理に従って生活していることは――何人も否定しにくいところである。

このことは必ずしも常にそうだったわけではない。エドウィン・ミューアはその見事な論文のなかで、このような「新しい自然的人間」を描いている（『自然的人間と政治的人間』、『新選択』誌、一九四七年、第二巻、二号）。このような人間は徹底して、改良という可能性をもつが、宗教的な自然の人間と反対に、内面的な再生という欲求をもたない。その差は歴然としている、とミューアは言う。神話と宗教と人文主義の中の自然的人間は、精神的な人間に改心しないかぎり、完全な人間として通用しなかった。彼は、他の生物学的発展には属さない特別な過程によって新しく創造されなければならなかった。新しい人間のこの古い人間との共存は個人内部に精神的闘争をふくむことになる。個人は彼の内部的必然性に応じて、彼の功利主義が引き起こす公然の欠乏感に応じて変化する。しかし、個人内部のこの基本的道徳闘争が、数世紀にわたって、人間の本質特徴と思われてきた。人間の性質の内部に棲む法則に従って、善と悪との間をゆれ動く存在、というのがダンテや、シェークスピアや、バルザックや、トルストイの描く人間像である。この葛藤はさまざまに表現されたが、われわれの本来の考え方に最も近い形式はミルトンとラシーヌに見られる。つまり、理性と、情熱もしくは衝動、の間の葛藤である。この形式は一七世紀の全体を通じて、また一八世紀の大半を通じて、正当なものとして――デカルトによってさえも――受け入れられた。

その間に人間像の「矮小化」、「人間の理念《イデー》の単純化」が進行した。新しい自然的人間は彼の環境の中で、打算的な手段によって発達する。真の内面的闘争も、追求に価する新しい生活の不断のイメージも、その実現のための個人的努力も、なしに……。理想を追い求めた前時代の道徳的闘争は、ほんの些細なものに転落し、盲腸みたいな、もう機能しない、萎縮した器官のようなものになる。新しい種類の自然らしい人間は状況とともに変化する。人は状況を管理することによって彼を管理する。こうして彼は政治的人間に変化する。以上がE・ミューアの語るところである。
すなわち、これが事実的内界をもつ人間であろう。事実的内界は今では経験的・分析的心理学の対象であり、それはもちろん心理学によってつくり出されたものではないが、並行して、展開されたものである。そして最近では、事実的内界が次第に心理学の理論に自からを合致させようとしている、という意見に賛成せざるを得ないところまで来ている。なぜなら一般的な精神不安の中では――まわりくどく合理性を求めて――心に関する理論を自分に適用し、模倣することが解決の道だと信じられるようになるからである。窮地におちいった行動はいつも合理性を引き合いに出す。そして――いたる所に見られるような――空しい分析や、葛藤の理論を見出す。つまり、自分の内容を心理学の文献の指示に合わせる。心理学を充分に研究する人は対象を打ち取る王手を見出すのである。こうして対象が理論を証明することになる。というのは、対象が理論の中へ入って行ったのだから……。

ところで、事実的内界の理論は事実的外界の理論と同じ時点に登場する。デカルトが世界機関を構想したとき、彼の感情力学もまた可能になった。その中でデカルトは六つの基本的な情念から大量の二次的感情をひき出した。彼のギリシアの先行者であるアルクマイオス――生理学的心理学の創始者――は、まだ前六世紀の人であった。もちろん、デカルトにも、なお生理的なものと精神的なものを同じモデル概念で扱うという一個所中立化されない点があった。しかし、このようなモデル概念の直截性《エヴィデンツ》こそ「神の光」の名残りだったのである。

われわれが前に幾度も述べてきた、動機と目的の分離は――産業主義がすべての外界を中立的な目的・手段設定の場として扱うときに――デカルトがすでに予感したような大規模な形式の中に登場するのであり、同時に、心理学のいう主体性が、自我という衝動の中心をめぐって展開するような、自由な動機づけの場として理解されることになるのである。この心理学の認識が高い水準に「到達する」ことは否定し得ない。たとえば精神分析は決してでたらめではない。人びとが精神分析の中で自己を再認識し、長く病んでいた自我を実際に助け起こす、まことに多くの事例がある。

抑圧、圧縮、抵抗、部分衝動、複合、退行等といった概念は、ダイナミックな心理的事実の視覚モデルであり、抑圧された性エネルギーが不安の中にはけ口を見出したり、昇華のメカニズムの中で発散されたりするとき、これらの像は単なる抽象ではない説得力をもつ。これがまた、デカルトの言う「激情の渦巻き運動」でもあった。この運動が操作的、道具的に働いて、新しい自然の人間をその在るべき姿に形づくるのである。

しかし、通俗的二元論がこれらの理論の周知のメカニズムを利用しようとしても、あまり得る所はない。というのは、その間にモデルの考え方がさらに進歩したからである。そのモデル概念は、ハイゼンベルクやド・ブローイの素粒子のように、主体と客体の中間の形で、単に思考の場に浮んでいるような概念である。その最もよい例は、フォン・ホルストとその学派が言う中枢神経現象の領域における概念形成に見られる。ここには感嘆に価する天才的な実験と思考の成果がある。磁気作用、相対的・絶対的協調、重畳、最も単純な数学的関係へ向かう安定した秩序形式、突然起こる再編成と関係変換、これらすべてがゲシュタルト心理学の概念との、思いがけない深い符合を見せるのである（P・ライハウゼン「相対的協調運動の発見」、『総合研究』第七巻、一号、一九五四年）。この関係は可逆的にも成り立つ。つまり、概念形成というものは物心両面にわたって中立のものであり、実験がさらに完全なものになれば、数学的公式に移行することも可能である。ちなみに言えば、精神分析の理論形成も定式を必要とする抽象的段階に達している（W・トーマン「精神分析理論の問題」、『総合研究』第七巻、八号、一九五四年）。このことは、ハーレムの女たちをアラビア数字に抽象化する古代アラビア人たちにも当てはまったであろう。

対象化され、一定の実験距離へ押しやられた事実的内界は心理学によって説明されるが、それに対して、中立化された内面生活を直接体験するような状況様式《ツーシュタンツモードス》が主観性である。両者の観点はたがいに関係せざるを得ない。非常に多くの人びとがその中にはまりこんでしまう主観的態度が、冷静な観察者から見ると、大事なメカニズムを隠してしまうこと、これこそ今われわれが問題にしている点である。もはや、どんな独立の課題も自己の中に存在しないとき、精神の核心部分ではない所に一つの「道」がひらけるとき、そのような精神的態度をわれわれは中立化と呼ぶ。こうして事実的外界の美学的補足、つまり自然の体験が存在するように、事実的内界の美学的補足、つまり主観性の自己満足もまた存在する。そして、これらすべてが自然のこと、自明のことに思われているのである。

主観的自我には絶対者へのどんなとびらも開かれていない。自我の情緒性と体験の生なましさが客観《フォーア》的存在《ハンデンザイン》のもつ事実性へ導くことをしないからである。その点に関してキリスト教のきびしい見解はまちがった判断を下さない。それは多分、ガブリエル・マルセルの次の説に賛成であるにちがいない。「ここで、われわれは何とかして自己という概念——自己自身——の姿をとらえ、認識しなければならない。自己とは多くの観念論者、とくに意識の哲学者の信じているものとは反対に、一種の濃縮化、硬結化《スケローゼ》であり、まさに、わたくしのものとしての、わたくしの肉体の明らかに精神化された表現なのである。そのかぎりで、わたくしの肉体は、わたくしが所有する何かである」（『存在と所有』ドイツ語版、一九五三年、一七九頁）。

体験に飢えた現代人は宗教や芸術の中に情緒を満足させようとする。が、その背景に大衆化現象、都市化現象のあることを知らねばならない。生き生きした直接的体験が、自然や社会との交渉から奪い取られているので、人びとは自分自身の内部にそれを求める。そこに近縁のものを見つけ、懸命にそれにすがる。しかし、やはりどこでも単なる事実性以上に出ることはできない。それはガブリエル・マルセルが言ったように、内側から見た自己自身の肉体の濃縮化以外の何物でもないのである。

この主観性をもっとくわしく描こうとすれば、自己の意識の持続的状態に注目しなければならない。つまり主観性は内面的過程でもあると同時に、その過程の持続的、潜在的観察者なのである。そこには、自己自身にはね返ってくる主観性という形で、精神生活と、思い浮べられた精神生活は区別されない、という問題が存在している。言い換えれば主観性とは体験されたことを振り返って見ることのできる能力である。まさに、このことが表象の特性なのであり、表象とは振り返ることのできる能力そのものである。だから表象もまた主観性――その中へ持続的に自我を閉じこめ、明確なものにする主観性――である。したがって、振り返る能力と表象性へ変化した内界には支えが必要になる。こうして、それ自体また主観的なものである「確信《イーバッオイグング》」が誕生する。主観性は――確信に支えられた表象にほかならない――信念《マイヌング》という形で、その公的・法的承認を求めるのが常である。オルテガ・イ・ガセは信仰を「われわれが拠り所にする」一つの「表象」と定義したが、この言葉はむしろ信念に当てはまる（「思考について」、『メルクール』誌、第六五号、一九五三年、六一四頁）。

このような主観性の相関概念は事実的外界の中に――別の言葉で言えば、生なましい自然からの隔離、つまり行動と経験のチャンスからの隔離の中に――のみ求めることができる。行動と経験のチャンスは生なましい自然に属するものであり、われわれとはまったくちがった原始民族の心性と親縁のものである。したがって主観的な事実的内界は――それが何よりもまず連動して起こってくる、という意味で――経験の変質と深い関係をもっている。われわれはそれを「二次的経験」という考え方で取り上げたい。

歴史的に見ても、自分自身をテーマにする主観性なるものは――邪道に入った誇張された教養世界と結びつけられて――ロマン主義の中に初めて登場したのである。

「二次的経験」という考え方は、こう説明することができる。すなわち、一人一人が高度に条件づけられた、一面化された、自然から遊離した職業に従事しているような、現代の見通しがたい社会は、経験の特異な構造をつくり出す。文明化された人類の大多数の一人であり、産業・官僚組織のどこかに組みこまれて生活する人間は、ただめぐまれた状況下でのみ自分の仕事に知的な、ないしは倫理的な豊かさをつけ加えることができる。通常は、豊かな生活経験の幅をひろげることができないばかりか、そもそも行動を封じられている。現代にもはや不可能になっていることは、事物や人びととの活動的・感覚的・精神的交渉の中から、人間生活にふさわしい経験の尺度をつくり出し、それを他の人びとの尺度と一致させ、行動の中に維持することである。見通しのきかぬ社会がかかえている、組織特有の重大な問題は日常世界全体を巻きこむネットワークにある。その徹底した首尾一貫性は最下段の個人にまで及んでいるので、世界の姿は個人に二次的経験、すなわち情報としてもたらされる。それは個人の肉体的・倫理的能力圏をこえる抽象的な生活世界の問題であり、すでにロマン主義の時代に存在した問題であった。当時は、始まりだした産業化の対抗イデオロギーとして、「騎士道精神」がかかげられたのである。今はもう忘れ去られてしまった著作家、ボグミール・ゴルツは第一次工業化時代に、こう言っている。「完全な教養をそなえた天才だけが世界の印象を整理し、精神力によって支配することができる。並みの人間は世界との不断の交渉によって自分の位置づけを失ってしまう」(『教養と教養人』一八六七年、第一巻、三七節)。つまり、ここには、自分を単純化された視点に固定したいと思う大衆の欲求にとって、ほんの僅かのきっかけも存在しないのである。

この宿命的とも言える大問題は個人にとって、劇的な、直接的な、感情直撃的なものであり、知的には——あの、自己の行動経験の範囲内でこそ確実な知識が成長しうるのだ、という知識の本来の意味で——アプローチ不可能なものである。二次的経験には常に亀裂が生じる。そのような経験はなるほど情報を伝えるが、同時に、明らかにされない因果関係、予測できない〔単なる〕印象、体験されない健康といった無限のどうどうめぐりを秘めている。それは機械化された情報として、印刷物、ラジオ、映画、新聞、テレビの中に姿を現わす。

ずっと以前から始まっているこの発展が、内界の状況様式《ツーシュタンツモードス》に何の影響も与えなかった、とはまったく考えられないことである。こうして今や、経験の時間の節約、見聞による経験の代用が可能になる。それと共に先取りの生活、表象と確信の素早い獲得、厳密な考えぬかれた知識の——まだあまり気づかれていない、慢性的な、周期の長い、ひそかなインフレーションにも似た——価値の喪失が起こる。現代生活のテンポの高まりは、電信、自動車のような外部からのみ起こっているのではなくて、内側でも起こっている。先取りの生活は人間を未来へ駆り立てる。

この、何が原因で、何が結果であるかを言うのはまことに難しい。われわれは推測をくわだてようとは思わないが、少なくとも主観性の顕著な高まりは、表象空間の過剰と、行動範囲の貧困との関係で、考えざるを得ない。社会もまた、もはや「内面の道」を経験するための、どんな拘束力ある形式も知らないのである。

このことは現代のある哲学者が「形のない精神生活が持っている完全な現実」について語るとき、まさに典型的に示される。ここで言われているのは現代精神そのものである。なぜなら彼はつづけて、そのようなことは「古代の人間には思いもよらなかった」と述べているからである。われわれはこの主張に――たとえ「現実」という言い方が、実体どおりの、それ自体の表象としては不つり合いに思えても――何の疑問もいだかぬであろう。スタール夫人が、古代の人たちは彼らの精神から決してこのようなものを作り出さなかった、と書いたとき(『ドイツ論』第二巻、二八章)、彼女もまた、現代の精神そのものが、すでに「虚構の主体」であることを感じていた。この点に、たとえば現代の小説や映画の中の古代の話が、きわめてこっけいなものになる理由がある。古代の伝記作者たちが個人的なものに沈黙をまもり、一般に、官職、業績、弁論といった公共活動に関心をもつのは単なる偶然ではない。もちろん、われわれが主観的と呼ぶ体験もないわけではなかったが、くらべものにならぬほど厳格にステロタイプ化されており、体験者本人にとってはもちろん、まして他人にとっては重要なものと受け取られなかった。個人の所有する「完全な現実」とは考えられなかったのである。心の内部にまで刻みこまれた身分制、ランクづけされた精神から生まれる常套文句《トポイ》、それはたった三〇〇年前のことであるのに、われわれにはもう無縁のものであり、モリエールの暴露するそのような登場人物に観客は思わず吹き出してしまう。アヌイのような新しい主観主義の作家たちが、扱いにくい神話の素材に挑戦する場合も、〔古代人の〕豊かな体験の再現には完全に失敗する。彼らは、ただ、頑固な、偏執狂的な、意識の混濁した人物、つまり精神病質者として描かれる。

「すべての心のヴェールが引き裂かれてしまった。古代の人たちなら、自分たちの魂からこんな虚構の主体などを作り出したりしなかっただろう」(„Tous les voiles du cœur ont été déchirés. Les anciens n'auraient jamais fait ainsi de leur âme un sujet de fiction")。スタール夫人の前述の文にはこう書かれている。この文章はロマン主義者たちを裸にすることに抗議したものであり、そこには芸術の一つの様式原理がはっきり示されている。それは当時登場した、そして今日では誰も奇妙に感じない様式原理、つまり透視術や予感術としての文学であった。詩人は今日、一人の人間の最奥の沈黙の時間の中に生起するもの、あるいはたとえば、密かに愛をはぐくんでいる一人の女性の心の底にあるもの、を知っている。ヘミングウェイはあの有名な小説の中で、孤独な漁師が荒海で何を考え、感じ、行うか、を知っている。この虚構の表象と現実の表象の芸術家らしくもない取り違えは——芸術家自身の精神が際限もなく虚構の主体の中へ編みこまれ、その結果、ついに詩人の主観と、考え出された人物の主観と、読者の主観がごちゃまぜになることが原因でないとしたら——いったいどこから来ると言うのだろうか？　しかし、このようなことが一般大衆にとって自明の、自然のものであることこそ、今われわれが問題にしている点であり、人びとがもはや現実ばかりか、虚構された現実にも関心を示さず、ただ主体の中の体験の反映にのみ関心をもつ理由なのである。これらの芸術作品では表象と現実は区別できない。なぜなら両者は主観性にのみこまれており、どっちみち主観にほかならぬからである。偉大な構成的技術の一つとして、もともとこの取り違えの上に登場した様式的手段は詩である。ここに述べたような、われわれの無思慮に注目したのは一人ベルト・ブレヒトだけであろう。彼は「異化効果《フェアフレムドゥング》[21]」という様式原理を提唱した（「演劇の新技術」、『試み』誌、第二号、一九五一年）。

なお最後に〔事実的外界と事実的内界との〕三つ目の比較点、すなわち、主観的な事実的内界の美学的「補足」の問題を覗いておこう。主観性はそれ自体、生の代用として登場することができる。そのことによって主観性は実効をもたぬ領域、つまり美学的な領域へ進む。芸術はそれがもはや、模範的、つまり典型的・示唆的であろうとしないとき、実効性のない、純粋の美学的概念になる。同じことが主観的内界にもあてはまる。前に言ったような、体験を欠いた表象のために確信を補給してやる——そうすることによって、振り返る能力をもつことができるように表象を支えてやる——ことは、「表象《イメージ》による情緒の解放」として一般化できる重要な過程の〔われわれが挙げた〕最初の例であった。今日、この過程は自動的な複写装置を使って進行する。つまり、印刷され、映画化された文学の中で、一貫して行われているのは、激情や、情緒や、空想や、その他の——「二次的な人生」しかつくり出せない——「体験」を空しく呼び起こし、自から慰めることである。抽象絵画、映画、小説によって挑発されるものは、そのような体験のモンタージュであり、そこでは——行動の結果に照らしてはじめて明らかにされる——真偽の問題はまったく無意味なものになっている。古代の「模倣的」芸術はそうではない。そこでは模倣は、芸術家と観客の力を同時に呼び出し、共に支配するような何か価値の高いものと考えられていた。いずれにせよ偉大な様式というものは息をのむような美しさばかりでなく——ゴーギャンまでは温存されていた——一種の単調さ、何か拒絶的な、閉鎖的な、ものをもっていたのである。しかし「形のない精神生活」の誘発を事とする芸術はまったく新しいものである。われわれはそれに好ましい未来を期待することはできない。なぜなら、そのような芸術は、宗教政策的であれ、世俗政策的ないし商業的であれ、芸術以外の目的に使われないようにするために、どこから予備の動機《モティーフフォアラート》を取り出してくるか、そのすべを知らぬからである。

この主観性に付随して可能になることは、〔精神の〕特別な加工形式としての省察である。自分自身の精神生活に加えられる技巧は、きわめて高度な洗練性をもつようになり、さまざまな理念や価値観の複雑な出来事が——〔人間の〕心を驚くほど分解して見せることによって——その特別な創造力を発揮する。つまり、それは直接、文筆活動に引き継がれて、心理小説の中に定着し、あるいは潜勢的に精神諸科学の中へ組み込まれる。省察の意識が存在しないところでは簡単に見すごされてしまったに違いない最も小さな心の動きが、その特殊性の中で吟味される。たとえば、あらゆる文化や、時代や、宗教に現われた異質の、過去の生活のさまざまな沈澱物、それらを果てしなく翻刻することが――表象的習得（いわゆる理解）という永久に新しい活動の中で――自分の精神を濃縮化する。こうして、表象化された自分の内面が他者の内面の表象に重ね合わされるとき、世界他者性《ヴェルトフレムトハイト》という最高の段階が達成される。ここに、自分自身の状態を体験することと、他人の状態を模写することとは、出来事の核心ではまったく同じである、というディルタイの恐るべき命題の真意がある（『ディルタイ全集』第五巻、二七七頁）。文学作品の享受について彼はそれを述べている。「読者の精神生活に、行動（！）の一定の型が伝達される。この型の中で精神は同じように拡大され、引き上げられ、延長される。読者の活力や生気を、そしてそのような感情を高める一種のエネルギーの増加が起こる」（第六巻、二七一頁）。リヒテンベルクが「彼〔ディルタイ〕は天才の文章を――彼自身言っているように――いつも読後に自分が力強くなったように感じるので読みたがるのだ」と皮肉っているにもかかわらず、これほど明瞭に、代用の生〔の体験〕を語ったものがあるだろうか？

このような、すべての人工物で見逃されていることは、われわれの外部にある現実の物質的な力に対して取られる行動と、内部でわれわれ自身に課題を命じる精神とが、たがいに前提しあっている、という簡単な真理である。双方は別種の関係では代用できない一つの関係を形づくっている。なぜなら、ここには制度が成り立つからである。

物理学、化学、生物学といった自然科学の概念でさえ、そのような性質のものである。つまり、自己自身を対象化して自然の中に演出し、その現実の上に行動の共通の形式を建設する。その実例は、技術自体の姿、それを使うあらゆる工場の姿を見ればよい。企業はその内部で少なくとも企業倫理（それは常に不安定な、崩壊の危険にさらされているものだが）をつくり出さねばならない。労働規則、紀律、忠誠がそれである。
法の意味がどのように変ろうと、制度を基礎づけ、保証するのは法の仕事であり、主観的な内面生活は制度とくらべれば非生産的なものである。ただし、それは資本主義の巨人がこれらの主観性を飼いならし、利用することに成功しなかった、と言っているのではない。持続的な需要があるかぎり、現代の芸術は、芸術産業、複製工業、投機事業等々の綜合組織なしには考えられないであろう（拙著『現代絵画』一九六〇年、第一二章、四節）。市場研究《マーケット・リサーチ》は――駆け引きに利用される――世論形成、イメージ形成の原理を発見している（G・シュミットヘン『診断される国民』一九五九年。なお、持続的制度として、討論の役割を研究したH・シェルスキー「持続的省察は制度化されうるか?」、『福音主義倫理』誌、一九五七年、第四号を参照）。

今日、うっかり誤解している人たちだけでなく、故意に誤解したがっている人たちがいるので、そもそも心理学は事実的内界の自然科学であるか、あるいは科学でないかのどちらかしかないことを強調しておかねばならない。後者のケースでは、プルーストやムシル、フロベールやドストエフスキーといった偉大な作家たちの仕事が驚くべき成果をあげている。心理学は、まさにわれわれが呼吸している雰囲気の一部になっている。フロイトがヴント時代の心理学と、これらの芸術家たちの間にあった一見越えがたい格差を、ほんの一またぎの距離に短縮したのである。彼は事実的内界のガリレイだと言ってよい。しかし、フランスの土壌にも彼の根本的発見は準備されていたように見える。カール・フォン・ホルタイはルイ・フィリップの侍医C・C・H・マルクの書いた『狂気について』に言及している（『四〇年間』一八五九年、第六巻、二六四頁）。つぎの個所が彼の目をひいたのであった。「人の心の奥には隠れた襞があって、理性はそれらを圧迫（抑圧）し、否認（検閲）しているが、狂気がそれらを誇示し、白日のもとにさらすのである」(„Le cœur humain a des replis bien cachés, que la raison comprime《Verdrängung》et bésavoue《Zensur》, mais que la folio déploie et révèle au grand jour")。ちなみに、これでフロイトの仕事が貶められるという訳ではない。というのもフロイトが研究して以後、初めてこれらの「先駆者たち」が重要になるからである。彼の説は主観的な事実的内界に関する代表的理論であり、その臨床的効果は無視できない。ただ、われわれが反対するのは、今述べている第三の点である。つまり、自己理解が理論をこえて一般化されると、視野のせまい人びとの頭の中に低次の人間解釈しか許されなくなる事実である。ベンの言うように、もはや人びとが本質的な関心をもたなくなるような事態が生れることである(「F・W・エルツェへの手紙」一九三九年八月一三日)。

しかし、今世紀の初め以来、他のさまざまな道を通じて、常識的な人間像を意図的に、根気づよく分解する作業が行われた。〔人間を〕解きほどいて行く腕前では、作家たちは心理学者たちに決して劣っていない。こうして――ニーチェによって暴かれ、ジョイスによって有力なアングロサクソン語圏に導入された――〔過去の〕義務的な、偉大な、有益な虚構に対する何か隠れた憎悪とでも言うべきものが高まったのである。

文化の本質的な内容は、常に人間の本来の性質に対する防御である。まさにこの防波堤が解体者たち《リクヴィダトーレン》によって破壊されたのである。その究極の動機を明らかにすることは難しいが、完全な形成と自己加工の終点に達した文化がもつ、自殺衝動にそれを探すことができるかも知れない。いずれにせよ歴史の答えは、啓蒙主義者たちが解放した人間の性質そのものによって、皮肉にも、彼らが啓蒙される結果になっている。大衆が、彼らの言う完全な精神の光に導かれず、したがって彼らにとって重大な問題である権威と力が失われ、今日まで一向に回復していないのはまったく驚くべきことである。だからサムエル・ベケットは不幸な急進主義者の姿を、嫌悪と失望をもって描いたのである。

24 古代の異質性

この最終章では、われわれにはふつう当然と思われているような二、三の問題を再検討してみよう。そのことは多分、われわれを古代の心性から隔てている途方もない距離をはかるにの役立つに違いない。この強烈な異質性を明らかにするためには、あらゆる宗教史の教科書や、民族学ハンドブックの中の「魂」の項目に見つかるものを文字通り受け取ればよい。つまり、あの時代《イン・イロ・テムポーレ》に、人間をさまざまな魂のせいにすることは、いとも簡単なことであった。人びとは魂の概念を外界へ移して入手した。吐く息と同じように、殺された人間から流れる血も生命の魂であり、影も魂（時にはもっと哲学的に、影の影、つまり影の核〔後出、注29参照〕も魂）であり、水に映る姿も魂である。夢の中でも、やはり死者たちを見聞するから、死後の永生は自明のことであり、ここにもまた魂が登場する。その際、体系性が欠如している点にはまったく無関心である。が、それは現代のわれわれも、どっぷり矛盾につかっていながら、その衝突を頭の中で上手に回避するすべを、われわれが心得ているだけのことである。重要な点はそれではなくて、何よりもまず人間が外界に依存して自己を理解したことである。だから、われわれは二つ前の章で、われわれの事実的外界を述べておいたのである。それを古代の人間に押しつけることはできない。彼らの外界はわれわれには手のとどかない質的に異なったものである。一次的な自然体験は、われわれのまったく知らぬものだからである。したがって、古代文化のいわゆる「理解」は原始の人びとにわれわれ自身の事実的外界を押しつけ、そのような外界を内容のまったくちがった、われわれの手もちの主観的な想像と思考で埋めてしまう結果になる。知覚を構成する原理自体が変化したかも知れぬなどということには、思いもおよばない（第22章、W・ケーラーの引用参照）。優秀な著述者でさえ、トーテムのシンボルを自動車の中に吊したマスコットと比較したりするのである。われわれに言わせれば、古代の心性も、古代の外界の相《アスペクト》も追体験することはできない。だから試みることができるのは、問題になっている行動の一定のカテゴリーを引き出すことだけである。それらのカテゴリーを内側から内容的に埋める可能性はない。ただ、はっきりしている一点は、われわれが原始の人びとのものと考え、追体験できると信じている「さまざまな観念」の上に立って、われわれは決して行動しないだろう、ということである。しかし、彼らはそうするのである。だから彼らが「理解している」とわれわれが考えている精神状態は、もともと謎でしかない。古代的心性が、体験された現実として内蔵しているすべては、われわれにはおよそ縁遠いものである。われわれは彼らの、安定化された緊張、背景的充足、外的支持、共同義務を帯びた複合感情、のどれ一つももっていない。できるのはただ、古代的行動を併記し、その異質性を確認することだけである。しかし、われわれは通常――いくらか難しい文献でもあるかのように――古代的行動のシンボルと物語を、観念的に解こうとするのである。

　コロンビアのアメリカ・インディアンの一つの物語はこう始まっている。一人の少年と一人の少女が森へ行って断食をした。やがて彼らはフクロウの言葉が分かるようになった。ここでは一四七種のフク《オルド・》ロウ科《シュトリクス》のどの鳥なのかは何も語られていない。この態度は、それがわれわれのものではない自然に関係していることを示している。つまり、「文化的風土」や、自然科学の自然や、C・D・フリートリヒとかセガンティニに見られる美学的自然体験や、大都市の反対概念としての自然、とはまったく関係がない。したがって、血や、吐く息や、水に映る影も、われわれのものとは別物であり、だからこそ魂のシンボルになることができる。

ここに求められるカテゴリーの一つは、すでに言ったような自己を外界へ移して理解するカテゴリーである。これが最優先のカテゴリーであって、人びとは外部と同一化していたのである。言い換えれば、自己認識は間接的なものであった。今、魂を例に挙げたが、特にあてはまるのはトーテミズムである。多くの血縁集団に見られた、それぞれの特定の動物との同一化は、広く世界的なものであった。これらの動物が集団の祖先と考えられ、しばしば現存の動物たちが、死んだ氏族メンバーの生き返りと考えられた。ムルンギン族（オーストラリア）の一人の男は臨終の床で、まさに彼が成ろうとする動物の身ぶりをしたと報告されている。一九世紀の初めまで、スー部族の亀氏族《クラン》の酋長は亀を描いた盾を——ヒョウ族の酋長はヒョウの毛皮を——背負っていた。

もちろん——現代のわれわれの意識状況からすれば、また、平均的人間の自我主張の状況からすれば——自我意識の形式として、外界の、いわば非我《ニヒト・イヒ》との同一化を考えるようなことは、およそあり得ない。しかし、この古代的な、素朴な、強烈な形式の中でそれが可能だったのは、自然自体が第二の自我として、魂のあるものとして、勢力と威力の活動の場として体験されたからである。自然はまさに「なまの自然」であった。なまの自然とはこのようなものである。そして、フクロウが言葉を話す霊たちの国として自然を理解することはまったく、倫理的な、生産的なことであった。なぜなら、外部存在を仲立ちにしたこのような自己理解が、そのまま義務的行動の指示に転化することは、誰にもすぐ分かることだからである。ある集団が、ある動物種と同一の祖先をもつという意識をつくり上げれば、この動物たちを殺すことは、たちまち許されなくなるし、とくに集団の誰も仲間を——というのは、仲間の一人一人はこの動物そのものであり、その像は神聖不可侵のものだから——殺すことは許されなくなる。

動物、泉、一定の場所、山、木等々がさまざまな「生命体《ヴェーゼンハイテン》」になり、そこから義務的規則が導き出されるなら——言い換えれば、これらの事物がもつ有力な現実性によってわれわれの行動が方向づけられ、そのような現実性を義務の命令者として自らの上にかかげるなら——これが、すでに最初のところで述べた「此岸への超越」なのである。これが最古代の態度である。なぜならトーテミズムは、もう間違いなく後期旧石器時代のものだからである。ケルンは古代の植物のトーテミズムを氷河期のものと考えている（『世界史のはじまり』一九三三年）。そうでないとしたら、オーリニアク期、マグダレニアン期の絵画や彫刻に出てくるライオン＝人間、鳥＝、鹿＝、野牛＝、野ヤギ＝人間をどう説明したらいいだろうか？

　自然民族のすべての宗教にしばしば認められるのは此岸的という性格である。すでにプロイスが強調したように「自然民族たちは救済宗教とは正反対に、完全に此岸を基盤にしている」（『最高存在の影のもとの信仰と神秘説』一九二六年、一九頁）。しかしこの概念は非常に誤解されやすい。こう言うとすぐ、われわれは彼岸の反対概念であるわれわれの此岸概念を思いうかべるからである。感覚を越えた、目に見えぬものに対する一つの関係という——われわれによく知られた、明確に定義された——意味では、あ《イン》の時代《・イロ・テムポーレ》に、どんな宗教も存在しなかった。お前の天の神を見せてくれ、そうしたら天へ飛んで行って彼をあがめよう、と一人のインディアンは宣教師に言った。

　古代的人間は死後の永生を、すこしも「信じている」のではない。それは現世の経験なのである。もちろん、人びとはそのような経験の夢を見る。しかし、夢が、いわゆる「主観的なもの」であるとは受け取られず、〔現実の〕知覚になる。深夜、夢を見たバスト族〔南アフリカ〕の男は起き上って村の太鼓をたたきながら霊たちに問いかける。そして彼らとは何の関係もない、と聞くと、再び人びとは眠りにつく。

　きわめて重要な、もう一つのカテゴリーは少年と少女のあの素朴な物語の中に、つまり彼らが森へ行き、断食をしたということの中に、すでに示されている。W・ジェームズが言ったように、やはり古代的人間はごちゃまぜの生活世界に住んでいる。しかし、それでもなお人びとは、此岸が別の次元をもち、彼ら流の超越のためには、つまり生命体との出会いのためには、準備が必要であることを知っていた。すなわち、ここには一種の「内部への道」が存在するわけであり、それは同時に、外部の新しい経験——断食をすると、フクロウが語り出すという——の道でもある。「すべての真の知恵は、苦しみと欠乏によってのみ得られる」と一人のエスキモーのシャーマンは語った。

　観念の中だけでは先取りすることのできない体験もやはりあり得るのだ、という感覚を現代はとうの昔に失っている。しかし、禁欲的手段を使って驚くほど乱暴な修行を行うこと、さらに別の系列として、催眠状態やエクスタシー状態を人工的につくり出し特別な精神状況を目ざすこと、そのことによって人びとが非日常的な経験の領域へ超越し、その経験を日常的生活の中に定着させること、このような実践は広く世界的なものだったのである。これらの行動型は、一面では、日常生活と厳重に一線を画しながら、その内容は常に日常世界のものであった。なぜなら、すべての祭祀は何らかの仕方で日常世界にかかわるものだったからである。つまり、祭祀は日常世界を最適状態《オプティムウムシュタント》に安定化しようとするものであり、したがって、いたる所に見られた観念は、しかるべき儀礼を怠れば動物が死に絶え、旱魃が起こり、病気が突発するというものであった。

　古代の神秘説を、われわれの言葉に翻訳すれば、いわば次のような教義になるであろう。超自然的なものは完全に体験可能なものとして、直接、なまの自然の中にある。それは精神の整備という積極的な道によって、つまり高められた状態を呼びさますことによって、確かめられる。それには——たいてい同時に選ばれる——二つの方法がある。禁欲的手段と恍惚的手段である。ただし、それらもその時その時に応じて制度化されており、場所や時間、あるいは行う人が定められている。このようにして体験される「生命体」にとって重要なものは、祭祀ないし祭儀であり、その中心になるものはいつも「演出」——つまり、その生命体を人びとの体によって具体的に表現すること——である。祭祀は物まねの形で行われ、これらの演出を通じて、人間と、その由来と、その性質と、周囲の現実が理解される。まさに、そのような祭儀に——人間だけを中心に考えるのではない——充実した生活の保証がかかっている。つまり、自然の実りや雨のような、あらゆる秩序立った世界の歩みが、そしてもちろん自分たちの健康と力の保証がかかっている。

ここで、われわれは追求可能な最古の宗教形式から、現代の宗教まで連綿と連なっている数条の線をたどることができる。歴史が問題にするのは恒常性の中の変遷だからである。いずれにせよ、われわれは、神の性質として要求される内容は変化するものだと考える。だからこそ一神教の関門が絶対的な関門になるのである。われわれはウィーン民族学派が主張するような「原始一神教」の存在を認めることはできない。最古代にも、もちろん一人の創造神がいる。しかし、それは同じ起源をもつ生命体たち、魔神たち、精霊たち、神々と並んで存在する神であり（第41章）、最も多くの場合、これらの神々とは反対に、祭祀をともなわない、強いて解釈しないかぎり、唯一神とは呼べない神なのである。したがって、われわれは一神教的な神像の中に連続性を見出すことはできない。ただ、人間が自己自身を直接、理解することができず、非我《ニヒトイヒ》によってのみ理解することができる、つまり人が非我に変らねばならないという点で確かに連続的なのである。人が聖なる動物を演出することによって自己自身を外化《エントオイセルン》する最古の物まね儀礼から、高級宗教の秘儀にいたるまで、そこには形式の――たとえ内容ではなくても――連続性が存在するように思われる。人間は自己ではない何かと同一化するときに、新しいステータスをもらうのであり、新しい現実をまねき寄せるのである。これが人類学の不変の公式である。そのために、一種の準備、内面の道、「衝動方向の反転」が必要になる。そこでは人間の内面は、その時その時の単なる生活体験の内容や、まして情熱に支配された主観性とか、事実的内界などではなくて、それ自体が明確に目的に向けられた一つの行動の素材なのである。だから人びとは、最後に守護霊のまぼろしが現われるまで、孤独の中に断食をつづけたのであり、あるいは霊たちの姿を見るまでエクスタシーを求めつづけたのである。それらはもちろん未開の道ではあったが、やはりまさしく道なのであり、ただ、その後者〔エクスタシー〕の道だけが高度な社会的倫理の形式とけっきょく一致しない、もともと間違った道として証明されたのであった。内面の道のこの公理は、今日ほとんど無視されている。それは事実的内界や主観性の領域には存在していない。ヒューマニティという概念の中でも、われわれは――たとえ、それが他の人びとであっても――けっきょく自分自身に出会う。この「葛藤のない人間」こそ、まさに「衝動方向の反転」の対抗イデオロギーであり、縮小されたスケールの人間、エントロピー理論でいう蓋然性の高い人間、ルイ・フィリップ式の人間、トックヴィルが貪欲で温和だといった人間なのである。

ところで、人類学は演出的祭儀というカテゴリーについて、もっとくわしく知ることができるだろうか？　その中に文化を創造する力が存在したのだろうか？　われわれが第Ⅱ部で取り組む課題はそれである。

Ⅱ　古代文化の諸問題

25　問題提起

今、われわれが研究の対象にする行動の種類は演出的ないしは儀礼化された行動と呼ばれるものである。この行動はその根を遠く系統発生史へ伸ばしており、学習能力や合理的な行動制御のメカニズムとは根本的に違うものである。それは本能的なものと深く結びついているので、動物の本能的社会行動と関連づけてはっきり証明することができる。多くの動物種の「儀式闘争《コマーンカムプ》」に見られる特徴は暴力的対決の完全な展開ではない。闘争は大変はっきりした「儀式の」体系に置き換えられている。フィシェルが記述するように、集団交尾期のエリマキシギたちは、たがいに突きかかるが、突然、頭を下げ、首の毛を逆だてて硬直したように立ちどまる。この姿勢から反対方向への第二の突進が展開する（『動物界の闘争的解決』一九四七年）。またローレンツはオシドリの対抗遊泳を描写している。交尾期になると二羽のオシドリはぴったり並んで、完全に平行して水面を滑走する。そして同じように突然止まると、彼らの鮮やかな飾り羽を一杯に開く。と、つぎの瞬間、再び勢いよく滑走し始める。ここでも重要な点は、むき出しの闘争が「ブレーキをかけられ」、儀式に、つまり演出に移行していることであり、同様のことは——素朴で野性的な形ではあるが——近縁のアメリカオシ属にも見られるのである（「動物の擬似舞踏行動について」、『総合研究』一九五二年）。もっと印象深いのは、規則化された儀式的闘争が機能転化によってさらに様式化され、純粋な表現運動として働く場合である。つまり、ローレンツはカワスズメ科の魚アスタトティラピア・ライチギの雄が一日の大半を——行動型の変化に連動して体色の変る（婚姻色を帯びる）——運動をくり返しながら、過ごすことを述べている。雌がはっきり関心を示す——数週間つづく——この交尾儀礼は規則化された本来の闘争が機能変化を受けたものである。ポルトマンは別のケースについて、完全にそれらを舞踏的演出の部類に入れて、語っている。「高等な動物と人間との、発生の問題を解釈する一切の立場を無視するなら、動物と人間の間には儀礼と呼ぶことのできる現象について、きわだった重要な一致が見られる」（『動物の儀礼』、『エラノス年報』一九五一年）。彼はオーストラリアのツルの集団ダンスについてアームストロングの見事な描写を引用する。彼らは時おり、長い首を高くもち上げて誇らしげに行進する大集団を形成する。

「彼らの体のうねりは、まるで海の波のようであった」（『鳥のディスプレイと行動』一九四七年）。ポルトマンはオーストラリア原住民がエミューのダンスをまね、メキシコ・インディアンが七面鳥の春のダンスを、ブラジルのヒバロ族が黄赤色の冠岩鳥《ガーヨ・デ・ラ・シエラ》のダンスをまねるのは不思議ではない、と言っている。たしかにその通りである。ただ、このような行動が人類学的に何を意味するのか？ それがわれわれの問題である。

物まね行動の形をとる「生体の中の《イン・ヴィヴォ》」身ぶりによる演出が根源的なものであり、その後に、客観的演出手段——つまり線画や絵画や彫刻——の発展がつづいた、という考えは根拠のあるものである。有名なアンリ・ブルイユ師もまた、造形美術の起源を動物の演劇的模倣に見ている（『太古代人間シリーズ』ヴァラニャック編、ドイツ訳、一九六〇年、九五頁）。だから、ある動物を絵画や彫刻に演出することは、物まね儀礼からの解放、つまり実際にそのような儀礼を行うことからの負担免除とその完全な遂行だ、と言えるであろう。

前期旧石器時代には演出的造形物は大変まれだが、それでもラ・フェラシー（ドルドーニュ遺跡）の山猫の頭部線画のようなものが出現している（G・クラフト『創造者としての原始人』の図版一三、一九四八年）。ラ・フェラシーは四万年から一四万年をさかのぼるムスティエ文化期のものと考えられている。はるかに数多く、より完全な形で知られているのは後期旧石器時代の――スペインやフランスの洞窟画や小型彫像に見られる――演出である。ヴァラニャックはマグダレニアン第四期のすばらしく美しい作品を掲げている（前掲書、図版七―九）。そこではすでに、小型ながら、自由な芸術的造形が主題になっている。しかし、やはり洞窟絵画には物まね儀礼の並存がはっきり証明されている。レ・コンバレルの洞窟には線画に彫られた一人の踊る人間の表現が見られるし、トロワ・フレールの洞窟には野牛《バイソン》の毛皮をまとった呪術師たちや、あの有名な、馬の尻尾、鹿の角と頭、熊の手をもった黒くふちどられた線画の像が見られる。これも踊りながら、われわれを凝視している（口絵第3図参照）。

だから、われわれはH・キルヒナーの「多くの先史時代と先史文化に見られる洞窟絵画には、たしかに――今日ではもう理解することのできない――具体的儀礼を通じて行われる物まね習俗が永遠化されている」という意見に賛成する（「歴史的に見た無文字・先史人類の行動について」、『ソシオログス』誌、第四巻、一号、一九五四年、一一頁）。

さて、ここで問題の重心を明らかにすることができるであろう。われわれは太古代の生物的根拠にまでさかのぼる一つの行動を想定するわけである。それは一方では演出的芸術の根底に達し、他方では宗教の原初形態に結びつくような行動である。人は一般に「呪術師たち」のあの特異な姿が、「呪術的」習俗との関連から生れたものであることを理解するが、それだけでは説明にならぬのではないか？なぜなら呪術とは、そもそも何であるかが説明されていないからである。もちろん、このことはわれわれの課題の一部分にすぎないけれども、人類学的には、たとえばA・E・イエンゼンの主張のように大変はっきり説明することができる。そもそも、ある目的のための呪術は、一種の合理化、すなわちその目的を二次的なものにすること、にある。たとえば狩の成功や、植物の豊穣等々を「保証する」ある儀礼が企てられる場合、われわれは——いろいろ変化するような——二次的動機づけと、〔精神を安定させる〕根源的な演出儀礼とを区別せねばならない。「したがって、たとえば降雨呪術、あるいは豊穣呪術と呼ばれる儀礼は、かなり確実なものであり、その中に——まったく本質的な、一切の特定の目的をもたない——何かを演出しなければならないという真の宗教儀礼なのである」(「呪術」、『総合研究』第一号、一九四八年)。イエンゼンはまた別の場所で人間を「生来の演出的存在」と呼び(『自然民族の神話と祭祀』一九五一年、七六頁)、くり返し儀礼が救済の期待と因果的に結びつくことを——たとえば、〔一神教の〕変種現象として増殖儀礼を例示することによって——強調している(一〇三、一四〇、一五二頁)。この最後の議論だけは、にわかに賛成しがたい。なぜならわれわれは、やはり先に述べた二次的動機づけの必然性、その内面的不可避性を確信するものだからである。つまり、伝承され、時代と共に情動を失った儀礼はまた別の二次的動機づけを展開するにちがいないからである。

それはともかく、目的から自由な演出的行動を想定することは充分可能である。あの後期旧石器時代の壁画が一種の「呪術的」意味をもつことは、まず間違ないところだから、われわれは体験劇としての、この生体の中《イン・ヴィヴォ》の演出を太古に移して考えようと思う。そして、それを目的から自由な、演出的・儀礼的行動、ないしは前呪術的行動と呼びたいと思う。ここに、今、研究の対象になっている行動の種類の核心がある。ちなみに、カール・ベスもまた、高度に発達した呪術の中で初めて一定の「呪力」が期待できること、そのこと自体すでに合理化の産物、すなわち一種の「仮定《ヒポテーゼ》」であることを認めている。そして彼もまた演出を最初の呪術的活動と考えている（『自然民族の宗教と呪術』一九一四年、一一〇頁）。すべての呪術の前提には、まさに陶酔的、演出的な劇が存在する。彼もやはり、われわれがすでに指摘した意識の問題――G・バーナード・ショーが驚くほど明確にとらえていた問題――を提起する。「劇の発明が知的に自己自身を意識しようとする、人間の最初の試みだ、ということは真実である。劇と歴史と宗教の間にはどんな境界線も引くことはできない」（ショー『作品集への序論』一九四七年、七一頁）。

根源的な、目的から自由な、演出的行動が存在するとき、それはやはり動機づけを必要としないわけにはいかなくなる。したがって、それは演出されている眼前の事件に対して、目的から自由な、しかし義務的なものに感じられるような行動になる。

26　本当の（動物の）本能

目的から自由に演出される行動の分析には、疑いもなく、深層部の探究が必要であり、本能の構成物を計算に入れる試みが必要である。その際、われわれはただ二つの仮定を利用する。第一の仮定は本能と意識の補完関係――つまり、一方の識別機関《インスタンツ》の高級化が、他方のそれの高度な発達を妨げるような補完関係――であり、すでにヘルダーが一般的な形で見事に指摘していた仮定である。ベルクソンも同じ結論に達し、K・ローレンツもそれに賛成している。ジュリアン・ハクスリーは、人間に関するこの事実を、次のように表現する。「人間の特殊性の一つは、一切の硬直した本能の放棄と、連想メカニズムの装備である。このことによって、すべての意識(マインド)活動は——それが知識の領域であれ、感情や意志の領域であれ——それぞれたがいに他の活動と関係をもつことができる」(『現代世界の人間』メントール・ブックス、一九四八年、二二頁)。したがって、硬直した本能こそ本当の本能なのだから、人間では「本能退行」という一種の出来事を考えることができる。そのような出来事は疑いもなく、はるかに遠く系統発生史にさかのぼるものであり、その代償は顕著な脳髄の発達だと言えるだろう。動物界では本能は生得的な、専門化された、合目的的な運動型として(「感情」のようなものとしてではなく)定義できる。そのような運動型は種に固有の、きわめて専門化された「リリーサー」によって解発され、通常、すべての動物種がそれぞれの環境世界で見出し、環境世界に適応したものである。こう定義される本能運動が、人間では貧弱にしか見られないから、人間にはただ「本能残基」だけがある、と言える。本能退行の出来事は——L・ボルクによって発見された——生物学上もっとも重要な人間の体質的特徴と、一種の暗い関係に立つものである(『人間形成の問題』一九二六年)。つまり、「遅滞」と、言い換えればホルモン抑制体系の構造と、関係しているものである。この構造が、肉体に見られる胎児的特徴の保存、および発育速度のきわだった遅延現象の原因なのである(『人間』第一〇章—一二章)。

われわれが使おうと思う第二の仮定は、K・ローレンツが初めてそのすぐれた研究の中で数々の成果をあげた現代行動心理学の本能分析の正当性にある(『動物心理学雑誌』第五号、一九四三年)。ますます増加してゆく実験の中で、本能運動は生得的な、集中管理的なものであること、非常に多くの場合、内発的な刺激の生産によって維持されていることが確かめられている。この言葉は、なぜ本能運動がこれほどしばしば「消耗しつくされ」、空白期と休止期のあとで、再び活動し始めるのかを説明している。こうして蓄積された行動の準備態勢が外側から誘発されるのである。「まことに数多くの場合、有機体は、一定の生物学的に重要な（外的）刺激状況に、一切の事前の経験や試行錯誤なしに、専門化された明快な種族維持的方法で、ただちに反応する」（ローレンツ前掲書、二四九頁）。つまり、ここで問題になっているのは、いわば、すでに用意された本能的行動像が、充分に高まった刺激の内面鏡に映って、解発されるといったふうの、リリーサーの過程であり、そこではリリーサーは生物学的に典型化された刺激状況の一部になっているのである。たとえば「生後三日目から隔離して育てられたスズメはワシミミズクを見て大恐慌に陥った。そして用心深く一定の距離をおいて、ちょうど野生のスズメが日中、発見したフクロウを追い立てるように、種固有の警告・攻撃音をあげながら追い立てたのである」。

ところで、本能的行動型が環境世界から、リリーサーとして選ぶ対象に必要な条件は、いつも、その対象の数が比較的少ないこと、しかし、きわめて明確な特徴を備えていること、である。今日では、必要にして充分なリリーサーの性質——つまり、本能行動の挑発のために最も経済的な、しかし効果のあるリリーサーの性質——が、おとりを使って解明されている。そのようなおとりが隔離して育てられたあらゆる種類の動物たちに呈示されたのである。生後九週間までのハイイロガンのひなたちが、隠れ場所を求めて親鳥にかけ寄る行動は、親鳥の警告音によって解発される。後になると上空の猛禽類の影が（それはおとりで充分代用できる）手近な茂みにもぐりこむ行動のリリーサーになる。

動物の行動研究はリリーサーの組織的研究によって促進された。リリーサーは、動物たちが属する環境世界の中で、そのつど、種に固有の生得的行動を解発して、仔の、競争者の、敵の、捕食動物の、性のパートナーの、食物の、隠れ場所の……「状況」に的確に対応させる。これらのリリーサーはあらゆる感覚器官を通じて働きかける。視覚的リリーサーの「信号装置」は、たいてい、たとえば目立った形と鮮やかな色彩の組み合せから、あるいはリズミカルな、しばしば最もきわだった《プレグナント》奇妙な動きから成り立っている。それらは、すでに述べた赤い冠岩鳥のダンスや、他のまことに多くの事例のように、原始民族の空想を刺激して模倣させるまでになったほど目立ったものである。「イカや、クモや、硬骨魚や、爬虫類や、非常に多くの鳥類では、雄が仲間の雄にも、雌にも、自分が雄であることを明示する『威圧行動』の器官として、扇のように開いて鮮やかな色模様を示す器官が見うけられる。しかも、その際の活動姿勢はつねに、開かれた威圧器官の平面全体が仲間の視軸と直角になるように配慮されている。イカでは、威圧している雄は赤と黒と白のくっきりした模様をもつ第四対目の長い脚を開く。硬骨魚では鮮やかな色をしたひれや、えらを、コウライキジでは尾と首の羽毛を開く。これらの信号はまったく同じやり方で、突然、相手の目に——前述の姿勢で——呈示されるのである。大半のガンカモ科の翼に見られるすばらしい斑点の色がもつリリーサーの働きは——計画的な、おとりの実験中の——偶然の観察から発見された。ハインロートはエジプトガンとアカツクシガモが、動物学上は遠縁のバリケンの、たまたま同じ翼の斑点に追随反応を起こしたのを見たのである」（ローレンツ前掲書、二五六頁—二五八頁）。

クジャク、エリマキシギ、ゴクラクチョウ、オシドリ等々の雄たちは雌の前で美しい色彩を競い合う。彼らはそれを大変特徴のあるリズムで動かしながらいっぱいに開く。ポルトマンはオーストラリア産コトドリ、メヌラが鳴・舞儀式の絶頂点で、全くすばらしい姿に変身するのを描写している（『社会的生物としての動物』一九五三年）。自然は奇矯なものにもしりごみしないから、エムピダエ属のハエが存在する。この場合には雄が「性的状況」のリリーサーとして、一片の花びらがつつみこまれたねばねばした分泌物のボールを雌にさし出す。ハックスリーは、それを非功利主義者《ノン・ユーティリタリアン》のプレゼントと呼んでいる。

本能の研究から発展したこの行動の科学は、現代生物学のもっとも重要な進歩を語るものであり、高等な動物のすべての社会学はリリーサーの上に――生得的な受信体制、生得的な有意味運動、すなわち信号装置の上に――成り立っていることを教えている。この研究のもっとも新しい包括的展望はティンベルヘン(『本能の研究』一九五二年)と、ポルトマン(前掲書)によってなされている。

K・ローレンツは彼の厖大な資料から、驚くほど核心をついた洞察を導き出した。彼はつまり、リリーサーの普遍的特性を探し出した。それは、リリーサーのもつ、ありそうにないという性質と、単純な性質にある。環境世界の充満するデータから、リリーサー的信号は異様に、強烈にきわだっている。「すべてのリリーサーに共通する、単純さと組み合せになった、ありそうにもないという特徴は、自然を観察する人間にとって異常に目立つものである。それはまさに、乱舞する白日光の混沌《カーオス》とは異なった――有機的自然界では、まことに珍しい――スペクトルの純粋色であり、不規則な形の無限の充満とは異なる規則的な、シンメトリックな形式であり、無限の運動可能性とは異なったリズミカルな運動である。それらがリリーサーとして使われるのである。これらすべては人間に『美的』感情を引き起こす」(ローレンツ前掲書、二五八頁)。この最後の説明は、しかし、特に、非常に多くの鳥や魚の盛装に見られるすじや、しまや、鮮やかな色のような、あるいはまた珍しい角や、牙や、たてがみのような、視覚的リリーサーにあてはまることで、われわれは普通、無数の嗅覚や聴覚のリリーサーを、あまり快いものとは感じない。ケンケン、カーカー、ウーウー、ゲロゲロ、ピーピーはあまり快いものではない。しかし、これらも皆、きわだった《プレグナント》もの、目立ったものがもつ普遍的特性の一部であり、匂いと騒音の平均をこえたものの性質にすぎない。

われわれが、ややくわしく説明し、記憶をあらたにしなければならなかったのは、リリーサーと本能的反応の関係に見られる重要な生物学的意味が、人類学にとって決して無視できないものだからである。そこで問題は次のように提起される。われわれの最初の仮定、つまり人間の本能退行という仮定が入ると、この関係はどう変化するかという問題である。もし、われわれがこの系統発生史の太古の法則を完全に放棄するなら――真面目にそうするかぎり――われわれは肉体をもつことを否定しようとすることになる。

27　人間の本能的なもの

生得的な本能運動型は、本来、非常に小さな子供たちにだけ証明することができる。吸ったり、しがみついたり、抱きついたりする運動はほとんど反射的なものである。それ以外はしかし、まったく一般的に、人の運動型は本能の支配を免除された《インスティンクトエントラステット》ものであり、前述の補完原理に従っている。つまり、そのような運動型は実行というあらゆる具体的な体験内容の中で徹頭徹尾、学習され、外部からの刺激と経験による個人的な訓練の中で築き上げられる。O・シュトルヒが人間の「獲得運動型」に、動物の「遺伝運動型」を対比させて、このことを強調したのはまったく正鵠を射たものである（『オーストリア科学アカデミー報告』、「数学・自然科学部門」一九四九年、第一号）。もちろん言葉は本能的な根をもっている。胎児期後期とも呼べる生後一年に聞かれる音は、音運動的な反応のリリーサーである。だが、おそろしく可塑性に富んだ不確実な反応であり、その精密化は外部からの働きかけによって初めて獲得される。このことが、まさに人間を実際的な、明確《プレグナント》な行動の学習者にするのであり、それは決して遺伝によるものではない。このような基本的構造に、人間の体質的構造は、たしかに、ぴったり合っている。つまり人間は行動を指向する存在であり、彼は――種に固有の環境世界にはまりこむのではなしに――開かれた世界の中で出会うような予測しがたい状況を、知的に変更しようとする存在である。生得的、固定的行動型にはそのようなことは不可能である。何をなすべきか、を知らぬ存在だけが、直接の、変更されない自然の中で生きのびることができる。ただし、その場合には本能が必要である。

生得的な、遺伝的に定まった行動像から解放され、免除される行動型は、本能退行との直接的関係の中で初めて可能になる。したがって、人間のその時その時の衝動の形は――一定の行動のレールにはめこまれる――中枢制御体系に結びつけられたり、あるいは逆にそのような体系からつくり出されたりするのではない。つまり、既定の行動においても本能残基の全くさまざまな混入が生じうる。このことが、とりわけ重要なさまざまの結果につながってくる。遺伝的に定まった行動型からの解放、すなわち、そのような行動からの自由は、生物学的に重大な状況下でも――何よりもまず、刺激が単なる「感情衝撃」のままにとどまることによって――返答が完全に変形されることを意味している。そこでは、この感情衝撃がそもそも一つの行動に発展するかどうか、あるいは別の行動に発展するかどうかは、きわめて高度に条件づけられた操作にかかっている。ローレンツのすぐれた証明から分かるように、物まね表現は模型でも実験できるような一種のリリーサー機能をもっている。ただし、それは非常に小さな子供の場合に、しかも笑ったり、泣いたりといった単純な行動にだけあてはまることで、それ以外の場合には単なる感情反応にとどまるのである。反応のこのような内部中断は――それは、行動の引き金刺激という点ではリリーサー信号と同じであり、本来は完了されるべき反応が一つの感情衝撃に転化したものだが――それは、自由になった、本能を免除された、したがってまさに学習可能になった運動型を予想しなければ理解できぬものである。ところで、この転化――つまり本能に似た情動の根に変えられてしまうほどの崩壊――は非常に重要な意味をもつ。なぜなら、この転化が、初めて、意識のためのすき間を、つまり「ヒアトゥス」をつくるからである。このすき間《ヒアトゥス》の中へ意識が、目下の状況の仮の意味を解釈ないし説明するために、取りあえず穴埋めにかけつけるわけである。別の言い方をすると、まさにこの情動の転化が、学習行動につながる知的な作業を、内部から強制するわけである。二番目に重要なことは、この感情衝撃――つまり行動を失った本能残基的な情動複合――が、まことに的確に本能的な重要な状況のしるしに、たとえば言葉の音《おん》や、肖像や、演出に、反応することである。形や色の刺激を誇張した雑誌の口絵の若い女性は、それだけですでに一種の感情衝撃である挑発を行っている。今、働きかけているものは本能に近い強い――知的に加工された――感情である。だから、けっきょくそれは単なる意識上の願望体験、ないし失踪体験であって行動ではない。

　このように考えると、本能という概念のあいまいさも明らかになる。動物では本能的な運動を問題にすべきであり、本能それ自体という名詞は人間にだけ使うことができる。ただし、その意味は何か本来の肉体に似たものの内部に保持された、強い感情をともなった、制しがたい願望状態のことであり、せいぜい本能的なものが単にその構成要素になっている感情複合にすぎないのである。厳密な意味で本能を語ることは、つぎの理由から言ってやはり不可能だからである。

　つまり、人間の本能退行はさらに脱専門化(22)という第二の側面をもつ。このことは、なによりもまず人間の本能残基が高度に可塑的、融合的であり、フロイトの表現する「転換的《コンフェルティアバール》」である、ということである。したがって、このように、明確な区別された本能群を分析的につくり出すことができないという事情こそ、本能のカタログを無理《アト・アブズルドゥム》やりにつくり出す試みを生んだのであり、他方では、完全に非専門的な「リビドー」をあらゆる衝動分配の貯水池として要求するC・G・ユングの考えを受け入れさせたのである。そしてまたこのことは、やがて――ビュルガー＝プリンツが早くから気づいていたように――ユングのような前提から行動の質的特性を解釈する考えを断念させたのである。行動が衝動の流れの、この種の分岐から成立するという考えは間違いである（「法的に見た人間の衝動生活」、『月刊・犯罪生物学と刑法刷新』第一〇号、一九三九年）。

以上の事情から、本能論者たちの仮定は完全に恣意的なものとしか思えない。ホーフシュテッターによれば、L・L・バーナードは数百人の本能論者たちの「本能的」だとする五六八四個（！）の「人間活動《ヒューマン・アクティヴィティズ》」を確認している（一九二四年）。その中には「自己貶価」部門一三九個、経済性の部門二八一個、群居性の部門六九七個等々の行動型が入っている（『社会心理学入門』二一五頁）。

もうこれ以上つづける必要はないであろう。われわれに明らかなことは、本能退行そのものが意識の高度発展につながること、本能退行は一方では運動型の自由に、他方では本能残基の「脱専門化」に関係していること、このことから驚くほどちがった構成要素が同一の行動の中へ組み入れられると同時に――これも通常のことだが――再びそこからはずされ得るような結果になることだけである。

人間の衝動生活の特徴はまだ数え上げられる。つまり、衝動の慢性的な、中断のない伝染性《ヴィルウレンツ》である。たとえてみれば、人間の衝動生活では、本能残基の無数のグループが同じ表現野を――すなわち「獲得運動型」の領域、可変的な行動の領域を――めぐって、同時に、間断なく競争しあっていると言ってよい。本能の多くの構成要素が――それぞれ脱専門化し、転換可能となって――同時に存在する状態は、周期性を失い持続的になった人間の欲求と表裏一体をなすものである。これに反して動物では、今はこれ、次はあれというふうに、はっきり区別された本能的行動が内的・外的の刺激状態に応じて交互に引き継がれる。たとえば鳥は「闘争から平和な食餌へ、交尾から平静な羽づくろいへ、狼狽した逃走から無関心へと、過渡期を経ずに、ないしはためらいなしに、移行する」。だから、しばしば「今まで優勢であった一つの行動型がその運動装置を支配することをやめ、前には下位にあった、ないしは潜勢的であった他の運動型がとって代る」ように見えるのである（J・ハックスリー）。しかし、人間の本能残基では、どれかが或る時、要求をとり下げるといったことがないように見える。この意味でたとえばポルトマンは「この〔人間の〕ホルモン活動の中で最も目立ったものである性的要素の、持続的活動が、一方で、人間のすべての衝動体系を絶え間なく（！）性的なものに変えて行ったと同時に、逆に性的な活動を、人間の行動に絶えず働いている他の動機で侵寇してしまった」と言ったのである（『人間の理論のための生物学的断章』一九四四年、六一頁、六二頁）。

このような「同時相互侵寇《グライヒツァイティゲ・ドゥルヒドリンゲング》」の事態から、当然、本来の意味の葛藤とアンビヴァレンツの可能性が生れる。この点については、ここでもう説明する必要はないだろうが、状況の変化を固定する安定した内的総合の可能性もまた生れるのだ、ということは述べておかねばならない。われわれはそれを「安定化された緊張《タンシヨン・スタビリゼ》」の概念のもとに強調しておいた（第18章）。

われわれは前章の冒頭で、人間が本能のもつ一切の硬直性を放棄したこと、その結果、知識、感情、意志の領域のそれぞれの活動が他のそれぞれの活動と関係する可能性が生れたことを語った、ハックスリーの文章を引用したが、この著者はさらにつづけて it is through this that man has acquired the possibility of a unified mental life. つまり、このことを通じて一種の統一的な内面生活の可能性がつくり出された（！）と述べている。この意見はまったく正しい。人間のあの統合的な精神能力は決して単なる意識の作用によるものではない。なぜなら、われわれの行動が本来の意味で本能的なものだとしたら、リリーサー的状況の交替につれて起こる、内的刺激の生産と消費の循環が、われわれを、孤立した単なる現在《ゲーゲンヴァルト》の連続へ導くだけであろうから……。われわれの意識と世界体験の統一は、だから、あの特別な衝動の構造、「本能のもつ硬直性の放棄」にもとづいている。本能残基からつくり出される多くの体系の慢性的伝染性、運動型からの本能残基の解放、本能残基の相互侵冦《ゲーゲンザイティゲ・ドゥルヒドリングング》は皆、この特別な衝動の構造に属している。完全に組織された、豊かな、統一された意識は徹頭徹尾、このような衝動の前提から生れたものである。だから、たとえば逆に、持続的にくり返されるまったく神経を消耗させる苦しい葛藤は、散漫な、平板な、再び固定化におち入った狭隘な、意識を生み出し、事実、愚鈍としか言いようのない状態を生み出すのである。人間の本能残基――本能残基が事態へ向かって方向転換すること（第15章）――と制度の関係を判断する決定的視点は、この残基の内の一定のもの――それは主として社会的な残基であろうが――が外部からの水路づけなしには、また外的支持なしには、まったく機能しないほど、脱専門化していること、の中にある。ここに、人間と動物の、すでに生物学的にも異なる深い差があると言えよう。なぜなら、このような水路づけは大部分、加工された事物的状況によって初めて可能になるからである。したがってたとえば、「顕示の欲求」なども、他人より良い業績によって、といった廻り道をしなければならない。単なる「威圧行動」は機能しないのである。

28　ありそうにもない知覚

前章の論究は一つには、「安定化された緊張」のような、第I部の一定の成果の土台固めをするものであり、もう一つには、次のわれわれの課題、演出的行動を取り上げるためのものである。前章の説明は、非常に大きな人類学的意味あいで今われわれが取り組もうとしているもの——本能退行と結びついたリリーサー面での変化——を明らかにするために、不可欠のものであった。一般的に、ここでもあてはまるものは脱専門化の命題である。

もちろん人間の知覚世界にも、なお、リリーサーゲシュタルトの二、三の「場」が存在する。その中でも性的表情のリリーサー、つまり異性の形の特徴を示すリリーサーが最も重要なものである。しかし、ここでもまた、リリーサーの働きは通常「感情衝撃」のみに限定されている。それだけでなく、感情衝撃の性質自体が高度な文化的条件づけを受けている。付け加えれば、このような感情衝撃は芸術や漫画や広告が利用する演出（肖像）に対しても引き起こされる。このような演出を見れば、われわれは、文化的につくり出される性質のヴァリエーションがいかに大きな振幅をもつかを容易に確かめることができる。その際、表情のリリーサーの脱専門化が最も進んでいることが分かる。もちろん、それは人間一般のものだが、特に子供や原始人には顕著に現われる。だから本来の表情ゲシュタルトに属する二、三の特徴が示されさえすれば、死んでいたり、生きていたりする何かが、われわれに陰気な、親しげな、陽気な、あるいは、恐い印象を与えるのである。ラクダを「高慢に」、ツルを「上品に」、あるいは上方からせまってくるように見える絶壁を「恐ろしく」感じないでおこうとすることは難しい。

基本的な脱専門化がよく示されている他の領域は、ローレンツが見事に証明してくれた育児の本能残基である。つまり、多くの動物種のありとあらゆる仔の幼児形は人間から、無差別に、愛着をもって迎えられるばかりか、特に女性に見られるやさしく面倒を見てやりたいという欲求は、周知のように、植物にまで広がっている。ここに現われているのは、何よりもまず、種族維持に関する——つまり自分の子供たちに対して、かなり確実に機能する——本能である。しかし、それもやはり、無力で、小さな、丸まるとしたものを何でもかんでも取りこんでしまうように内側から「扇ぎたてられている《アオフゲフェヒェルト》」という人間特有の性質をもっている。このような人間の体質的特徴を、動物や人間が馴致〔家畜化・文化化〕されるときに起こりやすいリリーサーメカニズムの崩壊と取り違えてはならない。馴致の場合にも、文化的環境が過大な負担免除の可能性と、行動の停止と、容易な欲求満足の永続状態をつくり出し、刺激閾値の低下傾向、無差別な要求の傾向、浪費の傾向——とくに性衝動での——が起こるからである。ここに常に、文化自体に内在する危険がある。だから、文化はちょうど、妄想や、感受性および情緒の肥大や、衝動の増大と頽廃傾向や、が常に準備されていながら、状況の強制によって、社会の圧力によって、自然の危険や恣意によって、外側から形を与えられているといったふうに見える。人間がヘーゲルの名づけた「否定的なもの《ネガティーフ》」から免除されすぎると、すべてのものが止めどもなく広がってしまう。長い時間で見れば、高度の奢侈と高度の腐敗は並行するものだという従来の人間経験を破る反論は少ない。もちろん、これはなかなか難しい問題である。なぜなら世の中にはもっと多くの無意味な過剰の危険が存在するからであり、また奢侈とは何かについては文化的にまことにさまざまな意見があったことも、明らかだからである。そこには包括的な尺度はない。われわれもまた、現代の中産階級社会に法外に質素な規準を設けよ、とすすめているわけではない。しかし、この問題はやはり理論的・人類学的意味の上から、是非言っておかねばならぬことである。

　すなわち、本能の退化した人間には——動物ではまだ無傷で機能しているような——一連の抑制作用が失われてしまっているに違いないことは、保証つきの知見である。同種殺戮に対する自然の抑制は、人間の形成そのものと共に失われてしまったように見える。われわれは旧石器時代の食人俗の、周知の広範囲な伝播を決して無視することはできない。食人俗はアウストラロピテクス集団という最も最初のヒト科の動物にすでに登場したのであり、したがって人間そのものと同様に古いのである。

つまり、一定の本能的調整機能の欠落は、そのような機能が知的な行動の領域で補償可能だったからこそ起こりえたのであり、つづけてもっていた方が生の目的に適っていたはずの別の調整機能までが、この出来事によって、いわば巻きぞえ《ミットベトロッフエン》になってしまった、ということは充分ありうることである。この考え方は人類学的にたいへん示唆に富んでいる。たとえば動物たちは、生得的な警告・誘惑の呼び声、すなわち本来のリリーサー機能をもった音と、それに対応する本能的反応行動で理解しあっている。それに対してわれわれは、言語的に、つまり――何か客観的・対象的なものを示す――意味のシンボル（言葉）の中で理解しあう。だから人間の了解は中間に外界を挿入することが必要になる。主体の状態についての報告さえ、わたくしはわたくしを喜ばす〔ich freue mich わたくしが喜ぶ〕とか、これこれのことを悲しむ、といったように、自己の状態が対象にする事実を含まねばならない。人間の間のコミュニケーションは、おそらく、それが外界の事態（ないしは、それに当たる言葉）へ切り替えることができたために、本能面での退行が可能になったのである。こうして了解は――多分、社会的本能の破損なしにではなく――事物性の行動圏へ置き換えられた。

知的行動の内部で補償可能だったために欠落することのできた本能的調整機能には、おそらくまた、動物に見られるような衝動生活の肥大を抑制する機能が含まれていた。そしてまた、生存闘争の仕事が直面する現実の抵抗、つまり変化する天候の影響と不確実な収穫の下のはげしい肉体的努力は――人間の歴史のほとんど全部にまたがって――この抑制の役目を引き受けていた。その反対に、われわれはいつも、富や、あまりにも快適な生活条件の結果として――たとえば南太平洋諸島の自然民族にさえ起こるように――極度のモラルの退廃、耽溺と放逸のあらゆる形式を見たのである。だから、文明化された大衆的奢侈が人類にどんな可能性を見せるかを考えるとき、あまり明るい確信をいだくことはできない。数百万の大衆に浸透する奢侈が決してモラルの低下につながらないという保証は——まだ今のところ——ない。もし保証されるなら、それはやはり、恐るべき自然性の解放過程における一種の進歩である。なぜなら、きびしい形式によって自己自身から保護されぬ際の、人間性の弱点はたいへん凶悪な種類のものだからである。

さて、ここで一般的な、影響の大きい命題に進んでみよう。すでに報告されているように、無数の動物実験から導き出されたリリーサーの特徴は、目立っていることとありそうにもないことにある。この原則は人間の本能退行によっても破壊されていない。もちろん、ここでもまた脱専門化のカテゴリーが入ってくることは当然であるにせよ、そうである。言い換えれば、われわれの知覚は——あの一般的リリーサーの特性がもつ——感覚データの中の一部優先という性質を残しながら、しかし同時に、このデータを至る所へ放散《アオフゲフエヒエルト》し、中立化し、すべての本能的な生物学的機能と意味の結びつきから免除したのである。すなわち、スペクトルのような鮮やかな色をした、「ありそうにもない」形をした、あらゆる目立つものが優先する。それらは、自然のままのありそうなデータの平均値に対して、規則的な、ほとんど幾何学的な形や、シンメトリーや、配列や、正確なリズムを見せる。そのような規則性を通じて、これらは、ありそうにもない、非日常的な、印象深い、奇矯な力を発揮する。これらには、古来、人間の空想を刺激してきた稲妻や、満月や、水に映る影や、虹等々が数えられる。この視点から見るとき、金や水銀はまさに典型的な「神秘の」金属である。

いみじくも、ゲシュタルト心理学は良い形の優先（シンメトリックなもの、幾何学的なもの）と、同時に「並みはずれたもの」（ありそうにないもの）の優先を強調したが、このような優先はたいへん深い生物学的根拠をもっている。この間の事情は、本能が脱専門化して運動型から孤立することが、対象の側にどう反映されるか、を説明しようとするとき、われわれが期待するものにぴったり合致している。まさにそれは、動物学的に低次元の、われわれには縁遠い形式の中でも証明できるような、原始的リリーサー特性、つまり、ありそうにないものに反応する性質であり、それが人間では知覚の場全体にくまなくひろがって——一つ一つの専門化された生物学的意味を失い——ありそうにない特徴をもつ何にでも反応するようになっている。

　われわれの外界は、その中から、動物のそれのように、専門化された本能を解発する信号が——つまり、隠れ家や、敵や、獲物等々の標識が——的確な刺激値をもって浮び上ってくるような、無関心の巨大な背景に溶けこんでいるのではない。人間の世界は反対に、すみずみまで名づけられ、しるしづけられ、調べつくされている。この世界はどんな永続的無関心地帯も、同様にまた、どんな生得的有効データ——それを当てにして、われわれが経験なしに「正しく」行動できるようなデータ——も含んでいない。もっとも無傷なリリーサー群である表情や性のリリーサーでさえ、通常は単なる感情の座にとどまっている。それだけでなく、たいてい文化によって誇張されている。しかし、それでもやはり、異常な、目立った、意味のある《プレグナント》、くっきりした、平均をとび出したすべてのものが、あの専門的ではない効果を発揮する余地が残されており、それらが、完全に自由な、もう生物学的には正確でない仕方で「興奮を引き起こす」のである。たしかに人間は——明確に限定された本能といっしょに——その専門化された、種に固有の行動との結びつきを失ってしまったが、それだけに、ますます多く、制約を解かれた予期しない多様な行動を獲得したのであった。

29　不定の義務づけ

一方に、異様に目立つ、ありそうにない世界のデータが存在し、他方に本能残基の可塑的な遍在があって、両者の間に——非常に弛緩したものとはいえ、やはり深い——関係が成立するなら、しかも、そこに遺伝的に定まった行動のレールが敷かれていないなら、これこそが、まさに、きわめて特殊な人間的状況の誕生にほかならない。というのは、強制的自動現象が解除されるときに生れる残滓が必ず〔人間には〕存在するはずだからであり、そのような力を意識の高度な発達が緩和し、無意識へおしやり、そうすることによって人間から切り離したと考えてよいからである。

だから、異常な事件、つまり知覚にとって、きわだった《プレグナント》、驚きを引き起こす《イーバーラッシェント》データは、それをわれわれが支配し、中立化せぬかぎり、絶大な誘導力をもつにちがいない。すなわち印象というものには喚起《アペルク》的性質《ヴァリテート》が具わっているのである。言い換えれば印象が内側から一種の返答圧を加え、それが欲求となって現われる、と言えるのである。そして、この程度が非常に高くなると、ありそうにもない、きわだった経験は、より恐ろしい（たとえば地震の場合のように）、解明しがたい、謎めいたものに感じられる。この種の経験のほとんどすべては、みな同じ結果になるのである。なぜなら、このような印象に対応するためには、もう、どんな生得的、合目的的運動型も役に立たないからである。現代のわれわれにも依然として残っている——生命の地質学的最古層につながる——原始の残滓は、この自動的な、本能残基的「反　応　圧《レアクチオンスドゥルック》」である。それは濃縮化された情動として表面化し、ほとんどいつも恐怖の要素をともなっている。もちろん、ここに考えられることは、不定の、特殊化されていない、変換可能になった、しかし慢性化された衝動の源泉である。つまり、ここでは、一種の、本能的な色あいをもった、しかし特殊化されていない感情衝撃が――言い換えれば一種の行動インパルスが――解発されるわけである。そのようなインパルスは生得的に具わった運動を欠いているために――インパルスを再び行動の欲求として意識のへりにのぼせねばならぬような――抑制のもとに置かれている。ここにパレートが「何かをする欲求」(„le besoin de faire quelque chose")として、つまり、ある未だ定まっていない行動への欲求として、まことにするどく分析したものの起源がある。このような欲求が、すでにわれわれが述べたように、情動を強く刺激する非日常的な印象を受けるときに、疑似本能的に引き出される。

　この欲求は原始的民族の非常に多くの行動に、今なお見ることができるし、もっぱら外界に定位された意識と行動の形式によっていた先史時代には絶対的な役割を演じたにちがいない。人間は前述のようなデータに直面すると、「無意識的な」、オートマチックな感情衝撃を、言い換えればリリーサーと本能的反応という原始の結合が脱専門化した残滓を感じる。そして同時に、そのようなものの行動面として――欲求の形で出現する――行動への強制ないし行動インパルスを感じる。というのは、行動インパルスは新しい行動像以外のどんな専門化された行動像も準備しないので、いわばそれ〔行動インパルス〕は行動の困惑《フエアレーゲンハイト》を含むものだからである。もちろん、これらすべてのことは意識から完全に隠されている。意識はただ、リリーサーのデータによって完全に占領され、そこから複合状況全体を体験するだけである。

　同じ事態を、少し違った表現をすれば、こうも描くことができるだろう。つまり、われわれは喚起的データから、一種の「不定の義務づけ」という強制された感情を体験するのである、と……。人類学的に見てまことに重要な、このカテゴリーを理解するためには、今までの図式に、さらに次の考察が導入されなければならない。すなわち、人間の精神生活は衝動の次元にいたるまで「言語的」である（第11章、17章）。言い換えれば、あらゆる体験は「他物からの」体験という形式を含んでおり、それは潜在的にすでに一種の帰還体験《リュックエアレーブニス》である、孤立した精神は存在しないのだ、という考察である。だから「何かをする欲求」は、客体によって、不定の義務づけとして体験されるのであり、まさに客体の中に、例の印象がもつ完全な喚起的性質が存在するのである。

したがって、強烈な印象を与える自然の出来事が――広く認められているように――昔から「力」として、特に謎の力として人びとの目に映るのは、それが単に人びとを圧倒し、おびやかすように見えるからではない。明確には定義できないにもかかわらず、義務づけるもの、という印象がその中に深くかかわっており、そのことが強制力をもった、激しい情動に支配された――どんな自明の軌道ももたない――行動への欲求の裏面として提示されているからである。R・オットーの言う、「聖なる《ヌミノーゼ》」力は呪術的なものから生れるのではない、逆に呪術師がそのような力を身につけるのだ、という主張はまったく正しい。たとえオットーの聖なるものの説明が、あまりにも心理学的な――われわれには、ただ色あせた形でしか想像できない――単なる感情的な性質を想定したものであるにせよ、やはり真理である（『超世俗的感情』一九三二年）。

われわれの見解に従えば「非常にきわだった《イーバープレグナント》」出来事の経験と、それが――不定で、可塑的な――本能残基の深層に及ぼす影響は第一級の事件である。そのような出来事はベルクソンが呼んだ「効力をも《ヴィルクザーメ・ゲ》つ現在《ーゲンヴァルト》」である。客体の側からせまってくる返答圧の体験は「不定の義務づけ」といった感情であり、それを主体の側から見れば「何かをする欲求」である。ここで、充分注意せねばならないことは、そのような義務づけの力を、われわれがどのように――少なくともこの点に関するかぎり――社会の領域から抜き出して、〔われわれ特有の〕外界に結びつけたかということ、である。なぜなら、われわれには、純粋に事実的な、中立化された外界が当然のことになっているという、この前提を知らなければ、そもそも古代的行動を理解できないからである。今日なお、すべての原始的文化では、世界のデータ――つまり、星、動物、植物、泉、岩、あるいはそのような何であれ――に対する「意味の書きこみ《アインアルバイトゥング》」が見られる。それらにきびしい義務づけが結びついている。基本的に、われわれにはこの事実を理解する力はない。なぜなら、これらの対象は本能のリリーサーでもなく、実用的手段の材料でもなく、まして習慣の過程によって中立化されているのでもなければ、興味を引かぬために見落された無関心の領域のものでもないからである。それらを「呪術的な」対象である、とする説明も、呪術を低次の合理性、「間違った合目的性《フェアッヴェクリヒュング》」と解するかぎり、まったく意味をなさない。では、何がこの事実に先行したのか？　それは「効力をもつ現在」である。人類学的に見た効力をもつ現在とは何か？　それは、ありそうにない、まったく奇抜なものによって挑発される――何かをする――欲求である。このことは、今われわれが示したような、人間の知覚・衝動構造のもつ脱専門性から――そして、この中には、まだ、生物学的な原始のリリーサー結合が共鳴している、というわれわれの意見にご賛成なら――了解してもらえるにちがいない。

原始的文化の中の、ありそうにないものの役割ははかり知れない。アルフレッド・C・ライアル卿はインドにおける祭祀形式の一覧表をつくっている。それはまさに、すべての発展段階の陳列館である。そこには、高度文化のものであるヒンズー教の最高神たちと、いたる所で行われたその肉体化されたものに対する崇拝が見られると共に、それと並行し、混在して、単なる木や、木塊や、切り株や、石に対する礼拝、つまり異常だったりグロテスクだったりする寸法・形・状態をもつ位置的偶然性に対する礼拝、恐ろしい動物たちに対する礼拝、つまり理解しがたい性質をもつあらゆる種類の目に見えるものに対する礼拝、異常な、注目すべき仕方で死んだり、あるいは生前に高い名声を得ていた人物たちに対する礼拝、すなわち一言でいえば、非日常的な、目立った、ありそうにないものに対する礼拝がいたる所に具体的に見られるのである（パレート前掲書、一〇八二節以下より引用）。

　ここで、効力をもつ現在には、義務づけを行うというたいへん重要な性質があることを、忘れないうちに補足しておかねばならない。言い換えれば、潜在的意味が体験されることである。このような潜在的意味の感情がなぜ起こるかというと、一つには当該の状況が、完了行動のようなオートマチックな正確さの中に消費されてしまう、どんな「自明の」意味ももたぬからであり、したがって第二に、内部に貯えられた、行動から隔てられた感情衝撃が――その中に喚起的な、謎の意識が生れざるを得ない――一種のすき間《ヒアトウス》をつくるからである。この認識できない、しかし内側から要請されている感覚が「聖なる」状況の本質的内容なのである。

　この関係の中には、さらに、文化史的に無限の成果を約束する事実が示されている。すでに述べたように、一神教は外界を救済的に中立化《ハイルスノイトラール》した、つまり「脱神話化」したにちがいない。一神教は古代的・祭儀的行動の外的支持物を放棄することができた。なぜなら一神教は人間を内部への道、信仰への道へ導いたからである。と同時に、それは宗教をあらゆる意味で――とくに脱民族化《エントナツイオナリジーレン》したという意味で――人間的なものにした。そのことによって、誰であれあらゆる他の人間に対する――同じ人間であるという――倫理的態度が救済的に重要なものになったのである。人間は高級なものに、人間的でない自然は価値の低いものになった。つまり、動物神たち、自然の霊たちが消え去ったのである。このことは別の面から見ると、社会的行動というものを人間の領域に限定することであり、自然の「脱社会化」

を意味したのであった。この特徴こそ、古代的ではない高度文化的なものである。古代的なものは逆に――適切な表現でないにもかかわらず、一般に「アニミズム」と呼ばれている――ありそうにないデータを「生命体」として説明すること、すなわち礼拝の対象を人格化することである。人間が第一次的自然に――情緒いっぱいの姿で、いわば無防備に――身をさらすなら、その時には当然、本能残基的な感情衝撃の中で、人間のもつ衝動生活の「言語性」も力を現わすにちがいない。つまり、何らかの対応をしたいという欲求が、事件の反応を内面化して、その事件から義務づけを受けようとすすめるわけである。こうしてその事件に対する祭祀が誕生する。たいてい、それはこの世の最も素朴な、最も堅固な社会形式、すなわち返礼を期待した贈与の形で行われる。

喚起的な出来事に理由がつけられ、それに特殊化された行動がはっきり結びつけられると、さきほど考察した「不定の義務づけ」の力によって一定の義務づけが成立する。

その、最も重要なものではないにせよ、いちばん手近な例は非常に多くの原始的文化に広まっている前兆による行為決定《カズイスティーク》に見られる。戦争や狩りのようなリスクの多い企てには、一種の強烈な、複合された情動の緊張が生じる。それにはまた、恐怖心の抑制力も入っている。このような情動の重圧感が先鋭化すると、異常な目立った事件や、そのような暗合といったものが必然的に目につくようになる。これを心理学的に説明することは簡単である。現代の意識ではそのような心理学的自己観察が問題を解決してしまう。しかし、古代的意識では、ありそうにない出来事のもつ喚起的機能が働いて、(「この出来事は何かを伝えようとしているのだ」という)意味づけの感情と共に、何らかの行動を――目下の状況の姿に従って、前進するか、反転するかの二者択一の中でのみ展開しうるような行動を――とろうとする欲求が生れる。それはこうも言えるであろう。つまり決断の形成が外部へ移される。言い換えれば外部の出来事が本当の意味で動機として働き、運動に明確な方向を与えるのであると……。もちろん、その際、その出来事が吉兆と受けとられるか、凶兆と受けとられるかは偶然の周辺条件、付随的な動機にかかっている。重要なことは、それが義務的に感じられるかどうかであり、そのような解釈が、まさにわれわれのものとは完全に違う自然の像に合致できるという点である。すなわち、この像の中では、中立の法則や自然の法則に従った、どんな事実的制約も存在せず、来たるべき事件という一群の運命に一種の発言権が与えられていることである。今、事件は「告げている」のであり、飛び立つ鳥はすでに、待ち望まれている宿命の最初の部分なのである。

情動のコンプレックスを合理化する仕事は、もちろん、前兆と見なされる状況が義務づける内容を――「この場合には、このように……」という行動規則の明白な形式で――定義することにある。ボルネオのダヤク族には、前兆を無視したために起こった失敗や、病気や、死に関する物語が無数にある。「個人的・社会的生活のあらゆる事態の前兆は七羽の鳥、鹿、オオシカ、ガゼル、アルマジロ、三種の昆虫、トカゲ、コウモリ、ニシキヘビ、コブラと、時にはネズミにかかっている。それらは鳥の飛び方、動物たちの鳴き声、彼らがやって来る、あるいは進んでゆく方向できめられる」（レヴィ＝ブリュール『原始人の精神世界』一九二七年、一〇八頁以下）。このような体系づけは、もちろん専門家たち、すなわち「哲学者たち」の仕事である。それはさし当たり、彼らにとって決して不快な結果にならない。なぜなら若い人びとは、この年長者たちに、どうしたらいいか絶えずたずねなければならないし、前兆が「ビティ」、つまり人格化されたもの、「生命体」であるかぎり、当然、受け入れられるからである。

ところで、このような義務づけは、物質的対象と同じ合理性を目ざすような、あらゆる行動のさまたげになる。物質的な合理性をもつ行動とは、客観的に即物的な物そのものの特性から、そしてまた、手段として物の特性を利用する見地から導き出されるような行動である。このような、われわれにのみ理性的に見える行動型にとっては、すべての対象に義務的行動が結びつくようなことは不可能になる。それはただ、中立化された事実的世界に合致したものである。とは言え、前兆もまた「操作する」ことが可能である。つまり〔前兆という〕この情動コンプレックスを——その核心部分をまったく変えずに保存したまま——上手な策略によって回避することが可能である。ニュージーランドである旅人が一匹のトカゲに出会ったとき、彼はそれが自然に現われたのではなくて、仇敵によって彼の死を「引き起こす」ために有害な前兆として送られたのを知った。彼はただちにトカゲを殺し、女を呼んでそれをまたいで通らせた。こうして邪悪な前兆は回避された。中国の宮廷に鳥払いの特別な担当官がいたのも同じ例である。これらは発展した呪術、対抗呪術であり、ここにわれわれは呪術的行動の二次的合理化の姿を見る。いずれにせよ、それはきわめて深い源泉から発展した、最初から物質的合理性の軌道を歩まなかったものである。

　ありそうにない出来事の、不定の、意味深い、喚起的な働きは、もともと、そのような出来事を前兆と受け取らせる力をもっている。ホッテントット族では、メンドリがオンドリのような鳴き方をすると「許されない不合理な出来事《ファクトゥム・ブルトゥム・ネファストゥム》」として殺されてしまう。ワシャンボ族の双子は生れるとすぐ、老婆によって口に草をつめこまれて窒息死させられる。マダガスカル島では一九〇七年、半分が雄牛の、半分子供の化け物が生れたといううわさが立った。それは間違いなく、大変な災厄の前兆であった。中国では水以外の雨がふるとき、確実に災害が近づいていた。古代中国の年代記は、泥や、石や、砂や、鳥や、昆虫、人間、骨、水銀、硬貨、絹、紙の雨が降ったと報告している。この種の喚起的状況は原始的民族の間で非常に大きな役割を演じる。月食や、病気や、死や、変った動物・植物が、つまり、あらゆる種類の不意の出来事が問題になる。あるいは――これは非常に大事なことだが――人間の行為によって自からつくり出された、びっくりするような、強烈な、効果的な事柄、たとえば木に穴をあけることによって作り出される火とか、手を動かしているうちに偶然つくり出された指型の謎めいた表現力といったものが問題になるのである。これらに対する基本的な反応はいつも、不定の義務づけの感情であり、返答行動を見つけようとする欲求である。

この感情が当為《ゾレン》の自律的源泉の一つであり、似たものが数多く存在するわけである。他の一つは、すでに、われわれが自立化した行動・事物組織の中に見た通りであり、そこでは組織が自己価値に転じて、義務づけの力をもつようになったのであった。これらは、どの場合も――確定していなかったり、潜在的に不定であったりする――人間行為の安定化を問題にしているのである。

この不定の義務づけという課題は、われわれを二つの、より深い、道徳哲学から見て、重要な洞察へ導く。つまり、行動を自から決定するという意味の道徳は、必ずしも社会的状況にのみ限定されるのではなく、元来、世界データにも関係するものである。第二に、道徳は具象的なものに直結している。道徳は近距離にセットされている。道徳は知覚を、少なくとも感覚化されたシンボル性を必要としている。「人間性」は人間のための道徳的内容にはなり得ない。ただ神のための道徳的内容である。なぜなら人間性は決して与件にはならないからである。人は人間性をあてに行動することはできない。

30 命名の義務づけ

喚起的データに対するもう一つの古典的反応形式は命名である。この行動型はそれ以外のすべての行動型に付随して起こると同時に、単独でも働くことができる。なぜなら言葉は、話す行為と見なされるかぎり、同時に運動と感覚、つまり回帰的感覚運動《リュックエムプンデネ・ベヴエグンゲン》であり、そのかぎりで真の運動だからである。それは人間のコミュニケーションの種特有の手段になっている。だから言葉はあらゆる行動の代理をすることができ、このことが——やがて分かるように——神話の理論にとって重要になる。言葉は、この視点に立てば、不定インパルスの行動的実現であると同時に、そのようなインパルスの完全な体験であるという目下の所要条件にぴったりあてはまることになり、言葉、すなわち名前が意味づけの感情の定位に、まず最初に現われることも明らかになる。

　小さな子供たちには、きわだった視覚的印象に必ず声を出して反応するのが見られるが、われわれの考えに従えば、このような本能的要素は「何かをする欲求」に結びついているのである。言語には、本能的と言ってもよい「萌芽」があり、表現運動の場があらかじめ与えられているのに、他方で、言語の明確な表現をきめる一切の力は社会的・慣習的なものにある、という事実は従来から統一されない謎であった。しかし、今われわれが見ているように、この関係の中では決して言語だけが独立しているのではなくて、不定の行動強制を一義的強制に変えていく他の方法——同じことが前兆による行動の「定義づけ」で起こっているように——と何ら変りのないものである。前兆のような形式や、なおこれから説明しなければならぬ諸形式に較べて、言語に優先権を与えるものは、もちろん言葉の精神的側面、つまり統覚の容器としての、同時に意味付与の容器としての言葉の能力である。視覚と触覚の——言葉のない——協同作業もまた統覚を行うが、そのような作業は言葉と違って、物の不在《イン・アブゼンテイア》では触覚運動と触覚感覚の積極的構成が実現しない欠点をもつ。このような「確認」は接近と現在に限定されているのである。しかし、視覚的知覚と言葉の協同の中では、つまり命名の中では、視覚の印象が消え去ったときにもなお見られた、物への音の返答が実現可能になる。われわれはこれを失踪体験とでも呼ぶことができるであろう。すなわち消極的印象である。明らかに、初めてここから、単に事態だけでなく、事態の否定《ネガツイオン》をも考えることのできる思考活動の完全な、重要な基礎が生れてくる。

　ここで再び、言葉はすべての他の行動の代理をすることができるという主題にもどろう。効果を発揮している喚起的データ、とありそうにないリリーサーは、すでに充分に説明してきたように、まさにきわだった《プレグナント》現象として同時に義務づけの力を現わしている。つまり、行動インパルスの外的支持物として働いている。まったく同じ状況が言葉の中にもつくり出されているにちがいない。だからこそ「生命体」の名前が唱えられると、言葉だけで「効力をもつ現在」、行動義務が生れるのである。(23)ここには言葉の現象面――音と意味――自体がとりもなおさず話すという活動であることが効果を現わしている。言葉と活動はいわば相互に浸透しあっている。だから、われわれは言葉だけの次元で完全に行動義務を果たすことができ、同じように完全に、ただ語ることによって肉体的行動を免れることができる。この問題は古代的意識にとって大変重要である。それはたとえばなぜ、複雑な呪術儀礼がその対象の名前が入ったただけのきまり文句で代用できるか、を説明している。なぜなら――ごく普通に見られるように――名前というものは、それ自体、効力をもつ現在であり、その取り扱いに注意しなければならない「力」だからである。名前を口にすること自体が、すでに義務的規制を受けた行動なのである。すべてのエジプト人は、大と小の二つの名前をもっており、小の名前の方だけが公けにされた。それは、ちょうど各人が――決して呼ばれない――秘密の名前をもつ中央オーストラリアの場合と同じであった。コロンビアのゴアヒロ族や、アイヌや、さらにシベリア、モンゴル、東アフリカ、南インド、フィリピン諸島、ボルネオの多くの社会でのように、死者の名を言うことは今でも――死体は第一級の「喚起的データ」

だから——非常にしばしば禁じられている。ズールー族や、シャム〔タイ〕では誰も王の名を呼ぶことは許されなかったから、陛下、閣下のような、言い換えの称号が生れた。ローマでは市の守護神を呼ぶことが許されなかったので、ジュピター神殿には「男性、または女性のローマ市の守護神に《ゲニオ・ウルビス・ロマーエ・シヴェ・マス・シヴェ・フェミナ》」と書かれた聖牌がかかげられた。市自体も古い秘名をもっており、それをもらしたファレリウス・ソラヌスは処刑された。これらすべては、言葉が、タブーとされる事柄とまったく同じ扱いを受けた時代にのみ、つまり、かつて言葉が「守護力」をそなえたものとして、言葉がそのまま行動の義務づけ——すなわち「触れるべからず」——として扱われた時代にのみ、理解されることである。そこではまた、同様に容易にこのコンプレックスが呪術的に保存され、操作されることができる。たとえば、ローマ人たちがダムヌウム〔損失〕という縁起の悪い音をさけるために、エピダムノスの町をデュラチウムと呼び変えるとき、そこに見られるのは当然の呪術的やり口である。まったく同じように、ニュージーランドでは水を意味するワイという名の酋長が、その名のもとに、恐ろしい呪力をふるったので、水に代る新しい言葉がきめられねばならなかった（カインツ『言葉の心理学』第一巻、二四九頁）。

　われわれは、ここで古代的意識と現代の意識の質的な差を立証することができる。それは構造変化として説明することができる。なぜなら、われわれの意識状態からすれば、そこでは「さまざまな主観的表象」が「現実」として体験されているのだと、言わざるをえないからである。われわれの場合なら、まさに精神錯乱を意味することになるであろう。つまり、古代的意識は外部の事件や外部の対象に結びつく行動義務を、言葉（名前）の中にまで、そしてもちろん夢の中にまでもちこむわけである。言い換えれば、古代的意識にとって「生命体」は主体即客体であり、それらは主体と客体にまたがる実在《ザイン》である。ちょうど現代物理学で、ド・ブローイやハイゼンベルクの素粒子が主体と客体にまたがる関係——

つまりユートピア空間――の中で論じられているように……。

われわれは今、ありそうにない世界データの中立化が――言い換えれば、数世紀来発展してきた思考の切り替えと、同じような事実自体への知覚の切り替えが――必然的にどんな内面的反対物をもつことになるかを見ることができる。すなわち、それは言葉と表象の世界の脱呪術化であり、これこそ一神教へ向かった文化変化の収穫であった。呪術を脱した内面生活は倫理的な内面生活になる。魂と、そして何よりもまず神性が――すなわち外界が――聖なる中立を獲得すると、宗教はいわば一つの焦点へ向かって――つまり目に見えない神と、そのような神の人間に対する命令という信仰へ向かって――凝集せざるをえなくなる。したがって、自己の衝動の恒常的な動機制御、言い換えれば衝動が聖なるもののもつ不変の意志という理想に合致するかどうかが重要になる。魂自体が演出の領域になり、その結果、意識の一貫性の核心は信仰の中へ移される。それは、古代がまさにそうであったような、外界と、言葉と、表象と、明確な行動によって固定された世界の中にあるのではない。一神教以前の宗教は、高度文化の段階といえども、神と、自己の魂と、世界の事件を一つの経験の中で――倫理的経験の中で――一致させるようなことを思いつかなかった。シュメール人たちもなお、苦難に満ちた政治的運命を、自国民の倫理的・宗教的過失に対する刑罰の意味とは受けとらなかったし、たとえばまた、インド人、ギリシア人、ローマ人たちの間でも（つまり完全に発達した多神教の段階でも）自己の魂を神の像に似せるような義務づけはどこにも見出されない。本来の古代儀礼は、もっと身近な生死の問題に、「なまの自然」との戦いに、自己の恐ろしい人間の自然性に、かかわっていたのである。

31　演出的儀礼

さらに前呪術的行動の研究を進めよう。前章では、われわれは、突然の思いがけない出来事——つまり前兆——が登場してくるようなリスクの多い企てのよくあるケースを考察してきた。そして、そこでは名前と言葉が外界の事物と同じように扱われることを述べておいた。

くらべもののないほど重要な、発展史的に見てきわめて生産的なものは喚起的データの演出である。とくに身ぶり模倣に見られる肉体《イン・ヴィヴォ》的演出である。われわれはそれを、前述の原始人の儀礼（第25章）にもあてはめることができる。「ピグミーたちの儀礼ダンスはすべて、物まね的なものである……これらのダンスは一種の動的な図画（行動の中の構想《デサン・アン・アクシヨン》）、いわば動くグラビア、ないし彫刻である」と、P・トリーユは言っている（『アフリカ・ピグミー族の心』一九四五年）。

この行動は——長く研究をつづけねばならない——非常に多角的な、発展可能性を秘めた行動である。われわれはここでは、すべての前呪術的行動型の中にある共通の根——つまり、ありそうにないもののもつリリーサー機能と、何かをしようとする欲求の中にある不定の挑発的義務づけ、の問題——に再び立ち返らない。ただ、喚起的データの模倣の際にも、この同じ——何かをする——欲求が働き、適えられていることを述べておきたい。

演出的行動のもっとも基本的な形式は、模倣しようとする何かの運動型を、ただリズム化する点に見られる。そうすることによって行動は、行動自体に対する一つの関係に立ち、その関係を行動自体の中に表現することになる。つまり、単純なリズムとそれが引き起こす超明示性《イーバープレグナンツ》の中で、行動がその行動自体を模倣する、というか、ないしは行動自体が行動の中に表現されるわけである。それ自体に対する関係を、超明示性によって、分節化する一つの行動は、こうしてシンボル能力をもつようになる。そのような行動はもう、通例の行動ではないし、即物的目的の中に消え去る活動でもなく、直接的な感動の表現でもない。

このシンボル能力は社会的側面から見ると、たいへん興味深いものである。なぜなら一つの行動の形態の推移を、リズムによって最高度に強調することは、他者にとっては、義務的形式として体験されるからである。それは、まさに喚起的な力と義務的な内容をもつ。単純な、リズム化された、きわだった《プレグナント》音運動、すなわち明快な発音の場合ももちろんそうである。大人が子供に発音してみせるとき、その発音は子供にとって直接的な一種の義務価値をもつ。一般に、様式化され、リズム化され、超明示的になった行動型は、何らかの返答に似た行動を喚起するものとして、われわれの知覚に、直接、作用する。そのような返答行動のもっとも単純な形が模倣である。模倣（肉体による演出《イン・ヴィヴォ》）は、だから、高度な精神的多様性を秘めた能力である。なぜなら模倣は、知覚された行動を通じて、自己自身に対する一つの関係に立つ行動だからである。フィアカントは、だから、それを「行為の形式のために行われる模倣」と呼んでいる（『社会学』一九二三年、一二九頁以下）。本来の真の模倣は、内容のための模倣とは正反対のものである。P・ギョームも同じように正しく見抜いている。すなわち、〔内容のための〕模倣はどんな単純な構造ももつことができない。そうでなければ模倣は生物学的に、もっと広範囲に見られるはずだが、そんな例はない、と（『習慣の形成』一九四七年、八五頁）。「行為の形式のための」真の模倣はおそらく、ただ人間だけのものである。

リズミカルに様式化された行動は、したがって「言語的」であり、いわば表出《アオスドゥルクスベライト》を前提にしたものである。だから、それは社会的な場での現象であり、単独の行動としては、おそらく強迫症患者にのみ見られるものである。そのような患者では精神的作用圏が「彼の肉体の中と、自己自身への関係の中に限定されている」（ビュルガー＝プリンツ『強迫について』、『神経医』、一九四四年）。

今日なお演出的行動は、広く呪術に組み込まれて、原始的文化で法外な役割を演じているのだから――当時、意識能力の発展が起こったと考えられる――先史時代には、その意義は真に根本的なものだったにちがいない。なぜなら、あらゆる模倣行動こそ自意識の程度を高めるものだからである。演出者は物まね行動をとることによって、その演出活動――たとえば、ある動物の模倣――の中で自己を自己自身から区別しなければならない。彼は自分が具象化しているものとの対比の中で、自分自身を高められた仕方で体験する。人間の意識の発展史の中で、模倣に帰せられるべきものは、この高い意義である。それは今日でもやはり、子供にそのままあてはまる。物まね演出は、より肉体に密着した、より情感にあふれた、いわば張りつめた言葉の形式と考えてよい。なぜなら「他者の態度（アティテューズ）をわれわれ自身の行動に取り入れる」（G・H・ミード、前掲書六九頁）ことは言葉について言えると同様に、物まね演出についても言えるからである。われわれが言葉と同様に、身ぶりで、他者の行動に身を置き換え、「疎外された自己感情」の中で他者の行動を自分の行動に取り入れるかぎり、そう言うことができる。それは同時に、自我がその表出《オイセルンゲン》から区別され、いわば自意識が切り出される《アオスゲフェルト・ヴィルト》過程でもある。個人は――ミードが正しく見たように――一個の自我としての自己についての経験を、直接的にではなく、ただ自己自身の疎外された部分との対比の中でのみ獲得する。そのような部分は、まさに、他者の行動型の受容の中で、個人から疎外されているのである。喚起的データの演出、つまり自分がそのようなデータに変身することは、今日のわれわれから見ればまったく原始的なものに見える。しかし、かつては「あらゆる表示《インディカツイオン》の中の最も実り豊かなもの」（ノヴァーリス）であった。なぜなら、それはあの時代《イン・イロ・テムポーレ》に到達可能であった意識の最高段階——つまり、自己から自己自身を区別して他の自我へ超越する自意識——を含んでいたからである。それは、彼岸に定位された宗教をもつ高度文化の段階にも、なお使用されている公式である。なぜなら、本質的に人間は自己自身を非人間的なものへの超越によってのみ、つまり一つの神への超越によってのみ、見ることができるからである。

印象深いものや事件を物まねによってくり返すことは、そのようなものや事件が要請している「不定の義務づけ《ヴェーゼン》」を明白な行動の中に固定する大変分かりやすい、即効的な伝達手段である。ピグミーの女たちの月を模倣した新月物まねダンスはその典型的な一例である。「彼女たちは体をあお向けにそらせ、常に腕を高く上げたまま、自分の体を回転させ始める」（„elles commencent à tourner sur elles-mêmes, le corps polyé en arrière, les bras toujours élevés en haut."）。われわれは、二次的な合理化、つまり「豊穣呪術」といった通例の目的設定を括弧に入れることによって、呪術の源泉にはるかに近く立つことができる。

われわれはすぐ前の所で、すでに、完全にリズム化された、きわだった《プレグナント》形式の行為が行動自体の中の行動の演出であり、そのような行動は他者から義務形式として体験されることを述べておいたが、ここで二つの模倣の系列が一つの過程に合流することになる。つまり、皆が一緒に月をまねることは一人一人が他者をまねることであり、別の言い方をすれば、もともと、この印象深い出来事の演出的模倣は社会的伝染性に従っており、全員の義務的感情や行動欲求は——おたがいが相手によって明確化されるような——同一行動に結集している。こうして一人一人が他者の行動を共に行うとき、言い換えれば、自分の外の同時的な同形の行動を見て、それを疎外された自己感情の中で身につけるとき、各人の自己感情は集団の同じ感情の中で増幅された共鳴を起こす。

しばしば称賛の的になるゲマインシャフトの――すなわち集団的一致の――体験は、けっして直接的な体験ではない。それはただ単に、われわれが把握できる人数の完全な長期の共生生活によって、共同の目的のための共同労働によって、あるいは共通の出自意識によって、つくり出されたり、保証されたりするのではない。〔ゲマインシャフトの〕条件は、むしろ個々人の自意識が他者のそれと共通の接点をもつところにある。この種の自意識はまさしく演出的儀礼の中につくり出される。すなわち演出的儀礼の中で集団は一致体として理解され、その制度化された反復が――循環的出来事、ないし永続的現実という外的支持物と結びつけられて――一致を持続させるのである。したがって、同じ儀礼に参加する人、同じ一定の義務を引き受ける人、外界の根本的事件に対して他者として決断を下し、それを他の人びとと共に遵守する人が集団に所属する。さらにまた、一つの集団の連続性は当然、生殖という肉体的側面をもっているから、古代文化もこの面を儀礼的に――もちろん模倣の側から――制度化したと考えることができる。それがトーテミズムの課題なのである。

今述べた、たがいに重なりあう模倣の二つの系列はまた次のようにも説明できるであろう。つまり、喚起的状況の「世界体験」は、その時その時の社会体験に完全に左右されており、前者は後者を模写している、と言えるであろう。どんな古代的、ないし原始的文化も、知覚しうる、あるいは考えうる一切合財を祭祀の対象にするわけではない。対象になるのはただ、生活の喜びとか危険といった、あるいは人間の内や外の秘密とか性質といった、そのようなものの焦点にすぎない。それらが儀礼の中に保存され、永続的に表現される。だから周期的な儀礼のカレンダーは、いわば生の巨大な章を探査して、それらだけを取り入れ、何らかの恒常的な全体の関係を組織する。こうして集団が――そのような関係の中で――当然、全世界のモデルになり、あるいは反対に、世界が「巨大な故郷」になる。ありそうにない、印象深い外界データを物まねによって演出することは、あの時代《イン・イロ・テムポーレ》には特別の意味をもっていたにちがいない。というのは、今日なおわれわれは無数の――すでに呪術と化してしまった――儀礼の中に、この同じ核心を見るからである。

何かの素材を扱う手が「ゲシュタルト」を呼びさますことは、説明するまでもない不可避の現象である。石や骨のかき傷とか、手がやわらかい物質を加工したりするときに、ふと、つくり出される偶然のゲシュタルトらしきものは、あらゆる実験的、手工的行動の当然の副産物である。この、もともと任意の、感情的には何ら特別のものではない事物交渉から――きわだった《プレグナント》、驚きを引き起こす、一般的状況から突出した、ありそうにない――リリーサーの性質さえ具えた形態が突然現われるという必然の結果はたいへん興味深いものである。そこでは、はからずも出現した圧倒的形象が、突然、喚起的性質をおび、不定の義務づけのオートマチズムが働き出す。

大きな、危険な狩猟獣が、抜群の「喚起的データ」に属していたことは疑いの余地がない。その強大な生命力、無気味なまでの「明示性《プレグナンツ》」、劇的な官能性、欲望から不安に至る奔放な感情の極端な振幅がそうさせたのである。この義務づけの欲求は早くから多くの軌道の中に安定化されることができた。野獣が登場し、それが殺されることを演出した物まね儀礼は、さだかでない時代から演じられたにちがいない。人びとはホラアナグマの頭骨を注意深く保存し、石で囲んだ。この動物祭祀はムスティエ期、すなわちネアンデルタール人の時代にまでさかのぼる。動物の彫塑的演出は、チュック・ドードゥベール洞窟の粘土の野牛像（口絵第1図）や、モンテスパン洞窟のクマの粘土彫刻のように、後期旧石器時代のものである。

これらの彫像は義務的感情と「何かをする欲求」が明確にされるような儀礼の基準点であり、まさに

「神的な生命体」そのものと考えられていたにちがいない。個々の動物は滅んでしまう。しかし「生命体」は存続する。この重要な「存続」という観念の外的支持物として、それ自体存続しつづける像が必要になる。彫像をめぐって考えられることは、すでに述べたカテゴリー、すなわち偶然の現実存在から解放される行動という問題であろう（第12章、13章）。つまり像は、このような解放によって、行動を秩序づけ、言葉の次元へ進行する。なぜなら言葉もまた眼前の存在からの解放であり、人は言葉や像の力を借りて、眼前の存在の永遠の相に向き合うことができるからである。こうして初めて、人は感情のコンプレックス全体を真に精神的に支配し、意識的に扱うことができるようになる。そもそも、われわれ人間には、二つの、最も深い、人間的な、満たされることのない欲求がある。それらは現実界では無理だが、少なくとも意識の世界で背景的充足に至ることができるような欲求である。一つは物質そのものがもつような自立的・完結的存在の永続的堅固さに到達することであり、しかも、自意識を主張できることである。他の一つはわれわれ自身の思考や希望を外部の抵抗を排除して具体的に実現することである。われわれのあこがれの、この最もへだたった両極を像が媒介する。つまり像の中で二つが合致する。なぜなら像は現実に存在する永続的な外界であると同時に、完全に精神的な自分自身の返答だからである。スピノザがはじめて哲学的に、延長《エクステンシオ》と思惟《コギタチオ》の一致と表現した、この最高の綜合は礼拝像において――少なくとも意識の中で――背景的充足の頂点に達する。

　自足的に永続し、現実世界の出会いの偶然性から「へだてられて」いる像の礼拝は、もう一つの重要なカテゴリー、すなわち行動方向の逆転を引き出す。言い換えれば、像の前で行われる物まね儀礼は、一種の「純粋演出」によって――というのは、そのような儀礼はいついかなるときでも、また、さまざまに変化する状況の周辺条件から独立に、始めることが可能であるから――内面的体験のすべての面を挑発することができる。人びとは〔いつでも〕集団的一致の体験、高揚された共同体意識の体験のために、もちろんそのような情緒の体験のために儀礼を行うことができる。このことは人びとが、喚起的データによって引き起こされた本来の感動・衝動状態そのものを自家薬籠中のものにした、ないしは、そのような状態に対する関係を確立したことにほかならない。

肉体《イン・ヴィヴォ》による模倣であれ、物質による模倣であれ、狩猟や狩猟獣の演出をめぐって行われる儀礼には、生の必須の目的に対する欲求の活力が含まれていることは当然である。演出の底にはそれが流れている。ただし、この衝動的な欲求は、物まね的演出に対して、大変注目すべき関係をもっている。つまり、欲求は演出によって初めて、潜在的な、慢性的な、共同的な欲求一般として意識にのぼせられるのである。なぜなら集団儀礼の中で、集団の行動は彼ら自身の情動に対面しているのであり、目的達成の共同作業とは分離しているからである。先取りされ、事前に加工された感動が、まさに儀礼によってつくり出される。そのような感動が「現実の場における感動《イーラー・フェリヒカイト》」とは無関係に、岩壁に描かれた内容を眼前にして最高度に体験される。なぜなら像はいつもそこに存在しているからである。ここで体験できるものは――少しくどく表現すると――永続的な、潜在的な、共通の欲求を満足させる対象がもっている永続的かつ潜在的な現在《プレゼンツ》であり、生の完全性に関する深い陳述である。この関係を実際の飢え、狩り、殺害、満腹という現実に行われる一連の行動から取り出して組み立てることはまったく不可能である。目下の現実が提供するどんなイメージをもってしても、このような関係を描写することは不可能であろう。描写が可能になるのはそれが考えられた事態だからである。なぜなら、欲求が欲求として意識されるのは、欲求が直線的に平生の活動へ、肉体的満足へ移行しないからであり、行動の経過が演出の中で先取りされるからこそである。つまり欲求のせっぱつまった感覚とは無関係に、演出という反射として、潜在的な共通の欲求として先取りされるからである。意識の――われわれが今述べている――この発展段階では、言葉はまだ、そのような目的のための明晰な道具にはなり得なかった。潜在的な、共通の欲求はあの――欲求の対象を単なる現実の存在と、偶然の現在性からきわだたせる――行動を通じてのみ体験されたのである。今日、われわれが共通の欲求について理解しあえるのは当然のことであり、われわれは欲求の概念とか、飢えの概念といった言語的な、高度に抽象的な概念をもちあわせている。しかし、具体的な対象にあまりにも多くこだわったために、ついに高度な抽象の形成に到達しなかった原始民族が――つまり木〔一般〕とか、冷たい、やわらかいといった概念を知らず、「素材の豊かさに圧倒されている」原始民族が――今日なお生存しているとき（イエスペルセン『言語』一九二五年、四二〇頁）、先史時代の人間に、主体の状態を表わす抽象的記号を、どうして期待できようか。そのような状態のために、課題はまったく別の立てかたをされる。つまり、内面の状態の相互理解は、外界を借りた行動によって、どのように可能であるか、という立てかたをされたのである。それは、やはり――実用行動の中に消失しない、目的のために消費しつくされない――虚構された演出的行動によってのみ可能である。そのような行動だけが相互理解を意識にのぼせるのである。

きわめて情動的な、祭祀的・演出的行動の最初の出発点は、生存のための絶対必須の、そして同時にきわめて危険な――強烈なリリーサーに似たものがいたる所に効果を発揮している――状況であったにちがいない。われわれが知ることのできる最古の文化段階では、それは、大型狩猟獣の狩りであった。だから、スペインやフランスの洞窟の壁に見事な絵が描かれたのである。前期旧石器時代の、リス・ヴュルム間氷期のものであるフェティス〔聖ガレン山、二四四五メートル〕のドラヘンロホ〔竜の洞窟〕や、その他の発掘地に見られる、石箱や壁龕に葬られたクマの頭骨について、クラフトは「祭祀以外の説明はまず不可能である」と言っている（前掲書、二五頁）。食糧の対象が初期の宗教形式の焦点になることは矛盾しているように見えるが、このような焦点は移動するものであり、しばしば最大の危険と密着した場所に定着することを考えてみる必要がある。古代の都市・国家崇拝の時代には、それは政治的領域であったし、同じ時代に近東アジアでは、すでに倫理的領域が祭祀の焦点になったのであった。*

* ペルシア帝国の建設が、帝国に併呑された小諸国民にとって、完全な絶滅やモラルの退廃という危険を意味したことは疑いの余地がない。エードゥアルト・マイアーはペルシア国家の成立を「全宗教史の決定的転回点」と説明した。「それが与えた永続的意義は、宗教改革が始まるまで、他に匹敵するものがない。なぜならここに、キリスト教文化も、ローマ皇帝時代の文化も、イスラム教文化も、同様にこの事件を通じて成長した原因が存在するからである。イラン高原から西の全世界にとって、国家生活の民族的形成は完全に不可能なものになり、その場所に世界帝国と外国支配が登場した。こうして宗教は国家と政治から解放され、自立的な勢力になった。この発展が、その後のあらゆる宗教の根本的特徴となった個人主義と普遍主義をつくり出したのである」（『キリスト教の起源と初期段階』第二巻、一七頁以下）。すなわち宗教はその重点を政治的領域から倫理的なそれへ移し、個人の問題になったのであり、ずっと後にもまだローマで通用した宗教とは神々の礼拝である《レリギオ・イド・エスト・クルトゥス・デオルム》――つまり国家の神々の礼拝である――ことが通用しなくなったのである。

再び、われわれの先史時代の主題にもどろう。演出的な狩猟儀礼のわれわれの例は――その外的接点である動物が、肉体によって《イン・ヴィヴォ》演出されようと、物質で演出されようと、それはどうでもよいが――心理の面からと、カテゴリーの面からの二重の考察を可能にする。前者の視点からは、儀礼がはげしい情緒に支配された多くの感情の重なりであることは容易に理解される。つまり、飢えと飢えに対する不安、きわめて強い欲望と殺害の快感、危険にのぞむ勇気と不安、これらすべてが集まって、高揚したリズム行動の気分を引き出す知覚運動的な力になる。すべての、このような情動が演出の中へ流れこみ、それをいっぱいにして、さらに増幅されるような過剰のエネルギーで満たす。と同時に、不安の中に醸成されていた大量の抑制エネルギーが解放されて、負担免除を受けた強力な快楽源泉をつくり出す。けっきょく、ここでの問題はリズムと運動の出来事、つまり、集団ダンスであり、一言で言えば「社会的陶酔」になる。心理学的視点《アスペクト》は以上に尽きるのである。

カテゴリーの視点はより深い理解を示す。その全過程は、これ以上分析できない究極の基盤の上に起こっている。すなわち、人間と動物が同格に並び、本能がその充足を見出す同じ世界の直接的存在《ズィヒフオアフィンデン》の上に起こっている。このコンテクストは義務的拘束の中に、つまり「何かをする欲求」の中に、知られないままに《インコグニト》、存在している。しかし各個人の状況の軸が交差しあうという点で〔動物とは〕まったく違ったコースをたどる。身ぶり・物まね集団ダンスは——すべての個人の自意識を外界の一つの接点で結び合わせることによって——自意識を高め、この世界体験の中で集団が自己自身の問題になり、孤立した個人の意識が救い出される結果になる。けっきょく、永続的な充足の像を介して、全員にとって重要な欲求が自分のものとして意識される。言い換えれば、永続的欲求充足状態を演じることによって、もっとも生き生きした、安定した欲求が体験されるのである。われわれが今、苦心して再現したこのメンバー全員の軸の交差点は、古代人の意識に、直接、目に見えるものとして与えられていた。偶像と一体化した「生命体」の中に、あるいは自から猟獣を演出し、模倣するかぎりで同様な生命体と見なされた「呪術師」の中に与えられていた。われわれはここで、不変であるというそのことによって力を現わすような行動は、もともと、直接的な事実に基づいているのではなくて、常に存在し、思いがけない変化を見せる現在である、ということを考えてみるべきである。そのような行動は演出の中でのみ、いわば真空の中《イン・ヴァクオ》でのみ構想することができる。

われわれは、最も原始的な文化段階では集団狩猟こそが、生活の基盤であったことを思い起こさねばならない。儀礼が現代風に言って「経済的なもの」から成立したことは冷厳な事実である。事実、狩猟獣は証明することのできる最古の儀礼の対象であり、ひとたび、この行動形式が発見されると、当然、そこに「利用された手段の、経験からの遊離」とわれわれが呼んだものが生れてくる。別の言い方をすると、発見された儀礼的演出形式が他の応用可能な内容のために「開放」されるのである。そのような形式がすべての、ありそうにないもの、きわだったものを取りこむのである。ピグミーの女たちの新月ダンスに登場する月は、うたがいもなく一つの生命体であり、別の文化の何か奇怪な石とまったく同じものである。この新月ダンスは「心理学的」には、それほど後期のものではないと思われる。しかし、それでも、存在のすべての次元が統合されていたあの壮重な多くの儀礼よりは、ずっと叙情的なものであることは明らかである。

　強い恐怖を引き起こす形象の演出は、きわめて高度な道徳的行為と見なすことができる。なぜなら人びとは〔演出によって〕自己の不安と欲望の深淵を理解し、行為の対象を「固定」してきたからである。これらの形象が生命体に高められることは、生存への決意がこの演出の中にこめられることであり、そこには生命体の力と、それに対する人間の依存心がもっている「挑発」を想像することができる。だから、われわれは旧石器時代の洞窟の中に、もっとも危険な猟獣であるマンモスや野牛の絵を、ホラアナグマの印象深い彫像を発見するのであり、今日の原始的民族の恐怖を引き起こす異様な仮面の数々——それらは、けっきょく死闘にゆがんだ顔の経験によってのみ理解できる——を見るのである。

　ここでは「消散反応《アブレアギーレン》」という深層心理学の公式はまったく不充分である。なぜなら、そのような公式は、演出の中には、高度の道徳的活動にほかならない生存への決意——いや、現世の永続的生存への決意——が入っているのだ、という観念を含んでいないからである。演出によって不動のものになり、安定的なものになった、この決意が、有効な持続する現在としての生存を可能にしたのであった。

情動の力、不安の支配、衝動の指示といったものを並べあげても、最古の演出の芸術を説明することはできない。そのような心理活動は内容のない単なる強化作用をもつだけであって、確実な行動指針を与えるものではない。行動の本質的、道徳的部分は、人びとが情動のかたまりを、いったん現実から「解放」して、模倣の側からゆりうごかし、そのような情動を手中におさめることの中に成立したのである。古代の前呪術的「芸術」はけっして天真爛漫なできごとではない。なぜなら、そこに演出された不安に満ちた世界は、もちろん一つの現実だったのであり、人間がその世界をこれらの像で置き換えるとき、それは重大なことだったからである。

「現存する神々」という構想に見られる絶対性と人間的普遍性の根拠は、おそらく、やはりそこでは、世界理解と自己理解が一つの公式によって貫かれているということの中にある。「生命体」は単なる観念や理念なのではない。それは超越の結果つくり出される。強大な活力をもつものを演出の中へ取り入れることが第一の段階である。生命体は一種の他者《アリウド》である自我《エゴ》の証明にほかならない。像の中のそのような演出は、外界の石にも似た持続の中でさらに永遠化される。つまり、生きた動物がそのまま像の中へ増幅されて姿を現わし、神秘的な魂をふきこまれる。さらにこの像は像自体を超越して——つまり、像の中に生命体がいるのだが、同時に「いたる所に」存在して——「半ば目に見えない」ものになる。この関係はちょうど、アポロン神とその偶像の場合と同じである。

人類学が高い関心を払わねばならぬことは、基本的な自分たちの宗教をつくり上げた古代人の能力である。つまり、現実の強大な力——避けることのできない、生命力あふれた、行為を強制する現実——

を共同生活の基盤にしたことである。A・E・イェンゼンが〔古代文化では〕生命の原則、とくに人間の死と、増殖と、栄養の必要性、の発見と文化的造形が観念の中心にあった（「母権文化は存在したか」、『総合研究』第三巻、八号、一九五〇年）と言うとき、それは疑いなく正しいことであり、われわれの主題の要点にぴったり合っている。ここで注目してほしいのは「文化的造形」と「観念」という二つの概念である。それはどちらも、われわれの意識構造から生み出されたものであり、間違いなく言えることは、どんな観念も文化的造形を行わないということである。だから、われわれの次の課題は、当時の行動型の復元と、そこに含まれるカテゴリーの分析になる。なぜなら、われわれが知りたいのは、あの生命の原則を持続的で義務的な共同生活の基盤とすることになった制度の成立だからである。栄養や増殖のような概念はわれわれがよく知っているものだが、たいへん抽象的な概念であって、この事実内容（栄養と増殖）を持続させると共に、あらかじめそのような特性を準備してやるような、制度の指導理念には、ついぞなりえなかったものである。反対に、たとえばいずれかの前呪術的行動が血統の連続性（第37章、38章参照）と、結合的性秩序を結果的につくり出し、安定化させた場合を見れば分かるように、連続的な増殖の観念というものは、それが実際に準備されたあとで初めて意識にのぼせられるものである。それは、ちょうどわれわれの場合に、永続的過程としての「栄養」問題が、〔現代社会の〕合理的「組織化」のどんな可能な主題でもなかったことと同じである。背景的充足、つまり、さし迫った欲求をもたない欲求充足状態の維持は、対象そのものの持続的な現実存在、すなわち動物の飼育と保護によってこそ可能になる。そのようなことは、制度として、儀礼からのみ発展することができた。なぜなら「祭祀用確保」——特に牛の——は初期の高度文明では、まだ大々的に行われていたことであり、二次的なものではなかったからである。これらのすべての問題に一言で答えようとすれば、それは祭祀的なものの中に見出されるにちがいない。さらに、人びとがどうしてこのような「魔力」を構想したばかりでなく、生活の課題を解決するための基盤にしたのか、つまり制度化したのか、という問題も同じ条件から答えられるにちがいない。「生命の原則の文化的造形」という表現こそ、まさにこの間の事情を説明しているといえるからである。

われわれは以上の研究で、前呪術的行動の中に、いわば部分内容として隠れていた一連の機能のすべてを証明したことになる。このような、われわれがもう、さかのぼることのできない機能こそ人類学のカテゴリーである。そのためには困難な課題が設定されねばならなかった。というのは、けっきょく、目的を失ったしかし義務づけを受けた行動の理解、それ自体が重要になるからである。そのような行動は、もっぱら人間にのみ見られるものであり、そのような人間行動の理論こそ一切の文化理論の基礎である。この種の行動は、証明できるようなどんな生物学的合理性ももっていない。にもかかわらず、やはり生物学的な、本能の領域から出た要素によってまったく本質的に決定されている。しかも、それは直接、本能の領域から導き出されたのではない要素なのである。栄養や性をめぐって起こるすべての儀礼にはまったくこの通りのことがあてはまる。

われわれはすでに、儀礼的行動を「狩りのダンス」の例について、それがまずリリーサー効果と、「何かをする」、本能に近い反応から出発することを説明し、つづいて、この不定の義務づけの感情が、自分を固定し規定する行動によって、直接、充足されることを示しておいた。このような行動は――そこにどんな実利的・事態変更的な行動も見られず、したがって行動の内容がそのまま形式であり、形が内容の規定者でなければならないがゆえに――演出的なのである。まさにこれが模倣的、演出的行為である。そして、ここから自意識の高まりが始まること、同時に深くからみ合った個人と社会の大量の情緒が解放され加工されること、けっきょく演出の中で演出を通じて演出されたものが「生命体」として現われるにちがいないこと、以上がさらに書き加えられたことであった。すでに述べたように、このことはまったく明白なことに思われる。同様にまた、ただ、この演出という「場」からのみ、潜在的な、永続的な、共同の欲求が意識できるようになったのであり、感情のコンプレックス全体が——そもそも動機というものがもっている、今、ここで、という性質を離れて——自立するようになったのである。これが、これこそ、まさに、動機を演出することの意味である。こうして集団は集団自身と出会うことになる。つまり、集団という体験が——まさしく、その体験が、目的をもった実利的協力を問題にしていないために——純粋な形で取り出されることになる。けっきょく、定められた義務の服務規則の中には、いつも、その規則に従おうとする者のもつ生存への決意がある。つまり「野牛の霊」という生命体であれ、他の何の生命体であれ、それらは決して単なる想像上の仮定ではない。この動物たちの生存への決意がその中に含まれたものである。その決意は、今見ているあれやこれやの動物に結びついているのではない。高められた彼らの像を通じてのみ可能なのである。

　今、完全に定義された儀礼が語っていることは、真の意味の、儀礼の自己目的への転化であり、本来そこでは何ものも目ざされていないことであり、さらに儀礼が所定の機会に行われねばならないことである。儀礼はいわば、〔人間行動の〕数え上げられるすべての決定因子が出会う最終の、共同のコースである。だから儀礼は、当然、ほとんど本能的な、生命と縁の深い欲求から、儀礼によって初めて意識にのぼり、定着したような高次の精神的欲求に至るまでの、一連のすべての欲求を充足させる。高次の精神的欲求は儀礼の中で完全に結晶し、儀礼の中で満足することができたのであった。儀礼の側から言えば、儀礼がこれらの欲求をまとめるのであり、この関係は人間のすべての高度な欲求にあてはまる。かつてスタール夫人は、それを見事な簡潔《プレグナンツ》さをもって表現した。「こうして人間の欲望が満足させられると同時に方向づけられた」(„Le cœur de l'homme est ainsi tout à la fois satisfait et dirigé.")

32 儀礼の他のカテゴリー・命令《イムペラティーフ》

ここで、われわれの成果を実例によっていっそう明確にし、このような生命体に対する演出的儀礼の関係について、さらに二、三の命題を立ててみよう。

最も重要な命題は、右の関係の中で、他の場所では生じ得ない連続性と不変性が形成されることである。それらは完全に、直接的ではなしに起こったものである。つまり、儀礼は安定化の核を、知覚の中へ(演出や像として)、行動の中へ(それは相互性の中で、さらにステロタイプ化されるのだが)、意識の中へ——これらの三つの安定化の核が一致するような仕方で——挿入してやるのである。なぜなら儀礼的行動は、そのような行動が挑発される喚起的データを内容として——この行動が物まね的・演出的行動であるかぎり——含んでおり、形式がそのまま同時に内容として現われているからである。そこでは、内にも外にも同じ内容が見られるのである。

また、こうも言えるであろう。つまり、生命体についての主観的「理念」と、その偶像としての客観的持続性が、一つの媒介行動によって重ね合わされるのであり、したがって行動は——物まね的に演出を行うものとして——同一内容の主観的、客観的側面を同時にもつのである。

このような「統合」の法外なパラドックスと、現実の効果は、まさしく、それが安定化の力をもつことの中に存在する。儀礼がすでに「下方」から不定の義務づけという規定として働きかけているからこそ（第29章）、このような統合が義務体験として、直接、意識されるのである。儀礼のもつこの義務的性質が儀礼の反復を保証し、この点にこそ、安定化の核である連続性と不変性がかかっている。そのような性質を儀礼は意識と、行動と、外界に付与するのである。ここで、まだ説明しなかった問題は、このような前呪術的・儀礼的行動がまったく予想もしない仕方で「出現」し、それが壮大な二次的合理性を見せて、そのまま引き継がれて行っただけでなく、過大の報酬をもたらしたことである。これが狩猟儀礼から発展した動物保護のテーマである（第36章）。われわれは当面の課題を、連続性と「安定化の核」というカテゴリーの分析に限定しよう。そうすると、われわれのテーマは――現代の哲学用語に翻訳すれば――「価値の体験」、あるいは義務の妥当性だ、ということになる。それらが、自己の行動と主観的意識を外界へ結びつけて、意識的人間生活のすべての連続性と不変性を、初めてつくり出すのである。

事実、このことは人類学的に証明することができる。まず確かなことは、本能残基の面から見て、持続的行動型の保証がまったくないことである。なぜならそこには人間が規則的に、同じ動機で、同じように行動するような、本能的な何物による支持もないからであり、生物学的要素として行動の何らかの安定性を保証するような、どんな本来の社会的（いわんや、外界と結合した）衝動ないし本能も存在しないからである。人間の世界開放性と本能遊離性にとっては、共同行動一般が成立する、ないしはいったん完成すれば二度と再び崩壊しない、というようなことはまったく保証されていない。この間隙にこそ制度が登場する。制度は人間同士の間の失われた自動的関係の代りをつとめるものであり、すでにくわしく述べたように（第8章）、そのために、まさに義務の妥当性として独立しているのである。

われわれはまた、第二に、人間特有の実験的な、実用・技術的な試験行動から、どんな永続的恒常性もつくり出すことはできない。人間の行動は、その本質と定義から言って、不安定な、転位的な、組み《ウム》合わせ変更的《コンビニーレント》なものであり、逸脱を指向しているものである。だからこそ原始的社会には、いつとも知れぬ時代から、不変の形式で行われてきた非常に多くの各種の技術が存在するのである。そのような行動は化石化した抜けがらに似た慣習なのであり、すべての慣習がそうであるように、自覚のとぼしい、半ば自動化した過程を目ざすものである。しかし、それは——効力を失ったステロタイプ化した慣習でさえ、かつてはそうであったような、世界の側へ「開放」された——本来の実践の本質を示している。

最後に、知覚の世界についても、もちろん外界の経験の安定性は、中枢神経領域のもつ「恒常法則」によって大幅に保証されている。だから〔身体の〕全体の位置も特別の意識的努力なしに定位されるのである。しかし、この日常世界には常に予断を許さない、しかもそれが絶えず起こっている「危険な個所」がある。つまり、一方にはあらゆる予測不可能なもの、突然のもの、驚かせるもの、ありそうにないもの、があり、他方には存在の危険——当時の文化段階では、もっぱら栄養と性と死と病気に集中した存在の危険——がある。前呪術的行動はこれらの現象に当為義務を結びつけることによって、安定化の核をつくり出す。まさしく、このような危険地帯に——ちなみに、危険の内容は長い間に変化するのだが——宗教が開化する。一神教が始まるまで、最大の観念集中の中心、つまり当時達成可能な意識の最高の綜合は、宗教的行動の中に存在したのである。保証された日課《ルーチン》生活の周辺は、退屈な、半分眠ったような慣習にまかせておき、他方では宗教が、対象となる存在がもっている危険の中心点に向かって、人間を覚醒の極限段階へ導く、そして義務規程によってそこへ固定する、言い換えれば人間を奈落のふちにおいて安定化させる、このような事実はまさに注目に価することである。宗教は安全装置であり、鎮静剤であるという意見はすでに効力を失ったものである。儀礼の心理学的作用は不確実さや、危険に対する感性をつくり出すことにある、というラドクリフ＝ブラウンの見解の方がはるかに正しい洞察的な意見である（『タブー』一九三九年）。敷衍すれば、宗教は人間を危険地帯にしばりつけ、この領域が支配され、征服されて、別の予想もされぬ場所に危険が口を開けるまで、安定して義務を果たさせるものである。新石器時代にすでに生活圏をめぐる大集団同士の戦いが問題になっており、神々がたがいに闘い始めている。

われわれはここで、儀礼の中で、その義務妥当性のおかげで獲得される意識と行動と外界の連続性に、もう一度立ち返らねばならない。そこには命令という形で示される単純化の壮大な過程が存在している。儀礼はけっきょく「偶像の前で、これこれの儀礼を遂行せよ」という単純な公式に集約される。だから命令《イムペラティーフ》は、どのように生命体が効力のある、義務的なものと考えられているか、言い換えれば単なる表象をこえて、自立しているかを示す形式なのである。命令《イムペラティーフ》は――偶像の持続につり合った――生命体の意識の形式である。同時に命令は意志決定を免除されており、その時その時の感情状態・気分から、状況の限界条件から切り離されて、あらかじめ行動が決定されている。これだけが、無味乾燥な慣習をのりこえて、行動を持続させる形式である。つまり命令は潜在的に、すでに、行動が遂行された状態なのである。

ここから二つの重要な事実が生れてくる。すなわち、まず、儀礼の命令《イムペラティーフ》が意識の根本的な安定の核を形成することである。なぜなら単なる回想からは――現代のわれわれがそうであるように、あの時《イン・イロ・》代に《テムポーレ》も――どんな連続性も建設されないからである。回想としての、ないしは思い浮べられた過去としての、過去に対する本来の関係は、ただ、儀礼が提供するような「常に……である」ような形式、義務を合法化するような形式の中で、過去が保存されることにおいてのみ成立しうる。言い換えれば過去の現存在《ノホダザイン》は儀礼の中で確保されるのであり、これが書字が生れる以前の、時間意識の最初の形式である。

つまり生命体は——古代の意識の中では——「太古」へ置き換えられることなしには、決して常に妥当するものとして構想されぬのである。儀礼は太古を現在へ固定する。儀礼は太古の現存在《ノホダザイン》を保証している。これがウンガリニュイン族のもつ高度な古代的儀礼の意味である（北西オーストラリア原住民、ペトリ「キンバリーの増殖儀礼行動」、『パイデウマ』誌、第五巻、四号、一九五二年、一八九頁以下を参照）。ここには、トーテム動物や、「ワンデュイナ人」つまり口のない人間の姿をした太古の半神たちを描いた岩のひさしの下の画廊がある。これらの絵は儀礼の際に「触れられ」、定期的に蘇生させられたにちがいない。人びとはそれによって太古の現存在《ノホダザイン》を確認したのである。

われわれはここで、第二の重要な洞察を取り上げることができる。生命体は儀礼によって保護されているかぎり、単なる表象以上のものであることである。もっと一般的に言えば、一つの制度の「理念内容」は制度と共に自立し、制度と共に滅ぶことである。どんな精神内容も、現われたり消えたりする観念の単なる恣意性の中では持続することができない。この真理の誤解こそ、現代の印刷文化にとって典型的なものである。

さて、「……すべし」という命令《イムペラテイーフ》——それは儀礼が人びとの意識の中に定着する形式の表象にほかならないが——の分析にもどろう。第一に言えることは、儀礼が本能的行動から最も高度な行動にいたる一切の行動因子を意識から隠蔽する、つまり無意識のものにすることである。人びとが命令《イムペラテイーフ》に従って行動するとき、その行為が不合理かどうか、本能的かどうか、内的なそれぞれの体験の反映かどうか、といったことは知らなくてよい。これらのことは、それが命令であるという意識によって消え去っている。この隠蔽はまったく厳格なものである。隠蔽という機能さえ除外されている。行動とその義務内容が、すでに決定済みであるという意識だけで充分であり、あたかも本能のように行為することが前提になっている。

命令《イムペラティーフ》が、もし精神をもつなら、そこには本能の特徴であるような多くのものが入っていることを――この両者〔命令と本能〕が共に対象に対して第二の隠蔽機能をもつことからも――われわれは見ることができる。すなわち、その機能では、分析的な、変換能力をもつ理性が、対象に対して、つまり生命体とその義務行動に対して、閉ざされているのである。言い換えれば、対象を頭脳の中で変化させ、組み替え、改変された条件下に置いてみる、あの実験的・転位的思考、つまり実践活動を目ざして加工する合理的行動がはばまれているのである。本能残基の光のもとに登場するものも、また、義務の光のもとに登場するものも、このような試験的行動からは縁遠いものである。さきほどの狩猟のような一定の経験領域が、儀礼の号令《コマンドオ》下へ移行されるとき、そのような領域は決して完全に中立化されるのではない。基本的に、あらかじめ秩序づけられた――倫理化できそうな周辺を離れることのない――義務の手綱にしばられている。狩りのあとに、素朴な具象性の中で、侮辱された生命体が「なだめ」られる。それは当然、他の危険《リスク》という代償によって適えられる。つまり、さまざまな呪術的実修による日常生活の圧迫によって適えられる。

第三に命令《イムペラティーフ》は、相互の社会的関心を明確な不変の行動型を通して取り上げ、表現できるという、注目すべき特徴をもつ。この関心は生存に不可欠のものである。なぜなら〔人間の〕社会的本能残基は遺伝的に確立した、どんな行動のレールももたぬからである。もちろん、言葉もそれをもたない。命令《イムペラティーフ》が社会的欲求と合致することを、すでにカントは見抜いていた。カントは命令からすべての内容を消し去り、普遍妥当性（つまり、持続と相互性）に対する関心だけを義務の内容にしたのであった。このような命令《イムペラティーフ》の社会的媒介機能は、すでに述べた他の機能と同様に、やはり隠されている。それは、ただ、命じるだけで充分であり、個人を、他者の行動に対する不信から、気分と感情の恣意的変化から免除してやる。命令は、いわば動機と対抗動機の全領域に橋をかけ、直接の相互行為として進行させるのである。

この分析に従えば、命令《イムペラティーフ》は人間だけがもつ本能状況のまったく本質的な多くの特徴を含むことになる。あるいは、こう言ってもよい。命令はそのような本能状況を、命令の中にのみ見られる意識形式へ変換することによって保存しているのである。ただし再びこの変換自体は隠されたものである。義務的行動様式、行動の事前決定、分析的理性の阻止、社会的相互性の要素、これらすべてが命令《イムペラティーフ》のもつ局面である。と同時に、それらを人間という恣意的行動者の意識の中へ移して考えれば、人の本能残基のダイナミクスの局面でもある。たとえば最も単純な儀礼、「これはタブーである。触れるなかれ！」は、もともと人間には具わっていない、真の、本能的な、厳格に対象と結びついた行動阻止の、いわば代用物なのである。

だからここに、われわれがもう一つの意味深い並行を見出すとしても何ら驚くに当たらない。つまり命令《イムペラティーフ》は、不安定な人間には不可能でも真の本能の中では成立するような、対象に対する行動の高度の選択性と孤立性を保証しているのである。よく知られているように、真の動物本能は、高度に、排他的なリリーサー特性に合わせられている。われわれは、それを、実験によって「純粋演出《プレツィーゼン》」へ単純化することができる。われわれが見てきたように人の知覚面には、ゲシュタルトと簡潔性の優位が保存されているが、ただしそれは、知覚野の全域へ放散されている。なぜなら、そこでは一定の遺伝的行動に対する一定のリリーサーという明確な結合がゆるんでいるからである。しかし、われわれの場合でも、高い刺激閾をもった明確な対象に、高度に専門化された行動が新たに結びつくことがある。これこそ、われわれが「義務」として意識するものなのである。このことは、今まで研究してきた二大行動型〔実践行動と儀礼行動〕にあてはまる。つまり、まず、すべての——学習と経験をつんだ——現地作業の実践活動は、知覚と運動をきわめて感覚的なものに変え、それは外部から見ると、対象をそれ以外には扱うことができないような、まるで対象自体が挑発的性格をもって働きかけている作業のように見える。そして、また、〔儀礼のような〕演出的・非実践的行動でも、その中に行動がとらえられているような命令《イムペラティーフ》という、新たにつくり出された排他性を見ることができる。なぜなら命令は、けっきょく、不定の義務を一定の義務にすることとの公式化にほかならないからである。しかし、ここで命令《イムペラティーフ》は〔実践的行動とはちがって〕この特定の「生命体」に対して、これこれの行動をせよ、と言っているのだ、という重要な違いを忘れてはならない。物まね的な儀礼そのものと同じように命令《イムペラティーフ》は、行動と対象を一つの次元へ導くが、ただし今度は、言語の能力に見られるような意識の次元へ導くのである。このことによって、対象の側からも、体験の側からも、命令《イムペラティーフ》を豊かなものにする重要な可能性が生れてくる。つまり、行動の高度の選択性が保存されて、新しい動機が生れるチャンスをつくり出す。次の例はそれを示している。鳥占師が戦場へ同行し、「カラスの群れが左手から飛んでくる」のを見たとしよう。占いの規則どおりなら、軍を引き揚げよということである。しかし、そう告げることは有望な運勢の完全な利用を妨げることにもなり得るわけである。そこで利害の衝突が起こる。だから儀礼を放棄しないで、儀礼が未来の状況に適合するようにしなければならない。つまり儀礼を、事態の経験の側から、より高度に専門化しなければならなくなる。たとえば鳥占師は戦場に同行するけれども、将軍の命じたときにのみ占うか、あるいは出陣に先立って鳥占いを行い、従軍からはずされるという具合にである。ローマでは両方が許された。この新しい呪術法則が、歴史的な事情や条件によって変化したものでないことは注目に価する。それはただ、より専門的なケース・バイ・ケース法則をつくり出しただけのことである。それは二つの、非常に異なった経験系列、つまり行動規則の核心的要素として完全に保存される宗教的関心と、軍事的情勢は予測しがたいものであり、それを利用するためには自由でなければならないというまったく異質の経験とを統合しているのである。「鳥占師は戦場で、ただ指揮官の要請に従って鑑定すべし」という公式は、すべての占いの前提を否定するばかりか、鳥占師も将軍も前兆を信じないという例外の行動原理を認めることになる。しかし、正しく行動するという個人の責任は、公式のもつ抽象的明示性《プレグナンツ》に従うだけで充分なのであり、そもそも行動を起こさねばならぬとき、公式の複雑な条件は隠されている。そればかりでなく、もともと公式は合理的行動のためのさまざまな現場の条件を暗黙のうちに計算に入れているのである。

今述べたこのようなカテゴリーなしには、この古代的特徴をもつ社会的行動を理解することは難しい。われわれはこの種の無数の「妥協」が、いかに時代と共に、堆積し、交錯して、再び単純化されなければならなかったかを想像する必要がある。たいてい、個々のケースでは、そのような義務的習俗が、新しい動機の追加によって幾度も変更され、高度に専門化したものなのかどうか、あるいは反対に、儀礼の形と装いをした合理的行動にすぎないのかどうか、を区別することはできない。その上、儀礼は非常に細分化・専門化した義務規則の網の中に解消し、骨組みの形式だけになってしまう場合があり、あるいは単なる神話として、教訓的な物語として存続する場合がある。

〔占いの〕分析はこのくらいにして、本題にもどろう。生命体に対する儀礼的・演出的行動は、それ自体すでに非凡な意味をもっている。なぜなら、すでに示したように、この行動は外界と意識と行動の中へ、それらが一体となった安定化の核を置くからである。あの時代《イン・イロ・テムポーレ》には、ただそれによってのみ、陳腐な日常性を越えた、自己と世界の連続という意識の高みに達することができたのであった。こうして、儀礼自体もまた、命令《イムペラティーフ》として安定化され、その中で持続的形式を達成したのであり、儀礼の対象と行動の公式が自我意識と一体化したのであった。別の言い方をすれば、儀礼が、もうこれ以上分析できないデータになり、そのようなデータの中で、「状況」の明快な事前決定が、偶然性から独立して、永続性を獲得したのであった。すなわち〔儀礼という〕独特な変換と濃縮化の中で——その変換の「方法」が、意識から、完全に隠されているにもかかわらず——現実状況に決定を下すカテゴリーが保存されたのであった。

この過程には、ビュルガー＝プリンツが「圧縮モーメント」という概念で示した、意識の一つの特性が現われていると思う。〔われわれが何か行動を起こす場合〕「意識の中で、ただ単に決着がつき、限定的に、決定的に完了しているばかりでなく、意識の中に、すべての先取りされた状況が、自我の機能と共に、圧縮されているのである。そこでは状況が濃縮され、単純化されている」（「意識と無意識について」『総合研究』誌、第四巻、八号、一九五一年、四三四頁）。

この「圧縮モーメント」はうまく言い表わされた概念である。われわれはこれを使って、自立的な命令《イムペラティーフ》にアプローチすることができる。命令は「号令する内容」をめぐる意志行動と自我集中を、一つの公式の中に含むものであり、しかも、この内容は人間と世界すべてを含む状況を考えているばかりでなく、そのような状況をすでに実行の開始点で安定させている。連続性を確立することと、それに義務づけられることは一つの同じ過程なのである。

ここで、儀礼ないし、それを安定化させる命令《イムペラティーフ》の中では、人間を含めた一定の世界状況が——われわれが苦労して追求してきたような、あらゆる「先取りされた状況」が隠されたままで——自我の形式へと変換されるのだ、と言い換えるなら、目下の主題は容易に理解してもらえるであろう。古代の多くの世界像に見られる「擬人主義《アントロポモルヒスムス》」は、けっきょくここから生れてくる。「生命体」は潜在的ないしは現世的祭祀センターであると共に、義務の内容である。だからこそ、この世界像の中では、外界は基本的に、また可能性として、その外界自体から生れてきた行動の義務づけにしばられたままなのである。

反対に、現代の中立化された外界の中では、物質的合理性の活躍の場が完全に解放されている。すなわち「あらゆる物」が、その事実的特性という観点で、実験可能なものになっており、同時にいわば、自由な目的を追うという「特殊な目的のため」の手段になっている。こうして、客観的な自然の現実に――つまり、実験と数学的悟性がすべての擬人観の緯糸をそこから抜き去ってしまったような自然の現実に――驚くほど接近することができたのである。そしてまた、そのような世界が無意味なものになることを、かねてから魂の内部へ移行していた宗教の力が、少なくともこれらの魂のために、防いだと言ってよいかも知れない。ただし、この客観的な自然の現実に対する知識と能力の接近は、すべての人間行動を観察可能なものにすると共に、絶対に、人間中心的なものにする。われわれはもう、世界を生命体や精霊に満たされたものとは考えないし、われわれの行動もあの先取りされたものにしばられていない。世界は――その精密な詳細を知り、支配することが自然科学者や技術家の仕事であるような――事実の場になり、だからこそ世界は止めどもない消費の領域になるのである。自然科学はそのすべての対象を消費物、あるいは破壊の武器に変える複雑な原形式である。われわれは、もう、クセルクセスのように川（もしくは川の神）であるギュンデスを、運河に解体することによって「罰し」たりはしない。それを発電に利用して、われわれの家を照明する。われわれは擬人観と直結する世界像を放棄することによって、客観的な自然認識に到達したけれども、まさにそのことによって、人間は自己を全存在の実用的な中心と最終目的にしてしまったのである。自然科学と技術の公式からは、どんな倫理的義務規則も引き出すことはできないのであり、ますます明らかになっていることは最大多数のための最も快適なベッドをつくり出す自然の利用である。一切を貫く社会性の時代が、言い換えれば人類の自己肯定という画期的事件が、全地球規模で始まったのである。この事件は、自然に対する不安が消え去ったあとで、人類自身に対する人類の不安が意識されるような未完成の倫理問題をかかえている。

33　推定される三つの世界像

人間を形成している多数のカテゴリーの中から、今、ほぼ完全に研究することのできた前呪術的・儀礼的行動は、道具的・実用的な、合理的・可変的な行動と対比されねばならないし、また対比することが可能である。そのことによって、これらが同じ根から出た二つの同じ形式であることが明らかになる。簡単に言えば、二次的合目的性の発見と利用への、つまり根源の制度への道を歩むのか、あるいは合目的的な行動への内部的接近の道、つまり呪術への道を歩むのかの違いになる。

まず第一に、われわれが最初から強調してきたように、人間と自然の「絶対的関係」は意識されようと、されまいと、動かしがたいアプリオリである。動物の世界へ連続している〔男女という〕性の二重性が容易に受け入れられるように、このことは飢えと栄養、母と子、月と夜の関係でも同じである。これらの現実はすべて絶対的なものであり、それは誕生と死の連続のようにすべての個人を貫いている。この点にどこでもあてはまる「経験の先天性《アプリオリ》」がある。これら経験というものは存在を自分の目で確かめる作業である。経験は客観的なもの、事前に与えられたものである。なぜなら経験は衝動や欲求として、夜と共に始まる疲労や、日中の目ざめとして、背景的充足や緊急の欠乏として、内面的にも現われているからである。

しかし、これらの動かしがたい生のもつ根源的内容は不明瞭である。生の内容は秘められた形で人間の欲求に属しながら、その存在と具体的な現実のもとでは欲求から独立している。生の内容は現実と無関係である、と同時に理解不可能な形でわれわれからへだたっている。なるほど一人一人の人間は、動物や泉や木々や他の人びとと——精神的なものまで含めた、すべての種類の欲求とその充足という絶対的関係の中で——密接に結びついているが、しかし、この中では生の内容は理解できない。なぜなら右の関係は不安定、不確実であり、常に恣意性、独自性、閉鎖性が姿を現わしているからである。この面に注目するなら、生の「存在の中の自己価値」を主張することができる。すなわち、生の潜在的存在価値(あるいは無価値!)が、ただし条件つきで、仮定されるのである。人はここから行動を起こすのである。一連の安定化の核心が「生命体」をめぐってつくり出される際に成立する——真の原始の「哲学」としての——世界解釈は、この事実にぴったり一致する。こうして世界は「恣意的な」生命体たちの活躍の場になり、そこでは彼らがおたがいに、そしてまた人間と、一方で引き合い、一方で反発しあうような「共感的関係」に入ることになる。この世界解釈のはてしない説明の中に古代の形而上学が成り立つ。この「共感的関係」はもちろん、存在の焦点で——つまり男と女、女と子供、飢えと栄養、渇きと泉、目と光、言葉と返答の関係の中で——内界と外界から同時に与えられる経験である。これが、カントが認めようとしなかった、目に見えるもの、経験的なものの中におけるア・プリオリな総合である。

もちろん、このような事前に与えられた秩序の根本経験は「全体世界へ転写」されるのではなくて、その反対の限られた世界へ移される。つまり、人間は本能の面から見れば、まさに精神的と言えるほど世界開放的であるから、知覚されるあらゆるきわだった《プレグナント》ものの喚起に、常時捉えられるような態勢をつくり出しており、したがって内面での同意や、反発と同じものを、自分の外部の、物や生物の間にさえ認めるのである。すべての存在と事件がたがいに暗黙の了解をとりつけ、期待しあい、指示しあいながら、しかも予期できない恣意性に委ねられている、といったこの世界観は、脱専門的な、世界開放的な、しかし失望させられることの多い欲求や衝動が、精神という媒介者によって意識させられるような人間存在の形式に、まったくふさわしいものである。それは、まさに「意識そのものの内部に起こった本能と動物性の国の革命」(M・プラディーヌ『宗教の真髄』一九四七年、一七一頁)である。生命体、あるいは魂をふきこまれた事件がたがいに共感をもって引き合い、反発しあうような、このダイナミックな世界構想は人間にとって避けがたいものである。なぜなら、鳥が巣へ飛んで行くときに見られるような、具体的な、説得力ある必然性は、それだけでもう鳥の「生命体」をつくり出すのに充分だからである。人間はそれを理解する〔sich begreifen 自己自身をつかむ〕のではなしに、その中に自己自身を理解する〔sich selbst verstehen 自己自身を置き換える〕。これこそ、人間が自分の生命力と肉体性に対してもっている関係なのである。すべての文化を見渡すとき、何よりもまず、この形而上学がもっともありそうな形而上学であり、それは信じられぬほど長い寿命をもつものである。儀礼と呪術のあらゆる残滓から解放され、自然体験のあらゆる直接性から切り離されながらも、それは自己の権利を主張している。魂をもつダイナミックな因果性は、ライプニッツの、いやショーペンハウアーとニーチェにさえ見られる体系原理である。すべての古代的世界像は先取りされた安定調和を目ざしている。ショーペンハウアーでは、水力学は一種の「水の性格描写」であり、重力とは「諸物体の本源から出る、諸物体との合一のあこがれ」である。同様にニーチェも、無機的自然について次のように哲学する。「どんなものも過剰には存在しない。ただ、他のすべてのダイナミックな量と緊張関係にあるダイナミックな量が存在するだけである。そのような量の本質は、他のすべての量に対する、その量との関係の中に、つまり、量に対する量の『働きかけ』の中にある。権力への意志は一つの存在でもなく、生成でもない。一つのパトスである」（『権力への意志』六三五節）。つづけて彼は、権力への志向は快・不快の感情を抜きにしては想定できない、と考察する（前掲書、六八九節）。

　これは驚くに当たらない。というのは、基本的世界構想が際限もない数になることはありえないことであり、ここでもやはり、想像される二、三の原理が支配しているにすぎぬからである。プラディーヌは、われわれが「自然の事物に対する合意《コンセンサス》によってつくり上げる普遍的な表象の姿は貧弱なものであり、そのような表象が本当らしくないのは現在も変りがない」ことを、まことに明確に見抜いていた（前掲書、五九頁以下）。科学は、行動の転位と再構成を概念の中で模写することによって可能になる人間と技術の操作の経験から発展した、と言えようし、前呪術と呪術の世界観は共感の作用から、つまり秘密《アンタ》の協定《ント・セクレト》と反発から、さらに、高級宗教は意志の活動から発展した、と言えようが、〔普遍的に〕もっともありそうな状況は第二の状況であった。なぜなら、何よりもまず人間の生活自体が——生のそれぞれの部分を組織化して行く中で、欲求や情熱を引き出す対象への活動の中で——物質世界も、道徳的世界も同時に表現できるような像を、精神に提供したからである。

　もちろん、最初に上げたすべての出来事の説明原理としての機械論の構想は、古代的思考からまったく遠いものである。それは、発達史的にみれば、まず外界が呪術から普遍的に中立化され、外界が神々の故郷や領土に——多神教でも、まだそうであったように——分割されてはいないという意味で、宗教的に無関心になって初めて成立することができるからである。だから機械論の最初の始まりは、どんなに早くても、完全に発展した多神教的宗教の啓蒙期と同時期である。しかも、機械論が一般的な思考として受け入れられるためには、さらに、目に見えない、彼岸の神という一神教を前提にしなければならない。外界が独立の法則をもつ事実の領域へ変化する前に、まず外界の救済宗教的中立化が先行しなければならなかった。

三番目の最後の、可能な世界構想は意志による、つまり世界創造の意志によるそれである。一人の神ないしは最高神による、あるいは一対の神による世界創造の一般的な理念は、非常に古い、まさに古代的なもののように見える。ただし、この観念は一種の「製造」という不定の観念（アメリカ・インディアンの「大地の造り手《アース・メーカー》」）にとどまっているか、あるいは生産という肉体的な像に結びついているだけである。だから、この天の神あるいは造物主——同時にそれは世界秩序と儀礼の創始者でもあるが——は、たいていは、まだ「語る神」ではない。言葉と思想による、つまり——言葉と命令で表現される——意志による世界創造は巨大な支配関係の中で初めて構想されたのである。それはエジプトに見られるように、まったく世界史的な事件であった。

第一王朝の王国統一遠征で、上エジプトの常勝王たちのトーテムであったタカが、以前から存在した天の神の役割を与えられた。そのはばたきは天を被い、その目は太陽と月である、と第一王朝のある描写は述べている（H・ユンカー『ピラミッド時代』一九四九年、一七頁）。彼は太陽と月の出没に応じて、時に「具眼の、時に盲目の神」である（H・ユンカー『バイエルン科学アカデミー会議報告』一九四二年、第七号、一六頁）。これは特別に印象深い、天の神の政治化であるが、それでもまだ、われわれが「メンフィス神学の記念碑」の中で、完全に発展した形で出会うような、語る神への偉大な凝集ではない。シュピーゲルによれば、この碑文は第四王朝、つまりピラミッド王朝時代のものである（「エジプト精神史の諸段階』、『世紀』第一巻、一号、一九五〇年)。E・オットーに従えば、もっと早く、第三王朝のものである(『エジプト』一九五三年)。いずれにせよ、九神の中の〔語る神としての〕最高神、創造神と目されるものはメンフィスのプタハである。「九神は、だから、このプタハの口の中の歯と唇の間を通って成立した。このシュー神とテヌフート神(空気と湿気)がそこから出てきた。九神は口からつくられたのである。この方法ですべての神々がつくられ、九神は完全なものになった。すべての神の言葉は、まさに心が考え、舌が命じたものから成り立っている。だから、すべての栄養と食物を生み出す男や女の神々は、この言葉によってつくられたのである。だからまた、愛されることをなす人は賞められ、にくまれることをなす人は非難される」。(24)

この記念碑は、ヘリオポリス(下エジプト)のアトゥムが原始的な自慰生殖の形で九神を完成したとする古い神話を非難している。ヘリオポリスの神話は第三王朝のものであり、したがってメンフィスの記念碑はメンフィスのプタハ神をアトゥム神の位置にすえる意味をもっている。と同時に、より高級な、合理的な神の理念をかりて企てられた政治的出来事であった。それは記念碑の次の言葉からはっきり読みとることができる。(25)

「プタハの九神は、アトゥムよりも以前に——彼の精液と手に当る——歯と唇として存在する。アトゥムの九神は彼の精液と指によって生れたということだが、しかし九神はこの口(プタハの)から、歯と唇の間を通って成立したのである」(前掲、ユンカー『ピラミッド時代』二三頁)。この記念碑は一種の言語哲学を含むとさえ言ってよい。「心と舌が、肉体のすべての部分を支配しているのである……目が見たもの、耳が聞いたもの、鼻が吸ったもの、それらは心に知らせを伝える。心はすべての認識をもたらすものであり、舌は心によって考えられることをくり返すものである。こうして、すべての仕事が、すべての工作が片づけられる」（同二三頁）。

なぜ、ヘリオポリスの九神の中に古い天の神ホールスが登場しないで、ここに数えられているイシスとオシリス神たちの息子としてのみ追加されているのか、は専門的な論争の対象であろうが、われわれに重要なのは、最初から人間の姿をしたプタハが、少なくともピラミッドの王たちの時代にすでに神であり、他の神々、町々、村々、世界の法秩序を言葉によって創造したということである。だから、ここでH・ユンカーも言うように、「プタハが万物を支配する創造主として、普遍的な神の力として理解されていたことは疑いの余地がない」し、「われわれは、そのような〔言葉による〕主張の効果を知らねばならない。とくにプタハの声明として、アトゥムやホールスのようなまったく偉大なすべての神々さえ説明されることを、その意味では一神教だけを特に強調することのできないことを、知らねばならぬのである」（「初期エジプト人の精神的態度」、『オーストリア科学アカデミー会議報告』、第二三七号、一九六一年、一四四頁、一四〇頁）。

なお一つ、ここから読みとられることは強大な支配をめぐる関係である。というのは、この碑文が同時に問題にしているのはヘリオポリスに対するメンフィスの優位だからである。第一王朝以来、王自身が「偉大な神」の具現者になり、したがって、考えられうる世界構想の第三番のもの、つまり言葉と意志による創造と支配がすでに発見されていた。それが紀元前二八〇〇年から前二五〇〇年の間であることは、何よりもまずこの碑文が証明している。他方、時計仕掛けの世界像、つまり大機械論は、ようやくレウキッポス（前四八〇年）以後に考えつかれるのに、「共感の宇宙像」、すなわち最も本能に近い世界形式は日付の分からないほど遠い古代の年代のものである。

さて、そのような遠い古代の世界像にもどれば、この生の解釈も――つまり、生とは「不安定な同意」の領域、すなわち争ったり和解したりしている、あらゆる種類の生命体や力の場であるという解釈も——他の二つの世界像と同じように、われわれの意識の基本的要求をかなえていることが分かる。実際、人間にとって、感覚的経験というものはそれ自体では満足できないものであり、沈黙した、または騒然とした自然の恣意の中で、感覚にうつるありそうにもない、びっくりするような出来事はまったくの謎である。このことは、正反対の、たとえば太陽や月の出没を始めとする同型性や規則性を見る場合でも同じである。人の知覚は、単にそれが行動を操る場合には何ら問題は起こらない。しかし、ひとたび、物の存在自体を知覚の対象にしようとすると、知覚がただ、現象の表面にだけ到達し、深淵の上をさまよっているように感じ始める。だから、当然、人びとは現象の背後にその原因を探し求める。ただし、原子や分子の中にではなく、霊や仲介者たちの中にさがし求める。なぜなら、彼らの中へ魂を吹きこむと、その魂が語り始め、たとえ彼らに言葉がなくても、聞くことができるからである。こうして、人びとは霊や仲介者によって現象の原因を知り、何かに役立てようとするのである。これが、プラディーヌが言うように「感覚的事物から借りてきたのではない観念によって、感覚的事物を解釈するという、主要な解釈の道」であり（前掲書、七九頁）、人間精神の先天性《アプリオリ》である。現象の背後に「原因」を探す同じ動機から、人間は現象自体を必然のものだと考える。そして、感覚的なものによる結論を超越して、想像上の関係の中の結論を定着させる。したがって同時に、この「仲介者による因果性」が、あの「不定の義務づけ」と、あの「意識の内部に起こった本能と動物性の国の革命」と、完全に一致させられることになる。この義務づけは最も感受性豊かな、精神化された形で今日なお芸術家の内部に起こっている。付け加えれば、ここにだけ、演出という行動の道が開けている。

だから、われわれは、いたる所に生命体や、あらゆる段階の擬人化された力や、魔神たちや、仲介者たちがいて、それらの間に確実な日課の場がようやく開かれているような古代的世界像も、やはりまた、まったく確固とした事実に対応しているのだ、ということを認めなければならない。しかし、やがていつか、自然の実体——つまり、たがいに奉仕しあい、破壊しあい、扶養しあい、害を与えあう自然の実体——の間の「アプリオリな総合」が理解されるようになる。つまり、まず、きわめて高度に文明化された世界が、恐怖を引き起こす世界の面を、人間の力で移し変え、幸・不幸の予想を人間に結びつけることによって、完全に取り除いてしまう。つぎに、「理論」が——現象の「背後」に原因を求める——悟性の働きの法則の最奥に生れて、そこから現象の必然性が理解される。こうして、事実の帰結を論理の帰結に変えながら、同時に行動の精神的道具が準備される。たとえば人が事件の仲介者を知れば、この仲介者を通じて事件に操作的[26]に介入することができるようになる。これこそ、生得的な、理性特有の——あらゆる美的教養主義者の約束にもかかわらず破壊することのできない——人間精神のプラグマティズムである。それは、まさしく操作的なものであり、まず自然の領域に展開されたのである。

このような世界観が果たした課題について、われわれはもっと深く考える必要がある。人はそこから基本的な制度を発展させ、ずっと完全な、より実利的な、より目ざましい自然の解釈を過去三〇〇年の間に達成してきたけれども、ただしそれは他の分野での無能力化の代償として手に入れたものだからである。つまり、人が真に自然を支配するようになって以来、人間は自分自身を支配できなくなっているからである。あの古い見解は、なるほど、ひどく空想的なものだが、しかし生の解釈に関するかぎり、その内面的合理性と完全に一致していた。そこでは「自然の目的」が自己の目的になっていた。それは、繁殖と栄養の安定が永続的組織によって果たされるような、まぎれもない人間最高の作品《スンムウム・オプス》と言えるものであった。人間は、破壊されない自然と、自分の外部でも、内部でも、調和していた。反対に、今日のわれわれは自然を美学的「体験」のために解体することができる。われわれは自然を徹底的に支配して自家薬籠中のものにしているからである。自然の関係で残る問題は、保健的ないし医学的な種類のものにすぎない。

34　外界の霊化

生命体、精霊、魔神たちといった構想は、そもそもどのようにして生れるのかという問題が、これからの二章で、論理的に、もう一度展望されなければならない。なぜなら古代的世界像の中心問題は、けっきょく、まことにさまざまな由来をもつ大量の経験がどのように組織されたか、だからである。

周辺部の問題から始めると、W・ケーラーは、ぶ厚い、細い、頑丈な、鈍重な、優雅な、力強い等々といった特徴は、緑色や赤色と同じように、あらゆる客観的な物の特徴として避けることのできないものである、と述べている（『心理学アメリカン・ジャーナル』第五〇号、一九三七年）。これらの特徴は光学的に見て客観的なものであると同時に「意味深い《アオスドゥルクスフォル》」のであり、現代のゲシュタルト心理学は、そのような「本質的特徴」がもっている率直な具象性に大きな価値をおいている。メッツガーは、おごそかな、陰気な、重厚な、幽霊の出そうな、泣き出したくなるような等のゲシュタルト性質を「主観的」と呼ばぬよう、はっきり警告している（『心理学』第二版、一九五四年、六四頁）。なぜなら、それらの性質は本来の自我の状態として経験されるのでもなければ、対象になっている、あれやこれやの性質が、その印象を受けとっている人間の見解によって決まるものでもないからである。

ケーラーは、かつてアルプスに登り、慎重に岩角をまわっているとき、斜面にそって黙々とゆっくり近づいてくる厚い黒雲を見た自分の経験を語っている。「これほど邪悪に、険悪に見えたものはなかった」(„nothing could look more sinister and more threatening")(前掲誌、二七八頁)。ここで思い出されるのは、ウイリアム・ジェームズが体験した一九〇六年のカリフォルニアの地震の描写である。地震は彼の体験の中で、ただちに人格化された。「地震はわたくしの背後から、こっそりしのび寄ってきた。そして、いったん部屋に留まったあとで、充分わたくしにねらいを定め、確信をもって姿を現わすことができた。一人の人間の行動の中で、これほどはっきりした意気込みと意図をもったものは見当たらない……彼はこの記念すべき四月の朝に、わたくしの部屋へ押し入り、最大の効果と最大の勝利をおさめるために、じっとこらえていたのであった」(ベルクソンよりの引用、『道徳と宗教の二源泉』一九三三年、一五一頁)。

このように、われわれは動物の上品さから、大声をあげて襲いかかる雷を経て、ジェームズの勝ち誇った地震にいたる——本質的特徴から受けた直接の印象の——切れ目のない行列を上げることができる。そして、ついに〔古代的世界像に見るような〕擬人化の頂点に達する。擬人化の頂点は、明らかに、参加する情動の量と、対象のもつありそうにないことの程度に応じて近づいてくる。このオートマチズムは、すでに述べたまったく別の側面、つまり、ローレンツのすぐれた研究が言うように、真に本能的な生得的行動が脱専門化することによって物まねリリーサーが生れてくる側面と重なりあっている。やさしい、あるいは恐ろしい顔は子供がすぐ反応する真のリリーサーであり、おそらく最も初期の厳密な意味の社会本能はここにもとづいている。それは乳児によって、ただちに「理解」される。このケースは理論的にたいへん重要なものである。なぜなら、これによって本能退行、つまり人間の運動面での崩壊が説明できるからである。子供が少し成長すると、この反応はただの「感情衝撃」に限定されてしまい、自動的挑発が起こるだけになる。この本能は、人間に典型的なものとして、脱専門化している。つまり対象非専門的になっている。なぜなら、われわれはそれらの対象が本来の人間的な物まねりリーサーに少しでも近い一定の特徴を示すと、無意識のうちに、人間とは無関係の任意の対象を人相学的に解釈するからである。だから、家具とか家が、親しげに、あるいは無愛想に見え、ワシは大胆に、ラクダは尊大に、奇怪な岩はわれわれをうかがうように見えることになる。「こうして、人間のつくった大半の、窓のある建築物は、これらの開口部が間違いなく眼の評価をうけるために、人相学的な強い影響を与えるのである」とローレンツは言っている[27](「人間経験の生得的諸形式」『動物心理学誌』第五号、一九四二年、二七九頁)。また、たとえばシャルル・メルヨンのエッチングを見るとき、空虚なパリの街の無限につづく窓の行列を通して、重苦しい絶望と悲哀がわれわれを凝視するように思われることを、誰が否定できるだろうか。太陽と月は天の目であるという解釈が、やはり天の神の構想の外面的端緒になったと言えるだろう。なぜなら、そのことは非常に原始的な社会、たとえばフェゴ島に、セマング族(マライ半島)の間に、シベリアのサモイェード族に、見られるからである(W・シュミット『神観念の起源』第三巻、一九三二年、一〇八七頁)。

さらに、また別の報告では、世界が霊化される一つの重要な経験のもとは、夢の「外在化《アオセンラーゲ》」にあることが挙げられている。夢のお告げは、古代ギリシアではまだ普通のことであった。アレクサンドロスがテュロスの攻囲中に、踊るサテュロス神の夢を見たとき、「生命体」が何かを告げようとしているのだと感じた。夢占い師たちは勝利だと説明した。また、主観の内在性が発見されるまでは、夢で見る死者が実在のものであるということは、毫も疑いのないところであった。主観の内在性は、周知のように、スコラ哲学の時代でさえ、まだ発見されていなかった。人びとは概念を「実在のもの」と考えていた。

　最後に、「自然との格闘」の中に外界を擬人化する逆らいがたい動機が存在している。というのは確かに、一種の要請複合《コンプレックス》――労働、希望、熱意、意志、空想――が抵抗に出会うと、当然、それらに逆らう方向づけられた力といったものが、経験されざるを得ないからである。この面についてのA・ヴァラニャックの強調は印象深い。「道具は人間の労働に、ある程度、実力行動の、つまり闘争の様相をあたえた。それは決闘に近い」（『伝統文化と生活様式』一九四八年、三二三頁）。だから世界を、敵や味方として活動する「人格に分ける」傾向も当然であり、われわれは今日なお、抵抗する事物の、感情的な擬人化を、その最後の残滓の中に見ることができる。釘がなかなか壁に入ろうと（will 欲する）しない。

　われわれが、周辺の問題から出発して、心理学的視点のもとに、今、理論化したこれらすべての事実は、「アニミズム的な」世界像を――そのような感性がすっかり干からびてしまった――われわれの意識にも、いくらか受け入れやすいものにするであろう。もちろん、われわれの理解は、いわば無責任な単なる頭脳の「想像能力」をたのむものには違いないが……。現実の、直接的な自明の経験としてのアニミズムを、われわれは知らない。しかし、われわれの自意識がもともと外界を通じて発達したものであり、その際、外界の像による自己の魂の把握と、外界の把握は――すなわち魂をもち、意欲し、行動する無数の作用センター〔精霊〕が存在するという図式に従った外界の把握は――同一の体系化過程の盾の両面だったにちがいない、という仮定をさけて通るわけにはいかぬのである。先に論じた、今日なおわれわれが知っているオートマチズムは、現代のわれわれの意識に占める価値とはまったく違った中心的な「位置価」をもっていたにちがいない。ここに、われわれの主要課題の一つ、つまり単なる内容だけではない意識構造そのものの発展と変化の課題が、存在している。

だが、一体どのようにして、これらの印象深い、しかし信頼できない経験が安定化されるに至ったか、しかも、それが外界の経験と人間内界の経験という、いわば二つの不安定そのもの同士を結ぶ経験であるということは理解しにくいところである。広義のアニミズム——すなわち、いたる所が作用センターや精霊たちの住みかになり、万物が「共感的関係」によって結ばれている世界——の問題は、その構想がより自然に近い、まさに不可避のものであったから、という理由では解答にならない。なぜなら、これらの構想は同じ所を堂々巡りしている錯誤の行為にほかならないからである。これらの構想が偶然のものであり、不安定なものであることは、たとえ民族学がそのような世界像のめまいを起こさせるほどの多様性、豊饒性、可塑性を教えてくれなかったとしても、やはり明らかなことであろう。安定化の要因は、だから、このオートマチズムの中には求められない。われわれはここでも、あらゆる場所と同じように、文化哲学の視点から制度を問題にしなければならない。何らかの理念や理念体系が確立し、持続するときに、問われねばならぬものは、人間の行動をこえて、その観念を持続させる制度である。

この意味で、言葉はまず、制度として理解されねばならない。なぜなら言葉は知覚に、さらにそればかりでなく、人間の相互行動に安定化の核を提供するからである。ある物に名前があるということは、それだけでもう物を知覚の対象にする。おまけに、名前はこの直接の知覚が存在しないときでも、その物が眼前にあるときと同じ意味の行動のチャンスを人びとに与える。他者との理解の可能性、とくに他者との協同の可能性が、同じ物について同じ音の中で——その物が今、目の前にあろうとなかろうと——起こりうるのは、物に名前があるからである。それだけではない。言葉の最古の層では、名前が生命体を「決定」し、呪縛し、世界の霊化は命名によって初めて完成し、固定したかのように見えるのである。われわれは、現代の抽象的情報・活字文化の意識を脱して、これに近づくことは不可能である。しかし、たとえばインド＝ゲルマン語においても、考えられるすべての物に性を与えて、言葉の中にそれを表現することに、かつては深い意味を感じていたのである。

いずれにせよ、物の霊的特性が言葉の中へ吹きこまれたとすれば、言語の特徴である返事を聞き、コミュニケーションができるという期待が、他の人間との間ばかりでなく、物そのものとの間でも適えられるように思われたにちがいない。こうして初めて物の生命体が名前の中で語るように見えることになる。それは、物が名前をもつことによって、他の人間とのコミュニケーションの負担免除が経験されるときに、ようやく可能だったのである。他者とのコミュニケーションは困難な、不確実な、何らかの意味で危険なことだったにちがいない。それは名前の「神聖化」、すなわち、生命体を言葉の中へ封じこめること、によってようやく解決された。多分、人びとはあの時代《イン・イロ・テムポーレ》に物について人間と語っただけでなく、人間について物と語ったにちがいない。自然の「解説《インタープレタチオン》」が少なくとも一部分は、そのまま社会と他人の解説になるような意味で、そう言えるのであり、後にトーテミズムの課題で再びわれわれが出会うことになる一つの考え方であった。

このようなわれわれの見解に従えば、前述の万物に生命を吹きこむオートマチズムは、単に流動的な素材を提供するにすぎない。素材は言葉という「定着体系」をまってはじめて、いわば組織化され、固定化される。

第二の安定化の中枢は、前にくわしく論究した儀礼の中にある。そこでは、まず模倣的転位の中で、いろいろなものに形を変える生命体が経験され、存在のこの中心点から、生活とは最も縁遠い、最も希薄な対象の中にまで、生命体のカテゴリーが働くようになる。前に述べた心理学的オートマチズムは、まことに多様な経験を、いわばすでに、半ば人格化するけれども、それだけでは生命体、精霊、魔神たちを「維持する」のに充分ではない。心理学的オートマチズムはただ、生命体たちが無限に広がって行く際の流れの役をつとめるにすぎない。しかし、そのようなオートマチズムがひとたび儀礼の中心部に展開されると、言葉がそれを外界のすべての領域へ運んで行き、現象の「背後に」原因を知ろうとする悟性の要求を最大の味方として、知覚する何でもすべてに人格性を結びつけるようになる。その結果は日常性以外のものまでも完全に日常化してしまうことである。テナ・インディアンたちの間では、彼らが森の中で自分たちがよく知っている鳥の声と完全には（！）合致しない甲高い声を聞くとき、それは彼らを呼ぶ魂の声である、と言われる。何かその種のものを見たり、聞いたりしたことを誰一人報告しないような、インディアンの村は一日たりとも存在しない。また、南米インディアン・チリグアノ族の間で二人が出会ったときの挨拶の文句は「お前は生きているか」（つまり、まだ魂！　ではないのか）、「うん、わたしは生きている」なのである。

この日常性以外のものの日常化は、別の面から見ると、「最もありそうな」世界観の共通の主題、つまり、流動的な、固定的ないろいろな段階の生命体によってつくりだされる共感的秩序を示すものである。名前もないほど、はかない霊もあれば、形のはっきりした有名な霊も知られている。それらの中にも、祭祀をともなったり、ともなわなかったりするものがある。別の霊では祭礼が、いわば、ほんの萌芽段階にすぎず、単なる義務的行動に終るものもある。ちょうど前兆のように、あるいは次のような大変つつましい呪術的な「歌」のように……。

ルリよ、お前の息子たちは罠の名人だ
巧みな狩人、お前の息子たちは網の名人だ

ルリよ、お前はいつも豊かな食物を獲る
霊よ（!）、私にめぐんでおくれ
ルリと同じように私の狩りにも幸運を。

(Rri, tes fils sont bien tendus,
chasseur rusé, tes fils sont bien tissés,
Rri, tu es assuré d'une nourriture abondante,
esprit (!), sois moi propice,
fasse que comme Rri ma chasse soit heureuse.)

（狩猟中のコンゴ・ピグミーがクモを見かけたときに唱える歌。R・P・トリーユ『アフリカ・ピグミー族の魂』一九四五年、一九一頁より引用）。そして最後に、一つの大きな体系の支柱となって、恒常的に祭祀が営まれる偉大な霊たちが存在する。しかし、いずれの場合も、たいへん論理的だとは言えぬものである。クモの場合も、この願いが個々のクモに対するものなのか、あるいはその「魂」に対するものかを考えるのは無駄なことである。なぜなら、ここで考えられているのは、理想的な安定の中の、実在的なものの常《ディ・レアーレ・ゲーゲン》時存在《ヴァルト》だからである。必ず同じ形式で唱えられねばならない、ということは、まさにこのことに関係している。

世界についてのこのような見解の完全な機能化と発展を促したものは、もちろん当時の「哲学者たち」の体系的、解説的な、それなりの能力である。その仕事は常に、印象深い事件を「効力をもつ現在」として、すでに半ば人格化させる心理学的オートマチズムの方向で進行した。テナ・インディアンの例でもやはり、そのような解説が人びとの心に刻みこまれ、絶対化され、まさに飽きるほどくり返された跡がはっきり見られる。

前に発展させた人類学的カテゴリーの一つを思い出すと、古代的世界像の拡大と、完全な組織化は「最初の経験の場から、利用手段が分離」されてはじめて可能になることが分かっている。これは非常に重要なカテゴリーである。たとえて言えば、今日、技術的思考モデルが技術的でない分野にまで、とめどもなくひろがっていくと、欠陥のある部分は「活動からはずされる」、つまり従業員は「利用されなくなる」か、「簡単に取り替えられる」が、それによく似ている。文化の本来の凝集点でつくり出された行動型と思考形式は、それが習慣化し、内容から離れて――つまり二つの重要な基盤から離れて――任意の新しい内容に応用できるようになるとき、初めて機能的なものになる。それは波紋のように周囲に広がっていく。いずれにせよ、完全な意味での儀礼が、二つの重要な根源的内容、すなわち狩猟獣と人間の死体、を中心にもっていたことは疑いない。そこに生命体が構想され、そこから人びとは此岸へ超越し、そこで偉大な模倣的儀礼が自意識を高揚し、その地点で記念碑や偶像や石標の中に共感的関係を安定させたのである。しかし、同時にそこから、これらの世界観はますます希薄な、拡散的なものになっていったのである。これらの世界観は、その時まではまだ知覚対象の周辺にようやく存在していた言葉の力を借りて、あの強烈な、異様な、不安に満ちた感情コンプレックスに、近似的に近づくことに成功したのであった。しかし、こうして、かつて存在していた根源的な重圧、経験の激しさは、体系の強制力、厳密さ、拡大化にとって代られた。なぜなら、どちらにとっても重要なことは、一つの優先的《パル・エクセレンス》価値、つまり安定化だったからである。

このような世界解釈は現代のわれわれには、ほとんど完全に失われている。現実とは、われわれにとって何よりもまず、そこからわれわれの主観的表象を容易に切り離すことのできる事実的外界である。

われわれの世界体験の主要な問題の一つは、われわれがこの分離を守り抜き、われわれの行動を、外界の中で物に即して達成可能な変化に、限定することにある。そうやって満たされなくなった心の「願望の像」を特別な葛藤形式の中で処理することにある。古代的世界体験は、これとは反対に、原始のリリーサー・オートマチズムと、きわめて基本的な生命の欲求が共に効果を現わす儀礼の中に、その凝縮地点をもっている。儀礼は、その運動の状態が模倣され、反射しあうことによって、高度の自意識が挑発されるような、高揚した運動状態である。そればかりでなく、そこでは共通の同型行動を通じて社会的本能残基が充足されている。これら、すべての条件が、生命体を肉体によって《イン・ヴィヴォ》演出したり、生命体の像の前で行ったりする儀礼の中に含まれている。このような行動型の中には、いわば「すべてが入っている」。意識は「圧縮モーメント」（ビュルガー＝プリンツ）の場合と同じように、生命体の意識の上へ集中し、生命体をめぐって一丸となった行動がつくり上げられる。そこでは、すべての先取りされた状況が「濃縮され、単純化されている」。だから、われわれは次のように考えても決して的はずれではないと思う。つまり、この、いわば催眠術にかかった意識の中心は、生理学的な相関関係《コレラート》という点で見ると、状況全体の、まぎれもなく脳髄の中に「代表された」一丸的全体性を、まさに捉えている。フォン・ベルタランフィーの素晴らしい着想は、それを述べているのである。「意識の焦点（フォーカス）では、ただ一つの経験が存在するという事実は、そのような経験の生理学的相関関係《コレラート》が脳髄野全体に広がっていることを示している」。なぜなら、もしモザイク理論が正しいなら、刺激とそれに見合う経験のそれぞれの任意の数が並行して存在するはずだからである。（『生理学と心理学の理論的諸モデル』、『ジャーナル・オブ・パーソナリティ』第二〇号、一九五一年、二九頁）。意識はだから、主観的過程の単なる場になることができるだけでなく、「圧縮状態」として、きわめて複合的な、ダイナミックな状況を「単純化」することができる。いわば、その中心的内容へ外挿法を行うことができる。このように推定的につくり出されたものが生命体である。このような全体状況こそ、精神・身体全体が出会う対象を「本物《エルンスト》」だとするための保証人である、とロータッカーは言っている。つまり、出会った対象を反応全体が、そのまま現実だと受けとるための保証人になっているのである(「芸術作品の作用」、『美学・一般芸術学年報』第二巻、一九五四年、六頁以下)。

ところで、心理学的に見ると、われわれもまた自分たちの思考や表象を「外界の状況」の中の直接的な行動体験として――つまり、状況の中の一部分として――体験していることに注意しなければならない。そのような省察の中で、すなわち意識を意識する中で、初めて意識の主体性が現われる。この省察が、持続的な明白な自我として完全に習慣化されるのである。だから反対に、インドのタントラ信仰(28)のように、すべての儀礼行動は人間存在の三つの面、肉体、言葉、精神のすべてを含まねばならないと教えるとき、それは高度な古代的内容を多分、現代まで引きずっている。

35 原始の霊魂観念

哲学的に言うと、以上の叙述から引き出される結論は、自然の経験安定化の端緒は直接の出会い自体にではなく、それらの演出によってのみ得ることができるというものである。この命題は普遍的にあてはまるものであり、今日でもやはりそうである。自然科学の実験は分離の中に、つまり制御された条件下における自然のプロセスの純粋演出の中に、成り立つ。そして、この実験から得られた概念が物理学的現実を定義する。だから、単なる意識データから、反省的作業を通じてのみ、「現実」をつむぎ出そうとする観念論哲学の試みは成功しないのである。

二つ目の基本命題は、このような演出の始原形式に関する主張の中にある。つまり、高度の感情圧のもとで、存在の凝縮地点に登場するきわだった《プレグナント》ドラマチックな事件と形象が、生物学的な最古の――人間では特殊な変化をとげた（第29章）――オートマチズムの力を借りて、行動を強制するべく挑発するのであり、こうしてこの強制が不定の義務として意識されるようになり、印象の演出の中に力を現わして、ようやくその役目を終えるのだ、というわれわれの主張の中にある。このような状態に見られる意識の相関関係《コレラート》を、われわれは生命体、すなわち動物の霊魂、月の霊、等と呼んだのであり、その中では主体と客体が一つのものになっている。肉体の中の物まね的な演出が、このような霊的存在への人間の転位であり、変身と行動によって実現される一種の同一化であることは容易に理解できる。もっと完全なものは、像による生命体の再現である。一匹の動物の彫像は、不変の外界に転化した生命体の演出であり、その中には、永続的・潜在的欲求の永続的・潜在的充足が強制力をともなって具現されている。つまり世界と人間の安定した共感的関係が具体化されている。これが古代的形而上学の一般命題なのである。

カテゴリーの面から見ると、間違いなく、これらの生命体は多くの内容を含んだまったく高度な形成物である。それら生命体は、昼と夜、目ざめと眠り、母と子に始まる日常経験が、いたる所で意味深い、しかし理解できない秩序を見せてくれるだけに、ますます強く、本能に近い共感的関係の、もっともありそうな存在論として人びとの目にうつるのである。そして、ついに精霊や、魔神や、半ばまたは完全に人格化した各種の生命体たちが――現象の背後にある「必然的関係」を手っ取り早く理解し、何とか操作したいと思う――アプリオリな意識の要求を適えてくれることになる。そのかぎりで、「生命体」

は当時の経験条件と、当時の意識構造の発展段階における、もっとも合理的な、もっとも精神的に実り多い構想なのである。

生命体にはどんな創造者も存在しない。発見者だけがいる。なぜなら、そこで役を演じるのは主体的な能力ではなくて、意識と行動という最も重要なカテゴリーだからである。また、すべての生命体は必ず未決定の部分内容をもたねばならない。それは定義できること《ダス・デフィナブレ》を超えていなければならない。この無限性が古代的生命体に活力を与えるのである。この部分決定性・非決定性は彼らが再び部分的に規定される——つまり、生命体の活躍や受難や、あるいはその起源を描く神話の「物語」によって規定される——際にも、やはり守られている。生命体にとって、古代神話の中の無限の変身と変化の物語以外のどんな基本形態も存在しない。なぜなら生命体は、実際、物まね的演出の中の人間の変身から生れたのであり、そこに引きとめられているからである。E・コンツェの意見に従うと、まったく古代的な祭祀形式が後世の意識状態の中にまで保存される場合は、かなり独特なタントラ信仰のような考えに達するのである。つまり、タントラでは、ヨガの行者が創造するまでは客観的な意味で神は存在しなかった。「ただエジプトの神官たちだけが類似の能力をもっていた」とするのである（『仏教』一九五三年、一七八頁）。いずれにせよ、あの神話の変身の中には最後まで非決定性が守られている。それは、この種の強引な見解〔タントラ〕を妨げるものであり、生命体が古代世界の主題であろうとすれば絶対不可欠のものである。そうでなければ生命体は、いつでも距離をおいて眺めることのできる単なる表象に変化してしまうにちがいない。それほど、現代のイデオロギーと古代の神話は遠くかけ離れている。われわれは生命体を、あのすぐれた概念である「指導理念」（クロード・ベルナール）に数えることができる。指導理念は視覚的にシンボル化できるものでなければならない。行動に展開しうるものでなければならない。それは部分決定的・非決定的であり、社会関係でのみ明らかにされるような、「主観的」にはまったく真には実現されぬものでなければならない。生命体は「最終的に妥当するというニュアンス《エントギュルティヒカイットーン》」、言い換えれば、実用的な、ないしはまさに待望されている安定作用といったものでなければならない。

右の関係には、しかし未だもう一つの非常に重要な疑問が抜けている。いったい、この方法で魂——動物や月の霊等のような生命体——が構想されるものだろうか？ そもそも、どんなものが人間の自己経験、自己解釈の古代的手段なのであろうか？ そのような解釈の安定はどのようにして可能であるのか？

豊富な資料を覗けば、魂への多くの手段のあることが分かる。それらの重要なものの一つは死に通じている。非常にしばしば、息と血が魂の材料として、死者から離れて行くものとして、あげられている。このことは決して単なる合理的説明なのではなくて（もちろん、そうでもあるけれども）、それ以上のものである。つまり、死者を離れる魂は一種の失踪体験に当たるものである。なぜなら他者との人間的コミュニケーション、すなわち言葉や、強い情緒をともなった返答への期待が、他者が死んで眼前に横たわり、発言しなくなっても、そのまま消えてしまわないからである。それは引きつづいて進行し、「死によって」中断され、阻止されたコミュニケーションが、そのような形で、失踪した自我の中で本来の自我を意識させるからである。すなわち、自我を経験する非常に特殊な手段が存在するわけであり、それは死んだ他者を通じて行われる。死者を離れる息と血は、そのまま自分の内部の生命である。人びとは、このような自己解釈が決して直接のものではなく、そのためには外的支持物が必要であることを知るのであり、こうして、また、かつての不可解な、しかし自分と関係のある外界経験として自意識を挑発したすべてのもの——つまり、水に映る像、影、影の影（影の核《ケルンシャッテン》(29)）——が今や、自分の魂へ通じていることを知るのである。死者が現われて語る夢の中の像も、けっきょく彼の魂である。そして誰かが死んでもその名前はつづけて呼ぶことができるために、名前もまた魂になる。他者の失踪体験はこうして名前の中に充足される。ちょうど自己自身の意識が自分の名前の中に充足されるように……。

これらは、われわれが先に、知覚がもっている人格化のオートマチズムのところで論究したものと同じ状況である。つまり、ここには説明と安定を必要とする無数のきっかけと、出発点が存在していたのである。もちろん、魂の概念のこれほど多様な源泉に一義性を与えることは難しい。それは、ようやく一神教によって果たされる。だから、無数の魂という観念は当然のものであると同時に、たいへん古い観念なのである。

マオリ族の間にはたいへん複雑な魂の理論がある。人間とすべての生きものは次のような「実体《ズプスタンツ》」ないしは生命体から成り立っている。つまり、まずトイオラとよばれる永遠の要素から成り立っている。そして、このトイオラは物質的な「マウリ」を含んでおり、それは、たとえば子供の誕生の時に植えられる木のような秩序立った外界物と合致している具体的生命力である。が、物質的でないマウリもある。さらにトイオラはまた、ハウと呼ばれる息と活力を含んでいる。魂はこの複雑なトイオラと、また、冥界でようやく見ることのできる霊（夢の中の像！）から成り立っている。霊は人びとを外界に結びつける像のような（「われわれがどんなに遠く離れていても、われわれのワイルア〔霊〕はお前のそばにいる」）、あるいは、単なる表象のような（「わたくしのワイルア〔霊〕は、この仕事が成功するようにたいへん、気をつかっている」）ものである。そして最後に、魂は、これらすべての実体《ズプスタンツ》が住んでいる肉体から成り立っている。つまり、意識と思考がはらわたの中に、感情が心臓の中に、残りの感情や希望と記憶が胃の中に住んでいるような、器官全体としての肉体から成り立っている。さらに、魂の別の様相は祖先の具身化である（ラディン『原始世界の神と人間』一九五三年）。

これはもちろん、ラディンが強調するように、まさしく「哲学」である。ここでは、なるほど混乱はしているが、たしかに組織立った思考活動が行われたのである。そして同時にわれわれは、これらの実《ズブス》体《タンツ》のただ一つも外的支持なしには存在しえないことを知るのである。物質的でないマウリが、物質的なマウリに、さらにそれが再び具体的な物質に結びつくように、すべては何らかの目に見えるものに関係づけられる。あらゆるこれらの相を組み合わせて、内外の経験を一致させようとした哲学者たちの努力のあとは明らかである。彼らは自意識の原始の外的挑発者を「理論」の中に組み入れようとしたのであった。付け加えれば、エジプト人の間でも、鏡は、生命あるいはそれから派生した言葉で呼ばれたのであり、ヒッタイト語でも二つの語は結びついていた。

ところで、このような理論は、たとえどのような条件下にあったとしても、それ自体では安定して伝承されぬものである。すなわち、文字の形式で安定化されるか――つまりそのテキストが神聖な書として変化の埒外に置かれるか――あるいは理論自体が拘束力をもつ「内面の道」を開かねばならない。言い換えれば、精神的姿勢《ハビトウス》を理論と一致させるように、自己の内面を進んで鍛練する機会を開かねばならない。インディアンは「昔の自我」、つまり彼の守護霊を幻覚に見るまで、飢えと孤独の内に過ごす。誰にもそのような守護霊がある、と教義は教えている。三番目の道は、呪術がステロタイプな実践として魂の概念を、実践と結びつけて固定させることである。けっきょく、どの場合にも必要なことは、祭祀やその他の社会制度のような、この魂の形而上学を支える何らかの安定した制度である。このことをよく示しているのはマオリ族の例――つまり祖先の具身化という魂に関する彼らの一番最後の相――である。以上の条件下でのみ、理論は不変のまま伝承され、人間が自分自身について語るのに役立つようになる。つまり、われわれが自分自身について他者に、他者について自分自身に語ることができるようになる。われわれのワイルアはお前のそばにいる、というふうに……。それは、ちょうど、同様に豊かに錯綜した精神分析の理論――がそのような規準を受け入れる人びとの間で――分析の公式に従って自分自身を語る可能性を人間に開いたことと同じである。こうして、かつて影や反射像の類が理論に採用されたように、現代では、心の葛藤の理論が広く受け入れられている。われわれは、人間が自分自身について語るその方法から、ただちに彼が自分自身について直接体験したものを語っているのだと結論してはならない。それが、たとえ、今述べたように、何らかの安定した理論が――目的をもった自己鍛練の内面の道によって理論を自分のものにするように、言い換えれば、自分の中に理論を演出しなければならないように――その人を義務づけている場合でさえ、そうである。表現された形式から体験のあり方を推定すると、たいへんな間違いを犯すことになる。たとえば、われわれには――シュラーデがラムセス二世の碑文から結論づけるように――エジプト新王国の時代に、すなわち高度に文明化された時期にも、なお「精神的なものが感覚的なものの中に存在し」、感覚的なものに「包みこまれ、固く結びつけられていた」とは到底信じられないのである[30]（前掲書『隠れた神』一二九頁）。「あなたはラーである。そのことは、あなたの真の姿であるケペラの体の中に示されている。あなたは、あなたの父ヘリオポリスのアトゥムの地上に現われた姿である。味覚の神はあなたの口の中に、認識の神はあなたの心臓の中に住んでいる。あなたの舌は玉座であり、あなたの口は真理の神殿である。だから神はあなたの唇の上に宿っている」。ここに語られているすべては魂に関する哲学であり、形而上語《ホホシュプラーヘ》であって、新王国のエジプト人たちが、真理と舌の概念を「分かちがたく」結びつけていた、と結論することは間違っている。そのことはこの多様な言葉の用法によっても容易に理解できる。

だからわれわれは、もともと外界から挑発された自己発見の体験を、その内界についての理論から区別し、さらに、これらの理論を——その理論を安定させることとなった——要素から区別しなければならない。すべての古代文化に特徴的に見られるものは、明らかに、魂の永生であり、なんらかの種類の不滅性の確信である。このような、絶えず何かの形で哲学的に構成される理論の、経験的源泉は、たとえば死者とのコミュニケーションや情緒的結びつきが空しく中断されるという不合理にある。だから人びとは、彼が霊獣に変身し、あるいは（マオリ族のように）生命の木の中へ入り、夢の中で出会うことができる等々といった説明を考えるわけである。ただし、これらの経験を移し変える理論の持続性と有効性は、無文字文化では、理論そのものによって保証されない。それは死者礼拝と、——死者とその魂をめぐって組み立てられる——不変の儀礼によって保証される。そもそも死者に対するステロタイプな行動、すなわち埋葬が出現するとき、われわれはそのような理論の存在を推定することができる。それはすでに前期旧石器時代の、ムスティエ文化期（ラ・フェラシー出土）に、リス・ウルム間氷期（カーメル出土）に存在している。

極限状況の経験が呼び出す、ないしは引き起こすものは、いつの場合にも、外界へ移行される。そのような経験の安定は、儀礼（あるいは儀礼にまつわる制度）へ移行される。そのような経験の日常化、合理化《アオスフエヒエルンク》、状況の展望《トゥール・ドリゾン》としての解説は言葉と像へ移行される。太古の「哲学」は、儀礼的な、ないしは制度的なものに固定されてはじめて、持続のチャンスを得ることができる。それは当時も、今日と同じように個人の魂の中だけでは不可能なことであった。この真理はまた、次のようにも表現することができる。つまり、自立して自己価値に転化し習慣化してゆく制度が、その制度に含まれていた「理念」も共に自立させ、意識の中で制度が「自然らしく」感じられて信頼されるようになる背景をつくり出すのであると……。しかし、制度が揺らぎ出すと、取り残された観念と行動のレールが、意識の二次的な保証をただちに要求するようになる。その役を「イデオロギー」が果たすわけである。イデオロギーの意義は、宙に浮いた確信を意識的な動機づけと観念的な形成物によって二次的に支えることにある。

マオリ族の例には一見、豊富なイデオロギーが登場するけれども、一方に理論に似た、哲学的につくり上げられた魂の観念があり、他方に制度があって両者が交互に支えあうといった、今述べた関係を明らかにすることは難しい。だから、われわれはそれを（黄金海岸の）アカン族に見られるような、かなり純粋なケースで証明しよう。アカン族の間では魂はクラと、ホンホムと、スンスムの三つの要素から成り立っている。クラは雌雄両性の月の女神ナイアムによって子供に授けられる血と生命力であり、夢に現われ、一種の人間の生霊《いきりょう》と解されている。が、クラは同時に水や、鏡像（鏡に映る人間の姿）でもある。一方また、子供は母方の親戚（母系クラン）の血からつくられるのであり、ここでは、子供が生れ魂が与えられる際の夫の役割は無視されている。ある説明では、ナイアムが天上界で行う最初の儀式で、母方の祖先が未来の子供に自分自身のクラを与えることになっている。

ホンホムはクラに結びつけられているが、クラが人の死後、月の女神の国へ帰ると、ホンホムは鳥になって立ち去る。だからホンホムは息でもある。

次に、スンスムは個人の魂、いわば自我である。それは神的なものではなくて、個人が影を落としているかぎり生きつづける。スンスムは父系の親戚が地下の国から取ってきたものであり、人の一生と運命に結びついている。別の類似の説明では、スンスムは生殖行為の際に父親が譲り渡すものである（E・L・R・マイヤロウィッツ「黄金海岸のアカン族に見られる魂の概念」、『アフリカ』誌、第二一号、一九五一年、二四頁以下）。

ここには、まれに見る完全さで、自ら体験した外的リリーサー（影、鏡、息、血）が体系化されて残っているばかりでなく、それを説明する「理論」が双方の親族と結びつけられて安定化されている。特に重要なことは、さまざまの霊的生命体が、特別の制度、つまり祭祀によって、関連的に、明確に保存されることである。王と母なる女王の場合には、そのことは、魂の部品を合体させるためにどうしても行わなければならない、とされる儀礼によって、可能になる。「市民たち」の場合には、同じ目的のために、特別なントロ祭祀が行われる。すなわち、父系親族はトーテムとその固有の神をもつ祭祀集団であり、その神は父の生殖能力に当たるものである。それは「人間の魂は多くの部品から成り立つという観念の上に無理につぎたされたように見える」神なのである。ントロ霊は、したがって、スンスムと同じように父から生殖行為の際に譲り渡されるのであり、一方、この〔父の〕集団はそれぞれの定められた川、つまりクラという「水」の要素と古くからの関係をもっている。

アカン族の魂の物語は、ここで部族史と交差する。古い伝承に従えば、母方のクランは川の神と結びついたものであり、タキイ・クワアメ王（一四三一年―一四六三年）が初めて父系祭祀を導入した、とされている。それは、母方から父方へ移行した王居規定の交替によっても明らかである、と彼女〔マイヤロウィッツ〕は言う。すべての大きな儀礼――誕生、結婚、死――は、この革命以来、ントロ集団の所轄になった。しかし、ントロ集団はやはり、母方の古い川の神々との関係を取り込まねばならなかったので、トーテム生命体の具身化によって表現される原始のコンプレックスを保存したのであった。つまり、プラ川にちなんで名づけられた集団（ヒョウのトーテム）の男たちは、この川（ないしはヒョウ）のように強じんで根気づよく行動しなければならないし、トゥエ集団（ワニのトーテム）の男たちはトゥエ川のように、またワニのように平静で超然たる行動をとらねばならなかった。

現代の意識はこの事実にただ当惑するだけである。ここに何を「理解」せよと言うのか？　ただ人類学的分析だけが二、三の点を明確にすることができる。つまり、ここには――はっきりした目的呪術的な要素は見られないけれども――明らかに、体系化の強いエネルギーが働いていた。そのエネルギーが超古代的な要素に挑戦したのであった。ここには原始の魂の方程式がいたる所に隠されていたし、トーテミズム（第38章）世界以来の肉体による《イン・ヴイヴォ》演出も依然として残されていた。明らかに彼らは魂の概念の「統一化」を放棄していた。その代り、魂のさまざまな部品という考え方が（同時に理論全体が）、親族構造によって安定化されたのである。だから、それぞれのトーテムをもつこの血統集団は人間の自己理解とまったく緊密な関係にあったことは間違いない。そうでなければ、われわれは血統集団の機能を理解することはできない。すくなくとも、クラが属している古い母系集団は父系革命によって明らかに勢力を弱められ、新しく母系集団の上に重なったントロ祭祀集団が、水と鏡像に対する古い関係を保存したのであった。そして同時にこの新制度が魂の要素をはっきり結合したのである。個人の魂の部品の統一は、けっきょく種族統合の中に存在することになった。ただ、ホンホム＝息だけが相変らず体系の中の「随伴者」にとどまっている。精神分析の中の意志のように……。そこでも意志はやはり完全に収容されていない。

今、われわれはわれわれのような見方だけが提起できるような――もちろん、ほとんど解答能力の限界に達するような――問いを立てることができる。つまり、魂をめぐる制度と、その中に保持されている理論の、非常に長い安定した歴史が、どの程度までその理論を機能させる力があるか、言い換えれば、魂をめぐる理論をどの程度まで、人びとの直接的な体験状態にすることができるか、という問いである。われわれは、それは高い程度で可能だったと思う。もちろん、ここでわれわれは意識構造の変化という、あのわれわれの古い問題に突き当たる。しかし、W・ケーラーの言うように、われわれが、われわれの先祖の理論が主張したと同じ外界を知覚するなら、魂が自ら語り、自らを解説する方式が、彼ら自身の生活様式になったであろうことは想像にかたくない。特にそのような考え方の「自明性」、「自然らしさ」が既存の制度によって照明されているときには、そうである。人びとが制度を不断に身辺に経験する結果、人間行動の負担免除が生れて、習慣のもつ自然らしさに到達するからである。

36　祭祀的動物保護

最後にわれわれは、当時の思考過程を明らかにするために、原始の狩猟儀礼にさかのぼらなければならない。衝動目的との結びつきから自由になる情動や情緒というものは、儀礼によって、まず準備されるのだ、と言ってよい。欲求はまさに儀礼の中で欲求自身に出会う。個々の人間のケースという偶然性《フェリヒカイト》を解かれて、潜在的な共同の欲求が意識されるようになる。それればかりでなく、演出された動物の生命体がもつ永続的現在を前にして、「背景的充足」状態の中で、それが直接、意識される。

衝動の関心と情動がこのような仕方で、すでに展開されている義務行動の中へ入ってゆくなら、現実の対象は「われわれから」距離をおいたものになる。この引き離しによってはじめて、われわれが「現実存在への決意」と名づけたものが可能になる。生命あるものが「存在の中の自己価値」（第4章）の形で現われることは——つまり、関心のない冷淡さと、欲求目的のとりこになった状態との両者の彼岸に立つことは——決して自明のことではない。A・R・エヴァンズはエスキモーたちが殺意をもって、見さかいなくトナカイの群れに襲いかかる強烈な場面を描いている（『トナカイ等の群れ』一九五二年）。まさに彼らこそ、祭祀の貧困によって、防止するもの、頼みにするものを失った人びとであり、存在の最悪の危機が一切の高度な制度の完成を妨げるとき、人間に何が起こるかを示す好例である。

存在価値の解放によって、生き生きした存在自己価値へ近づくことは、最も初期の言葉の能力をつくり出す。そこでは言葉は創作力をもつ。しかし言葉は瞬間のものであり、像は永久のものである。だから像がこれらのカテゴリーを、まさに現実化されたその最初の時点で持続的に固定し、われわれとは完全に違った魂の奥へ導くのである。氷河期の狩人たちの驚くほど生き生きした演出芸術は強い道徳的能力をもっていたにちがいない。万物の本来存在への帰依は、それらへの決意によって生れる。そのようなものを失ったことが、今日の抽象芸術をあれほど主観的な、恣意的なものにした理由である。

これらの前提から、人間が動物に対して、それが一方では栄養源であり、他方では自己価値としての存在者であるという「アンビヴァレント」な関係をもったに違いないと想像することはまったく正しいことである。このアンビヴァランスは、何らかの方法で、実際の狩猟と並行して狩猟祭祀が行われることによって解決される。両者は決して矛盾するものではない。さらに深く観察すれば、祭祀は情動による支配をあらかじめ調節することによって、現実をある程度、中立化するけれども、現実を完全に事実的な、素材的なものとして、自由な目的設定にゆだねるほど中立化するのではない。多神教段階に展開される神々の世界は、神々に、ただ極めて「一般的な」〔個物ではない〕領域の支配を許すだけであって、〔動物守護神〕アルテミスのクマは、それをたとえ人が狩ろうとも、やはり聖なるクマなのである。

原始の儀礼が動物の「存在の中の自己価値」を明確にするものであり、犠牲や、贖罪と感謝の祭祀が生れて、いつでもそれに拘束されてしまうのは、けっきょく狩猟儀礼の中に演出されるものが、存在の中では人間と動物は関係しているのだという意識——言い換えれば存在の決定的関係そのもの——だからである。そこにはどんな目的意識も入っていない。儀礼の高められた現在性の中では、存在の決定的関係についての不定の意識が表面にのぼってくる。そのような意識はただちにそれぞれの対象——すなわち祭祀動物の生命体——の中で鎮静化され、濃縮化されねばならない。これが、なぜいろいろな祭祀が生れてくるのか、の理由である。そしてまた、感覚の圧力を受けとめるためには、そのような個々の言葉、個々の生命体だけでは不可能である。儀礼の高められた状態そのものの中で、すなわち儀礼の完全な遂行の中でのみ、共感的関係を完全に体験することができる。古代の形而上学を安定的なものにしようとすれば、つまり日常的なものにしようとするなら、儀礼的なものをますます殖やしてやらなければならない。それだけでなく〔日常的なもので〕無限に薄めてやり、物語をつくり出してやらねばならない。つまり、神話が儀礼を継続させるのである。

ここで、われわれは不思議な結論へ導かれる。われわれは儀礼の分析の中で、そのいわば生産的な核を明らかにしてきたが、しかし、儀礼が長期にわたって純粋に維持されてきた、と主張しているわけではない。儀礼の純粋型は、むしろ逆に、内外の偶然や周辺条件の場があってはじめて発展できたと考えるべきである。つまり、人間は無目的な行動を進んで取りつづけないものである。単なる儀礼として祭祀行動をとったりしないのである。だから、われわれはまず二次的な目的設定がどうして挿入されざるを得なかったか、を知る必要がある。それは原因を同じくする二つの形で起こってくる。一つは日常体験の抑圧を解放する契機としての儀礼——社会的陶酔と呼んでもよいが——の使用、すなわち「転換」という形であり、他の一つは儀礼を道具的に利用する「妖術」、つまり実用的呪術という形である。この二つの可能性は、どちらも〔古代世界〕の寄る辺ない空間の中で得られたものである。だから、両者の逸脱は最初から儀礼に並行したものであり、儀礼は純粋演出——その中で儀礼が陶酔と魔法を切り離して独立する——の段階に初めて登場した、と想像すると、残る疑問は次の問題である。すなわち、すべてを安定させるその源泉自体は一体どうして安定させられるのか、どのようにしてこの源泉が維持されるばかりでなく、発展することが可能であるのか、呪術的実修の残滓の中に窒息してしまうのでなく、それを排除・放棄して、発展することができるのか、という問題である。

儀礼が意識のいかに高度な可能性を秘めたものであるか、という点については、すでに見てきた通りだが、儀礼を維持するために意識だけで充分だとするなら、それは人間のあらゆる経験に反することである。ここには、われわれが第I部で労働実践の見地から定義できることを知った、制度の場合とは違ったものが存在している。儀礼は世界についての経験を驚くほど広範囲に——その限界点では、けっきょく言語の固定体系によって——安定させることができるが、やはり儀礼は外界との格闘の点では、物理的に効率が悪い。それは単に呪術が想像しているだけである。それればかりか、儀礼にはもっと特殊な危険が存在している。儀礼は——それが、目的設定から自由であるために、まさにあらゆる可能な内容をもつことのできる——一種の凹型形式である。前に述べたピグミーの女たちの新月のダンスは、すでに、ほとんど邪道にそれた詩的なものをもっている。ルース・ベネディクトがズンニ族（ニューメキシコ）について書いたのと同じように、それは「あらゆる機会に踊られる」のである。このような儀礼の氾濫も宗教と言えるかも知れない。しかし、そうなると儀礼は、現代の自然保護区のいわゆる未開人に関する報告のように、古代的なものの中にあった暗く重々しい真剣さを失うのである。彼らの、儀礼にとらわれた、過度の明示性《プレグナンツ》をもった、人工的にすぎる様式化の姿こそ、停滞と、発展阻止の証明である。この宗教はもはや、生の危険の焦点に位置する炎のような生産性ではなくなり、「文化」になる。なぜなら、生の危険はすでに消え去っているからである。すでに充分に負担免除されたわれわれの文化の感覚をもってこの形式に近づく人は、その軽率な判断力によって罰せられる。

だから、われわれはここで、他の研究方法なら、きっと発見できなかったにちがいない問いに直面する。つまり、何が儀礼にあの発展能力を与えたのか、何が儀礼自体を安定化し、自からの堆積物ないしは独善の中に窒息することをはばんだのか。そもそも、なぜ宗教は、エスキモーたちの間でそうなってしまったようなものにならなかったのか、なぜ霊たちに対する強制的信仰が人びとの行動の基準になり、殺人欲と怠惰と飢えと不安が人びとを駆り立てることを防いだのか?

われわれはこの問いに、それは——最初から期待され、目ざされたのではないにもかかわらず、重大な意味をもつことになった——一種の間接的な合目的性だったにちがいない、という仮定で答えようと思う。そのような合目的性こそ、儀礼が呪術や陶酔祭祀の中に、いわば解消されるのを防いだのであり、同時に儀礼に高次の発展可能性を約束したのである。この合目的性は、すでにくり返し示したように、基本となる持続的制度が儀礼から誕生する際にのみ見ることのできるものである。そのテーマは、われわれのあらゆる分析に従えば、生命をもつものが「存在の中の自己価値」を自己の行動にとり入れる——もっと正確な公式を使えば——自然の目的を自己の目的にすることの中にのみ成立したということができる。この意味での、自然に対する道徳的行動が、しかも同時に明らかな功利性を備えていたとすれば、儀礼は義務的体験というその中心点で安定化したにちがいない。そして呪術のもつ自己中心性、陶酔のもつ自己社会中心性への逸脱を防いだにちがいない。このような明白な利益が、希望も期待もしないのに「生のプレミアム」として生じたからこそ、宗教自体も高級な形式へ発展し、「世界の雅量」(die „generosity of the world") を見せることになったにちがいない。

人間が自分の目的にした自然の目的は栄養と増殖であった。それが制度として安定したのは儀礼の副次的成果だったにちがいない。動物の本来の生命が行動の主題になるとき、人の文化は狩猟から保護へ、保護から飼育へ進む。似たコースをたどってまったく精巧な古代的社会秩序が完成する。そこでは集団は――増殖という生物学的過程そのものを制度化することによって――集団自身の時間的連続性を義務的規制の対象にしたのであった。これが、それ以外の解決策を取り得なかったトーテミズムの問題である。

われわれはまず、動物保護の起源に関する一連の疑問をとり上げよう。この疑問はわれわれを少なくとも新石器時代へ、もしくはもっと古い時代へ引きもどす。この点についてE・ハーンはすでに、動物飼育は祭祀的起源をもつ、という感銘ぶかい正鵠を射た考えを述べている（『犂文化の起源』一九〇九年）。彼の説は、その基本となる祭祀形式についてのあまりにも特殊な仮定によって、ゆがめられたきらいがあるけれども、家畜飼育自体の起源は説明できない、それにはさまざまの時代の、さまざまな動機があった、とする正しい問題の立て方をしている。C・A・リードによれば、北イラクから羊が発掘されており、紀元前一万一〇〇〇年のものであることが分かっている（ザウィ・ケミ遺跡、一九六〇年発掘）。イラク領のナトゥフ文化期（前一万―前八五〇〇年）の発掘現場の犬の遺骨はそれより古いものではない（『動物飼育と飼育生物学雑誌』第七六巻、一号、一九六一年）。これに対して中部ヨーロッパの犬はもっとも古い家畜と思われるが、中石器時代に家畜化されたらしい。M・デガーボルによれば、スタール・カル（ヨークシャー州）の犬の骨は、炭素14測定で七五三八年プラス・マイナス三五〇〇年である（同誌、第七六巻、二／三号、一九六二年）。

いずれにせよ、犬はまず肉〔切り〕獣《フライシティーア》(31)として使用されたのであろう。つまり、まず狼によって、野生の羊、山羊、豚の類が人間の野営地の塩味をおびた灰やごみの中へひきずりこまれてきた。こうして共生が始まったと想像することができる。これに類似した安定した寄生的共生をE・ヴェルトはニューギニアから報告している。ここでは今でも、飼っている豚が近くの草むらの野生の雄イノシシと交尾している（『穴掘り棒と鍬と犂』一九五四年）。

群居動物の場合も、トナカイがその完全な例を示している。つまり、ゆっくりと移動するトナカイの群れに伴行する狩猟集団が、母獣の保護によって、また競合者——特に狼——からの隔離によって、トナカイの群れを次第に管理下におく結果になったであろうことは充分考えられるところである。それは今日でも行われていることである。

それに反して大きな動物たち、中でも馬やラクダは牛より後で家畜化された。それらの馴致と飼育は、だから、牛の経験をまって行われたのである。したがって牛の保護の起源が重要な問題になるわけである。歴史的にはクワラート・ジャルモ文化（メソポタミア、前四七〇〇年）がすでにそれを知っていた。C・A・リードは北イラクの発掘物に、ほぼ前七〇〇〇年を数えている。

A・リュストフはトナカイの管理になぞらえて、その過程を想像する（『現代の位置決定』一九五〇年、第一巻、四五頁・四六頁）。しかし、これには、原牛のような戦闘力のある大きな野獣の大群の回遊について行くことはまったく不可能だという反論が起こる。草原インディアンたちはスペイン人から馬を入手したあとで、ようやく大バイソン群を——ただ狩猟の目的で——追いかけることができたのである。彼らは以前の東部の狩猟湖沼地帯から追い出されて、驚くほど早く、騎馬による大型獣の狩猟というまったく新しい生活様式の専門家になった（フォン・アイクシュテット『民族学と民族史』一九三四年、八二〇頁）。よく注意しなければならぬことは、飼育が、馴致された馬を引きついだ後に起こった、という点である。

われわれはだから、A・L・クローバーのような権威の意見に賛成したいのである。「すべての牧畜生活はトナカイと共に始まるのだとする理論は、ありそうな真実よりも思いがけぬ発見に興味をもつ嗜好の裏返しのように思われる」（『文化の性質』一九五二年、三八五頁）。

この問題は文化理論の上からは、なかなか重大な問題である。リュストフの理論によると、牛はまず群れとして管理され、よくやく二次的に家畜になった。これが同時にまた、W・シュミット神父の原始遊牧生活の理論――その「発見」なるものを、リュストフが「世界史的啓示」と讃美する（前掲書、二八六頁）――である。われわれはこれに対して、牧畜は馴致された牛をすでに所有していた高度文化の周辺に起こる一面的特殊化と解する意見をもつ。K・J・ナルもこの見解にかたむいている（『世界史』第一部、一九五三年、六八頁）。ケルンは牧人戦士集団より、農民戦士集団が先にあったと主張する（『世界史の始まり』一九三三年、一二四頁）。となると、獣群管理を最初の状態と仮定するどんな根拠もないわけであり、まず一四一四が捕えられて、その後に増殖されたという仮定から出発することができる。いずれ分かるように、これは重要な問題である。

この問題には、なお一つの重要な点が含まれている。つまり、そもそも人は――何らかの方法で生きたまま手に入れた野獣を即座に殺してしまう習慣をなぜ止めたのだろうか？　それはタブーの力によってのみ可能である。ここでわれわれは再び、本来それは儀礼的なものに関係しているというE・ハーンの――E・ヴェルトも賛成する――推定に出会う。ハーンは飼育というものの不可欠の前提である原牛の保護が、古代の月の礼拝と結びついており、まず、犠牲獣として計画的に保護された、と仮定する。人は月の中に増殖の大法則を見た。すべての生成と消滅を司る偉大な生命原理としての月の宗教の信徒たちは、必要な犠牲をいつでも手に入れることができるように、大きな囲いの中に牛の群れを飼った。牛と月の連想はその曲った角の形にある、と彼は想像する。もちろん、牛が月の神である証拠が出たのはずっと後になって、特にバビロニアにおいてである。

牛の飼養は基本的には礼拝から生れたと考えるハーンの理論を、われわれは唯一の推薦可能な理論だと思う。なぜなら、それは動物のタブー化の問題をすでに含んでいるからであり、また牛がすべての原始文化に果たした巨大な宗教的役割は決して二次的なものではあり得ないからである。いずれにせよわれわれは、エジプトで発見された最古の猫のミイラ（ライオンや茶色の猫に関係のある女神バスト）に家畜化のどんな痕跡もない、というE・ヴェルトの貴重な示唆に感謝したい。「われわれはだから、ミイラを手がかりに、祭祀動物から次第に家畜が生れて行ったことを、はっきり知ることができる」（前掲書、三一四頁）、同じ関係ですでに中石器時代に馬の祭祀がヨーロッパに存在したことは重要である。北欧ストーン・サークル文化に属するスコーネ地方〔スウェーデン南部〕では——前頭縫合に折れた燧石《フリント》製の短剣が刺さっている——幼い馬の頭骨が発見されている（J・フッペルツ「東アジアにおける初期の馬の飼育」前掲誌、第七六巻、二／三号、一九六二年）。宗教史的に見ると、われわれはここでまことに重要な時期に入る。なぜなら動物飼育と、それと共に次第に進行する動物俗化の結果として、動物神たちの、いわゆる神々のたそがれが始まり、けっきょく人間に似た神々に席を譲るからである。シャッハーマイアーもこの過程に気づいている（『ポセイドン』一九五〇年、八五頁）。

いずれにせよ、牛の家畜化は次のように[32]想像することができる。つまり、ヘレに従えば、まさに家畜牛の祖先と目されるボス・プリミゲニウスの、はかり知れぬほど長くつづいた儀礼的保護の後、この動物が馴致しやすい、したがって飼育可能なものであることが分かってきた。そして、ついに宗教的、儀礼的根本観念の転換がこの動物を「中立化」し、実用目的——まず牛乳の利用——に道を開いたのである。ハーンの考えはもっとはっきりしている。それは最初から祭儀的饗宴の際に食べられたのである。われわれはこの仮説の方を採用したいと思う。動物の祭祀的保護はその二次的成果として栄養の安定化をもたらしたばかりか、思いがけぬこの「生のプレミアム」によって祭祀自体も凝縮化され、呪術に堕落することを防いだのである。

そもそもなぜ、群れではない一匹の動物が保護されることになったかという核心問題については——月と増殖の神の連想を無視しても——ずっと自然な、もっと古代の意識構造に合った仮説が答えてくれる。すなわち大型獣狩猟の文化段階では、人は生きた動物そのものを描かれた像によって代用すると共に、原始儀礼の中心にある演出された生命体を具体的に目の前に持とうと試みたのである。この理論は月神礼拝の仮説の説明になるばかりでなく、古代の野牛を描いた旧石器時代の無数の像を説明する利点をもっている。それが主張しようとするところは、現実の対象を像によって置き換えるという——他の事例にもあてはまる——唯一の行動にある。同様にムルンギン族（オーストラリア）では、様式化された戦闘形式に従って仇討ちのための夜襲が行われる。攻撃される相手はあらかじめ像に演出される。そしてこの像に槍が投げられる。出撃が成功すると犠牲者の死体は像の位置に置かれる（W・J・トーマス『原始的行動』一九三七年、四九五頁）。

われわれの想像によれば、この置き換えの試みは旧石器時代の終りの数えられぬほど長い時代を通じて、すべての大型獣に対して行われた。それは「試行錯誤」によって、まず野牛だけが馴致できる、手なずけやすい、したがって増殖させることのできる動物であることが、はっきり証明されるまで続いた。われわれは幸運にも、このような失敗例の一つを証明することができる。熊の飼育は試みられたが失敗に終った。それは家畜化できないことが分かった。野生グマの礼拝はきわめて古いものであり、ムスティエ文化期に、つまり一〇万年前に属している。フェティス村の上のドラヘンロホ〔竜の洞窟〕や、ライアースドルフの洞窟には、すでにホラアナグマの頭骨が石棺や岩の壁龕の中に葬られていた。モンテスパンの洞窟には大きなクマの粘土像が立っている。状況から、かつてこの像には毛皮がかけられ、クマの頭部が木の杭で留められていたと推定される。モンテスパン遺跡は後期旧石器時代のものである、この像は演出された生命体を現実の生きた姿で見たいという欲求の証明である。そして遂にわれわれは一つの典型的な発展の最終の姿を見ることになる。つまり、この欲求は生きている動物自体の置き換えにまで及ぶのである。ツォッツはオーバーカウフンク〔現ポーランド領〕のヘルミヒ洞窟にヒグマの頭骨を発見している。その上顎と下顎の切歯と犬歯は、ほとんど根元まで人工的に研磨されており、そのとき露出した神経溝はこの動物がまだ生きている内に再生した象牙質によって一部再び閉じられている！（『シュレジアの洞窟とその氷河期の住人』一九三七年）。この発掘物は危険な、礼拝に価する大型獣を生きたまま捕えておこうとする試みの存在を証明している。われわれは、この典型的な一連の展開の中に、他の大型獣の馴致がどのように成功したかという一つのモデルを見るように思う。クマの場合には、そのヘラクレス的な努力にもかかわらず成功しなかったのである。牛の場合、証拠品がなかったのは一九一二年までである。なぜならこの年、テュク・ドードゥベールの洞窟からヨーロッパ・バイソンの粘土像が発見されたからである（口絵第1図参照）。

けっきょく、われわれは高度文化の初期にも相変らず牛が演じていた法外な宗教的役割を、ただ、より古い時代の祭式の変形としてのみ理解することができる。同じことは多分、その保護が牛とは関係なく起こった馬にもあてはまる。シャッハーマイアーも、E・ハーンと同じ仮定に、明らかに独自に到達している。「わたくしは、だから人が馬を祭祀的理由から、すでにインド＝ゲルマンの原始の時代に群れの形で、あるいは柵の中で飼ったばかりでなく、その内の気に入った個体を移住の際に連れて行ったことは、きわめてありそうな話だと考える」（『ポセイドン』一九五〇年、七一頁）。

植物栽培もまた祭祀的由来をもっていたかどうかは、なかなか決定しにくい問題である。麻とか、けし、馬鈴薯のような、窒素、灰分、燐、カリウム等の堆積の結果、人間の住居地で発生したと考えられる栽培植物を除けば、問題は小麦や大麦や米のような――ヴァヴィーロフのいう、いわゆる――「優先的栽培植物」（『栽培植物の起源』一九二六年）のことだけになる。ライ麦や、からす麦のような二次的栽培植物はヴァヴィーロフによれば雑草麦であった。それらは選択的に寄主（宿主）植物に同化させられたものである。つまり、寄主植物と共に実り、他力によって種をまき散らしていたこれらの雑草が、はからずも人間によって精練化《ゼリギーレン》されたのである。しかし、小麦属が形成された原始の中心地をアビシニア（エチオピア）、および南西中央アジア（アフガニスタン）と考えるヴァヴィーロフの他の主張は、エリーザベッツ・シーマンによって疑問視されている。彼女は最古の栽培麦であるエンマ小麦の故郷、遺伝子センターとして、パレスチナからペルシアにまたがる地域を主張する（「生物学・考古学・栽培植物」、『マクス・プランク協会年報』一九五五年より）。エンマ小麦は、すでにナイル・デルタの、新石器時代の屈葬墳墓から出現している。イラク（ジャルモ遺跡）では食べ残りの、あるいは壺の中でつぶされた小麦と大麦が発見されている。炭素14測定では四七〇〇年とされ、形態学的には野生穀物に近いものである。燧石《フリント》片の刃をもつ骨製の草刈り鎌はナトゥフ文化期（パレスチナ、前七〇〇〇年頃）に属している（B・ホロズニー『西南アジアとインドの最古代史』一九四三年）。いずれにせよ、野生の原始型（野生型二粒系小麦《トレスペ・ディココイデス》）が人間の手によって集められ、その居住地に播かれたという考えが、単純な見解であることはもう疑問の余地がないだろう。たとえ、そこに次のような原始的心情の問題が介在してこないとしても……。E・ハーンは「原始民族に善意から農耕を伝えようとするヨーロッパ人たちの試みでいつも分かることは、新しい文化の最大の敵はその恩恵を受けるはずの当人たちであるということであった。畑に植えられた種や根は、さっさと胃袋に消えてしまうか、あるいは——畑が専門家の監督下にあるときには——半ば育った植物が引き抜かれて食べられてしまい、農業のための最低の貯えも残らなかったのである」(『経営的労働の成立』一九〇八年)。その規律遵守は、基本的にはここでもやはりタブーの力にかかっている。しかし、どんな祭祀的関係でそれが起こったかは想像することが難しい。だが、やはり、非常に古い植物礼拝が存在したことは疑いの余地がない。この点、ルルドのエスペルジュ洞窟から出た発掘物——トナカイの角に穂が刻まれている——と、それがヴュルム氷河期(!)に属することは大変重要である(G・クラフト前掲書、図版、第一〇図)。この時代の塑像と彫刻画が完全に祭祀的意味のものであることは疑いない。プシュルスキーは「植物主義者の宗教」を復興しようと試みているし(『人類の進化』一九四二年)、ヴェルトはヨハン・ラインホルト・フォルスターがタヒチ島で書いた(一七七五年)バナナの葉の詰まった「神の家」を回想している。「この理由から、実りをもたらす植物が——われわれが最初の開墾が行われたと想像する、あの時代に——すでに神のように尊敬され、神として移動の旅に携えられて行ったと信じることができる」。

それはともかく、牛の馴致が西トルキスタン・イラン地域で成功し、そこから南西へ広まったことを考えると、この地域が初期のエンマ小麦文化に重なることを知るであろう。ナトゥフ文化はまだ大きな動物をもっていなかった。小麦と大麦を知っていたハジラール(アナトリア〔トルコ〕、前五五〇〇年頃)文化も同様である。そこには驚くほど多くの女性の小塑像が発見されている(『タイム』誌、一九六一年二月二四日号)。しかし、イラクのクワラート・ジャルモ〔遺跡〕には完全に発達した牛を使う農耕文化があった。炭素14測定法では平均して紀元前五〇〇〇年より後のものである(ラシュトン・クールボーン『高度文化の起源』ドイツ訳、一九六二年、一五九頁)。最後にまた、レールスとヘレによって報告された小アジア新石器時代の牛の発掘物（イスタンブール、カディコイ遺跡）は前四世紀のものである（『動物飼育と飼育生物学雑誌』第七五巻、二号、一九六二年）。

われわれは、ヘッケル（『アントロポス』第四七号、一九五二年）や、H・バウマン（『二重の性――儀礼と神話に見るバイセクシャリティの民族学研究』一九五五年、三六七頁）等と共に、本来の高度文化は一度かぎりの歴史的事件であったと考えたい。ヨーロッパから極東にいたる全大陸を問題にするかぎり、そう考えてよいと思う。南東アジアに及ぶアジア的くわ耕作民族はその低次な農業を、高度文化民族から受け取ったと考えてよいであろう。（P・ラヴィオーサ・ツァムボッティ『文化の起源と伝播』ドイツ訳、一九五〇年）。

37 血縁秩序

ここでわれわれは、人間がどのようにして――自己自身もそれによって貫かれている――自然の目的を自分の目的にすることができたか、という問いを提起してみよう。それは、増殖と関連するさまざまな要請が最重要課題になっており、したがって社会自体の存続と持続が〔すべての人の〕義務の対象となるように完全に秩序づけられた原始の社会構造への問いなのである。そのために、われわれは社会考古学の最も不明瞭な問題にかかわりあわねばならないし、また、われわれ自身の社会の「自明性」を詳細に吟味してみなければならなくなる。

われわれは単婚制をW・シュミット神父と一緒になって、両性の出生数が同じだという理由づけによる唯一の「自然な」婚姻形態と理解するわけにはいかない（「親族体系と婚姻規則の成立」、『アントロポス』第四七号、一九五二年、七七八頁）。なぜなら〔世界の〕いたる所で、より早く結婚生活に入る娘たちの年齢差のために——危険な生活条件下におかれる男たちの当然の高い死亡率を度外視しても、なお——n数の婚姻可能な男性に、nプラスx数の婚姻可能な娘が当たることは、同じように自然なことだからである。G・P・マードックは地球上の二五〇の原始社会について、その正確な相関関係を調べた。彼のまったく立派な目録の中には、一九五の一夫多妻社会、四三の単婚社会、二つの「ポリアンドリ」(一妻多夫婚)社会があがっている(『社会構造』一九四九年)。高度文化との関係で言えることは、制度としての単婚は古代ギリシア人とローマ人たちの間で家父長的都市市民階級が支配権を握る過渡期に実現したということである。そのような家政形式が単婚制に見合っていたのである。その後キリスト教が——(そもそもの始まりから)他のあらゆる宗教とは反対に——それを絶対的規範へ高めた(M・ヴェーバー『経済と社会』一九二二年、二〇七頁)。さらにここで、ヘロドトスがはっきり記している、エジプト人の単婚制を付け加えることができるだろう。「それはヘレナ人の間でと同じであった」(『歴史』第二巻、九二節)。それは多分、賦役国家による初期の氏族解体との関係で生じたものである。

さて、ここで婚姻そのものの存在理由を問題にすると、人間の体質的な、慢性的で、周期的ではない性の性質が、まさにその条件の一つとして登場してくる。その他の自然的な前提は、法外に長い子供の養育の必要性と、必然的に夫と妻が協同し、維持する本来の性的分業の中に存在している。つまり原始の経済単位は両性によって成り立つ。その限りでたとえ強制されなくても「持続的秩序」は、なるほど自然に近いものである。しかし、それが単婚的である必要はない。なぜなら婚姻は元来、性の排他的規制という〔単婚のもつ〕主要な目的をもっていないからである。高度文化の周辺で、時おり、そのようなものとして規定され、増殖に下属させられ、夫婦関係に結びつけられたのである。古代の婚姻は、たしかにパートナー同士の性的特権を認めている。しかし、決してそのことが性関係の全領域を秩序づけているのではない。性関係は、もちろん形式をともなわずには許可されないのだが、そのような規制は単に婚姻によって生じるのではない。その時点、時点で効力をもつ部族・親族構造という、中でも最も重要な他の社会的事実によって生れるのである。今述べた視点は次のように要約される。「性関係のあらゆる安定性は、だから本質的に、性的でない事実から生れ、導き出されるように思われる」(H・シェルスキー「性関係の社会形式」、『人間の性』一九五四年、二五九頁)。したがって、婚姻は——母・子関係、性的分業に付随して——婚姻にともなう性的要素をただ二次的に制度化するにすぎない。それは性を一部分だけ制度化する。婚姻は大部分、別の再び性的でない事実を規定しているのである。だから原始の婚姻もまた、ピディングトンが強調するように(『社会人類学入門』一九五〇年)、完全に「俗化」されている。そこには、ふつう離婚に対するどんな制限もない。ただ原状回復の権利が主張されているだけである。

同じようにわれわれは、当然古代社会は親族を核にした小さなホルドから成り立っていたにちがいない、とする観念から離れなければならない。この観念はわれわれの意見では——ピグミー族、フェゴ島人、ブッシュマン、北アルゴンキン族、アンダマン島人等々の中に「原文化」の代表者たちを見る(シュミット神父のウィーン学派)——完全に誤った理論から出たものである。これらはみな例外なく、最も荒涼とした、最もみじめな、居住しにくい辺境の地へ追いやられた社会であり、その文化喪失(の度合)は何人もうかがい知ることのできぬものである。たとえばフェゴ島人たちには、ベーリング海峡から(実に!)南米大陸の南端にいたる遍歴の仮説が立てられている。文化喪失の程度は、われわれが自分自身の時代のいたる所にたしかに見ているにもかかわらず、いつも過小評価される。エファテ島(ニューヘブリデス諸島)には今なお古い陶器の壺が見つかるし、ニューカレドニア島には古代の水道の遺構がある。ポリネシア人は今ではもう弓矢をもたないが、キャプテン・クックの時代にはそのおもちゃ(!)

があった。同じことをわれわれは社会形態にも仮定せざるを得ない。民族学は、たしかにかつて存在した豊かな社会形式の「簡略化」と考えることのできる、まことに多くの伝統の例を知っている。生活の窮迫地帯は貧しい社会形式を強制する。それを発展の初期段階ととるのは馬鹿げている。中でもピグミーたちは、もう推定できぬほど古い時代から、近隣黒人諸族の寄生者に近い存在になっており、自身の言葉を話さず、独自の制度の立証は不可能になっている。反対に——太古の自然の野獣が氾濫するヴュルム氷河期の——ユーラシア大陸のマンモス狩猟者たちは大人口をかかえた、きわめて高い文化の所有者であった。それはコスチェンキ（ボロネジ市近郊）、チモノフカ、メジナ（デスナ川）、マルタ（イルクーツク市付近）等の遺跡に見る巨大な住居建築の跡や、すばらしい装飾品、彫刻品から推定することができる（F・ハンチャ、「ユーラシア大陸後期旧石器時代のヴィーナス小像問題について」、『先史時代』誌、第三〇巻、一九四〇年）。われわれは、ためらうことなく、彼らの社会形式がこれにふさわしい豊かさをもっていたと仮定できる。そこには、あの窮迫した社会とは完全に違った発展の可能性を想像することができる。

ここで、理論的に残る問題は、完全に一般化できる状態と、完全な古代の状態から出発することであり、そしてこの状態をどんな欲求が導き出すことになったかを——もちろん「始原状態」に関するあまり具体的な仮定は避けて——さかのぼって問うことの可否である。そのような状態はたしかに存在する。その状態は——W・H・R・リヴァーズが明確に述べているように——基本的に原始社会が、親族や、結婚相手の選択や、上位集団（部族）の所属、下位集団の所属に関して組み合わせによる規制を行うことから生れている（『社会組織』一九二四年、三八頁）。その組み合わせは性とではなく、出生と組み合わさっている。出生が親族を、許される結婚と許されない結婚を、さらにその部族内での下位集団（一言でいえば氏族）の所属を規定する。別の見方をすれば、部族全体が系列化されている。そして、各氏族間の安定化された関係を通じて、全体の連続性を主張している。さらにこの氏族が、規範化された出自と婚姻の規制によって再び、部族の場合と同じ方法で系列化されている。

このような状態は、かなり大きな人口数から当然考えられることであり、解決しなければならぬ問題が法外に複雑だったことを示している。だからそれは、すべてが複合された始原状態の要請にうまく合っていた。つまり、単純化は二次的に結果したものであって、もともと文化的「合理化」の産物なのであった。

ここでどんな動機が――右に挙げたような素材を組み合わせて――あれほど印象深い状態をつくり上げたのか、を考えてみると、何よりもまず、狩猟・採集社会では「国家」とか、あるいは大地に関連する多年性《ペレニーレント》の経済といった安定化に役立つものをもたなかったことが挙げられる。つまり――時間を超越した有効な内容に対する関心と結びつきそうな――自然のデータは事実、ただ性と増殖の関係だけであった。彼らがなぜそのようなものを制度化したかという理由はこう考えてはじめて理解できる。この社会有機体はいわば自分自身の肉体を様式化しなければならなかったのである。だから古代社会秩序の問題は――国家の不在や、集団を規整する組織の欠如のもとで、状況に左右されるきわめて短命な政治権力のもとで、未来を指向し、準備され、計算されるような経営を許さぬ経済形態のもとで、つまりあらゆる不安定な条件のもとで――すべての伝統や文化発展の前提になる社会の安定と連続が一体どのようにして可能であったか、という問題に帰着する。社会関係という自分たちの自由になる唯一の材料を完全に秩序づけることこそ、人間の文化的創造活動のための古代の壮大な基盤だったのである。

この完全に生物学的な問題は、ここでは集団の立場からのみ理解される。家族は、そのような――（その時その時の形式にしたがった）婚姻制度によって規定される――集団であり、それはまた「平等のチャンス」の原理に従って規定される。近親婚禁止の制度の基本的な意味も、まさしくこの点にある。つまり、この制度は家族内での女たちの「交換《ウムザッツ》」を阻止し、家族を――自己の内部にどんな自足的な細胞の発達も許さない――集団の統制下におくものだからである。有名な外婚制、すなわち結婚相手を家族外、ないしは家族分子（氏族）外に求める「部外婚《ヘラウスハイラーテン》」の要求は近親婚禁止の完全な背面なのである。したがって、規則化された外婚は集団の規制下でただ相互性の原理によってのみ生じることも、同時に明らかになる。ここでは、完全に制度化された、近親婚をしない家族だけが全組織体の分肢の資格をもつのであり、それは外婚制が意味する相互性から生れたものである。だから外婚制には、秩序づけられた家族あるいは秩序づけられた全体集団が「先行」するという説明は無意味である。義務づけられた外婚《アウスハイラーテン》は、ただ相互性の枠の中でのみ考えることができる。こうして二つ以上の小集団（家族や氏族）が結婚のために娘を「交換」しあう。この言葉は提供と要求という互恵性が経済的意味に先だつことを示している。

　ここで――われわれが以前から知っている――人類学の基本的主題、互恵性、が有効になる。古代の社会構造は安定した連続性、および相互性というこの二つの重要な主題に還元することができる。それらこそ、誕生と増殖から生じてくるあらゆる異質のデータを自分たちの世界へ引き入れ、組織化した原因なのである。相互性の具体的行動は、前経済的ないし超経済的交換である。M・モースは交換という関係が原始社会に果たしている法外な意義と、そのような関係が法的、社会的、宗教的、道徳的、経済的なすべての場所に存在することを強調している（「贈与論――交換の原初的形態」、『社会学年報』一九二四年）。人びとは品物、儀礼、ダンス、呪文、祭、埋葬の奉仕、子供たち（養子縁組の原型）、未婚の女たちを交換する（第11章参照）。こう考えてはじめて、われわれはよく知られた最古の人間行動「なんじが与える《ドー・ウ》ために、《ト・》われが与える《デス》」が宗教の領域にまで広がっていることを理解できる。それは一切の交換的関係のうちに働いているものである。

この点に関する豊富な資料とすぐれた洞察をもつ証明はC・レヴィ＝ストロースのものである。彼の、相互性の視点から推定された未婚の女たちの規範的交換法則は、近親婚禁止と外婚制の従来説明されなかった問題を明らかにしただけでなく、親族関係のまことにさまざまな形態をはっきり図式化し、同時に下位集団の構造網を明らかにしたのである（『親族の基本構造』一九四九年）。われわれはこの問題を論文「原始社会の社会構造」（ゲーレン、シェルスキー編『社会学』一九五五年、所収）の中でより突っ込んで扱い、詳細を放棄することによって、より大きな視点におさめることができた。娘の交換、つまり規範化された外婚制プラス近親婚禁止は――それだけが唯一の道であったために――集団間の関係を長期にわたって、法的拘束力（提供と要求のための）をもって、持続させておく終局の姿だったのである。娘の交換が拘束的なものになると、それを土台に集団成員間の無限につづく権利義務関係が確立し、人びとはステロタイプな親族関係につなぎとめられる。こうして相互性のすべての他の関係も――生者と死者間の互恵性としての死者礼拝等も――血縁・親族関係にそって規範化され、持続的なものになる。

オーストラリアと中南米で現在も広く行われている有名な古代形式は、同じ部族の下位集団に所属する――言い換えれば本当の親族、あるいは擬制された親族である――二人の男が結婚のために妹を交換する形である。そうなると、たちまち、この結婚から生れる子供たちはどちらに勘定されるのかという、やっかいな問題が持ち上る。彼らは父方の系統に入るのか、または母方に入るのか？　あるいは、すでに親戚である相手方に対して子供たちは一体どんな親族関係に立つのか？　この問いはきわめて明快に答えることができる。なぜなら、相手の娘を自分の集団に獲得するために、生れた子供たちを自分の側に入れる権利を誰がもつかによって決まってくるからである。この問題は、当然子供たちがどちらの親にもまったく等しい親縁関係にあたるために、よく登場する問題である。「子供の出生に関する男性の不詳」は今日でも時おり主張される。しかし、M・ミードは交接と増殖の関係について何の認識もないどんな原始民族も存在しないことを――誤ることなく――語っている(『男性と女性』ドイツ訳、一九五五年)。だから、われわれはしばしば男性の役割を些細な、ないしは不明瞭なものにしようとする女性たちが考える恣意的神話を言葉通りに受け取ってはならない。この今述べた問題は、われわれが単純化のために例に選んだ妹の交換にかぎらず、そもそも「平等のチャンス」を目ざす規則化された外婚が導入されるや否や、必ず起こってくる問題である。この算入の問題は、マードックが見事に指摘しているように、もう一つの事情が加わるといっそう極端なことになる。つまり、(われわれの場合のように)子供が両親の親族の双方にその血縁として勘定されると、子供の血縁集団はどちらかへ入れられるときにくらべて二倍の大きさになる。それぞれの祖父母の親族を数えると四倍になる。数世代を経ぬうちに親族集団は区別できぬほど交差してしまうばかりか、あまり大きくない部族では皆がすべて同じ親族に入ってしまう(前掲書、四四頁)。特にわれわれのような「双方的《ビラテラール》」親族集団は結婚のたびに分割される系図によって時間的連続性を保つことができない。そのような集団は、われわれがそうであるように、一体として作用しなくなるのである。この幾重にもからみあった問題はさらに大きな要素、居住規制が加わるともっと複雑になる。家族は常に居住的統一体である。すでに旧石器時代の狩猟者としての定住状態が存在した――つまり、彼らは幾世代にもわたってテリトリーと結びついた集合生活を送っていた――と仮定できるなら、そこにはティティエフが指摘するような重要な現象が起こったにちがいない

（「一方的《ユニラテラール》級別親族における共同居住の影響」、『アンソロポロジスト』第四五巻、一九四三年、五一一頁）。たとえば娘たちが外婚によって他所へ移されると、父、息子、孫息子……という男たちの連続性が目立つようになる。これが直系という「系統」である。もちろん「母方居住」的に拡大される家族集団も――論理的に、また擬制的に――同じく可能である。そこでは外婚する男たちに対して、娘たちの継承が安定して残ることになる。ただし、狩猟地ないしは採集テリトリーの相続問題を考慮に入れると、このことは一般に――たとえばアルゴンキン族で父から息子たちへ行われるような――男性の単系的継承だけが考えられる（P・H・ローウィ『原始社会』一九二一年、一四九頁）。

したがって、ここに挙げたすべての要素は、まさに古代社会の大問題（！）だったのである。出生、外婚制、近親婚禁止、血縁、居住規制、部分集団による団結行動、競争的な義務遂行、相続制は――持続と相互性の視点のもとで――いわば割合に応じてたがいに規定されねばならなかった。もちろん、それははっきり目的をかかげた合理的社会「組織」ないし「計画」といったものとは、およそ無縁な意識状態（！）で行われたのである。それだけが、この組み合せを成功させる唯一の道であった。そしてこの道を地球上のすべての古代社会は、たがいに独立に、発見したにちがいない。それは自己の肉体を使った文化的作品の傑作なのである。

38　トーテミズム

この傑作は血縁親族の人工的な――すなわち一面的な――勘定によって成り立つ、いわゆる単系出自である。そのためには、優先する「最も近い親族」は必ず男性の系列（父系）か、もしくは女性の系列

(母系)だけを数え、それぞれの相手方は「括弧に入れ」るように定義されねばならない。この結果、そのような集団のすべての成員は——たとえ共通の家族居住地に住まなくなっても——生涯同じ集団に所属することになる。この勘定は一面的に継承されるために、一義的なものになる。われわれの場合のような双方的《ビラテラール》勘定では——世代のたびごとに、ますます多くの血統を継承するから——このようなことは生じないのである。それに反して、今きびしく限定された狭い血縁関係では厳格な近親婚禁止と外婚制が可能になる。つまり父系的な勘定では、たとえば娘は父の兄弟の息子と結婚することは許されないが、母の兄弟の息子とは許される。なぜなら自分の母親はもちろん、母の兄弟もこの人工的な統一性に属していないからである。一言でいえば、このような単系の集団がすべての家族を切断している。しかし、だからこそその集団の無限の連続性が維持されるのである。すなわち、父(とその兄弟たち)、息子(とその兄弟たち)、孫息子たち(とその兄弟たち)の系列が、あるいは逆に母たち、娘たち、……の系列が無限に連続して、決して枝分かれすることがない。なぜなら子供たちはいつでも、この系列に一面的に勘定されるからである。したがって、そのような集団は相対立する忠誠心の葛藤なしに、全体として作用することができ、多くの系列を包摂するより大きな集団の建設に何の問題も引き起こさない。相続・居住習俗はこの秩序に無理なく合致し、たとえ局部的な混乱があっても、この系列はアイデンティティーを失わない。成員の一人一人がそのステータスをしっかり守っているからである。生命の問題にもっとも縁の深い外婚的婚姻規則はこのような集団同士の明白な相互性の現われなのであり、基本的にそこには、レヴィ゠ストロースが語るように、社会を並行する集団に分割してしまう機械的ともいえる過程が示されている。つまり、集団の間に互恵性が成り立ち、全体集団の組織化が可能になるのである。以上のすべての根拠から、単系的な勘定では、明快な一つの制度がつくり出される。つまり、一定の成員を除外した——〔本来の〕生物学的に自然な大きさの半分しかない——特別な親族集団がつくり出される。この計算法はこうして成立する集団に誰が入るかという資格を問題にするのであって、既存の血縁関係を否定するものではない。一種のステータス原理によってそれを半分に分けることである。

これらのすべての根拠から完全に証明される規則は、だから、身分的なものであるように思われる。それは——マードックが選んだ——世界の代表的二五〇社会のうち、一七五の社会がたしかに（時には精巧につくられた）単系的親族形式をもっていることでも明らかである。七五の社会だけが、われわれに「自明の」双方的《ビラテラール》勘定法をとっているけれども、たとえばブイン族（メラネシア）が双方的《ビラテラール》勘定を行いながら、トーテムは母系継承である（これが親族継承のより古い形式であるにちがいない）ように、多くの場合二次的なものである。われわれが取り出したのは制度のまったく単純化されたモデルである。それは今日の原始民族ではほとんど分からなくなってしまい、生きた歴史的現実によって覆い隠され消滅してしまった——また、しばしば合理的革新によって簡略化され、調和させられてしまった——制度である。ただ、レヴィ＝ストロースの先駆的な仕事がアジア・インドシナ半島・オーストラリア地域の大部分に異論なくあてはまる社会構造理論をつくり出すことに成功し、さらにマードックが彼の主著の結論部で変移法則、つまりそのような組織の変化傾向を調査し、検証したのであった。

原始社会が、彼らの生活問題を解決する際に使う驚くばかりの合理性と、ほとんど数学的手段によってのみ扱いうるような形式性は、決して彼らがそのような合理性を動機としてもっていたのだという推論を導くことにならない。ここに、われわれが第一部で指摘したような、動機と目的の分離の意味が効力を現わす。一つの制度の機能が意味するもの、言い換えれば制度の機能がつくり出す合目的性は——たしかに、結果的にはそう言えるし、そうなるけれども——その制度をつくった動機と一致しない。

あの時代の《イン・イロ・テムポーレ》、想像できる意識状態からは、合目的的な社会形式を「組織すること」は絶対に不可能であった。それを達成したのは、いつも、安定的な、それ自体過剰になった支配だけである。だからここで明確にされねばならぬことは、外界に定位した意識がそもそも連続する血統などという目に見えない抽象的事態をどうやってつくり出したのか、どのようにこの抽象的事態をさらに一人一人のステータスに移し変えることができたか、という問題である。

　ここでわれわれの理論が試みたいのは、血統の観念が物まね的動物儀礼から発生するという命題をトーテミズムに求めることである。トーテミズムを「いつ果てるとも知れない論争の対象」（ファン・デル・レーウ）でなくそうとすれば、トーテミズムは右のような命題との関係で起こったとするべきである。最初の登場は「社会的な動物祭祀」である。それはまず全世界の原始民族の間に、きわめて多様な形をとって現われる。メキシコと中国の初期高度文化は、ただ先史時代のトーテミズムからのみ説明できる現象である。エジプト第一王朝の最初の三人の王のうち、一人にはサソリの、次の一人にはタカの名がついているが（三人目の名前、ナルメルの意味は不明である）、これらの王たちは——少なくともその伝承に従うかぎりトーテム集団の首長であったと考えられる。高度に人間化されたギリシア文化の根底にさえ、過去の発掘から、その痕跡を見出すことができる。エリニュエスはもともと、アルカディアのテルプサ市の、馬の姿をした神であった。地下の冥府から立ち現われて追いかけてくる——この女神が変身した——霊たちも、明らかに、絶滅した部族たちの恨みであるという世界中のどこにもある観念と関係がある。ファウヌス神が「狼」であることが明らか（アルトハイム『古代ローマ宗教史』第一巻、一九五一年、一三一頁以下）だとすれば、当然、「ファウヌスの礼拝者」であったのは狼から生れたルトゥリ族である。その年代についてコパーズは中石器時代を挙げており（「人類史の課題としてのトーテミズム」、『アントロポス』誌、第三一号、一九三六年）、ハンチャはマルタ（イルクーツク）のオーリニャク文化狩猟人に見られるマンモスの脚、鳥の頭骨、トナカイの椎骨の墓を動物トーテミズムのものと考えている（「ユーラシア大陸後期旧石器時代のヴィーナス小像問題」、『先史時代』誌、第三〇号、一九四〇年）。

つまり全世界にまたがって、一定の動物と「同一化」し、その名をもつ集団が存在するか、または存在したのであり、そこでは通常トーテム動物がその集団の「祖先」とされ、その動物を殺害したり、食べたりすることを禁じる習慣があった。言い換えれば、出自（当該集団の祖先）＝殺害禁止＝捕食禁止複合がこの現象の核になっていた。重要なことは――マードックがいみじくも強調するように（前掲書、五〇頁）――血縁集団の同一化が問題であって、家族のそれが問題になっているのではないということである。だからユチ族（北アメリカ南東部）が、物まねダンスと、きびしいタブーと、神話動物の子孫であるという信仰をともなう、厳格な外婚的母系トーテム氏族をもつのも、そのようなほんの一例にすぎない（J・ヘッケル「シーウー・インディアンのトーテミズムと双分組織」、『アントロポス』誌、第三二号、一九三七年、八三九頁）。

トーテミズムの理論にとって決定的な問題は、右の複合に真に機能的なものを見ようとするのか、あるいは逆にこの種の現象は単なる心理的（つまり、何ら実効のない）性質のものだという世間に広まっている現代的確信に従うか、の二つの決断である。われわれは、躊躇なく最初の選択に賛成する。なぜなら、動物にちなんで自からを名乗るあの血縁集団の構造だけが、社会的機能を存続させることができたからである。もっとはっきり言えば、彼らは完全に動物たちと合致したのである。われわれは具体的な変身が暗示する偉大な象徴の力を軽視してはならない。ウィネベゴ族の首長たちは一八一九年でも――当時すでにその慣習は失われていたにもかかわらず――自分たちのトーテム動物の皮をつけていた

〔ヘッケル、前掲書、四九〇頁〕。オサゲ族の神話はトーテム動物に「自分は卑小なものたち（＝人間たち）がそこから肉体をつくり出した霊である」と言わせている。ウィネベゴ族のヘラジカ氏族は次のような起源神話をもっている。大地創造者が男と女をつくった。そして何の中に生きつづけよう（to live through!）とするのかと尋ねた。彼らはヘラジカの中に、と答えた。これらの注目すべき公式はすべて、可塑性に富んだ直接的具象性を示している。ムルンギン族（南オーストラリア）が死の床でさえ彼のトーテム動物の所作をまねるのも、その動物の中での来世が近づいているからである（R・H・ローウィ『社会組織』一九五〇年、一七八頁）。ここで中心になっているのは、間違いなく、祭祀形式である。ベスは「トーテムを演出し、その目的のために羽毛と顔料で飾り立てるこれらの男たちこそ、宗教的儀礼の実際の遂行者である」（『自然民族における宗教と呪術』一九一四年、四三頁）と述べている。

以上の論拠から、われわれはすべての複合をあの古代文化の核心儀礼に結びつけることができる。それは、すでにわれわれが動物生命体の物まねによる具体化として理解した文化である。だから、ここで考えられる〔トーテミズムの〕唯一の起源仮説は、きわめて狭い親族関係にある集団同士がそれぞれ固有の礼拝の対象を占有する《アプロプリーレン》ことによって、たがいに区別し、それぞれの「同一性《アイデンティティ》」を意識させた、ということになる。しかし、その後の展開は思いもかけない二次的合目的性の出現であったと考えることができる。この「動物の社会」は単系的な、つまり人工的に一面化された集団の、しかも場所的限定を受けない集団の分かりやすいアナロジーであった。このことが今まで見落とされてきたのは不思議なことである。つまり、一つの動物種のすべての個体は共通の出自をもっている。それらは生きつづけるかぎり同じ動物種であり、場所的限定をこえて、あまねく生存している。実験の——つまり、さまざまな後退と混乱の——長い期間を経て、すでに述べたような生命の問題を秩序づけ、単系出自の観点から次第に解決してゆくことを学ぶ集団にとって、こういう方法で動物演出儀礼を継続して行く以外、どんな対応策も存在しなかったのである。婚姻対象を外に求め、また外に与える集団、言い換えれば自分たちの所属性を常に共同の住居という観点からは見ないで、生涯、系譜の連続という形で——つまり単系的に——共同の血統をたもとうと考え、けっきょく他の集団から、しかもそれらのたがいに「類似している」集団から、厳格に区別しなければならなくなる集団は、一つの動物種の各個体によってつくり出される客観化された組織によく似ている。それだけでなく、われわれの命題は——トーテミズムは外婚制、つまり娘たちを交換しあう何らかの方式を前提にしてはじめて成立するという——多くの著者たちの主張とも一致する、というのは、まさにこの点だけはまずい類比だからである。つまり、動物社会の類比は外婚制を勘定に入れないからこそ可能になる。なぜなら、一つの動物種の各個体はたがいに「結婚する」ことができるのに、トーテムの仲間はまさにそのことが許されないからである。

われわれの理論は、きわめて古い時代の意識状態を計算に入れるとき、蓋然性の高いものになる。太古代では「自分たちの血縁集団」という客観的概念は物まね行動の中で初めて意識にのぼせられ、抽象的に考えることができた。先史時代の、たしかにあまり発達していない抽象的合理性のもとでは、すなわち外界によってようやく挑発される自意識のもとでは、「共通の出自をもった、場所に限定されない集団への生涯の所属性」というような難しい事態は、ただ目に見える「行動支持物」によってのみ現実化されることができる。なぜなら最初に発達する自意識はただ外界を通じて、ただ外界と自己を同一化することによってのみ、とらえられるからである。このきわめて抽象的な性格をもった、系統ないしは氏族の所属員、という観念に自己を同一化することは単なる観念的な自己理解からは不可能である。そのためには一人一人がそれと同一化できるような第三者が必要だったのである。すなわち、ようやく発達する自意識の先史的段階では、誰にも分かる動物の仮装、ないしは動物との目に見える一体化だけが、厳格に規定され一面化された集団への所属意識を生み出し、そのような意識を定着させるための唯一の道であった。だからまた、そこから生れた重要な儀礼は早くからさまざまな義務づけをともなっていたのである。皆が同じ動物と一体化することによって、同じ動物の演出をたがいに守ることによって一面的・連続的な血統なるものがようやく具体化する。つまり、トーテミズムがその機能を現わす。トーテミズムとは、人びとがそれを頼りに単系の系譜をつくり上げる手段であった。核家族のような単なる共生生活には、このような劇的な手続きは必要でない。なぜなら核家族では家族の統一と具体性は誰の目にも明らかだからである。トーテミズムでは系譜という、血統で区別される超時間的連続が、肉体的な由来にもとづいて制度化されている。自然の目的を人間の目的に変えたのである。さらに、そこではトーテム動物の殺害と捕食の禁止が当該の集団に課せられている。この点も決して軽視してはならない側面である。

すなわち、きわめて古い時代に栄養のための共食い《カニバリズム》が存在したことは疑いの余地がない。それはアウストラロピテクスの群れにまでさかのぼる。つまり、一部は第三紀の終りに比定される、あの南アフリカの「猿人たち」である。犠牲になった獲物の化石の残りの間から、同一の種の断片が発見されている。ヘーベラーはこの観察がアウストラロピテクスという、すでに人間的な状態における、暗い論理の決定的帰結を暗示している、と述べている(たとえば『鋼と鉄』誌、第七三号、一九五三年の多くの個所)。彼らは共食者《カニバール》たちだったのである。完全な形はすでに化石になる前に破壊されていた。その頭骨にはヒヒの頭骨と同じ打撃痕が残っている。もちろん、この耐えがたい事実は本能的抑制の欠如と密接な関係があり、人間における本能退行の反面なのである(第28章)。

このことはずっと新しい、少なくとも三〇万年前の北京原人でも同様に疑問の余地がない。すべての頭骨は、脳髄をかき出すために、後頭部の穴の周囲が壊されており、骨髄を取り出すために縦割りにされた上腿骨が見つかっている。ジャワ原人も同じである。ソロ原人（ネアンデルタール型）のすべての頭骨は、二個の例外を除いて、同じ方法で破壊されている。クラピナ（ユーゴスラヴィア）では、約四〇体のネアンデルタール人の焼かれ、壊された残骸が収容された。オフネット洞窟（旧石器時代マグダレニアン文化期）の発掘物、つまり、それぞれ二七個の頭骨と六個の頭骨を入れた二つの坑槽——それらには一九個の子供の頭骨と一〇個の女性の頭骨が含まれている——はただ人肉食との関連でのみ説明することができる。中石器時代の台所のごみの中には頭骨の残滓が発見されている。大量の切断された人骨が発見されたユトランド半島のエルテベレ遺跡も同じ時代のものである。いずれの場合も——フォルハートの言うように——この世俗的共食制《カニバリズム》を祭祀形式の堕落した後期の姿として説明する根拠はうすいものである（『カニバリスムス』一九三九年）。

だから、トーテミズムの果たした機能はまったく画期的なものである。つまり、集団の各成員が当該の同じトーテム動物と同一化し、そこに集団統一の共通の集束点を見出すならば、こうしてまた、その動物の殺害禁止と捕食禁止の共通の義務が——単なる意識の段階に止まらず、義務化された禁欲的行動となって現われることができるような——形をとるならば、この殺害禁止規定は同時に同じ集団内の殺人と犠牲者の嗜食を防止することである。なぜなら各個人は、トーテムと同一化することによって、すべての他者から守られているからである。言い換えれば、こうして人びとの観念に浮び上った集団の統一が、まったく肉体的な意味で、実現したのである。トーテミズムはだから人類が食人俗を克服した行動型の一つとして理解できるし、その点でトーテミズムの法外な重要性を説明できるのである。同じ目的のための他の過程は陶酔毒物の採用であろう。人肉が他の食物によって排除されることはまれである。しかし、アンゴラで大麻が使われたように、それは陶酔毒物によって可能であった（フォルハート、前掲書、四〇四頁以下）。

39　制度的虚構

外国では、主要な研究課題としてはほとんど否定されている文化圏説に迷いこんだために、ドイツの民族社会学のどの学者も先史的・原始的親族体系がもっている非凡な意味に気づいていない。「親族の発見は明らかに人類の発展史に深い影響を与えるものであった」とクローバーは言っている（前掲書、二二〇頁）。彼は原始社会の社会構造の中で明らかになる素晴らしい想像・発明能力を称讃する。だがここでわれわれに興味があるのは本来の民族社会学的視点ではなくて、人類学的視点である。われわれの見解に従えば――儀礼によって生み出された行動型と思考形式の延長線上にある――合理的・実験的行動こそ基本的制度の発展に寄与したものである。植え付けられた畑、保護され飼育された動物、近親婚禁止と外婚制とトーテミズムによってつくり上げられた単系的血統、これらすべては「人工的な自然性《ナチュール・アルティフィシェル》」である。それらは、一面化され、様式化され、監視された――制御的な介入によって自然の実体から引き出された――構造物であり、本質的に、人間の演出する空想から生れた構造物である。いつの場合でも、人手の入った、本来の実体をかなり強引にねじまげ「自然的な自然性《ナチュール・ナチュレル》」の中に眠っているさまざまな可能性の一つを「純粋に演出」するものが文化である。つまり、すべての文化現象には――今日でもなお事実の「不完全収容《アドプティオンスデフィツィト》」が必然的に含まれている。どれかの現実が的はずれに説明されるか、脱色させられてしまうか、ないしは簡単に無視される。そのような活動の産物が人間にとっての自然である。しかしここに、人間が数千年かかって自然の中に理解することのできた合法性の究極の論理がある。なぜなら、そもそも人間自体——感情にいたるまで、一面化され、馴致され、様式化されることによって、ようやく持続的存在に引き上げられる——未完と混乱の具有者であり、彼自身「ありそうでない」元来の文化的生物だからである。したがって彼の目には、手を加えて保護し、訓練する作業と処置が——自分自身の暗い深淵と関係のある——当然の義務として映るのである。人間は〔物まね〕演出をする存在である。彼の必要や空想がつくり出すさまざまな物に自分を変装させ、そのような変装、つまり彼の特別な自然の像のとりこになる。そして、その像に合致するまで自分と自然を造形する。こうして初めて、特別な自然が彼にとって自然らしいものになる。

だから、原始の前呪術的・儀礼的行動が、陶酔と妖術へ堕落することは、どのようにして防がれたのか、という問いにはこう答えることができる。それは圧倒的な二次的合目的性の——しかも制度的なものの中での——発展にあった、と。制度的なものは、したがって、最初から祭祀的な雰囲気をおびていたのである。ということは、これらのすべての制度の完全な発達——それは遅くとも新石器時代には完了していた——のあとで、必然の時代的な祭祀の変質が起こったことを意味している。なぜなら、あの客観的な合目的性を保持し、発見した制度を共同生活の土台にすることによって、当時すでに正統的な、伝統的なものになっていた、そればかりか、陳腐なものになりつつあった社会装置から、最初の動機づけ〔安定〕だけを抜き出し、並列的に「純粋演出」へ発展させることができたからである。こうして宗教は、一次的な直接の生活実践から遠ざかる。なるほど神話はそれを説明するけれども、ただ説明するだけである。むしろ、宗教は圧倒的な自然の衝撃から人間の内面を解放することによって、そのような内面への偉大な一歩をふみだす。宗教は、主要な点でまだ実践と関係のある儀礼の負担を免除されることによって、神話的になる。と同時に、神々の表象は人間的な方向へ向かう。つまり、家畜化された動物は動物界一般を日常化し、もはや神のシンボルではなくなる。それは古代エジプトのように人間の特徴をもったものになる。あるいは人間に似た神の属性をそなえたものになる。これらの大人数の、あるいは数の変化する――エジプト、ポリネシア、アジア、古代ギリシアに見る――神々は可視的と不可視的との中間段階に達した神々である。彼らはその国々ないし版図「一般」を支配し、随時その個別活動を通じて力を現わすが、しかし何々神殿内の鎮座とか、偶然の顕現を除いて「不可視的」であり、オリュムポス山や海や太陽や神話の中に住んでいる。これは、大変重要なことである。なぜなら、別の側面から見ると、実践から解放された神々の領域という中立化を意味するからである。航海に先立って人びとはポセイドンにオンドリを捧げる。しかし航海法についてはうかがいを立てない。第二に重要なことは、これらの神々に属する神殿と関係のある、非日常的な儀礼――現実的実践に密着しない儀礼――が必要になることである。

この、すべての高度な文化の新しく発展した制度的基礎は、さらに別の決定的結果を生むことになった。なぜなら、社会と経済の永続的秩序の完成は、個人にとって、この二つの領域が永遠に存在するのだという確信、つまり背景的充足を許し、こうして世界と自然は「偉大な故郷」になり、その「秩序」の妥当性が意識されたからである。われわれは遂に自然に対抗することができたのである。だから、われわれはヘーゲルと共に、こう言うことができる。「法と力は」今や「主体にとって外来のものではない。彼自身の存在が、法と力の精神の証明であり、そこに彼の自己感情がもとづいている。そこに自分自身から区別できない要素が生れている。両者の関係は単に直接的であるだけでなく、一体化した信念と信頼そのものである」(『法哲学』第一四七節)。

ヘーゲルがここで述べているのは、背景的充足の状態になった、世界を包含する、われわれの感性になった制度のことである。制度はその自明性への転化過程をとっくの昔にすませており、制度の義務づけが現実性と合致する意味で「自然のもの」になっている。これが彼の言わんとしたことである。このことはわれわれが「ステータス」の概念を理解するために不可欠のものである。なぜならステータスは制度の中で存在性質というものが理解された時点に、その起源をもつからである。その意味で、「自動的な役割決定」は単系的親族形式の中で初めて成立しうる、というマードックの意見(六一頁)は完全に的を射たものである。そこでは父は、その血統の代表者であると同時に、彼の出生と結婚を通じて、血統間の婚姻規則の代表者であり、またそのことによって彼の集団構造全体の代表者である。したがって、すでに彼の肉体自体が当の制度の「人工的自然」を演出している。だから彼はこの性質を自分の行動で演出しなければならない。彼のステータスから必然的に、交際に関する一定の忌避規則、救助と復讐の義務、一定方向への交易の義務等々が生れてくる。誰もが彼のステータスについて人びとがいだいている観念を演出しなければならぬし、反対に彼はすべての他者にそのステータスの立場から行動せねばならない。つまり、それを自分の行動の中へふさわしい形で取り入れねばならない。このようにして初めて、制度の永続的な存在と機能が個人にとっても、背景的充足の形で実現することになったのである。

こうして「徹頭徹尾」ステータスそのものになった人には、当該の制度によって自から消費される以外、どんな選択も残されていない。彼は制度以外のどこにも足場をもっていない。このような品位《ヴュルデ》こそ——「主体」と呼ばれるすべてのものが制度的なものに向かって絶えず反乱を起こしている——われわれの時代が大幅に失ってしまったものである。もちろんステータスは、政治的あるいは法律的な現代の制度が時たま見せるように、全くないわけではない。それは印刷された規範体系の抽象的効力を頼みに存続している。しかし、そのことによって本来の意味のステータスは失われてしまう。ステータスは――抽象的な権利と義務を付与された――「役割」概念に取って代られる。真のステータスは教会だけが堅持しており、他は軍事的なものの中に残っている。それらの、いやおうなく個人が制度の効力を体験させられる真剣な場所では、ステータスなしにすまされないからである。それ以外の社会的領域では、一切の存在概念は機能概念に翻訳されてしまっている。

その目的が何よりもまず、家族と親族の制御にあった古代的制度は、そこに、われわれが興味深い制御過程を解説できるような特別の規整力をそなえていた。つまり、秩序づけられた表象と行動の形式が本来の適用範囲をこえて使われており、そうすることによって初めて文化的に承認されるような他の事実を引きこんでいた。一定の装置が中心引力のように働いて、他の事実、他の文化装置をすべて自己の「影響野」においたのである。それはちょうど、現在のデモクラシーの概念が本来の政治的適用分野から発展して、政治的でない領域まで占領し、「経済デモクラシー」とか「軍隊デモクラシー」等々が出現する現代社会に見るような過程と同じである。社会の「基調」のこのような拡大は必然的に、本来は異質の文化の諸領域を一つの虚構で塗りつぶしてしまう。なぜなら、この基調がすべての本来の色調に浸透するからである。

古代の状況を示す一、二の例を挙げよう。一つは「親族の等価物」である。禁止され、許可され、あるいは義務づけられる――しばしば非常に複雑で、厳格な――婚姻・出自規則に、当然ながら現実が必ずしも常に一致するわけではない。たとえば子供の生れない結婚もある。そのときには養子縁組制が、誰かある個人に、家族ないしは系譜の序列に従った明確なステータスを与える。したがってここでは養子縁組の形式が一つの基調になっており、一切の関心事は親族制御の言葉で表現されるわけである。つまり、人びとが何らかの欲求を満たすためには、親族関係の形式を見つけねばならず、そうでなければ適えられないのである。その見事な例をW・J・トーマスが挙げている（『原始的行動』一九三七年、第六章）。ギルバート諸島の原住民が財産の一部を兄弟にゆずろうとするとき、彼は贈与の形をとることができない。なぜなら贈与は相互義務を負うからである。この男は自分の意図をステータス・モデルに移行させる。すなわち、兄弟の息子を養子にしなければならない。さらに彼は他の家族との紛争や敵対関係を終決させようとする場合もあろう。これも、やはり養子縁組によって可能になる。なぜなら両親と養子との間には――そのステータスに従って――もともと、敵対関係が排除されているからである。そればかりか、部族全体が養子になることもある。一七二六年、有名なインディアンの「五部族」が、北カロライナを追われたタスカローラ族を保護したときこの形式をとった。そこでは年齢階梯の図式が厳格に守られた。つまり、五部族大酋長会議の決議に従って、タスカローラ族は「少年集団」、「青年集団」、「戦士集団」等々の順に養子縁組されたのである。

法的な擬制と同じように、ここでもステータスの擬制、ないしは親族等価物と呼んでよいものが登場する。すなわち、欠けたステータスの場を擬制的に埋めるような養子縁組が存在する。ソロモン諸島では男は一人の少年を自分の父や母の兄弟、あるいは祖父の名とステータスによって、また一人の少女を自分の母や祖母の名とステータスによって養子にすることができる。女は一人の子供を彼女の父や――彼女自身のステータスが変わる場合には――まさに以前の彼女自身（!!）の名前やステータスにすることができる。そうすることによって、従来のすべての有効な関係が貫徹される。そのためには新しい有効な等価物によって埋め合わせられなければならない。

完全に異質なさまざまの現実を取りこんで安定化する制度の能力の、もっと極端な実例は多くの性的な倒錯現象に見られる。原始的世界全体に認められるこのような逸脱の目的は、当該者の虚構されたステータス変更にある。それは驚くほどの一貫性をもっている。H・バウマンはこの種の現象について重要な研究を行った（「自然民族における祭祀的性転換」、『性研究』誌、第一巻、一号、一九五〇年）。チュクチ族やカムチャダル族では——シャーマニズムの前提でもある——青年期のホモセクシャル傾向、ないしは早くから出現する心理的逸脱がステータス変更の出発点になっている。その完全な事例では若い男が女性の行動をとるところまで来る。槍と投げ縄を針と皮削り具に変え、ついには心理的にも完全に変化する。彼はその役割演出をつづけることによって内気な性格を身につける。おしゃべりと子供の養育を好み、男たちの好意を求め、ホモセクシャルな他の男と世間の形式に従って結婚し、その男のために家計を守る。子供を養子にとることによって、この疑似家族は完全なものになりうる。

アラルコンがユマ族について報告した（一五四〇年）例も、この同じ関連のものである。かつて、女性のステータスをもった四人の男のうちの一人が死んだ後、彼の位置は新生男児によって引き継がれた。その子供は女の着物を着せられ、女として育てられ、彼のステータスを取得した。(33) この種の「結婚」は一七世紀以来、ルワンダ、ウガンダ、マダガスカル島、オーストロネシア人の全住域、北アメリカと北アジアを結ぶ環帯から報告されている。モハービ族インディアンには、男のステータスを与えられた女たちが他の女と結婚し、第三者〔男たち〕との間に生れた子供たちの「父」であると名のる習慣が見られた。

以上のいずれの事例にも見られる異様な、きわだった行動と、その不自然さは、特別のステータスを与えられた当人たちが現行秩序に摩擦なく参加し、同時にこの特別の地位を正当化してもらうためのものである。付け加えれば、このことは超自然的な、呪術的な資格の承認によって可能になるばかりでなく、そのようなことがなくても可能なのである。

虚構されたステータス演出というこの命題は決して過小評価できない理論的、人類学的意義をもつ。義務化された虚構は法本来の現実だからである。特にそれは意識の領域にあてはまる。われわれは表象と現実の原始的な「混同」にまったくしばしば驚かされる。しかし原始人たちは決して偏執症《パラノイア》患者ではない。だから、われわれは、目撃しないで、あるいは逆に目撃することによって現実と受けとるさまざまの「表象」があらわれるとき、その表象が生れてくる核心状況を探さねばならない。こうして、われわれは制度に突き当たるであろう。シャーマンの見る――性転換のために呼び出しをうける――幻覚、自分の「守護霊」を見つけなければならない男の耳に禁欲期間の最後に聞えてくる幻聴、動物の中に生きつづける祖先たち等々、のすべては秩序づけられた行動型が確実に制度化されているからこそ、現実として受けとめられるのである。このような意識現象は、いわばステータスの特徴そのものである。制度化することのできるこれらの「表象」は、どんな場合にも、その制度の現実性、一面性、義務づけの力によって超加算《スーパーアディトゥム》の効果をあげることができる。それは、ひょっとして主体がいだくかも知れない疑問から制度を解放し、その結果、制度自体が義務的なものに感じられ、主観性の性格が完全に放棄される。同様にたとえばフランス革命以来、「平等」という完全にイデオロギカルな、虚構された表象が一つのカテゴリーとして定着し、そのカテゴリーのもとに、目撃するものとは反対の社会的現実が知覚される。

われわれ学者層の概念リアリズムも似たものである。概念を生産する研究が当然のこととなった制度から、プロフェッショナルなステータス特徴をもつ意識現象が生み出される。それは（概念さえも、何らかの意味で現実的実体であり、――哲学用語で言えば――理念的存在であるという）一種のプラトニズムが制度特有の意識状態になったものである。（概念は可変的な任意《アド・ホック》の標識であるという）「唯名論的」理解は、けっきょくいつもただ個人的な逸脱であり、決して定着しないばかりか、道徳的にも必ずしも完全なものと感じられなかった。同じように――ドイツでは――プラグマティズムが、はっきりした憤慨の声をもって、非難された。プラグマティズムは専門家らしからぬ理論だったのである。反対にたとえば「国家の本質」なるものが存在するという観念は黒人サルタン領、スパルタ、ローマ帝国、オットー帝国、ビザンチン、ドイツ連邦共和国のような、それらにひとしく適用できるような内容の連想標識が存在しないにもかかわらず牢として抜きがたいものである。

さらに、制度と関連の深いのは、とりわけ、現代の主観主義それ自体である。すなわち、失われたステータス制度と関連しているわけだが、それは制度から独立した精神生活の「自明性」、「自然らしさ」を代表するものである。もちろん論理的には「個人」であること自体すでに義務的ステータス――その体現は困難の多いものだが――になっている。内面的にであれ、外面的にであれ、人間行動全体が、外界に支持点を見出す演出能力によって負担免除をうけるとき、初めて現代の主観主義も成立し、主体性が解放される。つまり、迅速に、受動的に増大してゆく産業技術世界の外界変化にぴったり合致することによって、このことも可能になるのである。

40　続・制度的虚構

われわれの多くの実例は文化過程が自然の実体から、いかに一面的な関係をぬき出して馴致するものであるか、それが伝統的に完全に確立される場合には「唯一の可能性」として、つまり自然らしいものとして、いかに人びとに感銘を与えるか、を明らかにするものであった。この過程は個人の内面にまで及ぶものであり、すでに個人の定位づけ過程（第17章）で、衝動と感情を規定し、限定して、制御下におさめ、様式化する。こうしてけっきょく、社会的に定式化された態度が、その時どきに成立する制度にぴったり合致した義務的な行動として現われることになる。このことはすべての文化状況にあてはまる。たとえば女性は、キリスト教的でもなく、法律的に保証されてもいない、デモクラティックでもなく、産業技術的でもない社会では、きっと「不自然」に感じられたにちがいない「同権」を――宗教的に、法律的に、政治的に、経済的にといった順序で――次第に手にすることになったが、同時に、この両性同権の歴史は、依然として続いている現実、それを指摘することが道徳的に次第に不可能になってゆく現実、を表わしているのであり、こうしてある日のこと、その道の大家たちが過去にはどのように違った考え方が許されたかを「理解しよう」と試みるというわけである。そもそも両性の同権は――産業技術的・官僚主義的社会に典型的な――人間が直接接触することによって生れる緊張とか、生産などといったもののない社会を前提にしている。そのような社会が、まさにすべての前産業技術文化とは反対に、性差を様式化することを妨げているのである。

人間は本質的に文化的存在であり、その本来の性質が内面の奥まで「人工的自然」であるばかりでなく、客観的自然そのものさえも――そもそも彼が自然に近づく程度に応じて――理論的に、実践的に一面化されているから、すべての「自然の像」は片寄った一断面にすぎない。したがって技巧の、いや虚構の動機は人間性の本質の一部である。現実「それ自体」は、だから、人間の内部でも、人間の外部でも完全に隠されている。そして、自然科学におけるように、どうにか近似的に近づくときには、また近づけば近づくほど現実はその非人間性をあらわにする。その結果、自然の中で自分を理解する古代的可能性は現代人から奪われてしまう。こうして、たとえば――啓蒙主義のすべての期待とはうらはらに――技術と自然科学の進歩が自からを補うものとして宗教を強化し、両世界がますます深く合致してほしいという希望をいだくことになる。

われわれが先に見たように、完全に定式化された文化様式は異質なすべての現実を呑みこんでしまう「管理体系」の機能をもつ。さらに、すべての制度の構造は――構造の内部に向かってさえ――自立性をもっているので、今度は内側からアプリオリなものとして現われる。こうして古代的親族組織のステータス原理は、性的逸脱を社会に通用させ、当該者たちを進んで参加させるためのモデルを供給する。言い換えれば、あらゆる可能な主題を表現手段として養子縁組の形を使うのである。それは全く、今日のわれわれが技術的思考モデルの機能性を本来の専門領域をこえて、ひろく認めていることと同じである(ハンス・フライアー「産業社会の生活世界における技術的カテゴリーの優勢化について」、『マインツ科学・文学アカデミー論集』一九六〇年)。一つの社会のエネルギーが、発見された行動型の推進力となって、それを全力で完成させるとき、目を見はるほど素晴らしい超専門化が行われる。オーストラリア・アボリジニは彼らの親族組織を――たとえば現代の研究(レヴィ＝ストロース)がムルンギン族の八分組織を理解するために、三次元の図式と数学的手段を使わねばならないほど――極端な形で構想し、構成し、組み合わせた。この組織は五世代かかって完結し、回転してゆく構造をもつのである。それ以外のオーストラリア文化は、例を見ないほどの貧弱な創造力を展開したにすぎなかった。そして、この見地に立てば文化はそれぞれ同じ程度に超専門化されている。われわれが技術の点でそうであるように、あるいは中世の初期において神学がそうであったように……。

もう一つの例はポリネシア民族に見られる過大なタブー組織である。今日、タブーは激しい感情に支配された表象の「アンビヴァレンツ」から生れると「解釈」されているが、あの有名なアンビヴァランスの精神のメカニズムから、タブーは決して説明できない。われわれの考えでは、これでは決してタブーは制度化しないのである。だから、まず客観的な定義が必要になる。つまり、タブーは距離の階梯が絶対的な限界に達したという意味での「危機的状況」、すなわち接触禁止を制度化しているのである。そのようにポリネシアの貴族支配は極度に制度化されている。このことによって主体的動機による相互行動は完全に独立のものになる。一人の貴族のよりかかった壁がタブーになり、彼の食事の残りが、誰も不用意にこの神の物質を食べて死なないように、淋しい場所に隠され、彼がすべての物と――それらをただ体の一部として（「それはわたくしの頭〔意志〕だ」というふうに）示すことによって――交渉をもたぬようにすることができ、彼の影が落ちた器が中味ともども触れてはならないとされるのは、それが何よりもまず、一種の「国家機密《アルカナ・イムペリイ》」と言えるからである。その点、誰も神聖な首長に背後から近づいてはならないというマオリ族の規則はこの特徴をよく現わしている。背中というものは特に最高のタブーであった。ただし、人類学にとってもっと興味深いのは、このことではなくて、超専門化とその果てしない洗練の問題である。なぜなら、これほど極端な制度だけが、最初から制度の中にあった技巧の要素を有用な虚構という完全な価値にまで発展させることができるからである。この社会装置を廃棄することはむずかしい。しかし一方では、この装置はその異常なまでの頑固な形式性によって、生活関心そのものの妨害になっている。だから生活はそれを回避して新しい道を求める。カロリン諸島のクサイエ島では一切の土地は王に属するという法律があるが、現実にはこれがすでに虚構になってしまっている。土地は私有財産であり、個人的に相続できる。フィジー諸島の貴族たちは恐怖を引き起こすような呪術的・宗教的力をもっていた。だが具体的な例を挙げると、首長タコムバウは一八五一年、新しい租税を施行することができなかった。それは何段階もの官吏を介してようやく彼と話すことができるような平民たちの受身の抵抗にあって挫折した。まさに「黒人の王たちの持っている権威の虚構的性格は、かつてそこに本当の個人的権威が定着することを妨げた。そこに一度も古代ギリシアの意味での専制政治が現われなかった事実の原因も多分この虚構的性格にある」（ラディン『原始世界の神と人間』一九五三年、二四六頁）。単系の血統ないし氏族という制度は非凡な機能をもっているにもかかわらず、直接の現実が遠まわりに効果を現わすという意味で、また補償的な制度という意味で、やはり虚構のものである。たとえば父系集団の尊敬されていない母の近親者が地位をうるには、母の兄弟が父に近い副権威者になるという形によってである。

この種の虚構は、ひきつづいてその道具化が起こるという理由で特に重要である。つまり、生活から遊離してしまった虚構が、その実用的な有用面を見せることによって合理化され、まさにそのことによって虚構が別の面から新たに安定化されるからである。たとえばヨシュア記六章一八節には、エリコの町の占領の際に、戦利品がタブーによって個人の略奪から守られる話がある。誰かが（アカンが）それに違反した際の……。また別の合目的性の例には、タブー視される支配者が恍惚の儀式の中で扼殺[34]され、「天上へ追放」されることによって他の権力者たちが彼の座につくことができる話がある。ちょうど将軍《ショーグナート》〔幕藩〕の時代（一一九二年―一八六七年）、皇帝《カイザー》〔天皇〕たちは無力であったが神であった日本と似たように……。われわれの文化の特徴は科学の超専門的完成である。それが自明のものとして通用し、長らくあらゆる特定の目的設定から（たとえば「一つの世界像への寄与」等という）解放されてきたために、二次的な目的設定が自由になっている。すなわち急速に増加する政治化にも明らかなように……。しかもそれは「自己価値」という、まさに設定された虚構をもとにしてなのである。

制度の虚構的性格――つまり、制度が自然のものに感じられるほど完璧な人工性――が純粋に示されているけれども、二次的な道具化がまだ完成していないために、実際には――「形づくられたものの王者の権利」（ヤーコプ・ブールクハルト）どおりに――本来そなわった安定性のおかげで維持されるような事例では、拘束力をもたない基準性のカテゴリー、つまり人工的な現実の遊離した断片のカテゴリー、が現われる。文化の形成はこのカテゴリーで記述されなければならない。このカテゴリーは誰もあえてそれに抵触しようとしないばかりでなく、多くの人びとに感銘をあたえるかぎりで基準的だが、どんなインパルスも引き起こさないために何の結果も生じない――通常の再生産の方向からはずれた――誰もそれによって活気づけられたり、力づけられたりしないようなカテゴリーである。したがって本当に権威ある相貌をそなえているけれども、大衆は形式的尊敬をはらうだけで、それ以上のことはしないカテゴリーである。たとえば古代では、人びとは決してすべての神と宗教的関係にあったのではない。拘束力をもたない基準性である無数の神々が存在していた。その存在は何びとにも疑いの余地のないところであったが、その礼拝は単なる形式的な反復に留まっていた。それぞれの村は「誰もそれについて何かを語ることさえできない」自分たちの半神をもっていた（デリンガー『異教とユダヤ教』一八五七年、九一頁）。アイスキュロスの描くエウメニデスの中では、アレオパゴスの壮重な就任式のあとで、アポロンによって女神エウメニデスたちがアテナイから同じように壮重に「除籍され」て、地下の神殿へ追放される。彼女たちの力は単なる祭祀の権利に制限されていたのである。つぎの想像がもし当たっているとすれば、それは非常に遺憾なことである。つまり、われわれ教育を受けた者たちの間で、古典的ギリシア・ローマ時代一般が、単なる実りのない儀礼的敬意をうけているなら、そのような古代は現代の意識の中で、拘束力をもたない基準性のカテゴリーへ押しこめられているのである。

この現象に最も近いのが葛藤原因の発散を目的とした葛藤状態の儀式化である。オーストラリアの諸部族では、近づいてくる外来者は見せかけの攻撃を受ける。よそ者はすべて敵と見なされた古い観念の名残りである。その完全な行動型が擬制的に保存されて、挨拶の儀式になっている。ホーフシュテッターは、われわれがすでに第9章で述べたように、「われわれの公共生活の中の非常に多くの闘争状況がすでに儀式的なものになっており、それが役割の実体に含まれている。われわれがただ、個々のケースについていつもこのことを見抜くことができないだけだ」（『社会心理学』一九五四年、一二二頁以下）という命題を立てた。「今日なお存在する労資間の緊張は、社会の成員全部を要求どおりに生産物の享受に参加させるには、余りにも少なく生産される社会の状況に見合っている。しかし、われわれの前に横たわる産業秩序の課題は、単なる販売の拡大可能性と消費の増加につきるのではない。そのような状況は持続する伝統的敵対関係のほんのきっかけを提供しているにすぎず、〔敵対関係〕それ自体、何ら新しい問題の解決に役立たない。だから、われわれは労働者・経営者間葛藤の『儀式化』（われわれの言い方をすれば、この葛藤から生れる制度の保持——引用者）に期待するのである」。「選挙運動と議会政治の偉大な現代の儀式」（D・リースマン『孤独な群集』一九五三年、八四頁）という言葉がアメリカにあてはまるなら、そこではすでに現在の政党がもはやするどい社会的対立、ないしは政治的葛藤を代表しない状態が生れていると言えるだろう。この「拘束力をもたない基準性」は徹底的な変化に見舞われる時代の多くの文化的事実を解く重要なカテゴリーである。つまり、人びとはそれが内面からわき起こってくる行為ではないのに、伝承された文化型を捨てようとしない。こうして文化型は、現実と非現実、真と偽の中間状態に到達する。注目すべきことは、それが驚くほどしぶとい生命力をもつことである。たとえば、帝政期のローマ元老院は制度を「政治的中立を守らず、武力行使さえ辞さずに、貫き通す」ことができた（インマーマン『回想録』第一巻、一八四〇年、二五二頁）。人びとがくり返し使う概念を比較してみると「かつて有効であった現在」が、やはり時おり残されていると言うことができるであろう。そのように、われわれの中にも古典的古代の像が存在する。このカテゴリーはイデオロギーの概念では、とらえることができない。社会の統合形式というものは、その形式自体によって補強され、いつまでも存続することができる。

反面では多分それは「観念論」に道を開く状況であろう。古代社会や、幸福な時代の高度文化にはあの狂信的観念論がまったく欠けている。なぜなら、そこには秩序の背後にどんな絶対性も存在せず、絶対性は秩序の中にあるからである。現代のような観念の肥大は、その中へ、血、精神、人間性、実存等々、さまざまな随意の内容を入れることのできる意識形式である。しかし、これも恐らく空虚になった、しかもなお存続しつづける秩序の相関概念である。そのような「理念」の共通分母はいつもそれが自明性を欠いていることである。いかに強弁されようと、それは決して充分に納得されないものである。自明性はただ個人的にのみ達成される。狂信家にとって彼のイデーに沿ったものはすべて疑問の余地のないものであり、けっきょくそれはイデー自体なのである。

そしてまた、社会組織へのその強力な介入は、〔個人の場合と〕類似の現象を引き起こすように思われる。それは、おたがいの感情を安定させるために人工の限りをつくして形式化された体系（「慣習」）――この中でのみ人々が情緒を持てる体系――を破壊し、無限の問題提起者、狂信的観念論者を生む。ドイツ哲学では、この狂信的色彩はフィヒテと共に、つまりフランス革命と共に始まった。ライプニッツが彼の偉大な思想を王子たちに理解させようとして使った平静な、宮延風の略語法《アブブレヴィアトゥーレン》とは反対に。

41　神　話

われわれは前章の討議の中で、制度を儀礼行動のいわば「副次的成果」として根拠づけた。ここで忘れてならないのは、合理的・可変的、実験的行動が両者に共通の起源として最初から存在していたことである（第Ⅰ部）。先に述べたように、制度のもつ素晴らしい二次的合目的性と、そこから人間の生のテーマそのものが比類のない自由と豊かさを得る可能性こそ、〔古代人の〕儀礼行動と――そのような行動に根拠を提供した――生命体を後方へ安定させたのである。すなわち、宗教は呪術への堕落をまぬがれ、生を創造するものとして捉えられ、歴史的な広がりを獲得したのであった。この過程の意識化が神話である。古代の、高度文化的ではない神話の中では、原始の時代の生命体や、魔神や、神と獣に姿を変える半神等々によって自分たちの制度を基礎づけることが中心問題である。だから、その本来の課題は画期的な事件――言い換えれば、唯一回的なものと考えられた文化の過程――を強調することにある。そのような神話は、もともと歴史意識を含まない――書字のような支持物によって成立する意識が逆にそれを破壊してしまう――神話である。それは最も意味深い真の画期的事件の意識を、すなわちその神話が決定的なものとして語る存在の変化、存在の高揚の意識を表現している。したがって太古の神話に見られる普遍的主題は、儀礼の中に具象化される同じ生命体によって制度を「基礎づける」ことにある。そのことによって人びとはもはや、生の必要や充足に直接とり組む必要がなくなり、新たに秩序づけられた世界だけを相手にすればよいことになる。

A・E・イエンゼンはカラム島（インドネシア）や、マリンド・アニム族（ニューギニア）の神話と祭祀について、われわれに深い洞察を示している（『早期文化の宗教的世界像』一九四九年、『自然民族の神話と祭祀』一九五一年）。ここで扱われているのは「神秘的な原始の出来事とその劇的な演出」であり、そこに登場するのはそもそも神々ではない。まして高級な神々ではない。同じこの祭祀を彼以前に研究したP・ヴィルツはそれを「魔神たち」と呼んでいる（『マリンド・アニム族の神話における宗教的表象』一九二二年、『ニューギニアの魔神たちと未開人』一九二八年）。つまり、デマという名の——華麗な仮面（ヴィルツの図、一九二二年）をつけた複雑な儀式の中で具象化される——生命体のことである。それについて当の神話は、デマは自から死んで有用植物や、動物の中へ入って行き、それらの形で生きつづける、と語っている。こうしてココヤシは死んだデマの頭から生じ、サゴヤシのデマと、オジロワシ、ハタオリドリ、犬、豚等々の動物のデマが存在する。太古の時代の終りに人間自身も、やはり動物の世界へ変身したデマから生れたのである。「人間の宗教的態度は、主として、人間の秩序が神聖な起源をもつものだと教えることにある。だから祭祀生活は何よりもまず原始の事件そのものの劇の上演である」（前掲『神話と祭祀』一一八頁）。したがって、マヨ祭祀はココヤシの栽培に関係するものである、と「同時にそれはイニシエーションの儀式と結びついたものである。そこでは少年と少女が原始の時代の神秘な事件へ引きいれられる。まことに多彩な祭祀行動の間、神話のすべてのエピソードが劇的に演出され、特に原始の時代のドラマが奇抜な扮装で演じられる。そこにはまた、性的逸脱が結びついている。最後に一人の少女が《祭祀の母》として犠牲になる。彼女の骨が数本のココヤシの根元に埋められると共に、幹には彼女の血が赤く塗られる。この祭祀全体は、だから疑いもなく——殺すことによって最初の死をつくり出し、有用植物を呼び出して、人間を増殖しつづける生命体（！）へ変身させた——あの原始の事件の劇的な上演なのである」（前掲『宗教的世界像』四九頁）。

以上の報告を虚心に観察するなら、この祭祀とそこに展開する神話が、三つの相互に関連しあう主題を中心にしていることに気づくであろう。すなわち有用植物と動物の登場――増殖、イニシエーション、死者の国という連想、言い換えれば種族の生活そのもの――克服された食人俗《カニバリズム》――の三つである。特に食人俗はここばかりでなく多くの場所で、引き裂かれた魔神から有用植物が生じるという話――その話自体も儀礼的に演出されるのだが――で示されるものである。ここでヴィルツが第二の主題、つまり集団との関連を重視していることは明らかである。つまり、すでに完全に体系化され、「上演」されるようになった儀礼は、もともと集団に結びついたものであり、部族のそれぞれの下位集団が属している動・植物のトーテム秩序と密接な関係にある。すなわちマリンド・アニム族のデマたちにふさわしいのは、イエー・アニムのヤヴァール儀礼であり、その中にあの動・植物のデマの性質が氏族の祖先たちとしてよりよく保存されるわけである。マリンド・アニム族では犬やサゴヤシ等も、この同じトーテム集団に属している。ヴィルツはこの間の事情を見事に説明する。「すべての社会集団は、まず例外なしに、自分たちの祖先、つまりデマについて語り、報告するそれぞれの神話をもっている。それはどんな仕方で、どんな事情で自分たちの集団と親縁の動・植物が出現したかを物語る」（前掲『魔神たちと未開人』一五九頁）。神話についてヴィルツは明言している。「誰でも、何が自分の集団に属しているか、言い換えれば自分のトーテムとデマについて何が語られているかを当然知らねばならないのである」（同二三六頁）。

この重要な集団的側面にイエンゼンはほとんど触れていない。けっきょく彼が――特定の動物や植物の保護は、最初は、そのトーテムによって規定され、そのトーテムと同一視される一部の集団の独占物であり、儀礼的権利であったという――推定を認めているにもかかわらず、触れなかったのである。しかし、このことは、別の場所にも、たとえばヤトミール族（パプア）やオサゲ・インディアンの世界創造神話に関するそれぞれの氏族にも見ることができる（ヘッケル「トーテミズムの起源と本質について——人類学報告」、『ウィーン社会』第六九号、一九三九年、二四八頁）。

われわれの理論は、イエンゼンとヴィルツが記述した儀礼をこう解釈する。つまり儀礼が主題にしているのは、まぎれもなく、栄養と増殖に関する制度の誕生であり、そのような制度こそ、古来、当の社会の存続を基礎づけてきたものである。この壮大な儀礼のシナリオは、まだ完全に——そこから古代の制度が生れてきた——最古の儀礼の内容を残しているが、充分な蓄積を経て、存在に関する一切の主題を、演出的な、生の危険を免除された。まことに豊かな、関係の中へとり込んでいる。意識の中の、そのような関係の展開が神話である。この未開の、だが雄大な祭祀は、基本的には、存在の拡大、人間生活のより高度な位置づけ、制御される存在の圏の拡張による「復活」、を祝うものである。これが先にわれわれが——その独特の制度化によって豊かになる原始儀礼の——後方への安定と名づけた過程である。すなわちこの後方への安定は、生の危険によって教えられた最初の重大な状態をのり越えようとする宗教的高揚である。もちろん、そこではすでに、この〔人類の〕最初の課題が、活力を与える、すでに克服された、充分に演出的になったものとして登場している。こう解釈することによって、われわれはデマの儀礼と神話を言葉通りに受け入れる大きな利点を手にすることができる。つまり、それらは画期的な、永遠に拘束力をもつ事件——その中で人間が「増殖しつづける生命体に変えられ」、血統というトーテム的連続が誕生した事件——を実際に再現することであり、動物と有用植物が「誕生」し、彼らの本来の存在に従って儀礼的な保護と養育の対象になった、この「原始時代の事件」を実際に再現することなのである。このことを説明するためには、ただイエンゼンの前提に立ち戻りさえすればよい。すなわち、神話は架空の話ではなく、宗教儀礼は何かの台本の「上演」ではない。儀礼は原始の時代以来、本質的なものであり、神話は――すでに、豊かな生活の向上という結果の出ている、ただちにその内容に没入できる、画期的事件として意識にしみこんだ――かなり自由な状態での自己説明なのである。

原始社会のどの観察も、本来、神話の内容になるものは、高度文化の周辺の既成の図式に登場するような高級な神々ではなくて、儀礼の中に具象化される「生命体たち」であることを示している。われわれの人類学的見解に従えば、これらの生命体は、生活そのものを安定させる力としての彼らの最初の機能を果たしてしまうと、言い換えれば栄養と増殖の制度が発展してしまうと、独立の生命を獲得し、祭祀の「上演」と神話の秩序の中で自立する。彼らは、やがて達成される意識の解放にうってつけのものである。なぜなら意識は、今度はより純粋な専門宗教家的解釈の中で、このまさに同じ生命体を利用するからである。これが、生のプレミアムから生れた古代的祭祀の、後方への安定であり、そのようなプレミアムを贈ったのは生命体たちであった。こうして、重心に神話のある、しかも目に見える外的支持物(儀礼的演出)を必要とする、宗教形式が幾千年もつづくことになった。ようやく一神教が――その一番新しい形態であるイスラム教が示しているように――神話をもつことを存在条件としなくなったのである。

だから、われわれはH・キューンが後期旧石器時代の動物絵画を前神話段階としていることに賛成したい。これらの絵画は、まだ生命体たちが象徴化される以前の、原儀礼を表現している。それに対して、神話の中の生命体は、やはり古い動物魔神ではあっても、すでに自由に行動する、彼ら自身の生を営む生命体たちである。

さらに、何よりもまず理解しておかねばならないのは、われわれが神の概念について語る場合のように思索的な概念の形式では、そもそも古代人の考える生命体に近づくことができないことである。それらは逆に、まったく可塑的な、ダイナミックな状況から名づけられたものであり、最初から身ぶり的な演出の中でとらえられたものである。生命体といわれるようなものの「効力をもつ現在」は行動や運動の表象の中でのみ通用することができる。ピグミー族の最良の識者であるP・トリーユはこの点をはっきり見抜いている。「神の認識は直接的概念では表現されない。それはしばしば絵や比喩を通してあらわされる。しかし、はるかに多いのは物語の形式である。物語、つまり行動の形での教示はこのわれわれの原始人たちにとって、神的なものを理解する唯一の形式であるように思われる」(前掲書、一四頁)。

こうして、神話のもつなお一つの典型的特徴が明らかになる。生命体たちは、まず動物魔神として、当然その演出を通じて、すなわちそのような魔神自体への人間の変身という形で構想される。彼らはこの変身というメタモルフォーゼのカテゴリーを決して離れることがないので、太古の神話はメタモルフォーゼの単調なくり返しの中で語るのである。別の形になることこそ、神話の物語が報告する活性化の手段であり、デマたちは動物や、植物や、人間や、死者の魂等々になることができる。これが、われわれにはもう再現不可能な、完全に古代的・神話的な意識状態である。そこでは、人びとは神性を概念の中へひろい上げることができず、ただ物語の中へひろい上げる。したがって生命体たちは、儀礼や同じ地上での擬人化と決して縁を切ることができないし、人びともまた、自分自身の物まね活動にとってばかりでなく、物語自体の神話的主題にとって支配的な力をもつ変身のテーマから離れられないのである。

このような見方をすれば、野獣と家畜と死んだ祖先と植物とイニシエーションの儀式等々がごたまぜに煮立っている原始儀礼と神話の混乱、いや錯乱といった解釈も消えるにちがいない。これらの根底にあるのは、やはりいつも――今日なお、われわれが核心部分に保存している――単純な変身儀礼と神々のメタモルフォーゼの物語である。それが、まことに多くのその後の〔社会〕関係によって隠されているだけのことである。つまり、新しい意識形式によって押しのけられ、意味と起源の解説に席をゆずり、哲学者たちによって諸観念と連合され、時代の流れとともに一部は取りこまれ、一部は抹消され、変化の際に持ち出され、移行の際に編入され、新しく組み替えられ、虚構がつけ足され、さらに創作されて、ついには神話の研究が今日しばしば、あまりにも細部にこだわった、本質を忘れた努力になってしまっただけのことである。だからイエンゼンが、必然的に無数に存在するデマ生命体をけっきょく一つのデマ神に還元しようとしたように（前掲『神話と祭祀』一二三頁）、思い切って単純化しないかぎり、この目下の文脈を抜け出して、一つの意味を求めることはほとんど不可能なのである。

原始の社会条件、存在圏が拡大されると、言い換れば諸民族の移動がおこり、たがいが平和に混血しあったり、征服によって重複しあったりすると、あるいはまた、それぞれの内部で自発的により広範囲な支配が成立すると、宗教は根本的な変化を受ける。後者の典型的な形をわれわれは原始社会の構造に関する論文の中で示しておいた（ゲーレン、シェルスキー『社会学』一九五五年）。リュストフが、支配はもっぱら相手の征服によってのみ成立すると主張して以来、反対命題は決して無用のものではなくなっている。それについては、きわめて初期の高度文化に関する新しい二つの証明がある。つまり、シュメール人の都市文化に現われる最古の階層では「しばしば社会学的見地から試みられる文化の復元に見るような、たとえば牧牛遊牧民出身の支配層が定住農民層に君臨するといった例を証明する明白な痕跡」を見出すことはできない（A・ファルケンスタイン「シュメール人の都市神殿」、『世界史研究』一九五四年、八一一頁）。

クローバーは、アステカ文化と似たような発展をたどって、ついに国家成立に至った重要なコロンビアのチブチャ文化を借りて、「輸入されずに《ウイズアウト・インポート》」自発的に成立する国家形成の条件を挙げている（「北米インディアン・ハンドブック」、『アメリカ民族学局紀要』第一四三号、一九四六年、八八七頁）。同じように、すでにヒンツェは当時グンプロヴィッチ、オッペンハイマー等によって唱えられた「優位積層理論《イーバーシュユットウングス・テオリー》」(35)に批判的であった（「社会学的・歴史的国家観」、『総合国家学』誌、第八六号、一九二九年、八六頁以下）。この理論はポーランドの歴史家、F・ピーコジンスキー（一八八一年）に初めて現われたようであり、オッペンハイマーはラッツェルの民族学に依拠しているが、その一般化は間違いである。

支配関係のもとでは神々自体が、古代エジプトのように、帝国主義的になることができる。あるいは少なくとも神々が――彼らがそこから出てきた――集団との関係を捨てさるという、まさにそのことによってあらゆる場所で礼拝を受けることができるようになる。つまり神々はこのことによって、古代神話が今まで「当然のこととして」（ヴィルツ）結びついていた血縁集団をのり越えてしまう。狭い系譜と環境からの神々の放浪と解放の過程は、同時に、その人間化の過程である。「王国が神々の観念の人間化にとって重大な影響を与えたことは、いずれにせよ、疑いの余地がない」（シュラーデ『隠れた神』一六頁）。この、広域支配の進行にともなう神々の人間化は、エジプト文化に明らかである。「初期（王朝）の記念碑には、恐怖のシンボルが消えている。王の神々はすみやかに、かつての恐ろしい姿を失い、壮厳な権力と新しい秩序の代表者になっている。しかし、人間の姿をした新しい神像はようやく初期王朝の末期頃に現われる。神々の物語はようやくピラミッド・テクストの中で引用されるか、あるいは直接語られている」（R・ショット「古代エジプト祭祀の儀式と神話」、『総合研究』誌、一九五五年、第五号、二八九頁）。「ピラミッド時代の王、ペピ二世の神殿の神々は――数匹の猿にいたるまで――人間化されている。違っているのは頭部だけである。それは、かつての姿をとどめて、仮面のように彼らの頭部に付いている」。こうして最後に、大帝国の上位神たちが現われる。中国人の間では天上の神は、チャンチイ、つまり上帝という名をもっていた。モンケ・カン（憲宗）はフランス王に次のような文面の手紙を送った。「これは永遠の神の命令である。そもそも天にはただ一人の永遠の神が、地にはただ一人の王だけが存在する。すなわち神の子、チンギズ・カンである」（M・エリアーデ『宗教史概論』一九五三年、六六頁）。

神話は、一面から見れば、物語である。それは、はなしであり、言われたものである。しかし、一定の個人が他の個人に対して行う、あるいは状況についての報告という意味での物語ではない。その内容はステロタイプ化されており、自立化されている。神話は「即自的《アン・ズイヒ》な物語」である。神話の内容——つまり神々の行動と変身について語られた事件——の独立性は、まさにその内容が現実の状況や、一定の聴衆および語り手への関係を一切、放棄することから来る。この過去の中の自己完結的な事件は、そのステロ版印刷を通じて決定的なものになる。そのかぎりで、神話は言葉（話すという行為ではない）と同じ構造をもつ。つまり、言葉もまた特定の話し手、聞き手をもっていない。神話は言葉《ロゴス》そのものである。神話を殺すものは合理性の高まりではなくて、歴史意識の誕生である。

言葉はそもそも一種の演出野である。それは人間のあらゆる行動の負担を免除して、演出的に代行する普遍的性質をもつ。このことは、すでに言葉自体の内部に起こっている。すべての言語史家の意見は、言葉の初期段階がその後の段階に較べて、はるかに行動に密着した、しぐさと近縁な、高度に身ぶりの助けを必要とするものだったに違いないという点で一致している。儀礼と神話の間に見られる比重変化の内在的傾向も、これとよく似ている。つまり儀礼自体によるその完全施行を次第に言葉の説明で代行することによって、自からの負担を免除する傾向——一つの行動型から他の行動型への移動傾向——をもつ。これらは皆、肉体に近接した行動が次第に高度な、自由な、知的な実践へ移行するという、ごく一般的な人類学上の法則、すなわち人間の負担免除法則一般の個別例にすぎない。

　他方また、この儀礼の移行変化は儀礼自体によって強制されている。なぜなら、もともと儀礼はあらゆる生活主題の真の焦点であり、超日常的な能力を目ざす生の自己向上、つまり完全な「此岸への超越」を意味していながら、その制度化と反復性は、かえって儀礼をすべての制度のもつ普遍的運命へ——言い換えれば始原状態のもつ切迫性の免除へ（第18章）——引き入れてしまうからである。したがって儀礼は自己の向上を維持できなくなる。しかし、まさにそのことによって真に演出しなければならないものを洗練し、濃縮し、成型し、解放するための力と自由を獲得する。別の言い方をすれば、原始の儀礼はその文化的創造力を次第に使いはたしながら、儀礼そのものの——様式化され、洗練化された——演出へ移行せざるを得ないのであり、こうして同時に儀礼の重心も——その宗教的内容と共に、第二の機能をもつような——神話へ移行してゆくのである。つまり制度化され、その限りで日常化された儀礼が恒常的に、もはや内面から充足されなくなると、儀礼は神話の中にその動機づけを——しかも、意識の高い次元で安定化されるような動機づけを——見出すようになる。儀礼の優位という原始の関係が、ここで逆転するのだと言ってよい。つまり——ついに神話が見すてられ、単なる儀礼が残される時点まで——儀礼は神話劇の上演者として奉仕する。この場合、神話の形成をせまる力は、ますます増大する生活の合理化にあるという点は今までほとんど注目されなかった関係である。この関係は、われわれ自身が神話から理性《ロゴス》へという「神話の発展」をもつことからも明らかである。すなわち、世界の客観的な事物法則への洞察によって〔人びとの〕行動が規定されればされるほど、強い本能残基に依然として支えられた祭祀〔行動〕と過去の伝統的行動型はますます理解しがたいものになり、それらが今度は、増加する事物合理性の説明のために――二次的な動機づけと正当化を要求するからである。こうして、その限界点で儀礼が消滅し、神話が文学に変化するまで――W・シュピーゲルベルクの言い方をすれば、歴史に対する歴史小説のように神話に対して位置づけられる「神話小説」(『ベルリン科学アカデミー会議報告』一九一五年、八八八頁)に変化するまで――神話学の最盛期がくる。「すべての神話学の中の非常に多くの神話は、古い儀礼の上に、長年の間、つみ重ねられた礼式的表現(des représentations liturgiques)についての記述である」と、P・ゴルドンは述べている(『性のイニシエーションと宗教の進化』一九四六年)。こうして神話は「解説的」役割を果たす。なぜなら神話は、それ自体からはもう明白なものを受けとることはできなくなった儀礼を、意識の側から動機づけるからである。

したがって、われわれの意見はR・v・ランケ＝グラーヴェスのそれと一致することになる。「真の神話は、公的な祭りで演じられた祭祀行動の物語風速記だ、と定義できよう」(『ギリシア神話学』第一巻、ローヴォルト・エンツィクロペディー、一一三/四、一九六〇年、一〇頁)。簡単な例として、すでに述べたウィネベゴ・インディアン、ヘラジカ族の起源神話を挙げよう。「大地の創造者《アースメーカー》は人びとにたずねた。お前たちは何の姿で生きつづけたいのか(what they would like to live through)。ヘラジカの姿で、と彼らは答えた」(P・ラディン「ウィネベゴ族」、『アメリカ民族学局年報』第三七号、一九二三年、二五〇頁)。

これがヘラジカ族の間に語られる「物語そのもの」である。もちろん、この物語では過去の完全なトーテミズムと自分たちの集団がもつヘラジカの生命体の具体化(ヘラジカとして生きつづけること)が前提になっている。しかし、当時すでにこの具体化は――もう完全に理解できない古い義務感をともなった——演技的な、劇の上演に近いものになっていたにちがいない。なぜならこの物語がすでに説明的なものであり、ヘラジカとの合一がもはや自明のものではなかったからである。つまり神話は、なぜ自分たちがヘラジカであるかという、すでに一つの問題となった疑問に答えるのである。一方では、しかし具体化の儀礼は存続しつづけたにちがいない。なぜなら、まさにそれを神話が前提にしているからである。そしてまた、この疑問に神話が正しく答えるというのは、そうであることが人びとの望みだったからである。ところで、このようなトーテム儀礼の形骸化はすでに予想されるものであった。われわれはそれを（珍しい）このケースによって幸運にも証明することができる。つまり、大地の創造者は——偉大な儀礼を洗練して行った——シャーマンたちの手によって、ほとんど一神教に近い神に変えられ、古代の精霊神や氏族の祖先動物に取って代った。「古代の氏族神話は、そのような神について何も語っていない」（ラディン）！。だからこそ、ヘラジカ族の人びとは、なぜ自分たちがヘラジカであるかを知らねばならぬのであり、神話がそれを彼らに語るわけである。こうして神話は、意識と悟性の側から、氏族制度と変身儀礼を安定させたのである。

　神話がこのような一種の合法化機能、補強化機能をもつなら、神話は「解説的なもの」である。ラディンは大変うまく表現している。「この神話の解説力は、しばしば、どんな他の解説力も——神話がそこから出てきた儀礼さえも——従属させるほど完全な力をもっている。だから人びとはしばしば儀礼が神話のダイナミックな蘇生（再演《リイナクトメント》）——イエンゼンやエリアーデ等が言う意味の——であるような印象を受ける。一般の自然民族の間ではかならずしも常に、ないしは大変しばしば、そうではない」（『北米インディアンの基本神話』、『エラノス年報』一九四九年）。簡単に言い換えれば、儀礼が何かある既存の神話を上演するのではない。反対に神話が儀礼を他の媒体、つまり言葉に転換するのであり、そうすることによって究極的な意識に転換するのである。こうして神話は、空洞化した儀礼を「解説し」、動機づけ、あるいは他のケースでは、まさに儀礼自体が行う自己負担免除を助けるのである。

だからわれわれは、もうほとんど小説になってしまったギリシア神話の中からも、祭祀的な核を探し出すことができる。この意味でP・ゴルドンは次の物語を挙げている（二五頁）。メラニッポスはパトライの町のアルテミス・トリクラリア女神の巫女であるコマイトに恋をした。〔しかし女の両親がそれを許さなかったので、二人は神殿で一夜を共にし〕女神を驚かせた。女神はこの冒瀆を罰するために疫病と旱魃を〔パトライの人びとに〕送った。デルポイの神託がこの瀆神をあばき、二人はいけにえにされた。そして毎年、一人ずつ、特別に美しい少年と少女がいけにえにされるよう命じられた。

この神話の儀礼的核心が畏怖祭祀をともなった太古の人身供犠儀礼にある——それによって旱魃が除かれる——ことは明らかである。この祭祀は、それがまだ行われていた時代でも、すでに説明を必要としたにちがいない。なぜならこの瀆神神話もまた——大地創造者の神話がトーテミズムを説明したように——供犠を理由づけるものだからである。こうして、けっきょく歴史は——神話の小説化時代にはもう存続不可能になった——この野蛮な祭祀を生き長らえさせた。なぜなら歴史はこれで終らないからである。後にエウリピデスがディオニソスの聖像の入った箱をもってパトライの町に来たとき、この供犠は廃止された。それ以後パトライの住民たちは、毎年、ディオニソス・アイスムネテスを称える大祭を祝った。すなわち、この物語全体には依然として一つの歴史的事実が流れている。パトライの町で、アルテミス神からディオニソス神への交替が起こったのである。

大地創造者神話はまだ高度文化のものではない。そこにはデマ物語のタイプに属する真の古代的神話に近いものが感じられる。しかし、それでもすでに解説的なものが含まれていると言えよう。本来の天上の神々は、エジプトの発展が示すように、巨大な事件との関係で成立する。つまり緊張した支配関係が生れ、古い血縁秩序が広範囲にわたって変化し、その結果トーテミズム的世界像が破壊されるとき、成立する。ただし、この「成立する」という表現は適切でない。この神々は、潜在的に最も古くから存在し、やがて、ようやく現実化するように見える。なぜなら彼らは原始の、広く伝播していた——それには特別な事情のある——構想にしっかり結びついているからである。われわれは、必ずしも全部ではないにせよ非常に多くの原始社会の中に、祭られることのない神を——つまり「使用されない神《デウス・オティオスス》」（M・エリアーデ）、または「背景の神」（v・d・レーウ）として、なるほど創造神とされながらも、人びとには無縁の、実際には力を現わさない天の神を——見ることができる。プロイスもまた、このような太陽神ないしは天空神のもつ「原始性と隔絶性」を強調する（『最高神の影のもとの信仰と神秘説』一九二六年）。こうしてアステカ人にとっても、すべての創造者と統治者であるトナティウ太陽神が存在した。しかし、くわしい創造神話は別の四神[36]のものであった。最終的には首長として人格化されたナチェズ・インディアンの太陽神も祭祀を受けなかった。クリン族（オーストラリア）の太陽神ブンディイルも世界と動物と人間をつくったが隠世の存在であったし、アンダマン島民のプルガ神、ヨルバ族〔南西ニジェール〕のオロルン神、ヘレロ族〔南西アフリカ・バントゥ族〕のンダムビ神、セルクナム族（フェゴ島）のテメナケル神も、世界の成り行きに無関心である。彼らは皆、世界の創造者であるが「しかし、そのような天の存在への信仰が、（オーストラリアの）何処でも、宗教生活を支配していないのである。これらの宗教の特徴は最高の創造者としての天の存在に対する信仰にあるのではなくて、トーテミズムにある。天上の神は絶えず宗教生活の周辺へ押しやられて、ついには忘れ去られてしまう」（M・エリアーデ、〔前掲〕『概論』五一頁）。しかもなお、天の、ないしは太陽の創造神は驚くほど広く分布している。ただし「天空は常に、偉大な、無視された、放置された神であるという、つまりチュウイ族のンヤンクポン神、バントゥ族のアンサムベ神やンギュ神」の形で分布している。マサイ族のンガイ神（雨の神）は目に見えない天の主であり、その息子が星である。セマン族（マラッカ）の最高神は大地と人間を自分で造らずに、下級神にゆだねた。ワヘヘ族〔東アフリカ・バントゥ族〕のングルキ神は創造者であり、全能の神であるが、世界をあやつるのは死霊であって彼ではない。同じくまた、精霊礼拝とシャーマニズムの盛んなデネ・インディアンでは「上方で行為する者」という意味の名をもつ神が存在する。ウィネベゴ族〔中央アルゴンキン族〕の大地創造者は「情け深いが近よりがたい」（„benevolent, but unapproachable“）神である。すでにラッツェルは、黄金海岸の黒人たちの最高神が――それがあまりにも人間からへだたっているために――「呪物の中には表現されていない」ことを訝《イブカ》っている（『民俗学』第一巻、一八八五年、一八〇頁）。また、ラーマンは当該地域の太陽神がすべて不定の存在であることを報じている（「南東インド原始部族の神々」、『アントロポス誌』第三一号、一九三六年）。「この神の性格や役割が本来（ゴンド〔Gond〕族の間で）何であるか現地の大家に聞いても無駄である」（四七頁）。コンド〔Khond〕族の太陽神ブラ・ペヌーは「たえず供犠を受けながらも、必ずしもそれを必要とせずに祭られる唯一の神である」。チョクトー・インディアン（ミシシッピー州）の間で、この神は「中天にかかる太陽」と呼ばれている。彼は大地と人間を創造して、その形を整備し、「再び天上の彼の座にもどった。人びとはその後、彼について何も見聞していない」（スワントン、「チョクトー・インディアンの社会・儀礼生活資料」、『アメリカ民族学局報告』第一〇三号、一九三一年、一九五頁）。

われわれはこれらの印象深い資料から、天空や太陽の神が古代宗教の主要な要素に属していると想像することができる。宗教的着想《インスピレーション》の源泉は、何か非常に精神的な、このような隔絶にあることは充分考えられるところである。われわれでも夜空を——自分たちの生活や思考の次元について——まったく何の感慨も感激もなしに眺めることはむずかしい。われわれの尺度を打ちくだく、そのような神は、不毛の荒野に雨をふらせるヨブの神である。ウェダ族〔スリランカ〕や、カイ族〔南米グラン・チャコ〕のようなかなり多くの自然民族がそのような神を知らぬ点を勘定に入れても、この世界的分布はやはり注目に価する。しかし、この天の神が人間の最初の宗教を基礎づけたという証拠は何処にもない。すべての事実は何処でも同じように別種の無数の秘教がまず現われ、より地上と実践に密着していたことを示している。だからなぜ、このような世界に縁遠い、まつられることのない神が宗教の起源になるか、が説明されねばならない。われわれの理論はこうである。この天の神は血族観念や、狩猟や、動物保護で使われる言葉への翻訳が全く不可能であった。それをはたし得るのはトーテムの霊とトーテムの生命体だけであり、血族が崩壊したとき、初めてあの太古の天上の神々が——すでに存在した多神教のプリズムを通して——高度文化の出発点に改めて登場することができた。あるいはまた、「生命体たち」がこの天上の神々の姿に変身したのであった。すでにエジプト第一王朝では、古いタカのトーテムが太陽神と王国の神になっていた。このような——古い社会紐帯と親族体系の——破壊は個人にとっては孤独を、世相にとっては普遍主義を準備する新時代の始まりを意味していた。神々もこの過程にそって、同じ内面化運動の道をたどる。こうして神々は世界に君臨するのである。

　すでにシュペングラーは、この時点に神話の新しい形式が誕生することを見抜いていた（『西洋の没落』第一巻、五一六頁）。彼が言った神々の秩序、あるいはシェリングの名づけた「神々の意志《ダス・フライベヴェークリヘ・デア・ゲッター》」が、永遠に変身しつづけるという〔過去の〕存在様式をやめるのである。「王国の統一と共に、昔の諸力の座に王の姿が登場して、諸力はさまざまなシンボル（つまり、まだ完全にトーテムの影を背負った初期王朝の多彩な化粧板《パレット》(37)の上で、そしてまた自分自身の最初の歴史的記念像の上で、奮戦したあげく、やがて本来の性質にふさわしく、「砂漠の空や地下の世界へ逭れ去られる」とシミットは言っている（前掲書、二九〇頁）。だから天（ヌート女神）と、地（ゲブ神）を空間（シュー神）が分けたと語る、一見、古代風の神話は実は高度文化的であり、まさにこの中に、神々の昇格化過程が言い表わされている。

42　神話と歴史意識

ラロトンガ島（ポリネシア）の人びとが伝える一つの神話は、祖先の国では木々は半年の間だけ緑であり、人間は水の上（氷の上）を歩くことができた、となっている。これを引用したE・v・アイクシュテットも、人類学的根拠から、ポリネシア人の「積極的な北方人種説」を信じている（『人種学と人種史』一九三四年、七八五頁）。すなわち神話は歴史的記憶を含むものである。ちょうどエウロペと雄牛の神話(38)が紀元前二〇〇〇年のギリシア移住民たちの航海を――まだ変身の段階にある神々の姿に直接結びつけることによって――保存したように……。このように神話の中へ大量の記憶が収録されるのは、もちろんそれが特定の語り手、聞き手を指定しないという「物語それ自体」の形式をもつからこそ可能になる。客観的な過去の出来事の、変化することのないこのステロ版印刷は、そこに歴史的事件が収容され、記憶されうる公的な形式である。

この神話と歴史の意識の融合は、しかし、書字の発明によってじょじょにではあるが完全に分解してしまう。それを理解するために言葉と書字の関係を手短に説明しておこう。

周知のごとく、言葉は人間の周囲に「中間世界」を、つまりシンボルだけで造られた物の現在を、はりめぐらせる。それは人の行動と思考を、物の実際的・現在的存在がもつ「状況圧」から免除し、自己の行動計画を、変転きわまりない外的・内的状況を克服した単なる「表象された」事態のもとに、置くことを可能にする。同時に言葉は第二の同じように基本的な点で——つまり自分自身の内部の経験や体験によって動機づけられねばならぬことから——人間を免除する。言い換えれば人は他者の報告を通じて、そのような報告の経験にもとづいて、行動することができる。すでにベルクソンは言葉のもつ負担免除機能を本質的に見ぬいていた(『創造的進化』ドイツ訳、一九二一年、二六八/九頁)。言葉は意識に対して——その意識の具体化のための——いわば精神的肉体を提供する。言葉は外界の波が意識をとりこにして呑みこんでしまうかも知れない強制を免除して、完全に意識を〔この言葉という〕外界の物質的肉体に固定する、と彼は説明している。

さらに言えば、発音のない思考の機能は言葉の負担免除にある、とたとえられよう。思考は、次々と知覚される無数の対象を整理するために、ますます感覚を遠ざける作業をつづけるわけである。考えることは内的な話すことであり、人が考える際に起こる口と喉頭部のきわめて繊細な神経刺激は実験的に証明することができる(ホーフシュテッター『深層心理学入門』中の例証、注四三、二四五頁)。だから言語史は——非常に遠い時代、今日よりもずっと強く、考えることが話すことに、つまり音という精神的肉体の具体化に、依存していたに相違ない——とする仮定を避けて通るわけにはいかぬのである。つまり当時はまだ、考えることとは本質的に、音を分節化して意味を与えることであった。言い換えれば思考そのものの形式と意味が豊かになって行く発展途上にあった。言葉が人を〔精神の〕内部へ導くものであり、話すことが考えることの始まりだ、ということはどうしても認めざるを得ない先史的経過である。この経過は初歩的な読書に見られる話すことと読むことの併行〔朗読〕を考えれば、容易に理解されよう。なぜなら黙読の習慣はようやく最近のものだからである。アウグスチヌスでさえ、彼の師アンブロシウスが黙読をつづけることができたことを師の偉大な徳と熱意の証明だと考えていた。〔アンブロシウスは〕声もたてず、舌も動かさなかった《ヴォクス・アウテム・エト・リングワ・クィエスセバント》（『告白』第六巻、三章、三節）。

これが、われわれの出発点となる基盤である。つまり、神話は言葉というこの中間世界に生き、神々と魔神たちの決定的な太古の行動を物語るのである。その際、神話はある報告、ある要請、ある命令といったきめられた個々の対象を語るのではなく、語る個人も存在しない——無名者から無名者へと引き渡されてゆく——「物語それ自体」なのである。こうして獲得される抽象化の能力こそ、なぜ神話が像の世界へ移行し、同時に文字の領域へ入って行くことができるか、の理由である。神話は古代の幾千の物語を演出する像となって、さらにこの抽象化をおし進め、ついには物語られること自体からも解放される。像も文字も、その永続的素材によって、万人が見て理解することができる。つまりそれらは、内容が話されること——すなわち内容について実際に発言しなければならない一切の事態——を免除している。それらは、物語それ自体と同じように、報告のすべての発言者、陳述の考えられうるすべての発信者を無視するばかりでなく、物語がいつ読まれていつ効力をもつかという時点をも無視している。石に刻まれ、石に形づくられた神話の像は、その目に見える無限の持続性と人びとの視線に対する圧倒的無関心によって、古代の意識に最大の影響を与えたにちがいない。だから神話がエジプトやバビロニア等々で像や碑文に定着したことは何らおどろくに当たらない。なぜならこのことによって、神話の中にもともと存在する決定性とステロタイプ化への傾向が、ただ高められたにすぎぬからである。

ただ以上のことは、神話と像の間に成り立つ必然的関係であって、神話と文字との関係ではない。なぜなら文字は完全に世俗的由来のものであり、だからこそギリシアでは宗教的・祭祀的領域から閉め出されていた。神殿は文字をもっていなかった。最も早く発見された古代文字は〔バビロニア〕ウルク市第四層から出たシュメール文字(前四世紀後半)であり、すべて勘定と品目を書いた経済的テキストのためのものであった(A・ファルケンシュタイン『ウルクの古代文典』一九三六年。より古い「東カスピ海」文字についてはフォン・ハイネ＝ゲルデルン「中国・東カスピ海文化・文字の起源」、『パイデウマ』誌、第四号、一九五〇年を参照)。文字に対する神話のこの抵抗は、エジプト文化の影響圏を除いて、きわめて根深いものであった。古代世界のアジア的宗教があまねく「書物」の宗教になるのは、ようやく紀元後三世紀のことである。しかも、それは多分、諸宗教のたがいの勢力圏闘争の中で止むなくそうなったのである。

これとは反対に、エジプト文字と結びついた決定的出来事は歴史的伝承である。古代の神話は歴史の記憶を、その原始の時代の物語に編みこむことができたが、そもそも歴史意識というものを完全に欠いている。歴史意識は、簡単に言えば、現代の事件を時代を確立する《エポックメーキング》事件として見る――つまり未来の世代の目で見る能力の中に生れる。それが歴史意識の核であり、過去の出来事を思い浮かべる能力ではないし、かつて在ったことの単なる伝承ではない。この能力はエジプト文字の成立と同じ起源をもっている。ナルメル王の化粧板《パレット》(カイロ・エジプト博物館、前三〇〇〇年、口絵第3図参照)は――王がハルプネンガウ(?)を征服した――一つの事件を固定化しようとする第一級の記録である。この記録はまさに像と文字の境界線上にある。それは一部は図として眺め、一部は文字として読むことができる。ひざまずく一人の捕虜を棍棒で打ちすえる王と、防衛軍の都市の城壁に突きかかっている王の牛が画像の方であり、王の名と称号は〔天頂部のセレク――四角い王名わく――の中に〕音標文字で書かれている。人びとはここにエポックメーキングな、記憶すべき事件を未来の世代のために固定しようとしたのである。

このような、神話的なものからの歴史的なものの解放は、とりもなおさず、神話を無力にする歴史意識の発展である。すくなくとも、神話の新たな成立が歴史意識の中では不可能になった、という意味でそう言うことができる。そこには意識の構造的変化が起こっているのであり、明らかに時間の意識は、文字が文字として証明されるような、あの抽象度の高さに達する過程と、同じ関係の中で変化する。この意味でイエンゼンは「われわれの歴史意識の特徴である時間に対する非具象的関係は、文字を使う記録の発生と完成によってのみ成立した」と言っている〔前掲『神話と祭祀』四三頁〕。この事態を、因果関係を無視して描くなら、少なくとも文字という外的支持物によって〔われわれの歴史意識が〕機能化され、洗練され、自明のものとなったのである。高度文化は文字の文化である。文字とともに歴史意識が生れる。カルデア〔バビロニア〕の王女・ベル＝シャンティ＝ナマル――つまり〔前五五〇年、キロスに征服される少し前の〕カルデア最後の王の娘――が集めた古代美術品の中に、四行の楔形文字が刻まれた円筒形粘土板がある。その最初の三行は古代シュメール語で書かれた――われわれも知っている――ウル王・ブル＝シン〔前二二〇〇年頃〕の煉瓦の箇所であるが、四行目には次の文が加えられている。「これはウルの廃墟から出たウル王・ブル＝シンの作った煉瓦のその複製である。総督が神殿（！）の基部を探索中にこれを発見した。わたくし（複製者）が今これを見て、書いたことは必ず人びとが驚きをもって見るであろう。」はるか二五〇〇年後の今日、前五〇〇年の複製者よりシュメール語のできた考古学者ウーリーは、この同業者の模写の誤りを訂正している〔D・&・E・リグビイ『固定と貯蔵と円筒板』一九四四年〕。しかし、いずれにせよ、このような複製者自身が――自分の仕事を未来の観察者たちの目で見ることによって――時代の継起に挿入されることこそ、真の歴史意識の証明にほかならない。

歴史意識が文字という支柱によって確実になることは明らかである。つまりそれは合理化への道――口碑と事実的外界を否定する〔文字と〕同じ意識状況の発展への道――を進む強力な一歩である。ミュラー＝フライエンフェルスもまた、文字が思考と言葉を合理化することを、その晩年の著述の一つで強調している（「文字の心理学と社会学」、『トゥルンヴァルト教授記念論文集』一九五〇年）。合理的思考は具象的・具体的なものからの解放によって、すなわち絵文字段階を脱した文字のような抽象性によって、明確になる。文字が言葉の情緒的な、音楽的な要素を捨てるように、合理的思考もまたより大きな客観性のために情緒的、主観的なものを離れるのであり、文字が「任意の読者」のためにあるように、それは超個人的な、ないしは定型的な普遍妥当性を目ざすのである。両者は相互作用の過程の中で、相接し、相対することによってのみ発展することができた。このような意識構造が機能するためには、文字という外的支持物がどうしても必要であった。だから、われわれはマックス・シェーラーが――伝統的な哲学から見ればパラドックスであろうが――「先天的《アプリオリ》な知識の獲得」や、「作用的な思考法」について語り、あるいは、われわれは――「人間精神」にとって何ら本来的なものではない――思考法や、観察法が一体どこから出てきたかを追求せねばならない、と言うとき、彼の意見にまったく賛成である（『知識の形式と社会』一九二六年、二三九頁、二八六頁）。ここにまた――日付のついた、客観的な、不可逆の――出来事を記入することのできる、無限の、空虚な時間意識の根拠があり、したがって神話的「原時間」の喪失も、ここに属している。

43　呪術

古代文化に見られる呪術の世界的伝播を、現代精神の暗い片隅に発見される迷信の残滓から説明することはできない。呪術のもつまことに大胆な実修、一神教によってようやく克服された異常なまでの生への期待に、人類学的概念をもって近づこうとすれば、われわれはまず、それが発展段階に応じた当然の過程であることを知らねばならない。なぜなら、そこには〔事物〕の必然的関係に対するまったく理性的な、それだけでなくまさに先天的《アプリオリ》な予感が働いているからである。ただ、厳密な分析的実験手段が開発されずに、まだ不適切な行動軌跡を描いているだけだからである。つまり理性はほんらい作業的なものであり、当然の権利をもって内面から、何よりもまず、行動の領域に働いている。そして一方では、知覚が疑問の余地のない確実な関係を——しかも多くの場合さまざまな現象の因果関係とその原因を、直接、結びつけて——われわれに教えている。しかし知覚はそのような関係の必然性を教えはしない。この必然性の洞察はひとえに、行動の中に働く理性のものである。あるいは別の言い方をすれば、人が行動的・実践的に、因果データの客観的関係を体験の時・空間的拘束から解きはなして、関係そのものを演出する時にはじめて、このような諸関係のもつ必然性が証明されるのである。

このことは子供の遊びや、偶然成功したことを完全に自分のものにするような場合に見ることができる。そのような成功は、たまたま注目すべき因果関係が生れた行動を、その行動自体を目的としてくり返す——つまり独立に演出する——ときに初めて「これこれの時は常にこうなる」という意味で必然であるような成功自体の次元で、注目すべきものになるのである。一回かぎりの事件系列からのこのような抽出《エクストラポラツイオン》によって初めて成功は、厳密な事物法則の意味で、必然的なものとして体験される。目ざされた一連の実験の中で予期しない元素反応に出会う化学者たちは皆、ただちに彼の計画を中止し、実験の状況を独立に——その状況自体のために——くり返す。そして同じ結果が出る。こうして彼は、すでに一度出会った因果関係を確認するばかりでなく、この第二の独立の実験過程が教える「この時には常に」を、すなわち成果の必然性を手に入れるのである。

つまり、成功を導いた行動連鎖を「純粋演出」することによって一度観察された成功がつくり出され得ること、しかもそれはひとえに、成功を強制的に導き得るという意識にかかっていること、これが呪術のもつ隠れた理性の核である。呪術は一般に、事件経過を独立に演出することによって必然的に成功を挑発できると信じている。これこそ実験的理性《ラーツィオ》そのものではないか！ そのような演出はつねに、現実経験の実際の位置状況からその利用手段を切りはなすことである。K・ベスがこの点に「妖術」の本質的特徴を見ていることはまったく正しい（前掲書、一九一四年、九三頁以下）。だから人は見えない敵の方角へ、呪術的に傷つけるために、槍を投げるのである。ここには、われわれがすでに知っている（第12章）人間の非常に深い欲求が現われている。つまり人は、ひとたび成功した行動をその直接経験した状況から切り離して、成果を（常に自己の）周辺に保有したいと願う。たとえば呪術では、狩猟獣はきわめて詳細に演出されている。それだけでなく、そうすることが獲物につながるのだという確信をもって描かれている。ここに見られるのは、理性的、先天的《アプリオリ》なものがもつ二つの側面である。一つは利用される手段と行動型を実際に使われる状況から切り離して、自己の周辺に保有するという普遍的な、まさに本能ともいうべき欲求であり、他の一つは効果的な行動連鎖を抽出することから、必然的に生れてくる確信である。ただ不合理な、われわれには奇妙に見える点は、実際にくり返すことのできる成功の系と、客観的に見ればまったく別の因果律を適用すべき系、つまりそのような行動型では成功しない系との間の区別の無視である。右の例はまさにそれを無視しているわけである。

古代の人間に、この区別を妨げているものは「前論理的心性」――そんなものはもともと存在しないのだが――などではなくて、彼らの意識の中にある出来事の必然性に対する別の形式、すなわち「共感的関係」の中に存在する形式、の徹底した支配である。それは、今まで見てきたように、飢えと栄養、男と女、母と子、光と影、夜と夜行動物、鳥と巣等々の図式に従って構想された「最もありそうな」形而上学、すなわち経験というア・プリオリ、つまり「反カント的」総合である。この形而上学での合理性は、知覚されるものが、右の例のように、すでに事前に定められた調和や不調和にかなっている、つまり、そのような秩序が一般的妥当性をもつ、という点にあり、秩序の背後の原因を教えない。したがって、この知覚できる秩序を——そのこと自体はまったく正しい仮定である——超越的根拠によって説明しなければならない。こうして、その根拠は、人間の意志とその敵対力のモデルの中に、体験される共感と反感のモデル、強制的に——逆らいがたい圧力をもって——引き起こされる欲求と拒絶のモデルの中に見出される。呪術の間違いはまさに、この共感的関係の経験がその「ダイナミックな」必然性をもって、今述べた別の行動へ持続的に浸透してゆく、という間違いである。そのような行動は、その本来の論理に厳格に従って、純粋の事実状態と操作的因果連鎖に立った実験という「感情禁欲的」手段および技術へ到達すべきだったのであり、事実、発展史の中で到達したものである。演出的狩猟呪術は半分だけ合理的である。なぜなら、共感的秩序に関するほとんど本能に近い確信が行動を短絡させるからである。つまり〔実物に〕よく似た演出物と実際の成果の間には一種の「秘密協定」が出来ているはずで、それが演出行動によって「活動しはじめる」と考えるからである。

この共感的関係は、いささかパラドックスめいた表現だが、本能の認識形式だと言ってよい。この関係は——自由な実践の中に演出される——あの原始の必然的関係ともともと交差し合っており、当然、早くから言葉によって一般化され合理化されることができた。ポリネシア人たちの「マナ」、イロクオイ族の「オレンダ」は意識の中に一般化されたすべての特別な「秘密協定」の実体であり、機械的因果律における力の概念と全く相似の物である。だから、朝のセミの鳴き声にひそむオレンダが一日の暑さをよび起こすのである。したがって、ユベールやモースが想像したように、遍在する自在な魔力――いたる所にある霊気――に対する「信仰」(「呪術の一般理論について」、『社会学年報』第七巻、一九〇三/四年)が呪術的態度の前提になっているのではなくて、逆に、そのような信仰こそ自分の呪術的行動に対する――すでに合理化され、理論として完成された――説明なのである。世界に浸透し、神々や人間や動物や道具の「本質」として結晶化することのできる、この――さまざまな名前で登場する――ダイナミックな霊力は一般化されたダイナミックな秩序そのものであり、人間の解釈によって生れたものである。このことをラディンは明確に述べている(『原始世界の神と人間』一九五三年、六三頁)。「考える人にとって、一般に、神の本質は物や人の中に本来あるものであり、行為する人にとっては(その原因となって)働かせるもの、活動させるものである」。このように哲学的な、明確なものが、すでにそこに存在しているからこそ、アルゴンキン族は完全な汎神論に到達したのである。マニチューは地上のすべての生あるものに浸透してそれを動かす偉大な霊であって、人びとが危機に際して彼に願うと、低次のマニチューたち、つまり守護霊たちが助けてくれるのである。

ただし、これまで述べてきたカテゴリーだけでは呪術を完全に定義したことにならない。なぜなら、共感的秩序をもった世界像というメディアの中の演出的態度は、また儀礼的・宗教的行動の中にも見られるからである。だから完全に生産的な儀礼と、呪術の間の関係が定義されねばならない。そこで、まず呪術と単に外見だけが似ているさまざまの現象を除いておく必要がある。メネプタ王がナイル河の危険な氾濫の際に、渦の真中を目がけて槍を投げたとき、それは決して呪術ではなかった。なぜなら彼自身が神であり、ナイル河も神だったからである。そこに起こっているのは神々の争いにすぎない。あるいはまた、すでにヘロドトスの描くトラキア人のしたように(「彼らは雷と稲妻めがけて矢を空へ放ち、神を威嚇した」前掲書、第四巻、九四節)、ブッシュマンたちが嵐の際に矢を空へ向かって射るのも、やはりただパニックにおちいった直接的な反応と解してよい。儀礼と呪術の関係はもっと深い意味をもっている。それを理解するためには別のカテゴリーが必要である。

もっとも重要なカテゴリーは「衝動方向の反転」である。簡単に言えば、自己目的として発展させられた行動は手段に転化せざるを得ないということである。つまり、ここに——手段行動が自己目的にまで高まる——という第Ⅰ部で研究された過程の反対面が出現するわけである。これに関連してさらに興味深い過程は、われわれが儀礼の中で体験する主観的・情緒的な面が本来の目的になる、つまり、それが儀礼行動の目的になる過程である。すなわち儀礼は道具化されるのであり、社会的陶酔ないしはそれと結びついた自己向上の状態を引き起こすために行われる。

この点について二人の重要な著者、G・ハードと、A・N・ホワイトヘッドは述べている。われわれが完全に太古の人類の過去にさかのぼるとき、とホワイトヘッドは言っている(『生成過程の宗教』一九二六年、フランス訳 Le devenir de la religion)。理性的な意味での信仰の存在を無視することができる。しかし儀礼と、それに結びついた情緒を無視することはできない。人は儀礼と結びついた情緒を呼び起こすために儀礼をくり返し、情緒をつくり出す。人間が自分で感情を——一定の優勢な生物学的欲望は別として——つくり出すことができたということはまったく重大な発見であったにちがいない。なぜなら情緒は有機体の感受性を先鋭化し、直接的な生の必然からは予想できない豊かな感受性を生み出すからである。「儀礼が、実用的必然に対する単なる返答をこえて、情動的生活を引き出したその程度にぴったり一致して、宗教は知的な生活と、環境圧が当然引き起こす葛藤の中に解消されてしまうような生活とを、当然、分離することになったのである」(三五頁)。まったく同じ意味でG・ハードは述べている。

「集団は儀礼をそれ自体として楽しむことを、歌ダンス（chant-dance）の中に特別の重要な感覚、価値と幸福の感覚があることを、知っている」（『宗教の社会的本質』一九三一年、九一頁）。

人の精神生活のこのような「浮上《アブヘーブバール》性《カイト》」、エクスタシーの状態や敏感になった感情状態の浮上《アブヘーブバール》性《カイト》は非常に重要な意味をもっている。そのような状態は、基本的要素として、純粋な、自己目的的な、儀礼的な行動の中へも浸透して行き、それ自体欲求の対象になり、やがて行動自体を目的とする行動に必然の反転が起こって、純粋に演出されることができる。こうして当然、儀礼は手段に転落し、儀礼の目的は主観的な、または集団主観的な状態の浮上《アブヘーブング》にあるということになる。その際、重要なことはこの逆転が必ずしも常に発展的・安定的な変化ではなく、社会生活の秩序義務とそのまま一致しない非常にゆっくり行われる経験だということである。それは、ただ禁欲の形式の中で、つまり肉体と最も固く結びついた衝動の意志的な阻止の上にエクスタシー状態がつくり出されて、初めて経験されるものである。衝動方向の反転、つまり一つの行動が内部へ向かう欲求をもつこと、は何よりもまず、またほとんどいつも陶酔と禁欲という二つの形式の中で生れる。そして後者の形式だけが安定的なものであることが証明される。すなわち禁欲的なエクスタシー状態は遅延されることが可能である。まさに、そのことによって、社会的モラルや規律の要求する義務とも――労働の中でもまた――一致することができる。それは多分、人類が自分自身に課した実験のテーマであったにちがいない。そして、ハードやホワイトヘッドが考えたように、まず感性と官能を高める努力が「それ自体のために」（„for its own sake“）行われたにちがいない。こうして儀礼は、本来の演出的形式の中で、空虚な儀礼として、潜在的に生き残る。しかし、だからこそ目的設定から解放されて、道具化するわけであり、その殻の中へ呪術が入りこむのである。なぜなら儀礼は再び二次的な動機づけを必要とするからである。したがって、まず、エクスタシーの人類学的意味について、二、三述べられねばならない。

44　エクスタシー、陶酔、禁欲

エクスタシー〔忘我〕についてまず言えることは陶酔と禁欲の要素の未分化であろう。舞踏、酩酊、毒物の濫用、自己毀損等々は外部から内部へ向かう一連の行動であり、そこに期待される感情と官能の異常な興奮と過剰な緊張は極点に達する。なぜなら、そこでは禁止を解かれたエネルギーがダイナミックに活動しはじめるからである。こうして人間の解放と負担免除の幸福な状態に導かれる。「ダンスによって人間はある程度の『純粋な魂』になり、そのような性質の中でふるまうことができる」（A・ヴァラニャック『伝統文化と生活様式』一九四八年、三三一頁）。そこにはもっとも完全に解放された内的世界の中で完結し、「より強烈な段階の生活」（„la vie à un degré plus intense"）が目ざされ、体験されるような行動圏と技術が成立しており、生活の重心の壮大な逆転が可能になっている。それだけでなく、内界と外界の差異の極端な対立が示されている。このような行動の転換について、われわれはすでに論文集『体系的人類学のために』（一九四二年）の中で述べておいた。

時代を決めかねるほど古くから、人は衝動方向の反転に技巧を弄してきた。アルコールや性や毒物の濫用、ぐるぐる廻り、舞踏のエクスタシーは太古からのものであり、「その中では人間の偉大さも、下等さもごちゃまぜになる」（エルヴィン・ローデ）。社会規範とステータス規準の、必然的に起こってくる均等化は、一部は望まれ、一部は受容され、一部は断固として否定されるものだが、――リヴィウスの言う一人の「名もないギリシア人《グラエクス・イグノビリス》」が南イタリアからもちこんだ――バッカス祭もまた、元老院の決定によって、前一八六年、ローマで禁止されたのである。この多神教的な高度宗教の段階で起こりえたことは、当然、シャーマニズムの初めに存在していた。われわれはK・メウリの、シャーマニズムは宗教生活の高度な古代的現象形態——特にインド＝ゲルマン語族にもあてはまる形態——であるという考えに賛成したい（「スキタイ人」、『ヘルメス』誌、第七〇号、一九三五年）。H・キルヒナーでさえ、ラスコー洞窟の絵（口絵第2図参照）はシャーマニズム的な降霊集会のものだとする解釈によって、われわれとほとんど同じ位置にいる（「シャーマニズム原史の考古学的寄与」、『アントロポス』誌、第四七号、一九五二年）。さらに、精神神経症的な個性、超通常人《パラノルマーレ》とも呼べる人びとが格別エクスタシーにおち入りやすく、同時に生来、反規範的であることは疑いのないところであり、この印象はいつの時代にもあまりにも明瞭に——性的な偏向も含めて——あらわれている。現存する最古の報告、つまりヘロドトスの語るスキタイ人のエナレエス[39]（ホモ・セクシャル）に関する報告でも、女神が彼らを女性の病気をもって罰したのである。アラウカン族（チリ中部、ブラジル北部）、チュクチ族（極北）、バントゥー族（トンガ諸島）や、多くのエスキモー、さらにイリノイ・インディアン、フォクス、ダコタ、ユマ、クレー、ユロク、タケルマのような多くのアメリカ・インディアンの部族ではシャーマンたちは性的倒錯者である。パタゴニア地方では男性の祈禱師は、すでに少年時代から女性として育てられた。ボルネオ奥地の男色家カーストは、歌い手、呪医、妖術師の供給源になっている。ナハナルヴァール神殿の司祭の「女性的よそおい《ムリエブリス・オルナトス》」[40]も、この同じ系列のものである（タキトゥス『ゲルマーニア』第四三節）。一方また、完全に外因性の精神異常が引き起こす分裂体験、つまり精神錯乱に見られる体験のような広く行われているシャーマニズムのモチーフがある。そのような毒物による異例の精神状態の誘導——アステカ・インディアンの司祭が使うタバコ・スープからメスカリンに至るまでの——も、やはりあの不安定な心理の持ち主たちの第一のレパートリーに属すると言ってよい。

衝動方向の反転は間違いなく一つの重要な人類学的カテゴリーであるが、誰がこのような体験志向を強め、日常性からの解放によって生れる全能感の享受を適えてやるのか、が問題になる。それを適えるのはシャーマンである。彼らは人びとの激情の傾向と心理的なつながりをもっており、同時に「偉大な責任」を引き受ける力をもっている。この点でシャーマンたちの——その特異な観念の中で果たす——病気の役割は重要である。したがって比較的新しい大きな専門書もこの問題をくわしく論じているわけである（M・ブタイエ『シャーマニズムと呪術的治療』一九五〇年、M・エリアーデ『シャーマニズム』一九五一年）。一般にこの「職業」には病気の状態が好ましいと考えられている。たとえ人びとが前述のような病気（ヒステリー性の夢遊状態や抑鬱や中毒等）から、「霊たち」の出現によって救済されるにせよ、あるいは反対にパヴィオツォやクラマス・インディアンたちのように、霊たちの声を無視して、病気の罰をうけるにせよ、病気の状態は〔シャーマンにとって〕まさに義務的なものである。インドネシアでは昔は、そのような病気は切り離すことのできないものであった。ようやく後になって演劇的に模倣されたのである。シャーマニズムと共に病気の状態もまた制度化されることが必要なのである。ニウエ島〔ニュージーランド〕のシャーマンはてんかん病者か、あるいは異常に神経質な人間である。そのような例は、サモア島、アンダマン諸島、エクアドル、ウガンダ、極北地帯のどこからでも自由に集めてくることができる。そして、この例外状態はいつでも禁欲形式に転化することができる。「わたくしがシャーマンになろうと決心したとき、人間にとって特別危険な二つの苦しみを選んだ。飢えの苦しみと、寒さの苦しみである」とカリブー・エスキモーは語った（ラディン、前掲書、八三頁）。

シャーマニズムは次の視点から論じられなければならない。第一にシャーマニズムとは——先に研究した現象（第39章）の意味での――超通常《パラノルマール》な状態の制度化とステータスの付与であり、その制度の中で祈禱師や雨乞い師等々が、集団の利害関心のもとに、活動するのだという視点。第二にシャーマンが呪術を「でっち上げ」たなどと考えるのではなく、すでに準備されている――人類学的に理由のある――反転と自己向上という行動型にはずみと活力、つまり全能の保証を与える者は誰かを問おうとする視点である。彼〔シャーマン〕は危機的状況を完全に取りのぞく《ウズアピーレン》代表者である。「わたくしの白い兄弟よ」とアパッチ族のシャーマンは言う。「お前は多分信じないだろうが、わたくしは全能である。わたくしは不死であり、わたくしの力は神の力と同じである」（ブタイエ、前掲書、一六〇頁）。

　早くから、シャーマンの妖術的作業は制度化された。早くからこの職業は、病気の状態も含めて、複雑な精霊神学をもつ義務規則〔つまり制度〕になり、その権限が規定されたのである。世界のいたる所で彼は何よりもまず祈禱師であり、不妊の女たちを助け、成人と死の儀礼を司り、死者をも目ざめさせることができた。彼は狩の獲物を保証し、雨を降らせ、動物や死者の魂と交わり、循環する自然儀礼によって「世界秩序」を維持した。彼は予言者であり、透視者であり、失われたものを見出し、悪霊を無害化する偉大な対抗妖術者であった。特に彼だけが守護霊たちを自由にあやつることができたのである。ちょうどプロスペロが〔空気の精〕エーリアルをあやつるように。

今日は御師匠様！　今日は御主人様！
お指図を受けに参りました。
空中はもちろん、水の中、火の中も、
渦巻く雲にのって、――ただ、
エーリアルと一言下されば――

力一杯おつとめ致します。

（シェークスピア、『嵐』、一幕、二場）

特に、これらシャーマンたちが単なる個別現象とは考えにくいこと、それどころか人口の一部を占める「狂気分子」（„mad fringe"）として、ほとんど「階級」とも言える堂々たる数で出現したことは決してささいな問題ではない。非常に原始的なパヴィオツォ・インディアンたちの間では、今世紀の初めに、四〇〇人の集団に、いかに少なく見積っても九〇人を下らないシャーマンが存在したのである。

さらに社会が一定の人びとに――特に、何か謎めいた、ないしは通常でないと感じられる人びとに――このような役割を押しつけることも充分ありうることである。ユベールとモースは典型的な呪術師、妖術師たちに関する印象深い統計をあげている（プラディーヌ、前掲書、一七〇頁より引用）。それは、外国人、亡命者、精神異常者、テレパシー能力者、熱狂的説教師、筋肉硬化症、催眠術師、まじない治療師、墓掘り人、鍛冶屋（すなわち危険な対象をあつかう者）、動物たちと語る牧人、死刑執行人、腹話術師、片目の見えぬ人、目の見えぬ人、不具の者、背の曲った者、女たちの内の子供をもたない者――つまり老婆や処女たち――である。すなわち、問題になるのはいつも何らかの意味で挑発的な形象、ないしは例外的ケースであって、彼らは間違いなくほとんどの場合、進んで妖術師の役を引き受けるのではない。そのような役割を押しつけられ、そのようなステータスに分類されるのである。それに反してまったく集団の役に立たない呪術は自己中心的な「黒い」呪術、反社会的目的のための霊の利用である。このような呪術は限定された狭い社会関係内で葛藤が起こるときに、しかもそれを解決するための制度的な公認の規制形式が存在しないときに生じる。したがって葛藤は、この目に見えない暴力行為にまかされるのである。M・G・マーヴィックの述べる具体例の分析はそれを証明している（「シワン族魔女信仰の社会的背景」、『雑誌アフリカ』第二二号、一九五二年、一二〇頁以下、及び二一五頁以下)。ここには、悪意のある妖術はほとんど例外なく、親族の狭いサークル、つまり母系的集団の中で行われること、血の団結が他の異質の制度——たとえば新しく入ってきたヨーロッパの財産法や政治的な王位継承権——と衝突するときに行われるものであることが示されている。したがって、習慣化された規則が適用できぬような葛藤では事件解決の見込みがまったくないわけであり、個人的な隠された敵意が呪術を攻撃的に利用することになる。R・ベネディクトもまた、魔女や呪術師は人びとが平常交わっている者の中にいることを何度も述べている(前掲『文化の型』)。ここ(ドブ族の間)にも、やはりわれわれは同じモチーフを見出すことができる。

だから、われわれの呪術の理論はたいへん簡単である。つまり衝動方向の反転の結果生じた大きな儀礼という空白(その人類学的意味については、すぐ後にもっとくわしく述べるが)が、実践の容器・道具である演出形式の中に呪術を解放する。呪術はただ儀礼の形式主義を利用するのであり、立派な理性的、いや先天的《アプリオリ》な核をもったものである。ただ、その発展を共感的世界像の虚構が妨げているだけのことである。儀礼と儀式が呪術に「転落」しやすいことは、すでにベスが強調したところであり(前掲書、二二九頁)、近年ではイエンゼンが多くの個所で述べていることである。しかし、その代り呪術は人びとの情動を——人工的に高め、病的に亢進させることによって——解放し、強化して「未来の見通し」と、全能の感情をつくり出す。今度は呪術が儀礼の道具になるわけである。

すなわち、この理論は——ベスやイエンゼンと共に——呪術を堕落した儀礼と考えるものである。もちろん「〔事物の〕必然的関係」の呪術的実現に、二つの理性化過程が干渉しあうこと、その際、超通常《パラノル》人《マーレン》たちが重要な役割を——彼らは、しかし、そうとは知らずに——演じることを見落すものではない。

「衝動方向の反転」というカテゴリーはわれわれに、一つにはなぜ儀礼が空疎化するのか、もう一つにはなぜエクスタシーが「内面への道」をひらくのか、を説明してくれる。後者については、さらに人類学的に説明しておかねばならない。

われわれはまず、このようなエクスタシーを負担免除の視点から考えるべきである。エクスタシーは日常性と日常の義務の破壊、秩序法則と規律慣習の弛緩である。だからローマ政府は「バッカス教に狂《マトロナス・バッカルム・》った家庭婦人たちが、髪をふり乱し、上気した顔でティベリス川へ走る《ハビトゥ・クリニブス・スパルシス・クム・アルデンティブス・ファキブス・デクルレ・アド・ティベリム》」ことを不快に思ったのである。この種の状態は――未来の心配や、過去と良心の圧力が沈黙を守っている――まったく特別な現在であるという意味で、すでに負担免除を受けている。エネルギーの点から見ると、〔日常生活の〕阻止されたエネルギーが衝動エネルギーに変わることによって、幸福感の高揚に絶大の威力を発揮している。ただ、もっとくわしく見るとこの状態は、まさに〔本能的〕制御の解体に見られる脱専門性そのものである。違った感性を与えられ、一部はとぎすまされ一部は高められて、運動と言葉の痙攣が始まり、自己催眠による集中力が不断なら眠っている感覚をよびさまし、幻覚による「啓発」が可能になる。一言でいえば、日常知覚の脱専門化と解体が、不安定な、きわだった人間の性質の多様性を解き放す。

われわれの仮説は、これこそ厳密な意味での自己向上体験であり、今まで多様に使われてきた言葉が、ここに初めてはっきり規定される、とするものである。つまり、これらの体験こそ、人間の基本的な体質的特徴を強化するものであり――言葉を換えれば――事実、人間に向かって人間が何であるかを新しく啓示するものである。なぜなら、脱個別性と脱専門性は完全に本質的な人間意識の特徴であり、すでに知覚の項で（第27章）、また人間の本能残基の項で述べた通りだからである。エクスタシーの中で、この本質的特徴は単に意識されるばかりでなく、人工的に強化される。そして、一面化され、極端化されて、名状しがたい一種の終局的性質に到達する。すなわち陶酔やエクスタシーの一切の形式は——言い換えれば、催眠状態を引き起こす音のくりかえしをともなった無限に単調な舞踏のリズムに始まって遂にはさまざまな毒物の助けを借りるほどになる一切の忘我の形式は——人間の本質的特徴そのものの延長であり、それはただこの形式を通じてのみ自覚される。以上の仮説が証明されるのは、われわれが副次的な場面で人の本性を再発見するときである。

すなわちエクスタシーは否定的な方面から追求することができる。その最も低次の段階では苦痛のエクスタシーは、さまざまな他の刺激剤とまったく区別できない。R・ベネディクトは西部平原インディアンたちが、どのようにして幻覚を求めるかを述べている（『文化の型』一九三四年、七四頁）。つまり、彼らは腕の皮膚の一部を切りとったり、肩の筋肉にひもを通して、ひもを杭の間に張りそのままぶら下がったりする。「心を空にせよ、そうすれば必ず霊が現われるであろう」（„have nothing and the spirits will come to you“）という精神集中はついには自己拷問の域に達する。多くの恍惚状態の核心にあるものは、嘔吐をもよおすほどの不快感の克服であるように思われる。恍惚と禁欲の要素はしばしばまったく区別できないが、最終的には後者の要素があらわになって、陶酔や恍惚にははっきり対立するようになる。禁欲のエクスタシーは恍惚のエクスタシーにくらべて持続されやすいというすぐれた長所をもつ。つまり、その状態での安定化が可能である。とくにインドではこの絶対的な衝動方向の反転を導くために、栄養不良やその他の苦行によって肉体を抑圧するさまざまな技術が高度に発達した。仏陀《ブッダ》によって、より洗練された技術に、すなわち体系的瞑想に取り換えられたものも、このような技術であった。だから、「バガヴァット・ギーター」[41]の中でも、あまりに性急な激しい禁欲は有害なものと説かれている。禁欲による衝動方向の反転は、恍惚状態によるものとは反対に、意志や意識の働きを阻害するのではなくて、かえって集中化する。そこではまさに、どんな脱専門的扇動状態も出現しないために、状況を克服しようとする意志の組織的発動が可能になる。ただし、それについてわれわれヨーロッパ人が語ろうとすれば、目の不自由な人が色彩について語るようなことになる。もちろん、仏教的な〔精神〕集中エクスタシーの前提になるのは一切の世俗的衝動を完全に除外しようとする習慣化された禁欲的態度である。だから、仏教の四つの最終段階[42]に見られるものも精神集中によって得られる超覚醒状態がもたらす負担免除である。つまりそこでは、極度に緊張した意識のために内容のなくなった形式が一種の永続的安定状態を獲得するのにちがいない。

　禁欲は――すでに述べた仮説の意味で――基本的な人間の性質、つまり、本能退行（第26章）を補って強化し前進させるものとして理解されねばならない。衝動方向反転の二つの方法〔禁欲と恍惚〕が、人間の非常に深い本質的カテゴリー、すなわち脱専門性と本能退行を主題にしていることは単なる偶然ではない。そのかぎりで、まさにこの二つは、人間形成という名の過程の意識的続行として理解されなければならない。そこに見られるのは、人間以上の存在のために単なる人間存在のあり方を越えよう、などという（！）観念が自然に意識に上ってくる、という事実である。

　その際、文化的に最も重要な点は、禁欲がその覚めた意志の形式によって、理性的な宗教や道徳の要求と一致することが明らかになる点である。そこでは禁欲はもう、陶酔に似た初期形式のままに刺激剤として働くのではなくて、やがて陶冶《ディスチプリーナ》の、ついには献身《サクリフイチウム》の働きをするようになる。プラディーヌは、呪術の具体的な演出形式は、倫理的に発展できる内容をもたぬけれども、呪術のもつ倫理的態度は拒絶（禁止《インタディクション》）することであり、とくにタブーと、タブーによって規定される無数の衝動の放棄、にあることを確信をもって示した（前掲『宗教の精神』三二七頁）。現実的な呪術が、すべての「怒れる理性の集中攻撃」（G・ハード）にもかかわらず驚くほど頑固に、制度として残されるのには多くの理由がある。共感的秩序の世界像は、呪術的儀式のできるかぎり忠実な反復によって現実そのものを安定させることができると信じているにちがいない。なぜなら人びとは、そのような共感的秩序のダイナミックな必然性の内部のきずなを手にしていると確信していたからである。だから反対に人びとは、そのような儀式の中断が未知の、広範囲な、悲劇的結果の招来になると、恐れたにちがいない。さらに、呪術の制度化は社会的役割分化にも大いに役立つことになった。すなわち、この面での社会安定化要求に対応して、呪術は一種の社会的接着剤として利用された。これらの強力な動機は具体的な呪術の力に対する二次的「信仰」を義務づけるのに充分なものであり、それは限りない失敗のくり返しにも動じない――失敗は常に「対抗呪術」のせいにされてしまう――信仰であった。呪術は呪術に対する反論すら体系化したのであり、それはちょうど精神分析学が異論も「抵抗」として理論化するのに似ていた。

45 高度文化の中の呪術

こうして、われわれは今はじめて、古代の霊魂、魔神、魔力、精霊神たちの氾濫の中へ一定の秩序をもちこむことができる。すでに示したように（第34章）、まず最初に「予備的な場」が存在する。つまり、そこでは際立った非日常的なものに反応する脱専門的本能の要求によって、また夢や影といった扇動的擬人リリーサーによって、さらに回帰的経験能力をそなえた言葉特有のダイナミズムによって、「効力をもつ現在」というすでに準備された中間物が生れている。もちろん、そこから宗教的ないし呪術宗教的な構想への直接の道がひらけるのではなくて、まずこの仲介物そのものの中で、さまざまな構想が無限に融合しあい、結合しあうのである。これらの構想自体は、さまざまな由来をもっている。死者儀礼をめぐって組織化される行動は、魂や死霊として明示される一種の観念連合を生みだし、その際にはこれらの表象を統一しようという要求はまったく存在しない。しかし、やがて後期旧石器時代のすべての慣習に見るように、存在の中の自己価値と現世への超越を動物の姿を借りて展開する壮大な儀礼が――「偉大な現実」への人間の変身という道を通じて――はじめて完全な意味の生命体を構想する。この儀礼から栄養と増殖の基本的制度が発展する。すなわち自然の目的が人間の目的になる。トーテム動物、デマ生命体、トーテム的祖先、造物主《デミウルゴス》、その他の魔神たちが本質的にもつ内容は、儀礼からつくり出された文化性《クルティヴィールング》にある。これらの生命体は制度と、馴致可能な自然存在の創造者であり、創始者なのである。これが意識の中に展開して、宗教の――その一方の重心が儀礼である――真に神話的な状態をつくり出す。神話と儀礼の両者を支配するものは変身のテーマである。

天と太陽の神――すなわち究極の存在者でありながら、祭祀を受けることのない、この特別な権能をもつ存在者――は「背景」にかくれて、やがて自らが登場し、完全に変化した社会状態つまり高度文化的状態の素材として表現され、巨大な支配力をふるうときをうかがっている。これらの形態のどちらが、時間的に言って、他より前のものだというわけではない。「われわれは、たとえばお守りの効果に対する信仰と、世界の秩序をかなえる最高神への信仰とを同じ段階に発見する」(プロイス、前掲書、二〇頁)。

呪術の側から見ると、それは完全にあの偉大な儀礼に依存している。なぜなら、もともと呪術行為は一種の演出的行為であり、これらの儀礼がすでに存在して初めて存在しうるからである。しかし呪術は――その技術的・道具的なものの中にある、言い換えれば、この行動だけが必然の関係を仲介してくれるかに見える明白さの中にある――独自の、先天的《アプリオリ》な理性の核をもっている。ただそれが、われわれには分からない共感的な「短絡した」明白さにすぎないだけのことである。呪術というものは本来、両義的なものである。呪術は、儀礼のもつ道具性、技術性を体験の面に利用し、演出という空っぽの容器を使うかぎりで、老朽化した儀礼である。呪術はこうして「内面への道」に向かうと共に、それを、シャーマンたちのまるでバクテリアのように増殖してゆく興奮と、催眠状態の産物でみたす。そして事前に発見していた(つくり出したのではない)あらゆる精霊や生命体を、梃子《てこ》や竿《さお》に利用し、人工的な、同時に自己中心的（ないし自集団中心的）な——必然的関係が導いてくれる——安定を達成しようとする。そして最後に、エクスタシーの禁欲的変種だけが、実り多い、精神を集中できる、体系的に実現可能な内面への道として証明される。人間の自己向上能力には、体質的な、カテゴリカルな根拠がある。まさにそれは人間成立の過程の延長線上にある。しかしその実現は大変な仕事である。まことに長い間、この能力はシャーマンたちの麻痺した全能の感情という形で表現されてきた。彼らに呪術の独占が押しつけられたと言ってよい。つまり、不安、無知、軽信、怠惰、軽率がシャーマンたちの手によって、ステロタイプな規則にあてはめられ、弁明されるとき、社会は自からの負担を免除したのである。

　呪術はかならず、目的とは無縁の、不毛の形式をともなっている。なぜなら、そのような形式は生産的な、文化創造的な発展のための取り除くことのできない沈澱物なのであり、儀礼の形式と共通の根をもつものだからである。社会はこの残滓を絶対に刷新することはできない。なぜなら社会本来の安定への関心が、そのようなステロタイプな形式に支点を求めるからであり、呪術こそ実り豊かな現実を目ざすすべての行動を補強するからである。最初の開拓者文化が呪術によって繁栄したのは、まさに理由のあることである。一方、呪術は現状をそのまま克服しようとする体系だから、その意味では前兆と予言が呪術の領分である。呪術は驚くほど似た形でまったく発展のないまま、あらゆる時代と民族の中に登場する。その典型的な基本観念複合《コンプレックス》——いわば、その優先的主題——は各個研究によって明らかにすることができる。たとえば、われわれの場合には、ハーゲンが近づいてきてジークフリートの傷口から血が吹き出すといった[43]物語の中に、最低三つの重要な観念複合《コンプレックス》——その一つ一つについて、何百という変形物語が指摘できる——が存在している。つまり「暴露」（前兆、予言、神明裁判、占い、謎解き）のコンプレックス、「侵害者に対する反抗」（復讎、罰、治癒、浄化）のコンプレックス、「死体の呪力」のコンプレックスである。この最後のものについては、レヴィ＝ブリュールが「死者からのさまざまな形の直接の問いかけ」、「死んだ人間の頭骨や骨による占い」の題目のもとに豊富な実例を挙げている（『原始民族の精神世界』第六章）。

われわれの研究は高度文化の純化された神々の世界までを射程に入れようとするのではないから、あの——プラディーヌの言う——最も重要な点、つまり呪術は基本的に自集団中心的、ないしは自己中心的であり、その手段として、人格化された神人同形的《アントロポモルフ》な生命体はまったく必要でない、という点だけを強調すれば充分である。そもそも前兆は、ほとんどいつも人間の形をとって現われない。魔法のためには、好んで動物の霊が利用され、それによって人びとは雨や雲や狩りの獲物を呼びよせる。シャーマンたちのエムブレムは鳥や馬や生命の木等々である。それらが変化するのは、ようやく多神教の段階になってからのことである。神々は、彼らが人間的な形をとるようになってはじめて、真の神々になる。つまり彼らが統治者であるということが明確になる。言い換えれば自己中心的な世界過程の操作が成功しないようになり、「秘密協定」を支配するのは神々だということが明確になるのである。こうしてシャーマンは、その全能の力を神々にゆずり渡す。神人同形的な神は、もはや人間中心的にはふるまわぬ神である。彼らは空気の精エーリアルではない。この瞬間、高度文化の中で——つまり巨大な支配関係の中で——呪術が終り、文化の俗化によって、ついに動物はその魔力を失ってしまう。この瞬間、天上の神は休暇を解かれて、背景より立ち現われ、儀礼はこれらの神の専用の祭祀になる。

もっとうまく表現すれば、そのとき、呪術が終りかけるのであり、一神教の絶対的な関門が初めて呪術に止めを刺すのである。しかし、まだ多神教の段階ではそうではない。つまり古い宗教の純化過程と同時に、宗教の呪術化が影のように並存している。倫理的な方向転換と同時に、集団的な魔法への逆行が並存している。その姿は、ここに同一の内的法則性が存在するかに見えるほど酷似している。エードゥアルト・マイアーは次の[44]ように述べている。「これは、すべての先進宗教が経験せざるを得なかった発展過程であり、イクナトンによる一神教的宗教改革の失敗以後たえずくり返されたエジプト宗教の退行現象に、同様にまた占星術支配下のバビロニアの宗教に、祭司《マギ》たちによって行われるペルシアの宗教に、インドの諸宗教、ギリシアの神秘教とオルペウス教、さらに下って、啓蒙主義に対する反動に始まる新ピュタゴラス説や哲学的折衷主義に見られたものである。そこでは倫理的深化と並行して、いたる所に、もう完全に克服されたかに見えた原始形態への宗教の逆行が起こっている」（前掲『キリスト教の起源と初期段階』第二巻、一一九頁）。J・ブールクハルトの（『コンスタンチヌス大帝の時代』）第五章後半全部は、この同じ現象——すなわち「魔神化される異教世界」——の説明にあてられている。コンスタンチヌスの命によって、神々の像の金銀が鋳つぶされたとき、多くの異教徒たちは、神殿や神像の中から一人の魔神も姿を現わさなかったばかりか、幽霊の影すら見なかったことに驚いたのである。さらにシュペングラーは、まるでマイアーの補足であるかのように書いている。アッバス朝のアラビア人の間では、本来のイスラム教は妖精や、聖者や、幽霊、煉獄、最後の審判等々によって完全に背景へ押しやられていた、と。

マックス・ヴェーバーが類似の現象――エジプトで起った動物祭祀への逆行が司祭たちの組織的思考訓練の時点と見事に一致していること――を解説して以来、われわれはこのような事件を社会学的に理解することに慣れている。つまり、宗教が精神化されると大衆はもうついて行くことができなくなって呪術へ逆戻りする。「貴族的な主知主義的瞑想の頂点に形成された古代仏教とは反対に、大乗仏教《マハヤーナ》は一種の大衆化現象であり、真の呪術ないしは秘跡的儀礼主義にますます近づいて行った」(『経済と社会』二六六頁)。相対的に見れば、この社会学的解説は正しいと言える。しかし、このような大衆化現象は、疑いもなくもっと根源的なものである。すなわち、われわれに言わせれば、それはすでに最も古い宗教形態に起こっている。〔現実〕目的から自由な、存在にかかわるものの演出者としての儀礼は、それ自体、高度な潜在的精神性をもつ。しかし、同時に儀礼の中には、儀礼を感情解放の引き金に使おうとする逆の傾向、つまり道具化への傾向が存在している。こうして演出はそのまま手段に転じ、どのような目的《ツヴェクオ》をも受け入れ《ッフェン》、実践のもつ合理的理性を支配しようとする。これが呪術である。到達した〔精神的〕高所からの逸脱のコースはいつも、自然物との結合のコースであり、その主張はいつも例の、ありそうにないもの、である。この逸脱は当然のことであって、むしろ、どうして儀礼が純粋に維持され得たかが説明されるべきである。だから、われわれは先に、儀礼の後方への安定から、すなわち――儀礼のもつ制度創造力の中に自ずと生じた――生のプレミアムの見地から理解したのである。

　それに反して、他の二、三の重要なケースは完全に社会学的に説明することができる。すなわち、完全に成熟した高度文化圏では、制度化された呪術が意識的に保存されるのであり、そこでは明らかに呪術が政治的観点での実用性の一面を見せるからである。ローマ人の間の鳥占い法は原始の吉凶占いが体系化されたものであり、まったくよく似たものがボルネオに見られる。このようなものの存続の理由は、疑いもなく、それが政治的に操作可能であったということから説明できる。リヴィウスは、公平にして《ドゥウムヴィ》神聖なる二人委員会《リ・リブロルム・サクロルム》(45)（呪術的テキストと親縁の制度）の神聖な決定を、前二九三年、護民官たちがうたがった、と記している。軍団を混乱させるであろうこの行為によって護民官たちは告発された《イド・ファクトゥム・アド・イムペディエンダム・レゲム・トリブニ・クリミナバントゥル》、のである。鳥占いの法それ自体は、きわめて古くから、多分すでにエトルリア人たちの間で政治的に練り上げられたものだったに違いない。統帥権をもつローマ高官たちは占いを「所有した」。鳥占い官たちはそのような占いだけを認めた。そこでは公的な鳥占い集団は個人的な鳥占い師から分離されていた。鳥占い官にはどんな主導権も認められず、ただ高官たちとの事前の取りきめにしたがってのみ観ることが許された。彼らは物理的にも高官たちの身辺に（！）しばりつけられ、従軍からは除外（！）されていた。ついには止むを得ない時にのみ、彼らだけで観ることが許されたのである（ルビーノ『ローマ体制の発展過程について』一八三九年）。これらすべてから明確に分かることは、合理的な政治的主要機関に組みこまれた呪術活動の姿である。さらに、ここで大事なことは、本来なら目で見るはずの前兆が「すでに証明ずみの」きまり文句で代用されていることである。なぜなら、まさに前兆を求める行動こそ、あいまいな決疑論《カズイスティーク》をけっして許さないからである。古代のイグヴィウム〔イタリア・ウンブリア地方〕から発掘された一つの典範銘板にはこう記されている。「誓って（stipulo）、なんじはハイタカを右手に、カラスを右に、キツツキとカササギを左に見るであろう。なんじの見る左手から飛ぶ鳥たち、また左手から鳴く鳥たちは吉兆である」。その答は次のように決められている。「わたくしは鳥たちを見る。ハイタカを右手に、カラスを右に、キツツキとカササギを左に、左手から飛ぶ鳥たち、また左手に鳴く鳥たちは――わたくしにとって、イグヴィウムの国民にとって、その神殿にとって――吉兆である」。すなわち、ありそうにもないものの、非常にありそうにない組合せだけが完全に機能することができる。そして、それはきまり文句が〔実際の〕内容になるときに可能になる。だからリヴィウスが報告するように、執政官パピリウスは、鳥占いは作りごとだと言われて怒ったのである。「鳥占いに加わり、それをまやかしだと言う人は自分の宗教心を顧みなければならない（in semet ipsum religionem recipit）。わたくしにはトリプディウム(46)のお告げがあった。これはローマの国民と軍隊にとってすばらしい吉兆である」（一〇巻、四〇節）。形式がかなえられれば充分である。人びとはどうしてその形式ができ上ったのか、どのようにしてその選択が行われたのかを問おうとはしない。

似たような形で、今世紀の皇帝時代の中国にまで、気味の悪い予言と占星術を使う巨大ないとなみが残っていた。砂占い《ゲオマンティーク》（風水《フェン・シュイ》、風と水）は山や岩や木や水等の魔力に関する学であり、すぐれた中国学者B・ナヴァラが一九〇一年になお、「中国全土は鉄の帯でしばられている」（『中国と中国人』）と語ったような一つの思考体系であった。清朝政府による一八七〇年代の最初の電信線は、砂占い師たちの扇動によって破壊された。どこかの場所が凶だとされると、何キロメートルにもわたる電信・道路線の迂回が必要になった。間違った場所に電信線を埋めると死者たちを「硬直」させ、彼らに復讐のきっかけを与えるおそれがあった。それと並行して陰陽五行説《クロノマティーク》、つまり一切の未来計画に関する吉凶日の決疑《カズイスティ》論《ーク》も重視された。「中国の陰陽師の数はかぞえきれない」とナヴァラは言っている。当時、過度の競争によって占いの料金は二〜一〇ペニッヒにすぎなかった、と。

呪術的手法のこのような不思議な生命力は官吏階級のきわめて古い制度――つまり、数百年来、支配階級《クラース・デイリジャント》を構成してきた官人制度《マンダリナート》――との関係で見るとよく分かる。M・ヴェーバーは、出世した儒者たちが呪術自体の徹底的根絶を目ざさずに、ただ官吏の役得の独占を目ざしたことを述べている（『儒教と道教』、『宗教社会学論集』第一巻、四七九頁）。高官《マンダリン》たちは文人的教養をそなえた君子《ジェントルマン》であり、審美的な生活道徳の代表者であった。彼らは孔子自身と同様に宗教には無関心であった。陰陽師、砂占い師等々は、学問はしたけれども最初の国家試験に落第した大量の人間から成り立っていた（ナヴァラ、前掲書、四七三頁）。彼らは「たいてい文人階級に」（同、四九三頁）、つまり無官の知識人に属していた。したがって、この高級官吏のための激しい学業・試験制度では、国家試験に失敗した人びとに対する救済が必要だったことは明らかである。その人数はまったく莫大なものであった。三年ごとに地方試験の合格者が応募する北京の大試験では、六〇〇〇人の受験者のうち三五〇人しか合格できず、しかもその受験者たちは七〇歳に及ぶあらゆる年齢層の人びとであった、ということをナヴァラから知らされるとき、われわれはその数を想像することができる。すなわち、このケースでも、ローマの場合と同じように、支配の関心から出た意識的な呪術の保存は明白であろう。

さらに同じ関係は、王たちが異常な呪力の持ち主であるとされる時に見ることができる。六四五年以降、「万有を支配する現神人《あらひとがみ》」という法外な名をもつに至った日本の天皇は、毎日数時間、目さえ動かさずに——というのは彼が目をやると大火や地震が起こるから——正座しなければならなかった。が、それによって人びとは、より長期の、より自由な治世をもつことができた。ジュピター神の具身化であるローマの司祭《フラーメン・ディアリス》(47)は無限のタブーによって完全に政治的に中立化されていた。彼は馬に乗ることも、武装した軍隊を見る（！）ことも許されず、きわめて複雑な食事の禁忌等といったものを課せられていた。アウグストゥスの時代には、すでに七五年間も空席のままだったその地位を埋めるために義務の重荷を緩和しなければならなかった。

III　三つの行動型と三つの世界観

46　自然宗教

栄養と増殖の制度の中で、自然の目的が人間の目的となった。この言葉は「自然の目的が、ただちに動物の目的なのではない」というイェーリングの断言(『法の目的』一八七七年、第一巻、二八頁)との見事な対比の中で、われわれにその人類学的重要性を示す公式である。動物性の獲物や植物性の食糧の存在、たえずそれらが再生されること、そのために使われる完全に本能的な、生得的な行動のリリーサー、以上のすべては、客観的に見れば、動物たちの自己保存と種の維持にとって、まことに目的にかなったものである。しかし、この合目的性は動物自体のために存在しているのではない。それと同じように、制度が長いこと当然のものになり、そのために客観的な意味で制度が——たとえば主観的にはそうでなくても——個人の運命から、また、人間の決意の場から遠くへだたってしまった現在、人間とは何かを問おうとすれば、一定の注意が必要になる。

すなわち、永続的な、恒常的な、個人個人の人間を越えた構造体としての、言い換えれば、制度としての栄養と増殖を考えるとき、これらが人間の本能残基からも、まして実用目的のための知性からも説明できないことに注意しなければならない。決定的、連続的過程として考えられた場合の栄養と増殖というこの二つの概念は、たいへん抽象的な、非感覚的な、知覚することのできない事態である。それはこの〔制度という〕形式のもとで、本能の保証をまったく受けていない。なぜなら本能的に現われてくるのは、ただ生殖の、つまり性交の欲求だけであり、おそらく女性の場合にも子供が欲しいという本能的願望はあっても、孫までの願望はきっと存在しないからである。しかし、増殖という概念は死亡の結果をこえる出生の結果という知覚できない連続性を意味している。それはおそらく血統の連続性が完成したときと同時に初めて人間的な行為の主題に——つまり生殖を、永続する血縁秩序のために役立てねばならぬという義務に——なったのである。まさに、この血縁秩序はどんな合理的動機も原因ももってはいなかった。つまりそれは見通しの上に立った合理性の活用から生れたものではない。なぜならこの血縁秩序がもっている社会的合目的性はその秩序が存在した後でようやく成立したものだからである。すなわち合理性は二次的なものであった。結婚が、どんなに強い実用的生活関心から——たとえば原始の分業から、子供の長い発育期間から、集団内の慢性的葛藤を回避する必要から——勧められようと、このような配慮からだけでは血統、つまり古代の婚姻制度プラス永続的増殖制度という秩序原理は生れてこない。そうなるためには、まさに多くの人間をすべて「単系的な」性格のものにしてしまう前呪術的・演出的な同一化が必要であった。それはトーテミズムによって、かなえられたのである。このことは栄養の問題でも同じである。そこでは欲求の絶対的な充足が求められており、貯蔵のカテゴリー（第12章）が明後日の飢えにまで及んでいる。しかし、合理的実践では、そこまで考えることはできない。大型動物の保護もやはり、そのような動物たちの単なる観察や、観察の実用的利用から始まったのではない。それは氷河期の狩人たちが自から証明する通りである。つまり、彼らの洞窟壁画が示すように、一度もすぐれた観察者たちは存在しなかった。動物の保護を考え出したのは、まさしく彼らではなくて、それもまた、祭祀的・演出的行動からのみ発展しえたのである。

われわれが特にこの主題研究に大きな比重をかけたのは、多くの根拠からである。啓蒙主義の理論家たちが国家を理解するために、契約による国家を構想せざるをえなかった時から、現在われわれは目的協定から生れた制度だけしか説明できなくなっている。われわれがそのような合理主義的説明を放棄したのは当然である。目的のためのいろいろな〔社会〕装置は効用という尺度を離れることができない。つまり、それらは――人間内部に取り入れられることによって、自己自身を超越し、自己本来の偶然性を除去し、自からを定義する――あの自律性を決して達成できないのである。そもそも人間の制度はなぜ成立したかという問いに答えようとすれば、文化の研究はまず、制度一般を問題にし、今日の制度の自明性、日常性を超える視点をもたねばならない。もちろんまた、「秘密協定」や「支配的関係」のような形而上学的構想がまずあって、その後に血統秩序や動物保護が「実現」したのだと考えることも間違いである。なぜなら偉大な人間の理念――その中にはもちろん制度も入っている――も、ただ頭の中（あるいは脳の「外部骸骨」である本の中）だけでは存続することができないからである。それらは外部から支持され、安定化される所でのみ生きつづけることができる。そのことを可能にするものこそ、あの制度であり、人は再び制度を前提にしなければならないのである。

このジレンマから、人はただ古代の神話を言葉通りに受け取ることによってのみ、抜け出すことができる。つまり、どの神話も、祖霊や、神々や、魔神たちが偉大な（世界の）装置をつくったことになっているが、それは少なくともこの装置が祭祀的関係の中に生れたことを意味しているのであり、これこそが私たちの主張なのである。しかし、この〔古代人とわれわれの〕間に介在したものは、徹頭徹尾、一神教的なものに浸透されたわれわれ自身の宗教意識であった。何よりもまず、それが古代の宗教性の一切の理解をさまたげているのである。だからまず、理解自体が——少なくとも近似的に——獲得されねばならなかった。そのために、ここに展開された人類学的カテゴリーに関するわれわれの知識の拡大がどうしても必要になる。なぜなら「原始人の心理学」は深い人類学的分析を欠いた、いささかこっけいな現代人の模型をつくるにすぎないからである。

そうすると、残される唯一の可能な考えは、ここに展開された理論だけになる。すなわち演出を行っている儀礼の中に、目的から自由な、しかし義務づけられた行動が存在し、その行動の二次的な、予期せぬ合目的性があらわになってきて、当然、新しい応用のための無限の領域が人間の理性にひらかれる、という理論である。儀礼による動物の霊との同一化——すなわち狩猟文化の秘儀——をたどって行くと、一方は動物の像、および像の代りをつとめる生きた動物を経て、動物飼育につながって行き、他方はトーテミズムによる血縁秩序の完成につながって行く。こうして初めて人間は、自然のもつ不変の生成形式をわが身に適用し、自然の中にあって——純化可能なものとして——人間の手を待っているように見えるものを自然から引き出すことができたのである。ここに自然と文化の一致点があり、それに結びつくものが「存在の中の自己価値」をもつ。すなわち、あらゆる文化の基礎にあるタブーの規定に見られる関係なのである。人は——それはまだ予感に近いものだが——その現実が衝動や激情にかりたてられた行動の直接的介入からへだてられているとき、生命をもつものの現実を正しく評価することができる。タブーの問題によって初めて動物たちは儀礼の主役として飼育された。タブーは近親相姦的家族の自殺的な自己満足行為を阻止し、トーテミズムの中で食人俗を防止した。人間の中と、人間の外の自然は、今や、馴致することのできる、禁止と取得をはなれて評価することのできる、条件つきでのみ帰依することのできる、その本来の存在価値の中に眺めることのできる、自然になったのである。この獲得所有と固有価値の間の「安定化された緊張《タンシヨン・スタビリゼ》」の中に、生きているものにふさわしい、あの〔タブーの〕モラルが成立する。そして現代の入口に至るまでの数千年の文化が、なまの自然の中にどんなにすばらしい洗練と純化の可能性が秘められていたかを証明したのである。今日、初めて——つまり石炭、石油、原子力といった無機物の濫用が工業文化をささえている今日——いまだかつて存在しなかった事態が起こっている。それは、歴史の中で初めて起こった、いまだに生産の基本について許可された手段という制約をもたない、それ自体、無責任な事態なのである。人類にとってそれが、どのような精神的結果を生むかは、まだ見通すことはできない。

だから、われわれは原始の自然宗教の古い教義にこだわるのである。そのような教義が反対されるのも、やはり、神をうばわれたわれわれ自身の自然の像から来ている。「人格化された自然」は人間が内側から近づくことのできる自然——自然の目的が人間自身の目的になるような自然——であり、人間の内部で、また外部で、素朴な野生の自然とどう対決したらいいかが問題になるとき、一種の非常に高級な考え方である。これが古代のすべての形而上学の主題である。〔人類の〕生存の中の殺人欲と食人俗《ダス・カニバ》的性質《ーリッシエ》、限りない中毒と腐敗の傾向が明白であるとき、美しい形、永続、秩序、豊饒を適えてくれる霊たちの礼拝は誰にもよく理解することができる。制度の創造者としての原始の魔神たち、トーテムの霊や、集団の祖先たち、あるいはまた、規則性をもった輝く諸力、つまり太陽や星の礼拝は当然であろう。先の自然の人格化を「神人同形の観念」から説明しようとするすべての解説は皮相の解説である。人になった自然は神の媒介者ではない。

さらに、もっと深い感銘を与えるのは、あの儀礼から生れた生命体たちの祭祀が——たまたま発見された制度のすばらしい効用をたのみにしているからこそ――日常性を超えてどんなに明確に自立しているか、その実用的、社会・経済的側面がどんなに中立化されているか、しかもなお「後方への結びつき」の中で指導権をにぎっているか、ということである。祭祀は――呪術のように――事実的世界を過度に助長し、肥大させることによって隠したりはしない。むしろ、そこから抜け出し濃縮化することによって、事実的世界にますます多くの合理的動機づけの――もちろん祭祀のもつ中心思想が照らし出す光の中でのみ――道をひらく。祭祀は事実的世界を、ただやみくもに純粋な実験的行動にゆだねたりはしない。そもそも、どんな道徳的義務づけのきっかけも与えぬような無機的自然によって、目的のない合目的性を強制されているのが現代の人間である。そこでは、まだ存在しない目的と、まだ誰も感じていない欲求のために、絶え間ない新発明と資金の調達が行われている。

さてここで、すでに幾度も(四四頁、八七頁、一三〇頁)おおまかに述べてきたカテゴリーの意味連関を明らかにしておこう。すなわち、基本的制度の中で自然の目的が自分の目的になるとき、人は絶対的関係に奉仕するのだが、この公式も――基本的欲求とそれに従う行動が、まさにこの〔絶対的〕関係の表現形式となるような――はっきりした現実化の手段を見出さなければ成り立たない。だから、われわれは先に(八七頁)、まず婚姻の制度が相互の誠実と好意と愛着の純化された感動のための精神的な場をつくり出し、その結果この感動が、ふさわしい表現手段を求め、それを性行動の中に見出すと言ったのである。同じことは誰かが、所有と消費の衝動に、慎重に考慮した節度を与える際にも存在する。そのような節度が、彼の仕事のために調子をととのえようとする関心のもとでは当然なのである。つけ加えれば、ここに、単なる消費者の団体に転落してしまう〔現代〕社会への道徳的抵抗の核がある。これらのケースは――必ずしも満足のゆく表現ではないが――欲求や本能近似行動そのものの道具化と呼んでよいだろう。つまり、それらは表現手段という意味での手段になる。これは大変なパラドックスであり、人間が自分自身を超個人的な関係の手段にするとき、どんな精神的深みが呼びさまされるかを証明するものである。すなわちそこでは、単に〔人間〕外部の自然のデータばかりでなく、内部の自然データが使用可能な形として現われてくる。人間本来の衝動が「不定の義務づけ」として体験されるようなとき、それらの衝動は右のような高貴な性質を帯びるように思われる。つまり、その直接的な、反省をともなわない反応形式が、すでに超個人的な目的に従う用意を示している人間は、高潔ないし高尚であり、衝動的人間はたとえ彼の衝動が精神的な表象形式へ昇華されるときでも低俗である。だからこそ芸術や哲学や文学の中では、自己中心癖は少なくとも激しい抵抗を覚悟しなければならない。

47　哲学の課題

精霊の文化の長い歴史の終りに「秘密協定」の世界観――つまり、了解したり争ったりする生命力の形而上学――が破壊された。それは一方では一神教の側から、他方では科学・技術的機械論の側から行われた。特に前者が後者のために――自然を魔神や神々の手から解放することによって――あらかじめ席を奪い取ってやったのである。神と機械は古代世界を生きぬいて、今、一つになった。そうなると内面の世界とは、いったい神の魂であるのか、あるいは自分を中心に廻っている主観的現象の流動的領域であるのか、という問題が決して軽視できない問題になる。けっきょく、そのような現象はわれわれがこの内面の世界を、事実的内界としてとらえ、その背後に働くメカニズムを探すことによってのみ（第23章）、正しく扱うことができる現象なのである。この視点に立つとき、たとえば、感情とは何だろうか？　それは「対象、または対象の組に対する情緒の組織化された体系である」（W・マクドゥガル）。よろしい！　それでは情緒とはいったい何であるのか？「簡単に言えば、過度の刺激に対する極端に激しい、極端に一般化された反応である」（シャファー）。

だが、このような仕方で、内部のメカニズムを——同時に多分、その隠れた合理性を——描こうとする理論は、ただ観念の中でだけ一致する理論であって、そこには行動が入っていないものである。だから、この理論は自己自身に、行動の真の「動機」を明らかにしてくれない。動機に従って自分を理解しようとする単なる試みによって、そのような行動が阻止されている。この理論は一種の自己拘束理論である。それだけでなく、この理論には、精神内部へ向かうどんな道もひらかれていない。魂が自己自身を越えて成長できるような、どんな目標も与えないのである。ただ、標準的深層心理学の理想である「葛藤のない状態」だけが、つまり、障害のない〔心の〕使用能力《コンズームフェイヒカイト》だけが問題になっている。しかし、本当は——体験を取り入れて造形し、行動によって演出するために——単なる体験器官ではない主観という魂こそ心理学研究の対象になるはずのものである。なぜなら〔この深層心理学という〕生命代理産業のつくり出す「体験世界」も、その〔抽象的な〕等級のない等級である「人格」も、合理的認識欲の犠牲にならずにすむような、尊厳をもっていないからである。ある種の主体性が、もっていると自称する「完全な知性《イデアール》」も例外を要求することはできない。なぜならニーチェ以来、ほとんどそれは「帰納的推論の最も危険な形式」、つまり「それを必要とする人のための完全な知性《イデアール》」になったからである（『よろこばしき科学』）。すなわち、自然の中に遊離した事件が考えられぬように、個人の頭の中にある個々の完全な知性《イデアール》では、合理的科学は始まらない。合理的科学は両者を他の事実に結びつけなければならない。こうして初めて科学は可能になる。誰かが、ある指導理念を必然のものとして生活するとき、彼はそれを単独で行うのではない。そこでは彼は意味によって、つまりその制度の精神的内容によって、規定を受けているのである。と同時に彼は、自己自身の主体性によって、心理学が説明できる範囲をこえてしまっているのである。

　魂の神性が心理学の手段で証明できないのは当然である。心理学にとって自覚存在《エクシステンツ》の証明は存在しない。ただ自覚存在《エクシステンツ》による証明だけが存在する。しかし、そのような証明は主観という体験形式の中では不可能である。主観がすべての、したがってこの主観の内容さえ取り入れることができるにもかかわらず……。この体験形式には討論も、映画による感動も、無限のいそがしさも入っている。つまり、内面への道は禁欲を通してつづいているのが真理であるなら、シェルスキーの重要な指摘のように、現代の禁欲の内容は、もう古典的な内容ではなくなっている。衝動に弱くなった人類にはどんな崇高な目標も設定されないのである。禁欲とは、まさに達成されうることをしないということにほかならない。それは、さしずめ、現代では、世論の利点の放棄、合意の建設《モンタージュ》の放棄、弱電・生命代用品による便利な生活《ファシリテ》の放棄ということになる。

　現代の主観主義が、文化状況の産物であることは真剣に論じるまでもないことである。すなわち、外部からの刺激の氾濫と、過剰の情緒は〔精神〕内部の変形と、知らない間に外部から挑発される「神経症化」を引き起こしている。情緒は、もう、外界のどこにも支持点をもつことはできなくなっている。なぜなら外界は、あまりにも即物化された、あまりにも象徴《シンボル》の空虚な世界になっており、その上、無力になったなまの自然、肉体的な努力や緊張の停止が加わっているからである。すなわち、慢性化した覚醒状態と省察の中で行われる「体験の流れ」以外のどんな結果が生れるというのだろうか？　今日、芸術と法律と宗教（でさえ）の主観化と脆弱化が始まっているのは当然である。いたる所に「理念」が吹き出し、理念を論じること以外、何事もはじまろうとしない。討論が外界を加工する際につきものの当然の形式になっている。こうして時代と共に、政治的なものが精神世界を支配し、その精神世界の建築の中へ政治家たちが強引なまた借り人として入りこんできて、かつてアショカ王が行ったと同じような正面玄関《ファサード》を建設する。「彼は伝えられるような流血の大征服を完了したあとで、仏教の信奉者に、保護者になった」のである。

したがって、哲学者の仕事は困難の多い、かなり危険なものになる。それは再びソクラテス風のものになる。つまり、真理を語ろうとする彼の意志は徹底的に両義的なものを指摘する義務に制限され、こうして、完璧な規準を示すことができるものになる。それはちょうどヘルダーリンがピンダロスの言う秩序《ノモス》について「ここでは秩序《ノモス》、つまり法とは、その中で人間が神のもとに一体化する形をしている限りで、規律であり、教会であり、国法である。芸術よりも厳格に日常の社会関係を定めている古来からの制度である。そのような関係の中で国民はいつの時代も一体化してきたのであるし、今日も一体化している」(ヘリングラート編『ヘルダーリン全集』第四巻、九頁)と述べたときに示したものと同じである。

主観主義の時代には、哲学の課題は〔両義的なものを指摘し、完璧な規準を示す〕右の二つに限定されるであろう。そして、この二つに真に忠実であるために、人間の中の未知のもの、忘れ去られたもの——いや否定されたものまで——についての広範囲な事例研究に立脚しなければならない。だから哲学はどんな新しい「理念」も提唱しないだろうし、そもそも概念の選定を正確に行うことが重要な研究計画になるだろう。もう読者は、ここでは「価値」という言葉が——存在価値等という場合のような——狭い定義で使われていることに気づかれたと思う。つまり、われわれの場合には、ロッツェによって経済学から哲学へ輸入された空虚な価値という概念は——現代哲学のその幅広い使用とは反対に——できるだけさけられている。なぜなら価値は、問題になるあらゆる具体的でないものを指す抽象的代替物になってしまっているからである。「理念」の語を使わずに、それを説明するのは容易ではない。だからわれわれは「指導理念」という語に置き換えたのである。この概念は二重の視点から理解されねばならない。一つはこの概念が制度というものの「憲章《チャーター》」、つまり完全に出来上った制度の精神的意味を指している点である。二つ目はこの概念が獲得した即物的形態、完成された構造物からのみ、理解されねばならないことである。人間の内面から見ると、指導理念とは規範である、つまり発動している動機、言い換えればまさに初期の状態にある行動であり、外側から見ると自我の集束点、自意識が変化して自我の出発点を発見する地点である。だから指導理念は究極的な意識能力そのものであるような――したがって省察によって決して「表象」へ異化されることのない、動機のままであるような――意識の唯一の内容である。そのことから、このような「すべての内容の中の内容」は悟性の前には絶対に解明されないという結果が起こる。なぜなら悟性はまさに、転移して組み替え、分解して新たに組み立てる弁別機関《インスタンツ》だからである。そればかりかこの理性《ラチオ》の形式は指導理念を一定の限界内に抑制する性質がある。そうなると対抗するものは何もなくなってしまう。この、時間と空間の中の、優勢な内容が――歴史と現在をこえて――無数に出現し、たがいに反論しあい、死闘をくり返しながら、しかもその闘いが再びまた、驚くほどの意外な和解と団結の中に終結して、この理性という形の中に表現されることは、もう疑いの余地がない。このことは「理念」や世論のメディアの中で起こっている。この中では哲学は生きることができないか、あるいは、文化の偉大な指導理念が今日生きなければならぬのと同じ両義性のとりこになってしまうだろう。哲学は抽象的な、半ば思惟的な、教壇じみた、政治宣伝めいた、そのようなものを本来もっている世論の領域とほとんど区別がつかなくなってしまうであろう。行動というものをフィルターで取り除いてしまう、文化のこの知性化は、世界史のまったく新しい事件である。これこそ今われわれが呼吸している空気であり、それが次つぎと理念を取り換え、理念を主張する余地を、主観に許している原因である。ここで禁欲的な態度をとることが、今日なお自からを信じ、外部の何かにすがろうとあがいたりしない、哲学の存在条件なのである。

この知性化は、未来社会の問題の際にも現われている。G・ソレルが夢に描いたような、理想主義者やインテリたちの、つまり頭でっかちの理念によって権力のとりこになった人びとの、突進、言い換えれば大衆にパンと奇跡を与えようとする空想政治家たちの新物神崇拝は、どう見ても、しばしば現実的ではない。人類は、人間があらゆる面で、物質生活を最高のものと確信しているように思える充分な証拠を見せつけられて非常に驚いているが、これも、もちろん理想主義の一変種にすぎない。ヘルダーはすでに、神はその被造物たちに、その現存在よりもより高価なものをお与えにならなかった、と言っている(『ヘルダー全集』第一六巻、五四一頁)。

機械文化の世界、ますます上昇し平均化する生活水準の世界では禁欲は決してささいな決断ではない。われわれは何百万という大衆消費者が、機械化した自然の中で、単におたがいが人間であることを承認しあうだけで、どれほど満足して暮しているかを見ている。これは人間の体質に深く根ざした寄生者的要素の完全な勝利を、つまりわれわれの社会の寄生コロニー化を意味している。ここで注目しなければならぬことは、この文化の知性化とその過渡期が示す状態は、表象(理念や見解)、討論、印刷物、そして再び表象へという循環の中に完全に完結していることである。ここではもちろん、われわれがその最古の痕跡と萌芽から追求してきた壮大な主題、つまり自己向上を目ざす人間の戦いは終っている。人間と財貨の過剰生産によって、ようやく飼いならされた資本主義の巨人が文化の車輪をまわすとき、モラルは弛緩する。なぜなら、そこにはもうどんな力強い命令も存在せず、平均的な、適切な、堅実な処置が、いつも一切の危険を回避するように計らっていてくれるからである。緊張は、いずれにせよ「チームワーク」の中で半ばブレーキをかけられており、性的な最小限のモラルだけが要求されている。ここでは、どんな偉大な世界観も建設されないのである。さらに、この生活形式を理想化することも簡単である。なぜなら、そこではあらゆるものが理想化できるからである。

しかし、人間の生活は〔自然の中へ無理に〕挿入されねばならないという矛盾した特別の性質をもっている。だからこそ、かつては、パンをめぐる苦しい日常の戦い、生命そのものの基本的な増殖と継続をめぐる苦労が人間に特有の尊厳をもっていたのである。機械装置と「文化的価値」の世界、巨大な負担免除の世界では、生命はとどめようとする指の間の水のように流れ落ちてしまう。なぜなら物質生活が最高のものだからである。やがて、はかり知れぬ深淵から脱け出すことが問題になるにちがいない。つまり、男女を問わず誰もが長命術の寄生客、曲芸師になろうとするにちがいない。この点でスポーツの流行は、すでに重大な病気の徴候を示している。しかし、そうなる前に、すでに生命代理産業が——われわれが前に代表的なものとして引用した——「形のない心理生活という完全な現実」をつくり出してくれている。それはローマ人や、ギリシア人たちが夢想もしなかったものである。

哲学が、自由な主観という課題に参加して以来、哲学は自己の体験説明がそのまま「世界に通用する」ものだという感じをもっている。ちょうど、それはブタイエの報告したあのシャーマンの言葉「わたくしを取り巻く世界は再びその調和を見出した」(前掲書、一四五頁)と同じである。それればかりでなく哲学は——ディルタイがあらゆる可能な思惟的見地を吟味して、人がその内の一つの見地に立って、他の多くの見地を理解するとすればどうなるかを考えて以来——あらゆるメディアの中の最も危険なメディアである省察を信用しすぎている。さらに、ここでは、本来は矛盾をあばいて意見を明確にさせる高等技術である省察が、主観に奉仕する機能形式になるおそれがある。つまり省察が、提起された理念とそれについての表象ないし意見を、もはやソクラテスのように、皮肉《イローニッシュ》(48)に自己自身に関係づけないで、この関係がそのまま「体験の流れ」という主体の形式になる。

哲学はしかし、規範に従わない直接的なあらゆる段階の〔人間の〕生がもっている抜き難い本質的両義性をはっきり語らなければならない。十字架をシンボルにする宗教さえ、主観主義が説教を始めると、それを正当化する誘惑にさらされる。あるいは「社会的なもの」によって過度に左右される誘惑、あるいはビイー(49)のように大衆の魂の鍵盤の上で演奏する誘惑にさらされている。リヴィウスの言い方をすれば、自分たちの堕落にも、またそれに対抗する手段にも我慢がならぬような時代に、今、哲学があるとすれば、その向かうべき方向は禁欲である。そこに同時に、哲学が準備しなければならない内容が示されている。今や、古い生命力の誘惑よりも、より強力な、より重大に考えねばならない力が存在する。すなわちそれは決して個々の内容の中ではなく、文化のいとなみが押しつけてくる意識の形式の中に存在している。なぜならこの形式が既存の制度の破壊を——もはや目に見える組織的活動の中ではなく、制度内部から、音もなく、軟化によって、しかも意志しないのに——進めることを可能にしたからである。

われわれの研究も終りに近づいた現在、過渡期の文化がもつさまざまな特徴をたがいに結びつけている内部法則の展望が可能になる。つまり社会関係が内部から、あるいは外部の干渉によって妨げられると、制度の砕片化や「順応化」が起こり、何よりもまず行動の本来の確実さが失われる。こうなると制度は、あらゆる段階の個人の需要が適えられて、それが理解される唯一の方法でなくなり、指導理念の抑制力がゆるみ、批判がふき出してくる。主観主義という過度の理想性——あるいは理想像に対する報復――が始まるか、あるいは再び生命力の中に逃げ道が求められるのである。
人びとが自分たちの社会の神々や制度に「客観的」な態度をとり、それらを「概念」化し、異化するなら、それは自分の社会をすでに過去のものとして眺めているのである。そのような人が他の人びとと人工化されていない形で理解し合えないなら、彼らの信頼は主観的で、幻想的なものにならざるを得ない。そして人間は基本的に理性的な存在だから、このこともまた、法則性のもとに置こうとする。つまり、そのような幻想の合目的性を問おうとする。そうなると自己の確信に対する批判の逆用を妨げるものは何もなくなってしまうばかりか、このような考え方がひろまること自体、破壊的なことであり、事実それは心理学の一形式として体系化され、自己の世界と社会を過去のものにしてしまう手伝いをしているのである。

48　要約と展望

この本全体の構成は三つの区別しうる人間行動型としても展開できたであろう。そのような仕方が、われわれの悟性には、重複しない形で初めて起源を説明できるからである。すなわち、合理的・実用的行動(第I部)、儀礼的・演出的行動(第II部)、および「衝動方向の反転」という言葉で描写できる行動である。この最後の行動で、われわれは、それがどのようにして陶酔とエクスタシーと禁欲を脱し、一種の内面の道を発見して、一神教的な精神と意志の信仰に達したか、を見てきた。「内部へ向かう」行動の反転は少なくともその直接的な、肉体に近接する形式が除外されなければならぬかぎりで、常に禁欲の要素をもっている。衝動方向の反転は、いつも、行動を道具化する。なぜなら、食べたり飲んだりするごく一般的な「完了行動《コンサメトリ・アクション》」が、すでに主体の享受状態を引き出すための道具に――感情表出が完全に欠如しているという理由で――なりうるからである。このような行動の説明は特別の伝播力をもち、きわめて急速に一般化される。そして、人間の理論がこの一般化をうけると、すべての行動の目的は不快をさけ、快を呼び起こすことにあるという一九世紀に広く通用した主張が生れる。つまり、あらゆる人間行動は――この表出欠如の方法で――道具化されてしまう。これはまた、完全にフロイトの立場でもあった。「この原則（快・不快原則）がエスの出来事を徹頭徹尾、支配している」（『続・精神分析学入門』一九三三年、二六頁）。これは誰でもすぐ気づくように、意志の問題を排除した公式であるが、しかし――肉体に近接した次元では、なかなか理論化しにくい――エクスタシー的欲求延期の問題を示唆するかぎりで、人類学的に教えられるところの多い公式である。

二番目の行動型は、ずっと以前に退行してしまった行動型である。その後退は文化史の重要な出来事のもとになっている。その影響は甚大であり、人間の本質的特徴にかかわる問題であるだけに、芸術の根の一つがここに横たわっている。演出の要素だけを純化することは、すなわち古代に見るような直接的生活実践との結合から離れて発展することは、そのまま、専門的な芸術・演出領域の解放――受動的役割だけを演じる観客という分化も含めて――を意味したのである。「純化」という表現を、いくらか厳格に定義すれば、常にそれは、形式的に不変の行動（ここでは演出行動）の変質を意味している。つまり、行動の重心が意味を変えて、すぐれて内面的な、すぐれて意識的、行動退行的な処理法へ移行することを意味している。

このような「芸術」への移行を、今日の自然民族たちは――非常に長いこと、高度文化の直接・間接の影響下に生活しながら――基本的には決して達成しなかったし、目的ともしなかった。彼らの演出的作業は生活実践——大半は呪術的な——との結びつきを放棄しなかったのである。それを、われわれが芸術と誤解しただけのことである。原始民族たちの彫刻は、圧倒されるほどの、説明しがたい表現力をもち、なまなましい、乱暴な、林立する肉体のような、しかも完全な造形力をもつものではあるけれども、それは大幅な条件つきで、ようやくわれわれの芸術に当るものと比較できる。まして近代精神の頭脳の興奮とは比較にならぬものである。

古代文化は、それは今日の自然民族の間にかろうじて生き残っているが、すべての三つの基本的行動型の固い結合を要求してきた。だから、主知主義的な大都市文化の、そのような過去へのあこがれは、何か根の深い象徴的なものをもっている。ゴーギャンはタチヒ島に、ノルデはラバウル諸島に、(50)より多く芸術の主題を求めたのである。

さて、この三つの行動型は——それぞれの優先度に従って——考えられうる三大世界観（第33章）と一定の関係をもっている。唯物論の世界像が合理的・実験的行動に割り当てられることは明らかである。それは自然科学から生れ、自然科学は実験から生れた。その際、この世界像がもつ理論を越えた内容を見落してはならない。この世界観は世界観のレヴェルでの人類の一体化を目ざしている。そのことをマルクスは彼の初期の著作できわめて明確に述べている。この世界像は、個人の心と、大衆社会と、非有機物に還元された自然を——意図どおりに——一つの巨大な循環過程へ取りこむ世界像である。つまり、ここにあるのはまったく新しい、今まで存在しなかった道徳理念であり、唯一の現実であるこの全体組織への個々の人間の服従である。世界を二分する対立が、もし、究極の道徳的対立でないとしたら、およそ理解に苦しむところであろう。それは決して単なる理論的、実利的な対立なのではない。

共感的関係の形而上学は、やはり儀礼的・演出的行動に関連している。この行動は芸術に変容され、美学化されないかぎり、何の結果も生まずに、今日、すっかり消えてしまった行動である。それは特にプロテスタンティズムが、まだ一神教の中に温存された――演出的象徴性や、意味深い儀礼――の形態を、大衆の精神化の障害になるものとして、ついに完全に捨て去って以来、すっかり消え去ってしまった。芸術の機械化、芸術の大量複製である映画やとめどもなくしたたりおちてくる音楽の汚水といった過程が、ワーグナーの時代まではまだはっきり残っていた代用宗教としての芸術の機能を完全に停止させたことは、たいへん注目すべきことである。

「衝動方向の反転」は――一時的には陶酔とエクスタシーの野蛮な形式の下に隠れていたにせよ――けっきょく、最初から自己の内面への道を指向するものであった。その道は禁欲の方向へ進めば進むほど、ますますはっきり姿を現わしてきて、ついには――宗教の先行形態からは考えることのできない――一神教への飛躍が、意志の宗教を、同時にまた、純粋に内面的な手段によって達成することのできる内面の道の目的を建設したのである。つまり、言葉と意志によって創造する神とは、信仰する者の心の中で、この神の言葉を自分の意志の中へ取り入れることなのである。この宗教の危険は主観の時代に起こる宗教の軟化にある。主観は内容の革新を必要としないだけに、それだけ危険も大きい。軟化は必ずしも常に、逸脱として現象するのではない。

この三つの世界観はみな、人間が間接的な仕方で自己自身を理解する機会を与える。自己を自分でないもの、つまり人間とはちがうものと同列におき、そのような同列化の中で再び自己を区別するのは、人間の本質的特徴の一部である。これは明らかに人間が――自己把握を行動の中に固定し、維持しようと思えば――自分自身を世界の一部にしなければならないからである。そのようなさまざまな固定化の内容的へだたりは法外のものであり、その歴史的な差異と相互の不一致は決定的なものである。その差はキリストのまねび《イミタチオ・クリスティ》[51]から人間機械《ロム・マシン》[52]にまで、さらにそれからトーテミズムにまでまたがっている。それぞれ、このような名で呼ばれる特徴は、すべて抽出的なものであり、しかも率直に自己を解釈しようとして図らずも出来上ったものである。その試みはいつも、自己が自己自身を避けるといった結果になっている。間接的自意識という命題でここに特徴づけた洞察は、正しいけれども不毛だという性質をもつ。なぜなら、非我という一定の形式との完全な同列化だけが実際に応用できるのであり、そうして初めて、その形式が動機の背景になって、行動型が現実の表現形態へ移行するからである。

哲学的人類学の計画は矛盾に見えるかも知れない。なぜなら哲学的人類学は人間の問題をまさに直接把握しようとするものだから、哲学を別種の手段による宗教の継続だと考える人には――実は哲学は非常に長いこと、観念論の形で、そうだったのだが――当然、われわれの問題の立て方は一種のパラドックスにほかならないからである。ただ、この本に何度も述べてきた、一行一行にこめられた、経験科学としての哲学の見解だけが、そのようなわれわれのジレンマを救い出してくれる。そして、この見解が内容の上からも、手段の上からも、決定的なものであることが明らかになる。もちろん、われわれはこの科学の成果が断章的なものであることを知っている。が、同程度にわれわれは、今日いたる所に人間についての発見を行う可能性があり、心理学と、半ば形而上学的な哲学による伝統的アプローチが、未解決のままに放棄せざるをえなかった人間のカテゴリーを明らかにできる可能性のあることを知っている。そのために必要なのは、まさに、先入観なく眺める目と、率直で冷静な客観性である。そしてまた、そのような客観性こそ、この種の〔われわれの〕哲学の成果なのである。

最後にここで、われわれの考え方を――それがあくまで仮定であることを忘れずに――少し未来へ延長してみると、非常に普遍的な、未来にも通用する断言が可能になる。つまり、われわれのいだく確実な印象は何よりもまず、工業文化への経過が——言い換えれば非有機的なもの、特に核エネルギーの支配が——人類の歴史に新しい章をひらくだろう、ということである。われわれがこの過程の中にいるのは、ようやく二〇〇年来のことである。この「文化の始まり」は、新石器時代の始まりとだけ比較できるほどの重さをもっている。すなわち、文化のどの分野も、人間のどんな精神も、この——まだ数世紀つづくにちがいない変化と無関係のままでいることはできない。この火の中で何が焼却され、何が鋳なおされ、何が抵抗するものとして証明されるか、を告げることはできない。工業文化以前のすべての文化の成熟期にいつも現われた、高度な自律的技術という古典的概念はすでに捨て去られている。

このフレームワークの中へ、ホーフシュテッターが示唆した一つの推測(前掲『社会心理学』五〇四頁以下)をもちこんでみよう。それにならえば——いずれにせよ近未来のことにちがいない——超国民的融合、超国家形成は第三の新しい媒介物の中でのみ可能になるであろう。そのような世界観らしきものが、最近、現われている。この考えは帰納法的に結論できるものである。つまり、制度の歴史の中では、集団次元の葛藤はいつも、より高次元の制度の中で無害化され、調整され、緩和され、または儀式化されてきた。原始の氏族集団とその敵対者たちは部族統一の中でたがいに規制される。特にこの規制は、全氏族を横断し部族の統一を示す第三の制度——すなわち年齢集団、祭祀集団等々、それに類するもの——を通じて好んで行われる。同じように中世では、貴族、聖職者、職人のような身分が、部族の限界をこえて融合的な働きをもち、いわば国家建設布教団の役目を果たしていた。ところで第二次大戦後、諸国家のナショナリズムが一方では疑問視され、一方では技術的生産者階級にもはや似つかわしくないと考えられているとき、そのような共通の世界観が、今言った媒介物になる可能性は充分にある。つまり、それによって国家間の対立が弱められ、あるいは取るに足らぬものになり、あるいは単なる摩擦にやわらげられ、けっきょく超国家的な組織——それは多分、複数であろうが——がつくられるのである。さらに、これはホーフシュテッターは考慮に入れなかったことだが、有色民族の間では白人に対する人種的反感が超国家的協調の媒介物として現われているように思われる。と同時にやはり、工業と商業の結合が自ずから超国家的統一を生むであろうという前世紀に主張された仮説も、もう一度ここに書きうつしておかねばならない。けっきょく未来史のテーマの一つが、世界観の葛藤による国家間の対立の解消にあることは、たとえありそうでなくても、実際に可能なことである。

しかし他方、唯一の原則による地球規模の一体組織はありそうにない。超国家組織に代表される二大世界観の対立と平行して、古い伝統に立つ国家組織が、そのような対立の圏外に温存され、さらに前者の科学的関心から、古代文化の残滓が文化保護区のような場所に保存される。それをつらぬいて、いわば最大規模の人種対立、白人対有色人の対立が生じるように思われる。この地球が今の道をさらに突き進んで、多くの新しい月が——つまりわれわれが成層圏へ発射した有害な核廃棄物のかたまりが——地球のまわりを廻り、一方、どこかで昔と同じように、インディアンが赤い冠岩鳥のダンスを踊るといった想像は、奇妙な、シュールリアリズムの絵のような、だが、身近な想像なのである。

しかし、恒久的平和が——それがもし成功するとしたら——最も深い、まだ予想できない変化をもたらすにちがいない。つまり、世界的な核戦争が、市民戦争と同じように、およそ考えられぬものになるなら、それは真に画期的な進歩として歓迎されるであろうが、そのような進歩は、今、ようやくわれわれに分かってきたような方法で初めて手に入れることができるのである。つまり、それは——生死にかかわるような、身を引き裂かれるような、解答を求めて叫び出すような——〔精神的〕葛藤も何ら解決されず、脱出口のないまま、人間の中にくすぶりつづけるような方法である。同じ現象は社会の内部の関係でも起こりうる。そして、それは巨大な、計り知れない個人の道徳的重荷を意味することになるにちがいない。それは新しい、かつて存在しなかったような、まったく深刻な不自由の形式であり、結果のない激しいイデオロギー闘争以外、多分どんな表現形式ももたぬ形式である。けっきょく、われわれは、二つの根拠から、世界観の対立の顕著な高まりと、制度による人間の責任感の高まりを予想することができる。すなわち、一つの根拠は、超国家形成を生み出す媒介者としての制度の機能であり、他の一つは恒久平和という根拠である。

こうして、われわれは哲学者を——従来にもまして——その生き方によって見分けることができるようになる。哲学は古代の特徴を、その快活さと自由の遺品とともに、引き継ぐべきである。

訳注

（1）人類学的――ゲーレンはアングロサクソン流のいわゆる文化人類学者ではないが、晩年の講義（アーヘン大学）でも、くりかえし自分のアントロポロギーは過去の「人間学」ではないエムピーリッシなものであることを強調していた。日本語の「人類学」のニュアンスに最も近いと言える。この点について訳者はゲーレンに説明して賛成をえたので、以下もこの語に統一する。

（2）「元型《アルヘテューペン》」――C・G・ユング自身による定義は『正常・異常精神生活に現われる無意識』（一九一六年）、『心理学と宗教』（一九四〇年）、『心理学と錬金術』（一九四四年）、『無意識の形態』（一九五〇年）を参照。ただし、この言葉（Archetypus）自体はユングの発明でなく、すでに古代ギリシア哲学プロチノス、あるいはカント『判断力批判』に使われている。

（3）エア――バビロニア人はシュメール人から引きついで、地下界にはアプスーと呼ばれる淡水の大洋があり、すべての井戸はここから引かれていると信じた。彼らはこの水の守護神をエアと呼んだ。それは同時に知恵の神でもあった。

（4）アスクレピオス――ギリシア神話の医学の神、アスクレピオスはケンタウロスのケイロンから医療と薬草の知識をさずけられたとされる。ここでゲーレンがソクラテスに対立するものとして、たとえばヘラクレイトス等を挙げなかったのは、西欧哲学界のその後の唯物弁証法的展開も、ソクラテスと同じ観念論的なものと見なしているからである。その点、死者をもよみがえらせ、蛇神となってローマのペストを救ったとされるアスクレピオスは経験的哲学と制度の恰好の代表者である。そのことは――現代でも医学体系のシンボルとなっている――エスクラプの蛇柱（蛇のまきついた医学の標章）にも明らかである。

(5) プラタイアイ——前四七九年、ペルシア陸軍約一〇万と、スパルタのパウサニアスひきいるギリシア連合軍約八万は、アッティカとボイオティアの境にあるプラタイアイで会戦した。ギリシア重装歩兵《ホプリテス》約三万五千の真価が遺憾なく発揮された大勝利であった。『英雄伝』(いわゆる、プルターク英雄伝)の著者プルタルコスがその記念式典を見たのは、おそらく二〇歳前後のことである。

(6) 人間の表情運動の原形式——ローレンツはたとえば、ラクダの顔が高慢に見え、イヌワシのそれがするどい印象を与えるのは、人間の表情運動に生得的にそなわった反応図式からの連想的誤解による、としている。

(7) 「ヴィンケルリート機能」——一三八六年、オーストリア公、レオポルト三世を敗走させたゼムパハ市の戦いはスイス独立の金字塔であった。その時、ウンタヴァルデン出身の一人の農民アーノルト・ヴィンケルリートは槍を全身にあびて勝利の突破口をひらいた。物語は戦争後、数十年たって初めて有名になった。

(8) 三脚架——椅子や五徳の役をする三本足の台架は、ギリシア古代には、祭祀や公共生活で重要な役を果たした。ホメロスや初期オリンピック競技の時代には優勝者に与えられ、後にはデュオニソス祭の合唱隊の賞品にも使われた。その形は、巫女が三脚架の上に座って、アッティカ王に神託を告げている絵皿等に見ることができる。

(9) 「アディエント衝動」——心理学用語。刺激対象あるいは状況に近づこうとする、または受容しようとする傾向。abientdrive の反対の傾向。前者はH・C・ウォーレン、後者はE・B・ホルトによる。

(10) 「一括言語《ホロフラーゼ》」——輯合《しゅうごう》とも訳す。たとえばエスキモー語などに見られるような、一語で一つの文章全体の役割を果たすものを言う。

(11) 流動平衡——周知のように、理論生物学者L・v・ベルタランフィーは生命現象を階層構造(Hierarchie)と流動平衡(Fließgleichgewicht)によって説明しようとした。流動平衡とは生体が物質交代をくり返しながら、常に一定の形態、機能を保持することであり、化学反応等に見られる——閉鎖体系では常に恒常状態が目ざされる——エントロピーの考え方に似ている。

(12) 「重層的決定」——本来、精神分析学や言語学の概念(心理学では「重複決定」と訳されることが多い)。L・アルテュセール(哲学・フランス)によって構造主義的マルクシズムに応用された。アルテュセールによれば、一つの社会は支配的イデオロギーによる複合的全体であるから、一つの――生産関係の矛盾としての労働と資本のような――構造内では、全体の「単純な矛盾」を弁証法的に止揚することはできない。国家と経済、イデオロギーと政治のような別の矛盾の力を借りて、重層的決定をうけたこの矛盾を解決しなければならない。イデオロギー的幻想を排し、全体を矛盾の重層的決定として把握することこそ、真のマルクス主義であるとする。

(13) シュノイキスモス――「集住」と訳されるギリシア語。最初、村落による分散定住の形式をとった古代ギリシア人たちは、やがてアクロポリスをもつ集住を行い、ポリスを形成するに至る。貴族支配の成立である。この集住は英雄テセウスの力によって一挙に完成したとされるが、事実は段階的に行われた。

(14) アウグストゥス――ゲーレンが此処でアウグストゥスを上げたのは、ローマ帝政初期の彼の輝かしい業績がその絶対的権力に裏づけられたものであること、しかも、賢明な統治者として独裁的支配をさけ、個人を超えた制度の化身とも言える自制心を発揮した点によっている。

(15) デ・ヘーム――オランダの画家ヤン・デ・ヘーム（一六〇六―一六八三または四）。花や果物、ザリガニ、蝶等の正確・温和な静物画で有名。

(16) 近くにいながら、遠くにいる。――ここでゲーレンは訳者に、日本は高度古代文化ではないが、と断わりつつ「天皇《カイザー》」の例を挙げた。

(17) ポセイドン――この神の起源は明らかでないが、もともと大地の神であり、ポセイドンが「ダー女神の伴侶」の意である点については、すべての学者の意見が一致している。ダーは前ギリシア時代の大地の女神の名であろうとされている。したがって、本来、内陸の民族であったギリシア人が海と縁のある神々をもたなかったことは当然であり、ポセイドン神の変容についてはいろいろ苦しい説が立てられている。ゲーレンはこの点を彼の理論によって解決しようとする。

(18) カルテシウス――デカルトのラテン名はレナトゥス・カルテシウス。

(19) 性質的存在《ゾーザイン》――斯有、相在などとも訳す。この項のゲーレンの用語法は主としてN・ハルトマンによっている。つまり、「事」(Daß)――あるものが現に存在するかどうかに答えるもの――が現存在《ダーザイン》であり、「何」(Was)

それがどのような姿や性質で存在するかに答えるもの——が性質的存在《ゾーザイン》である。

(20) ルイ＝フィリップ主義——フランス王、ルイ＝フィリップ（一七七三—一八五〇年）は、ドーミエなどの漫画で皮肉られたように、蓄財を事とする軟弱な王の評判を受けた。亡命中にイギリスで身につけた啓蒙主義的教養は彼の「君臨すれども統治せず」という政治姿勢に現われた。

(21) 「異化効果《フェアフレムドゥング》」——異価作用とも訳される。異化効果はその後、エルンスト・ブロッホ（邦訳『異化』白水社、一九八六年）等、多くの人によって論じられ、ますます難解になっていく感があるが、最も基本的には——ここに、ゲーレンが言うように——われわれにとっての、いわゆる常識的な真実の世界も、実は、そのわれわれの常識がつくり出した世界であることを見破り、異質のものとして変化させて見る。そのことによって初めて、われわれは真の世界、社会を知ることができる、ということである。ブレヒトは彼のマルクス主義の立場から、資本主義社会の仮面をあばくために、当該の世界を観客に「異化」して見せようとした。したがって彼にとって「叙事的演劇では、筋の展開よりも状況の表現の方が重要」になり、その手段として「劇の流れの中断」（ヴァルター・ベンヤミン）が必要になったのである。

(22) 脱専門化——Entdifferenzierung は字義通りにとれば、脱特殊化、没細分化、非個別化等々の日本訳が良いかも知れないが、ゲーレン自身の説明 Entspezialisierung に従って上記の訳語を採った。原書の索引でも（ ）に入れて二つを併記している。つまり、原文、アテネウム版、第二版、九五頁（本訳書一二九頁）ではまったく同じ意味で Entspezialisierung の方を使っている。二四一頁（本訳書三三七頁）も同様である。だから、われわれはここでローレンツが人間を定義して呼んだ der Spezialist auf Nichtspezialisiertsein（「本能的な」専門家でない専門家）を思い出すことができる。ちなみにゲーレンはこの語が入っているローレンツの『動物と人間の行動について』第二巻を講義（アーヘン大学、一九六九年、冬ゼメスター）の教科書に使った。「脱専門化」は、けっきょく、本文にあるように、われわれ人間の本能がそれぞれの特定の行動に直結しない——訳者の下手な造語で表現すれば——いわば汎本能であることを指している。

(23) だからこそ……行動義務が生れるのである——この個所はぴったり原文どおりではないが、訳者の質問に答えて教示されたゲーレン自身の言い換えによる。似たケースは他にもあるが、異同が少ないので注を省いた。

(24) 九神――ヘリオポリスの太陽神アトゥムの神官団が主張する神統譜は次のようになっている。アトゥム（一）は親もなく自から生れた最初の神であり、彼の自慰行為によって空気の男神シュー（二）と、水気の女神テフヌート（三）が生れ、この兄妹神の結婚によって大地の男神ゲブ（四）と、天空の女神ヌウト（五）が生れ、この二神から兄神オシリス（六）と、妹であり妻である神イシス（七）が生れ、さらに兄神セト（八）と、妹であり妻である神ネフテュス（九）が生れた。

この「ヘリオポリス神学」が最も有力なものであったが、つづいて本文にも扱われているように「メンフィス神学」では、このアトゥム神の代りに、プタハ神を最高神と主張する。したがって九神は最初の第一神が入れ代るだけで他の八神には変りがない。さらに古王国時代中期以降は、アトゥムに代ってラー太陽神がその地位をおそうことになる。

(25) アトゥム神の位置にすえる――エジプトの各神学間の争いは熾烈なものがあった。前注（24）に述べたように、いち早く九神の教義を完成したのが「ヘリオポリス」の太陽神アトゥムの神官団であった。「メンフィス神学」は――シュピーゲル説をとれば一王朝期おくれて――それを否定し、プタハをすえたのであり、さらに「ヘリモポリス神学」では四組の原初の男女神が太陽を創造した、と主張した。

(26) 美的教養主義者たち――原文は「教養《ビルドゥング》の美学者たち」。ここでゲーレンは特定の人を指したのではない。人間の教養が、たとえば「芸術のための芸術」などのように、教養自体のためにあるとする意見を非難しているわけである。人間のビルドゥング（形成、教育、教養）もまた、人の生存のためにある。

(27) シャルル・メルヨン――フランスのエッチング画家、一八二一年―一八六八年。濃い実線で描かれたパリ風景の異様に冷厳な描写は画壇に旋風を巻き起こした。精神病の死にいたる晩年の作品には、ますますその特徴が示されているとされる。『モルグ（死体公示場）』一八五四年、『小さな橋』一八五〇年等は特に有名。

(28) タントラ信仰――タントリズムの豊富な図版による解説は、フィリップ・ローソン、松山俊太郎訳『タントラ』、イメージの博物誌 8（平凡社、一九七八年）がすぐれている。

(29) 影の核《ケルンシャッテン》――物が二つ以上の光源から照らされるときにできる重複した濃い影。

(30) ケペラ――ラー〔太陽神〕は別名をケペラと言った。ラーは夕方になるとアトゥム〔夕日神〕に変り、夜の世界を通過して、ケペラ〔甲虫神〕となって再び地上に現われた。甲虫（スカラベ）は糞土の中から自然発生（自己受胎）するように見えたので、エジプト人はすべての生命の再生と考えた。

(31) 肉〔切り〕獣――犬は最初の人類に野生の羊、山羊、豚等々の肉片をもたらす道具の役割を果たした、とゲーレンは想像する。かれのこの造語については、肉〔切り〕庖丁《フライシメッサー》などを参照。

(32) ボス・プリミゲニウス――ヨーロッパ家畜牛の先祖である原牛ないしはオーロクス（ボス・プリミゲニウス）は、すでに第三紀鮮新世の初めから種々の亜種をともなって中国大陸まで分布していたが、一六二七年に完全に絶滅したと言われる。

(33) オーストロネシア人――マレー・ポリネシア人とも呼ぶ。インドネシア、フィリピン、台湾、オセアニア、西はマダガスカル島に及ぶ住民の総称。

(34) 恍惚の儀式の中で扼殺――文化人類学のあまりにも有名なこの主題は注の必要もないと思われるが、原著者が訳者に、やはりこの出典はフレーザーであることを挙げたので、蛇足をかえりみず入れておく。フレーザー『金枝篇』（永橋卓介訳、岩波文庫）。「王の健康や精力が衰弱しはじめるときには、いつでも彼を殺してしまうあの慣習」は広く世界的なものであり、フレーザーの説明によると「もし神人〔王〕がいわゆる自然死をとげたとすれば、それは未開人の意見からすると、彼の魂が自発的にその体から離れ去って再び戻るのを欲しないことを意味し……繁栄は去り、彼らの存在そのものすら、おびやかされるようになる」、したがって、王の「魂がひどく害われぬ前に、それを活発な後継者に転移しなければならないのである」（第二四章「神聖な王の弑殺」、二「力が衰えると殺される王」）。

(35) 「優位積層理論《イーバーシュトウングス・テオリー》」――優位階層理論（Überlagerungstheorie 又は Überschichtungstheorie）という言い方の方がよく使われる。社会学ではグンプロヴィチ、ラッツェンホーファー、F・オッペンハイマー、リュストフによって、民族学ではラッツェル、W・シュミットによって代表される。国家は――契約説とは逆に――数の上で優勢な民族が少数民族を征服し、勝者・敗者関係がそのまま階層間の権力関係に移行することによって成立すると見る。このような優位階層は経済、政治、専門職業を独占し、権力を安定化するが、支配をめぐる階層間の争いは完全な国家成立の後もつづいている、とする。この理論は民族学的にも主張され、戦争貴族、司祭、雨呪術師、鍛冶屋等々の専門職業集団が機能貴族として君臨し、その知識と能力を代々、氏族の中に継承して行く。特に民族学で問題になったのは、定住農耕民の遊牧的家畜飼育民による支配が高度文化発展の基礎である、とした点にあったが、現在では社会学の場合も含めて、すべて省みられない。

(36) 別の四神――メキシコ古代文化のトナティウは太陽であり、宇宙の安全はこの神にかかっていた。石のナイフの形をした舌を出し、人間の血と心臓を養分としたが、具体的に行動するのは第一の太陽であるオセロトナティウ（ジャガーに喰われて死んだ巨人の太陽）、第二の太陽エヘカトナティウ（風にふきとばされぬように人間を四足の猿に変えた風の太陽）、第三の太陽キアウトナティウ（溶岩から救うために人間を鳥に変えた火の雨の太陽）、第四の太陽（大洪水から救うために人間を魚に変えた水の太陽）であった。

(37) 化粧板《パレット》――周知のように、古代エジプト人は前四〇〇〇年頃から男女とも眼のふちを緑や黒の顔料でくまどる風俗をもった。孔雀石や方鉛鉱の粉末を水や樹脂とまぜ合せるための、さまざまな形（魚、鳥、獣等）をしたパレットが使われた。本来は実用品であったが先王朝時代末期になるとレリーフをほどこした奉納用の大型のものが現われ、副葬品にもなった。後出（三二二頁）は最も有名。

(38) エウロペと雄牛の神話――ゼウスは、テュロスまたはシドンの王、アゲルの娘エウロペを見そめたので美しい白い雄牛に変身して群にまじり、ヘルメスによって海岸へ追い立てられて行った。海岸に遊んでいたエウロペはこの雄牛がおとなしそうに見えたので、その背に乗ったところ、雄牛は海を渡ってクレタ島へ泳いで行った。エウロペはここでゼウスの愛人になった。テーバイの町はこうして建設された。

(39) エナレエス――スキタイ人（前六―三世紀）がエジプトへ進軍する途中、シリアのアスカロン市を通過したとき、一部のおくれた少数者がウラニア・アプロディテの神殿を荒らした。女神は罰としてこの人びとと、その末代の子孫を女性病にかからせた。スキタイ人は彼らをエナレエス〔病患者〕と呼んだ、とヘロドトスは言う。注釈者によって、この病気は性病、痔疾、同性愛等々いろいろに解されているが、いずれにせよ男性の特徴を失って肉体的にも精神的にも女性のようになる病気とされている。

(40) 「女性的よそおい」――古代ゲルマン人の東方スエービー族に属する有力なナハナルヴァール族のもとには、神聖な林があって、女のよそおいをした一人の司祭がその祭祀を管理していた、とタキトゥスは述べている。

この「女のよそおい」はR・シュレーダー等によれば髪と衣服の長い司祭の姿からの類推にすぎない、ということになるが、ゲーレンはシャーマニズムとの関係から解説するわけである。

(41) バガヴァット・ギーター——古代インドの大叙事詩「マハーバーラタ」第六巻（第二五節—四二節）に入っている宗教哲学詩「至高者の歌」。バーガヴァタ派の重要な聖典とされ、対話形式でヴィシュヌ信仰のあり方を説く。現行テキストは八〇〇年に書かれたものだが、原バガヴァット・ギーターは前二世紀頃より存在したと言われる。

(42) 四つの最終段階——パーリ語仏典では、仏教の実践は予備段階「信」（信仰）に始まり、第一段階「戒」（戒律）、第二段階「定」（瞑想）、第三段階「慧」（英知）、第四段階「解脱」（超越）を経て達成される、としている。

(43) ……と言った物語——周知のように中高ドイツ語英雄叙事詩『ニーベルンゲンの歌』では、イスラントの女王ブリュンヒルトがジークフリートの「隠れみの」の力によってブルグント国王グンターの妻にさせられる。後にその策略を知ったブリュンヒルトは重臣ハーゲンにジークフリートの殺害を命じる。ハーゲンは不死身のジークフリートの唯一の弱点（ニーベルンゲンの宝を手に入れるとき、竜の返り血を浴びなかった背中の一個所）を刺す、ということになっている。

(44) イクナトン——エジプト新王国時代（前一七二〇年—一一九〇年）の繁栄をきずいた歴代の王たちは、国家神アメンに戦勝を祈願し、凱旋後は神殿の保護に意をつくした。したがってアメン大神殿・神官団の勢力はかつてない強大なものになった。アメンヘテプ四世はこれら神官団に反発、伝統的な神々を否定して、太陽神アトンを唯一神とする宗教改革を断行した。旧都テーベをすてて、アマルナに新都を建設、みずからをイクナトン（アトンにつかえる者）と名のった。けっきょくこの改革は民衆と、特に神官たちの反抗によって挫折した。

(45) 二人委員会《ドゥウムヴィリ》——古代ローマの執政者たちが国事の参考にしたギリシアの神々の託宣集を監督する二人委員会。後に一〇人委員制になり、最終的には一五人の委員から構成された。

(46) トリプディウム——古代ローマの神託法。神聖なニワトリたちをかごから離してやり、彼らが一斉にえさをついばむとき、ついばみそこねたえさが、くちばしからこぼれ落ちると吉兆とされた。

(47) 司祭《フラーメン・ディアリス》——古来、ローマではそれぞれの神に専任の司祭《フラーメン》が存在した。たとえばマルス神に仕えるフラーメン・マルティアリス、クイリヌス神に仕えるフラーメン・クイリナリスのように……。中でもジュピター神のフラーメン・ディアリスは最高の位にあり、彼の挙動はジュピター神を表現すべきであったので、最も厳しい禁忌が課せられていた。

(48) 皮肉に《イローニッシュ》——ソクラテスはロゴス（言葉）の世界に普遍的真理を求めた。つまり具体的事実をふまえた対話によって、相手の矛盾をあばき普遍概念に到達する「産婆術」を唱えた。この手段は無知をよそおって質問し、逆に相手の無知を暴露させる反語法であったから「皮肉《イロニー》」と呼ばれた。

(49) ビイー——フランスの小説家、演劇・文学批評家アンドレ・ジュール・バーテルミイ・ビイー、一八八二年生。自分の少年時代の宗教体験を売り物にしたことで有名。

(50) ノルデ——エーミール・ハンゼン（一八六七—一九五六年）。ノルデは画号。グラフィック画家。ミュンヘン、パリ、コペンハーゲンで学び、ベルリンに住んだ。一九〇五年以降、表現主義に向かい、一九一三—四年の世界旅行でシベリア、日本、オセアニアを訪問、原始的な独特の作風を確立した。一九四一年、退廃芸術として制作禁止を受けた（ナチス）が、戦後はドイツ表現主義の大家として復活した。

(51) キリストのまねび——トーマス・フォン・ケムペン『キリストのまねび』一六二一年。

(52) 人間機械論——ラ・メトリー『人間機械論』一七四四年、杉捷夫訳、岩波文庫、一九三二年参照。

〈付録〉「存在の中の自己価値」——ゲーレン制度論の日本の読者のための導入

カール＝ジークベルト・レーベルク

哲学者、文化人類学者、社会学者であるアーノルト・ゲーレンの制度論の中から、日本の読者にとって何が重要な問題となるかを考える時、まず思いつくのは、たとえば魅力的な日本映画の多くが高度に発達した制度の崩壊と様式化をテーマにしていることである。つまり、制度的義務づけをめぐる葛藤が文化的自己理解の中心テーマになっていることである。すべての異国の社会を見るとき、何よりもまず制度の扱い方の特徴が、つまり社会行動の法則化された規範性と規格性の特徴が（まだ、われわれがその文化の真の基盤と機能を知るよりも前に）、きわ立って目に映じるのは当然である。その点で、産業社会への日本の発展と共に登場する変化と葛藤は、制度の適用の問題で、すなわち、古来の秩序モデルの改造ないし解体の問題で、まさに部外者の目には、きわめて柔軟な対応と映るのである。たとえば家族的儀礼主義から企業的儀礼主義への転進、つまり、巨大な個人のようなすべての集団にひそむ新しい転身能力、あるいは伝統の正当性をめぐる論争の際にあらわになる幾世紀もの伝統の潜勢力、これらの日本の特徴が右のことを意識させるのである。

この関係から、社会学的認識の基本にかかわる社会変動の問題が重要になる。「ミネルヴァのフクロウは夕暮れに飛び立つ」とヘーゲルは『法哲学』の序文で言った。これは、社会構造のその発展方向の認識が可能になるためには、社会形式の高度の発展と「結晶化」が必要であり、しかもそこには——理論的に完全に説明しようとすれば——すでに解体の条件を見なければならぬという(マルクス理論の基本でもある)ことを言い表わしたものである。このことは、すべての社会学的知見に当てはまる。社会学は「危機の科学」であるというハンス・フライアーの定義(彼は危殆に瀕した「市民社会」を指したが)も同じ認識を示している。別の例を挙げれば、ヨーロッパでは「ステータス」の概念は古い身分社会の解体と共に、ようやく現われる。まったく同様に「制度」の概念も、原理的に(と同時に実際に!)制度の力が疑問視されたときに、はじめてわれわれに実り豊かな分析を許したのである。自然らしく思えるものは認識をうながさない。危機的なものが促進させる。アーノルト・ゲーレンは、それを彼の有名な時代診断『技術時代の精神』の中で明確化したのである。「すべての生命をもつものは、分析という解体や分解の中で初めて接近可能なものになる。多分、それは生命の過程が分析によって初めて実際に、完全に確定されるからである……」。産業社会への移行、と同時にそれにともなう経済的・技術的産業機構の「革命」は、すべての西欧諸国の中で——同じことは日本にも当てはまるが——行動モデルや役割モデルの対決と(たとえば婦人の地位をめぐる葛藤)、つまり制度の強制力をめぐる闘争と結びついていた。

そして、おそらくこの点にまた、保守主義者アーノルト・ゲーレンに、徹底した制度的「社会規制」論を完成させた原因がある。彼の分析は、制度の安全がおびやかされているという感情から——いや、それどころか、あらゆる制度的なものはもはや取り戻しのきかぬ決定的解体をこうむっているという考えから——生まれている。彼の最初の哲学的著作以来、その思考の中心にあったものは、世界の中の人間の定位、空虚な主体性の逸脱の問題であった。恩師のハンス・ドリーシュに――彼だけでなくマックス・シェーラーと、おそらくまたヘルムート・プレスナーに――触発されて、三〇年代の中期から展開され、一九四〇年に主著『人間』の中に完成された彼の「哲学的人類学」の主要テーマもまた、それであった。

ゲーレンの制度論の中心的構成要素は――彼が一九五〇年の『人間』の第四版で初めて明確に構想し、そしてまた、今、日本の読者にも容易に接近可能になったこの『人間の原型と現代の文化』の中に完全に展開した中心的構成要素は――以下のように要約できる。

1、人間は体質的に、その「欠陥のある」――どう見ても、不安定な、信頼のできない――本能装置へ指向された存在である。そのことが人間の、衝動の水路づけ、および行動安定のための「欲求定位」を必然のものにしている。この点にゲーレンは制度の必然性の基盤を見る。こうして彼は、道具的行動の際に生じる独自の法則性を――単純な道具の使用から、巨大技術に至るまで――くわしく描写する。ゲーレンは人間の自然支配の仕事から、つまり「事実的外界」の創造から出発するのだが、この自律性の傾向にしたがうものは、単に道具的行動の構造だけではない。ゲーレンで、いつも重要なのは過剰な衝動の抑制と造形にある。

2、人間はゲーレンにとって「行動する存在」であるが、このことは、まさに一つのパラドックスを意味することになる。つまり、一方では、人間性の奥にある衝動の弱点、すなわち目的の喪失、反射〔行動〕の退化は、ただ衝動の強化によってのみ――特に事物に結びつけられた動機の形成によって――克服されるが、一方では彼の言う、まさに危険な「衝動過剰」、すなわちトーマス・ホッブズの意味での「人間は人間のオオカミである」を露呈することになる。

3、人間が、今という瞬間との結びつきを越えようと思えば、言い換えるなら、信頼のおける世界交渉に——また、こうして初めて可能になる安定的自己関係に——つまり「アイデンティティ」に到達しようと思えば、人間には当然、ゲーレンの言うような、制度による超越的行為が必要になる。制度なしに人間は、その最も直接的な関心と満足を超越することはできない。だから、ゲーレンにとっては、何よりもまず、「衝動の即物化」を実現し、その義務づけを通じて、〔衝動の〕客観化と目的化を（ヘーゲル以来「客観的精神」と呼ばれているものを）完成することが必要だったのである。どのようにして行動が自己目的化するか、どのようにして動機と目的が分離するか、どうして制度が創造的生産性の前提になりうるのか、を説明すること、ゲーレンの分析の最大の遺産は、まさにここにある。

4、たとえ人間が、あの残存の可能性を全く許さぬような「自然の状態」に落ちこむことを好もうとも、そもそも彼には、信頼するに足る存在の支点を——その本性に逆らって——維持することのできる能力は具わっていないのだから、人間の「退廃傾向」を押しとどめる制度という特別の保証を必要としている。

5、人間は歴史的な存在であるから、一方で制度は連続性を実現する課題を負うと同時に、他方では変化の説明モデルを提供しなければならない。そのような連続と変化の説明の一つの形式が神話である。

6、このような人類学的根拠をもつ制度の有能な構造が生み出したものこそ、制度に刻印づけられた人間のタイプ、つまり「役柄」なのである。「パーソナリティ」の問題は、前述のゲーレンの『技術時代の精神』の最終章にもなっている。ここでは彼は——デーヴィド・リースマンの『孤独な群集』にならって――〔現代社会の〕この非現実的な主体的タイプの増加から議論を進めている。ゲーレンは「パーソナリティ」があるがままの個人の存在や、単なる主体性と同じものでないことを、まことに見事に表現する。「パーソナリティ、それは制度の一つのケースである」。

ゲーレンの著作を全体として見れば、われわれは逆に、この観点から眺めることができる。つまり彼はその制度に関する観念を、文化的に明確に決められたパーソナリティ・モデルから引き出したのである。と言うのは、この「役柄」の概念こそ、彼の「基本的人類学」の中で中心的役割を演じるものであり、すでに初期の哲学的著作――たとえば教授資格取得論文『現実的・非現実的精神』(一九三一年)――の中でも、この人格《パーソナリティ》の安定的形式をくりかえし強調したからである。当時、すでに彼は「世界の退廃」に気づき、「世界の幻想化」を予言し、その個人の対応概念としての倦怠と、空虚と、無思慮を見ていた。彼はそこに、フランス語の「アンニュイ」に当るような厭世観、無気力を考えていたのである。だから彼は当時すでに、行動によってのみつくり上げられることのできる「役柄」を対置させたのであった。そもそも彼の倫理学にとって重要なのは「われわれはどのようにして役柄を手に入れるか」なのである。

7、ゲーレンは、なるほど制度の機能を研究の対象とするけれども、しかし――たとえばイギリスの文化人類学者ボロニスラフ・マリノフスキーがしたように――欲求の充足という観点からのみ理解しようとするのではない。なぜならゲーレンにとって、制度の機能は、いわば単なる機能を越えた所にあるからである。フリートリヒ・ヨナスがゲーレンの制度論に関する彼の本の中で引用した古代中国の逸話は、なぜゲーレンにとって「効用というカテゴリーを制度に負わせること」が危険なものに思われるかを物語っている。「孟子《モンチー》が梁《ワイ》の恵《エイ》王をたずねた時、恵王は言った。『お前が数千マイルの旅をして、しかもなお私をたずねる価値があると思うなら、何か私の国の利益になることを教えてくれなければならない』と。しかし、孟子は不機嫌に答えた。『なぜ陛下は利益を問題にするのですか？ 私に言えることは善と正義だけであり、他にはありません。どうしたら自分の国の利益になるかと陛下が問われるなら、陛下の高官たちは、ただちに、どうしたら自分の家族の利益になるかと問うでしょう。そして陛下の下級官吏や小人たちは、どうしたら自分の利益になるかと問うでしょう。〔上下こもごも利を取らば、すなわち国危からん〕』。

8、このかぎりで、制度は「自由の誕生」のための前提として（フィヒテやマルクスと全く同じ意味の）「自己疎外」をもつ。ゲーレンが一九五二年の論文の中で、まことに鋭く表現したように、われわれは「人間の存在がつまらぬものであるとか、卑しいものであるとか、あるいは、人間はみな悪い材質から出来上っている等とストレートに想像することは——人間存在が偉大であると考えるのと同じように——すべて間違いである。だから、主体性のストレートな展開は常に間違っている。たとえば両性間の関係にしても、純粋な情熱としての男と女の——最も熱情的な、最も豊かな、最もみずみずしい——ストレートな関係は、ただ、きわめて稀な条件下でのみ維持されることができる。情熱だけでは、けっきょく何物も根づかないというのが通例である。生物学的なものや、経済的なもの、つまり子孫の問題や、生計と生活の問題がより有力なものであり、両性間の関係が客観化され、即物化され、二人だけの排他的孤立から引き出されて一般化されねばならない。一言で言えば、この二人が——お互いに別れて——疎遠にならないでおこうと思えばこそ、（婚姻という）制度へ自己疎外しなければならないのである。人間は自己と同胞に対する永続的関係を、ただ間接的にのみ確保することができる。人間は回り道をし、自己を外化し、再発見しなければならない。そこに制度が存在する。これこそ――マルクスが正しく見たように――人間によってつくり出された形式であり、精神的なものが物の過程に組み込まれ、そうすることによってのみ永続化される形式である。少なくとも人間は――動物のように、なまの自然によってではなく――自己自身の生産物によって、燃焼され、消費される存在である」。この最後の文章は、ゲーレンの秩序に対する考えを皮肉な口調で鋭く表現している。

ゲーレンの制度論の特徴を要約して考えると、フランスの社会学者、エミール・デュルケームの社会学との並行を指摘できるであろう。両者――デュルケームとゲーレン――は制度の成立の基礎を人間相互間の行動に見ている。両者とも、非合理的な（集団行動の遂行によって「参加者の知らぬ所で」生じる）個人を越える力の源泉から出発しているからである。つまり、どちらの場合も、トーテミズム儀礼が最古の制度形成の例として考えられている。デュルケームにとっても、ゲーレンにとっても、理性的合意（たとえば、ホッブズや、ロックや、ルソーがモデル化したような契約論的合意）が社会秩序の初めにあるのではなくて、集団行動（たとえば、演技的舞踊儀礼）の成果と編成が定着し、常時再演可能になることが問題になっている。ゲーレンの場合は、けっきょく、そこから、制度のもつ批判を許さぬ絶対性、異論の余地ない固有の効力、疑似的自然性が生れてくる。しかし、これは問題のある考え方である。なぜなら彼は、制度の規制力が逆機能化し、本来の目的に対立し、非生産的ともなり得ることに目をつぶっているからである。

わたくしの考えでは、制度は――まさにゲーレンのカテゴリーの豊かな着想の助けを借りて――別様に分析されるべきである。つまり、ゲーレンは制度の負担免除能力をまことに生き生きと、想像力豊かに描写したが、この能力は同時に、制度が生み出す負担との考量の上で論じられなければならない。

ここに弁護と批判の別れ道がある。もちろんゲーレンの鋭い、冷静な洞察はわれわれに、制度とその力を社会学的に理解させるすばらしい役を果たしている。その理解にしたがうと、制度に対する真の理論的批判は、ただ単に――ゲーレンが考えたように――破壊的なものであるだけではない。そのような批判は、むしろ、新しい、可変的な秩序モデルの発展と創造に重要な貢献をすることができる。ゲーレンは、そう考えずに、ただ、制度の効力の解消と、秩序の喪失だけを危惧したのであった。そのことがゲーレンにまさに――制度が、柔軟な対応能力をもつ秩序体として、やはり高度な安定化の保証になりうることを（法の場合を考えてみるがよい）、むしろ硬直した行きすぎの制度主義が秩序の課題を解決するよりは、かえって放棄することを――見失わせているのである。人間の秩序が成立するメカニズムについてのゲーレンの分析は、まことに精密であり、有益である。だが、それだけにまた、ゲーレンの政治的確信の根にある片よった結論へみちびかれ易いのである。

訳者あとがき――サマリーを兼ねて

本書は Arnold Gehlen: Urmensch und Spätkultur–Philosophische Ergebnisse und Aussagen–Athenäum Verlag, Frankfurt am Main/Bonn, 1975 の全訳である。原題を直訳すれば『原人と後期文化』となるだろうが、著者自身の「わたくしの言う《原人《ウアメンシュ》》とは《太古代の人間》や《未開人》のことではなくて、わたくしが『人間』以来、追求してきた《人間の原型《ウアゲシュタルト・デス・メンシェン》》の意味である。それは今日のわれわれの中にも依然として流れている。それを、どう造形するかによって時代と文化がきまる」という言葉にしたがって表記の訳を採った。

ゲーレン理論の詳細な解説と、その人類学的・社会学的位置づけ、および彼の人間像については、いずれまとまったものを上梓したく思っているので、ここでは本書の理解に役立つと考えられる簡単な説明と、原著者の人柄をしめす二、三のエピソードを述べるにとどめよう。

アーヘン大学停年直前（一九六九年）のゲーレンは、その数々の著作の中でも――と言っても、多くの精力的なドイツ人学者に較べれば、むしろ寡作な人の部類に入るが――本書に最も強い愛着を抱いていた。それは訳者が（すでに日本で所有していた）『人間』と本書を彼から改めて手渡された際、彼が後者を特に強調した点にも、また後に訳者が本書の翻訳を申し出た際、非常に喜んだ手紙をくれたことにも現われている。事実、本書の中には『人間』によって基礎づけられた人と文化の概念が、ますます深化、拡大されて、雄大な社会哲学に発展してゆく中心過程が示されている。慎重なゲーレンは――『人間』と本書の関係の場合にも起こったように――本書をくり返し吟味しつつ、やがて『モラルと超モラル』を書くことになる。こうして、彼の『人間』の三部作*が完成したのであった。

* すなわち『人間』初版一九四〇年、改訂一九五〇年、『人間の原型と現代の文化』初版一九五六年、改訂一九六四年、『モラルと超モラル』初版一九六九年である。この三作をゲーレンが一体不可分のものと考えていたことは、その後、出版社が彼に『人間』I、II、IIIとして出すことを提案した際に、ゲーレンから大いに賛同を受けたことにも、またレーベルク（目下、刊行中の『ゲーレン全集』編集者・アーヘン大学講師）が、遺志を生かして『学生版』として一体化したことにも見られる。

ゲーレンの社会の理論は全く首尾一貫している。その、あまりにも徹底した一貫性のために、しばしば、単純すぎると評される原因にもなっている。たとえば『コトバの哲学』（岩波書店、一九六五年）を書いた山元一郎氏は「ゲーレンの社会哲学はマルクシズムにも似た偏向した単純さをもっている」と訳者に語ったことがある。しかし、同じように氏の言う「思想に淫している」われわれ現代人が、そのように感じるのは、まさに――ゲーレン的・西欧的に表現すれば――「一神教の関門」をくぐって「意識の構造が完全に変化」してしまい、観念の遊戯にあやつられることになった現代文化の中のわれわれの感覚にほかならない。もちろん、一つの思想の、論理の明快な単純さと、思考の単純さは同じものではない。その意味では、（『人間』と同じように）本書はむしろ、きわめて難解な書に属する。特に彼が「一行一行にこめてきた」思考の重畳《ちょうじょう》と、次つぎに造語される特別な分析用具のために、そのままの翻訳では全く理解できないからである。しかし、このような言葉と文章も、彼の構想する内容の表現にとって最低不可欠のものであった。なぜなら「たいていの場合、文化哲学の既成の概念が通用しなかったばかりでなく、概念自体、批判的に検討されねばならないものであることが分かった」からである。ゲーレンが一生かけて追求した人間のカテゴリー（中心的性質）は彼自身いうように「われわれが一本の糸を引くと、目のつんだ編物全体がもち上り、すでに糸がどこでつながっているかを見出すことさえ、しばしば絶望的に思われ」る種類のものであり、非才の訳者がこの限られた紙面に再現することなどは、およそ不可能と言わなければならない。しかし、初めてゲーレンに興味を抱かれる人のために、あえて——平板化・短絡化の御批判を覚悟の上で——要約をこころみよう。われわれは、新しい説を理解する際に、よく、キーワードなるものを問題にする。ゲーレンの場合にはそのような取り上げ方は全く無意味である。というのは、当の言葉自体、通常の概念からはその内容を推定しにくい別の射程——極言すれば、文脈に応じてそれぞれ違った語を当てはめた方がよい程の——をもつからである。もちろん、このことは大なり小なり、新学説に登場する多くの学術語に言えることだが、彼にはその特徴と数がとくに目立っている。だから、ゲーレンのばあいには、いわゆるキーコンセプトを、まず取り出さなければならない。その方が近道である。われわれが今、要約を問題にするのはその意味からである（以下の傍点は彼の中心的用語を示す）。

＊ ゲーレンの講義が工科大学の学生も好んで聴講するほど分かりやすいのに、あるいは、われわれのゼミ学生がなんとか原書を理解してくれるのに、翻訳が困難であるのは、この理由からである。本書の「索引」のためにも出来るかぎり訳語の統一をはかったが、十分ではない。

ゲーレンはまず、例えばマリノフスキー等と同じように、動物としての「人間」から出発する。人も動物も行動することによってのみ生存することのできる存在である。ただ、その行動の種類は、ローレンツ学派の確立したリリーサー（遺伝による生存目的の遂行）に入るものではなくて、われわれ個体が生後、獲得しなければならない運動型（O・シュトルヒ）に入るものである。その意味で人は生理的に早産の（ポルトマン）、発育に遅滞の見られる（ルイ・ボルク）欠陥動物である。だから人には、本当の本能が退行した、本能の残基（パレート）だけが存在する。この残基が、後に人間を形成するに至る、さまざまな特徴をつくり出す。つまり残基は前述の――刺激⇩行動遂行という――リリーサー・メカニズムのいわば前半だけを受けもつものだから、人はいつまでも刺激にさらされつづけて（シェーラーの言う世界開放性の原因）その行動は決して安定に至ることがない。具体的にも、人は「未確定」（ニーチェ）、未完成、未完了の動物なのである。したがって人は、外界に支持点を求めることによって、ようやく生存行動を安定させる。たとえれば、ジャイロコンパスを内蔵しない機械には、外部にレールを敷いてやらねばならない。外界を整理し、万物を名づける結果になったのも、まさにそのようなシンボル行動によってしか残存することのできなかった人間動物の体質を語るものである。シンボル、つまり言葉は、こうしてただ単に人の生存に役立っただけでなく、さらに思いがけない展開を見せる。すなわち言葉によって人は、ただ物の名を呼ぶだけで、実際に手を上げてその物を指示したり、直接その物に触れてうごかしたりする労力の負担をまぬがれることができる。そのような負担免除は、すでに触覚と視覚の関係の際にも――言い換えれば視覚が触覚のかわりをつとめた際にも――起こっていたことであった。結果的には、言葉は、この負担免除能力をさらに高めるものと言ってよい。言葉の機能はそれだけに終らない。なぜなら、われわれはこの負担免除によって、動物のリリーサー行動に見られるような「今、此処で」という制約を完全にまぬがれることが、つまり時間と場所を越えて物を論じることができるようになるからである。われわれは外界のすべての事物を自在に入れ替え、全く新しい組み合せを試みることができるようになる。そればかりでなく、われわれにはそのような事物が「無い」ということさえ議論できるようになる（失踪体験、あるいは否定の表象）。こうして、人間にのみ特有の内界ができ上る。具体的、抽象的を問わず、人が全くこの世に存在しなかった物をつくり出すのも、人間の内界に生れた右のような自然界の組み替え能力によっている。説明のために、原著の論理と一部、順序が逆になったが、以上が言語論を中心にする『人間』の骨格である。

この基本的人間論を下敷きにして、彼の課題はいよいよ社会の問題へ発展する。彼はまず「人間の生得的な、あるいは後天的なあらゆる種類の欲求は社会的労働によって充足されるという、疑うことのできない事実から出発」する。この欲求で注意しなければならないことは、それが——ここでもやはり動物に見られるような——いわば「本当の欲求」（訳者の表現）ではないという点である。つまり、人間の欲求はいつもあとからつくり出される。人は自分で自分の欲求をつくる動物である。もちろん社会的労働の目的は、もともと人間の生得的欲求に応えるものであった（マルクス）。しかし、前節に述べたように、自からの行動の支点を外界の物に求めざるを得ない「人間」の欲求は、自己のつくり出した物をふくめたありとあらゆる外界の事物によって挑発され、それら事物のもつ性質に深くはまりこんでしまう。事物の性質が人の欲求の性質になる。このことは、特定の物としか結合しない（＝脱専門化していない）動物界の欲求の原則とは大変ことなっている。ここに、後にゲーレンが「意志」の中心課題の一つにする動機と目的の分離、ないし衝動方向反転のカテゴリーの萌芽がある。しかし、そのような「分離」や「反転」があるからこそ、チンパンジーの使う道具ではなく、道具が「道具」として中立化され、人の周辺に保有され――つまり、それが何人にも、いつでも使用できる普遍的、慢性的存在になり――万人に奉仕すると同時に、逆に万人の欲求を社会化することになる。道具によって、人は社会に引き入れられる。人間社会の紐帯は物と、物がつくり出す形である。そればかりでなく、さらに、この分離と反転は行動の目的からの自由、ないし行動の自己目的化を可能にし、やがて自然科学に発展する実験的行動を許すようになる。だから、その意味では呪術的行動も決して未開人の「前論理的心性」（レヴィ＝ブリュール）の産物などではなくて、われわれの世界に連続するものである。「だから人は見えない敵の方角へ、呪術的に傷つけるために、槍を投げるのである。ここには、われわれがすでに知っている人間の非常に深い欲求が現われている。つまり人はひとたび成功した行動をその直接経験した状況から切り離して、成果を常に自己の周辺に保有したいと願う。たとえば呪術では、狩猟獣はきわめて詳細に演出されている。そればかりでなく、そうすることが獲物につながるのだという確信をもって描かれている」。「呪術は一般に、事件経過を独立に演出することによって必然的に成功を挑発できると信じている。これこそ実験的理性そのものではないか！」。その行動は、純粋な化学反応をとり出す化学者の仕事と何ら変りがない。ただし、そのことによって人の世界は、独立に演出される行動と思考のとりこになる。

行動の自己目的化は人間社会の基礎である。すなわち、それはわれわれがつくり出す一切の虚構――呪術、儀礼、宗教、芸術、思想、科学、一言でいえば制度――のもとになっている。なぜ人に、このような独立に演出される世界が必要であるかという理由は、それ（制度）だけが、目的から自由になったわれわれの行動を定位し、完了することのない本能残基の、いわば後半をおぎなう持続的装置になるからである。動物のような周期性をもたない「人」の慢性的欲求は、呪術や、儀礼制度という虚構によって、初めて背景的に充足される。個人と集団の安定の基礎である家族や親族もまた、極端な虚構以外の何物でもない。なぜなら血統は生物学的に決して単系ではあり得ないのであり、とめどもなく拡がって行くそのような溯及の一面的切り捨てによって初めて可能になるからである。交差いとこ婚制、インセスト・タブー、トーテミズム、ステータス……われわれの知る一切が虚構である。しかし、このような制度の虚構性だけが、自然界最大の弱者であるわれわれ個体の負担を免除し、本来、萎縮化の傾向をもつ人類集団を拡大し、社会を創造してきたのであった。ただし、これだけではまだ制度を機能させる重要な動機が欠けている。すなわち、人びとを制度に参加させる強制力の要因が欠けている。それは次のように説明される。先に訳者がたとえた、本能残基が引き起こす過程の前半と後半、すなわち、目的のない単なる刺激（感情衝激）と、独立した行動としての虚構の間にはリリーサーに見られるような必然の関係がないから、そこには無限の深淵（ヒアトゥス、つまり、すき間）が口を開けている。人はこの間隙を埋めなければならない。ここに、すでに『人間』で取り上げたごとく意識の問題も誕生し、きわめて広い意味の宗教も登場する。つまり、ローレンツの発見したリリーサーになり得るものの性質は、驚きを引き起こす、プレグナントな（きわ立った）、ありそうにもない、ことである。それは平均的自然界には存在しないような、目を見はるほど鮮やかな、色や形や音や匂いや運動やリズムである。同じものが人の本能残基にも働きかけている。巨大な石、深い森、威圧する山、新月、火星、雷鳴、地震（W・ジェームズの体験）、異形の生物、早産等々といったいわゆる自然の平均値をこえる対象や事件は、われわれの激しい情動反応を引き起こし、しかも、それが完了行動《コンサメトリ・アクション》に移行しないまま放置される。現代でも、われわれは全く何の感慨もなしに巨大な夜の星空をあおぐことはない。これらの喚起的データが「効力をもつ現在」（ベルクソン）、「聖なるもの《ヌミノーゼ》」（R・オットー）、返答圧、不定の義務づけとして働き、われわれに「何かをする欲求」（パレート）を起こさせるのは、すべて人が「完結したリリーサー行動」を持ち合わせていないからである。しかし、その代りに人は世界解釈の動機と共同行動の強制力を手に入れる。

最初に世界の解釈をせまったプレグナントなリリーサーは、死体とか、強大な力をもつ大型獣といったものだったであろう、と彼は想像する。なぜなら、なんと言ってもこれらが、「物理学と化学の対象に変えられた」「中立化された自然」（自然科学的世界観）が登場する以前の、第一級の喚起的データだからである。こうして、生命と死の間に取り交わされる「秘密協定」の世界観が誕生する。その際、前述のように、外部に依拠して自己を確立する「人」の存在には、当然、大型獣から昆虫に至る一切の行動するものが意味深いものに見えてくる。ゲーレンの場合、植物はいつも二次的に扱われる。いずれにせよ、最初の世界解釈、つまり動物霊――ゲーレンのいう動物生命体――の支配する世界は、「何かをする」義務づけの力によって生命体祭祀を生み、犠牲動物の常時入手の必要から起こった動物の周辺的保有（儀礼的保護）が――中立化して――家畜化へ進み、ついには牧畜と定着農耕をもつ古代文化を展開させる。以上の経緯は皆、外界に支点を求めて情緒を安定させ、自己の深淵の謎を解く「人」の行為、すなわち、一見、不合理な儀礼行動の発展にそうものであった。ゲーレンにしたがえば、最初から意図したわけではなかったにもかかわらず、けっきょく「人」は壮大な古代文化という生のプレミアムを手に入れたのであった。ゲーレンはF・ハンチャと共に、古代文化を現代の自然民族の――そのほとんどすべてが、後発の高度古代文化、近代文化によって辺境の地へ追いやられた――矮小な社会形式から想像してはならないという。「太古の自然の野獣が氾濫するヴュルム氷河期のマンモス狩猟者たちは、大人口をかかえた、きわめて高い文化の所有者」だったのである。ここにもゲーレンは、目的と動機の分離、二次的合目的性、ヒアトゥスの間に介在してくる付随的成果のカテゴリーを見る。ゲーレンは植物祭祀の検討については不十分であることを認めているが、やはり植物生命体の儀礼が定着農耕の発展につながった、と想像している。いずれにせよ、彼によれば、古代文化は「自己の肉体を使った文化的作品の傑作」であった。なぜなら、古代的文化は集団の各個人を祭祀動物の子孫にする虚構（トーテムの仮装と演技）によって、食人俗と族内婚を禁止し、自然界の寄生者である人類が被寄生者の生命を根絶して、自からの生存をもあやうくするような愚行を防止し、繁栄の道を開いたからであった。しかし、やがて――もともと併存していたにもかかわらず古代文化では主役を演じなかった――具体的祭祀（礼拝）を受けない神が、専制帝国の出現と共に、最高神の座につき、高度古代文化を創造することになる。神はかつての動物神の形を捨てて人間の姿になる。「神人同形《アントロポモルフ》」神は意志する神であり、言葉を語る、アイデンティティをもつ神である。それはもう、幾度も変身をとげる自然界の神ではない。支配と神々の結晶化は並行する。この過程は、書字化された神話が歴史意識を育て、共感的秩序のもとにあった動物神の世界を救済教的に中立化《ハイルスノイトラール》して、一神教に道をひらく過程とも並行している。人間になった神は、けっきょく人間をモデルにせざるを得ない。すでに述べたように、「人」の外界と内界は互いに対応し合っている。この点だけは一神教の関門を越えた後も変りがない。極端な表現を使えば、無限の能力を秘めた万能の神は人間の無限の能力の比喩である。だから、ゲーレンの視点に立てば、「神の喪失」（ニーチェ）は最初から予想されていたことであった。神は（つまり人間は）、もうどんな制約も受けることのない自然界の王になる。事実、一神教によって中立化されたかつての精霊のすみかに、自然科学と経済の領域が登場し、何の禁忌もなくなった自然を自在に操作することが可能になったのである。ここにゲーレンの深い危惧があらわになる。「人」はもともと共生の動物であり、すべての生物と同じように「制約」のもとにのみ生きることができる。それは目下、流行の（本書が書かれた時*にはドイツでも、まだ盛んではなかった）いわゆる生態系の理論からそう言えるだけでなく、肉体的にも機構的にも、つまり個体的にも集団的にも、そうである。ことの良し悪しは別として、かつては貧弱な生活条件と激しい労働が健康な肉体をつくり、制度への義務づけと、個人を越えた何らかのものへの畏敬の念が、たしかに、社会のモラルを維持してきた。現代文化はこれらの、一切の「制約」を失っている。と言うよりも、失うことがわれわれの文化の重要な目標の一つになっている。いずれにせよ、ゲーレンによれば、現代文化はまだ――あの古代文化に典型的に現われ、一神教文化にかろうじて残されていた――それだけが安定した持続的文化を保証する「制約の装置」を発明していないのである。ゲーレンの憂慮と禁欲の命題はこうして登場する。外界の何にでも反応する専門化されていない欲求を持ち、過剰な刺激にさらされつづける「人」の残存の道は、欲求を制限することだけである。「もし、われわれがこの系統発生史の太古の法則を放棄するなら――真面目にそうするかぎり――われわれは肉体をもつことを否定しようとすることになる」。だから、ゲーレンの「禁欲」の道はM・ヴェーバーとは全くちがった次元で主張される。モラルを強制する理由づけは、たいてい馬鹿らしいものである。それは、神の「偉大」であったり、皇帝の「高貴」や「呪力」であったり、国家の「連続」や、妻（や夫）の「地位」である。あるいは、われわれの場合のもっと馬鹿馬鹿しい「職場結婚はいけない」などと言う際の「理由にならぬ理由づけ」である。しかし、これらの「理由づけ」を一切廃止してしまえば文化は「とめどもなく解体」して人類の残存は不可能になる。何をもってモラルの合理、不合理とするかは、時代と社会によっても異なるむずかしい問題だが、どちらにせよ右のような視野の狭い不合理を全廃してしまえば、全体の合理性は不可能になる。ゲーレンの言いたかったのは、そのことであった。

＊　ゲーレンの制度論を取り上げるとき、われわれが留意しなければならないことは、これが三〇年以上も前

に書かれたものであるという点である。つまり、当時は「レンテンマルクの奇蹟」（例えば西独経済相ルートヴィヒ・エアハルト『世界市場へのドイツの復帰』一九五三年、邦訳『ドイツ経済の奇蹟』時事通信社）が称えられた時代であった。世界全体が、いわばＧＮＰ指向下にある時代であった。

以上が『人間の原型と現代の文化』の一面である。なぜ一面か、と言えば、今、訳者はすでに冒頭に引用した「目のつんだ編物」のたった一本のたて糸（「欲求」）を拾っただけだからである。力点を変えれば全く別のたて糸（例えば「負担免除」の主題）によっても要約できたであろうし、しかも、そのどちらの糸にも、同じ数だけの横糸がつながっているからである。目次と照合するだけでも訳者は「習慣」、「分業」、「相互性（互恵性）」、「安定化された緊張」、「命名」、「命令」、中でも特に「エクスタシー」といった非常に重要な横糸を拾い残している。それだけでなく訳者は、競争、交換、模倣、供犠、仮面、両義性、構造、アプリオリ（特にカントの）等々といった社会学や哲学のすでに定式化した命題に対するゲーレンの新しい視角や意味づけや反論を説明しそこなっている。だから、この不充分な紹介を補う意味で、笑いながらゲーレンが訳者に示した一枚のカリカチュアを凸版にしてもらっておこう。これは彼が、当時「単行本の中には入っていない論文が多いから」と、コピーするようにすすめてくれたローレンツの論文中のものである。ここには、いかにもゲーレンらしい皮肉な「禁欲」のテーマが見事に要約されている。鼻輪をはめられて、今まさに食べられようとしているのは、もちろん現代文明人である。ゲーレンにとって

Abb. 16. Die „Verhausschweinung" des Zivilisationsmenschen in der Karikatur. Zeichnung von HÖGFELDT (aus „das Högfeldtbuch", Verlag Paul Neff, Berlin)

「文化はちょうど、妄想や、感受性および情緒の肥大や、衝動の増大と頽廃傾向や、が常に準備されていながら、状況の強制によって、社会の圧力によって、自然の危険や恣意によって、外側から形を与えられているといったふうに見える」のであり、「人間がヘーゲルの名づけた《否定的なもの》《ネガティーフ》から免除されすぎると、すべてのものが止めどもなく広がって」しまい、「長い時間で見れば、高度の奢侈と高度の腐敗は並行するものだという従来の人間経験を破る反論は少ない」(傍点、訳者)のである。

この前提からゲーレンは、一三年後に、あのはなはだ問題の多い『モラルと超モラル』を世に問うことになる。今、仮に前の二著の一面を、それぞれゲーレンの言語文化論、宗教社会論と呼ぶとすれば、これは実践論である。理論家というものは、自己自身の現実、ないしは未来論を扱い始めると、とたんに魅力のうすいものになるか、あるいはさまざまの物議をかもし出す。その、まことに数多い実例を、われわれは身の回りに見ている。特に左翼の理論家たちの例を見るがよい(右翼には、あまりすぐれた理論家は見当らない)。このことは偉大な理論家たちも例外ではない。訳者の偏見による限り、前者の例の一つはデュルケームであり、後者はマルクスである。理論と実践の両面でかろうじて魅力を留めているのは、M・ヴェーバーであろう。シュペングラーのように最初から未来論を目ざす理論をこころみた人は、けっきょく学者の仲間に入れてもらえなかった。本書の三六八頁以下も、それ以前のまことに見事な叙述に較べると、はるかに見おとりがする。だから、直接の現実や、未来と対決する必要のなかった人、対決しなかった理論家はまことに幸いであった、と言うことができる。しかし「わたくしの世代は三つの革命と四つの政体を体験した世代である」と、しばしば教室でも語り、『人間学の研究』(一九六一年)にも書いたゲーレンの時代は、好むと好まざるとにかかわらず、それを避けるわけには行かなかった。個人が「義務」の要請に応えることを真の文化の基礎に置いた彼にとっては、沈黙は彼自身の理論の無効を宣言するようなものであった。彼がこれを書いていた時は、アーヘンのような小都市にも大学紛争《シュトテンテンウンルーエン》の波が押しよせ、教授会が占拠され、工学博士オーピッツ（OPITZ）学長のＩの字を延長して卐にしたスプレー文字が建物の壁に描かれ、官吏たちがクリスマスのボーナスのためにサボタージュを行い、大教室でふり返ればスチームの上に腰かけたミニスカートの女子学生たちの、あられもない姿がのぞく、という時代であった。まさにゲーレンにとって「衝動の増大と頽廃傾向」の時代だったのである。「ミニロックは全く悪い流行だ」と訳者に語った彼が「超モラル」を主張したのも当然と言えよう。

現代は「社会制度（たとえば婚姻、司法、国家のような）が、神学者、社会学者、哲学者、学術出版編集者、学生たちによる疑似貴族政治《クヴァーズィ・アリストクラティー》によっておびやかされている」時代であるとゲーレンは書く。この「いわゆるインテリゲンチャの解体作業」に対抗することが彼の義務であり、「すべての欲求の完全な満足という時代精神の要求」に対して、特に「最も馴致しにくい」性的な欲求に対して「禁欲」が主張されねばならないのである。ピルは、薬剤工業が倫理的なものを無効にし、自制を「快楽過程と化学過程の中へ」解消してしまったこっけいな一つの例である。ゲーレンは現代が「何でもかでも受け入れ《アイナア・アルゲマイネン・アク》てしまう《セプタンス》」エートスをもっていると非難する。彼は「勇気や自己犠牲のような徳が、マゾヒズムと診断され、性的逸脱と評価されるならば、ただ、良い人間だけが存在するようになる」、この「良い」人間は社会にとって危険なのだ、という。だから、制度による人間の「疎外」は、マルクシストの主張とは正反対に、個人に品格《ヴュルデ》を与え、社会を維持し、結果的には個人の存在を保証するものである。なぜなら個人の、制度に対する、特に国家に対する奉仕の中で、自己自身を疎外することによって——ゲーレンの用語で言えば「制度によって消費される」ことによって——妄想や、偶然や、抽象的自由に距離をおき、自然の人間性（欠陥動物）という深淵に落ちこむことから隔てられるからである。「人」は自然に帰るべきではなく、「文化に帰る」べきである。ゲーレンは「良い」人間が知らずに生きている社会のモラルには四つの源泉があると言う。一つは、相互性から発展したエートス（贈与と応答）であり、それは今日なお、法と経済の中に働いている。二つは、生理的な徳のエートス、例えば可愛らしいものを世話してやるという本能的行動、あるいは形の良いものに対する本能的な喜び。それは福祉と幸福主義を形成する。三つ目は、家族に関係する倫理的行動のエートス（愛、寛容、平和）、それは人道主義に発展する。そして四つ目には、制度のエートス、特に国家のエートスが来る。倫理の実体は実はこのような複数のモラルの並存にあり、通常の場合には矛盾なく一体化しているが「突然の、又は慢性的な衝撃」によって、対立するようになる。この種の衝撃は古代ギリシアではペロポンネソス戦争であったし、ヨーロッパと、特にドイツでは二大大戦であった。「純粋な徳」は恐ろしいものである、とゲーレンは書く。分解した徳は「残忍な政治家と、偏狭でエゴイスティックな小家族と、憎悪を抱いた平和主義者」を生み出す。それは再び、制度（国家）によって一体化されねばならない。この「超モラル」のためには「力」が必要になる。「善をなすために、人は力を持たねばならない」。無力な人間には「慰めのない諦め」だけが残されている。このような文章が物議をかもさぬはずはない。特に彼が国防軍将官ラインハルト・ゲーレンのいとこであり、一九三三年五月一日、ナチに入党した背景があれば、なおのことである。この後者の問題については、前述のレーベルクは訳者への私信の中で、「単なる就職上の理由《ライン・カリエスティシ》だと思う」、「だから何の活動もしなかったのだ」と述べている。なるほど当時の状況から見て、ナチに批判的な前任者の後をおそったハイデガーの例のように、もっともな意見である。しかし、訳者の知るゲーレンの人柄から見て、便宜上、節をまげるといったことはありそうにない。これはやはり、あの悪評たかい「ドリス的世界」（一九三三年）を書いた当時のゴットフリート・ベン等と全く同じように、初期のナチズムが持っていた一種の魅力に、二九歳のゲーレンが負けた結果にちがいない。第一次大戦の敗北によるドイツの国家喪失、政治的混乱、極端な風俗の退廃と、訳者の身にも覚えがある第二次大戦直前の世界全体の雰囲気から、それは十分ありうることである。まして制度（国家）への義務を主張し、本書（『モラル』）の中で「人間には服務の要求がある」（„Es gibt im Menschen ein Dienenwollendes……"）と、ゲーテを引用するゲーレンの場合、それ以外には考えられない。ただし、この「要求」はたちまち裏切られる。すなわち、ナチの御用学者エルンスト・クリーク（『国民・政治人間学』）によって、第三版までの（つまり、G・H・ミードを大幅に取り入れ、いわば、より即物化された第四版より前の）『人間』さえ、完全に否定される。この間の事情も、ハイデガー、ベンの場合と全く同様であった。しかし、しかもなお「服務の要求」はゲーレンを東部戦線へ送り、榴弾の破片が彼のベルトを破って腹筋を傷つけ、（大みそか《ジルヴェスタ》のくつろいだ席で訳者に演じて見せたように）マッチの軸を拾うことのできない後遺症を右の指先に残させる。後年のゲーレンの字は下手であり、タイプライターのOの字はいつも書箋をつき破っていた。彼の停年を機に書かれた、当時の新聞・雑誌の『モラル』評の中には「ドイツのどの一流の思想家も、一九四五年以降のドイツの敗北による結果をこれほど率直に悲しんだ本はない」という文句がある。

ゲーレンの後任として、アーヘン大学社会学研究所を引きつぐことになっていたフリートリヒ・ヨナス――すぐれた『社会学史』四巻（一九六八―六九年）を書いてゲーレンに評価され、たまたま訳者が引き合せられることになっていた日の前日、アウトバーンの事故で家族と共に死んだヨナス――は、「制度のテーマは人間性の暗い面があらわになるテーマである」（『アーノルト・ゲーレンの制度論』一九六六年）と書いた。社会に関する学説史の中で制度は、文字通り「暗い《ドゥンケル》」主題であった。制度は明るい未来を制約するものとして、特に若い人びとから挑戦されてきたし、多分、未来も挑戦しつづけられて行く宿命をもっている。なぜなら「人」は、生れながら自由な、平等な存在であり、「みんなが同じ食物で身を養い、同じように生き、正確に同じことを行っている動物や未開人の生活の、単純と画一性とに比較するなら、人間と人間との相違が、いかに自然状態においては社会状態よりも少ないか、また自然の不平等がいかに人類においては、制度の不平等によって増大しなければならないかが理解される」（ルソー、小林善彦訳「人間不平等起源論」、『世界の名著』中央公論社、傍点引用者）からである。人間の品格をそこない、ないしは疎外するものの本当の原因は制度にある。人間性は善であり、少なくとも完全なものにされる可能性をもつ。これこそ、単純化された、啓蒙主義の自然哲学である。だから逆に、一切の制度哲学は、大なり小なり、人間はそのままの状態では何らかの欠陥をもつ、という前提に立たなければならなくなる。制度哲学が自然哲学とちがって、いかに一般受けしない主題であり、危険《リスク》も多いものであるか（例えば、当該制度のアイディアローグによる学説の恣意的利用）は明らかであろう。この危険は「人間とは何か」の検証をいかに科学化するか、いかに（ゲーレンの言う）事実《ファクト》に沿って解明するか、その出来具合によって大きくもなれば、小さくもなる。そして、これは実はゲーレンが嘆いたように、自然哲学の場合にも全く同じように当てはまることなのである。もし、それに成功するなら、この点だけは社会主義と資本主義が奇妙に仲よく共有している「制約のない発展」の裏面、つまり人類の不遜というはるかに大きな危険を防止することができる。ゲーレンは一応、そのような科学的解明に成功したと信じた（本書『人間の原型と現代の文化』への彼の愛着は、まさにこの点にある）のであり、したがって、禁欲と超モラルの主張と、「古代の快活さと、自由の遺品」が現代の文化の重要な課題になったのであった。もちろん、古代の「傑作」を強調する彼といえども、哲学をふくめた現代科学文化の進歩を――もし、そうでなければ、そもそもゲーレンのこの検証も不可能だったのだから——否定するのではないし、「われわれもまた、現代の中産階級社会に法外に質素な〔生活〕規準を設けよ、とすすめているわけではない」。ただ、彼の死を報じた（一九七六年一月三〇日、ハンブルクの病院、七二歳）当時の、多くの新聞の見出しにも見られたように「反啓蒙主義者《ゲーゲンアオフクレーラア》」として「良い」現代文化に警鐘を鳴らす義務があると考えたのであった。

　ゲーレンの制度論を科学的にどう評価するかは、むずかしい問題である。というのは、その後の社会学や文化人類学は、いわばよりいっそう科学化してしまい、もうこのような大きな課題を扱わなくなったからである。ゲーレンは「今も続いている人間に関する無数の発見」が自分の立場の正しさを証明してくれると信じたが、そのような発見の結果は、かえって彼の希望から遠ざかって行くように見える。なぜなら「無数の発見」によって外界が精密化されればされるほど、——皮肉にも彼の指摘した——「外界によって自己を定位する人間」もまた精密化して、綜合された人間像を描き出せなくなっているからである。科学として人間のカテゴリーを論じる試みは、ますます困難になっている。われわれの間でも、また大半のアングロサクソン系の社会学者の間でも、（ドイツだけ例外の）哲学的人類学といった領域があまり有名でないのは、そのためである。しかし、いずれにせよ、人間の文化が全地球的規模のものになった今日、われわれ人類が万能の力を（目下、流行のエイズもいずれ克服されるにちがいない）手に入れた今日、ゲーレンの提出したような制度の検討を避けて通るわけにいかなくなったことだけは確かである。訳者に言わせればゲーレンの理論は、人類のモラルの理論として（国家のモラルとしてでなく）今後もますます人びとの注目を集めるにちがいない。首位に立ったランナーは自己自身と闘わざるを得ない。かつては人類の傑出したごく一部の人びとにしか必要のなかったこの命題が、今は訳者のごとき凡人すべてに課せられていると言ってよいであろう。その意味で——われわれが次の引用のために、あえて最後に紹介した——ヨナスの言葉は深い感銘を与える、と同時に、それがかつてはわれわれ「東洋」のものでもあったことを思い起こさせるのである。「間違いを犯すことなく、神と直接、語ることのできる人間、普遍の福利と、自己自身の利害とを取り違えることのない人間、復讐心をもたず、有徳《トゥーゲント》であるような人間は、制度を必要としない。また制度が彼らにとっていわば生得的なものであるような人間にとっても、やはり、それは必要がない」（前掲書）。生れながら、のり（規範）を越えず、神と直接、語ることのできる人は少ない。マリノフスキーは、あの有名なトロブリアント島民の観察から、制度の存在を人間の欠陥と見ずに、生得的な衝動ないしは本能と見なしたが（『文化の科学的理論』一九四四年）、それを証明できる科学的根拠はない。われわれは、やはりヨナスの前半の部分に賛成せざるを得ないのである。だから、いろいろな文化と時代は、士、君子、オネト・オム、ジェントルマン、ビュルガー……の名のもとに「人間」の理想像をかかげてきたのである。これらは皆、ゲーレンの制度論の（そのままの人間には欠陥があるという）立場に立っている。

　今まで気づかれなかった人間の欠点を指摘する学説は、いつも、言下に拒絶されるか、不快の念をもって迎えられる。と同時に極端な信奉者を集める。もちろん、すべての学説はそういった性格をもっているが、それがわが身に直結する場合はいっそう激しい。その意味で、ニーチェ、マルクス、フロイト等は世論を二分してきた。この人たちは皆、キリスト者、ブルジョアジー、正常人（と思いこんでいる人）の欠点をあばいた人びとである。中でも最も巨大な、最も激しいマルクスは、文字通り世界を分断している。ゲーレンには、それほどの激しさはないけれども——と言うのは彼は、言わば攻撃軍ではなく守備軍だから——やはり今日の西独の言論界を二分している。

ゲーレンは、その多くの潜在的信奉者の存在にもかかわらず、生涯、学派をつくらなかったし、多くの弟子を好んでは取ろうとしなかった。このことは、すぐ隣りのケルン大学に一大勢力を築いた同じ社会学者のルネ・ケーニヒ等と較べて、まことに対照的であった。彼（ゲーレン）は、個人は無力であり、何事にも組織の力が必要であると主張し、最高権力《ヘーヒステ・マハト》、指導理念の意義を説いたにもかかわらず、たとえば研究集団を組織して、それを指揮するといった試みを一度もしなかった。彼はまた、一切の衒学的誇張や、見せかけの学識を極端にきらった。コロキウムの場でも、一部学生たちの、やたらに「イヒ・ツィティーレ」と水増しの引用や注の入ってくる発表を、しばしば不快そうにさえぎった。良い成績を取るためには、慎重に言葉を選んで簡潔にテーマを述べることが大事であった。このことは彼自身の長い

ゲーレン夫妻（上）とアウクスブルクのゲーレンの墓（下）（いずれも訳者撮影）

時間をおいて発表される圧縮された著作に、その、名詞の連続する省略されすぎた文章に現われている。それが、われわれ外国人（アメリカの社会学者、P・L・バーガーも含めて）ばかりでなく、ドイツ人にとっても読みにくいものにしているし、ゲーレン式に言い換えられた引用文の出所について、レーベルクにぐちをこぼさせる原因になっている。彼は学問の世界でも、いわば禁欲的だったと呼べるだろう。もちろん日常生活も同じであった。彼はほとんどアパート住いだったし、車もVWの最低気筒容量車——助手や他の教授たちがオペルや、シトロエン、ベンツの大型を研究所へ乗りつけてくるのに——しか使わなかった。一人娘のフォン・リーヴェン夫人がアウクスブルクに住宅を購入した際も「父に、頭がおかしくなったのではないか、と言われました」と訳者に語ったほど質実な生活信条を守っていた。「父は音楽が嫌いでした」という言葉も、彼が好んで扱った視覚芸術（『現代絵画論』一九六〇年）に較べて、明確な造形を欠きやすい、情緒過剰におち入りやすい、理性的態度に終始しにくい音楽——造形美術に較べればそう呼んでよいと思うが——が、もともとゲーレン的思考の体質になじまなかったからに違いない。一九〇四年一月二九日、ライプチヒの出版業者——食卓で家紋入りのベシュテク（フォーク、ナイフ……）を使うような——家系に生れた彼は、古い良い時代の家父長倫理の最後の代表者であった。教室で床を踏み鳴らして彼の保守性を攻撃する政治的学生をのぞけば、レーベルクを含めた大半の学生も、研究所の職員も、完全に彼に心服していたし、訳者と訳者の家族に対する親切や深い配慮（たとえば愚娘のギムナジウム入学時の）は、まさに威厳のある慈父といった感があった。このたぐいのことは挙げればきりがない。彼の言葉と行動は完全に一致していた。

訳者が原著者に本書の刊行を約束してから、実に一七年が過ぎ去った。その間、ゲーレン夫人が亡くなり（一九七四年五月五日）、後を追うように先生自身も他界され、また訳者にも完成をさまたげる私事があった。にもかかわらず今日を迎えることができたのは数々の先輩・同僚教授のおかげである。とりわけ、フランス語では京大人文科学研究所教授・多田道太郎氏、および訳者の同僚の上西妙子助教授、ラテン語では大阪大学教授・松本仁助氏、哲学では訳者の同僚・大野篤一郎教授、植物学では同じく矢野悟道教授、動物学では同じく山本義和教授の一方ならない御世話になった。中でも特記しなければならないのは放送大学教授（元、筑波大学教授）中埜肇氏と、法政大学出版局編集長・稲義人氏である。お二人がいなければ本書は日の目を見ることはなかったからである。中埜教授は生前の（訳者がかねがね私淑していた）原著者に、訳者の身に余る紹介状を書かれて、そもそも本書の発端をつくって下さったばかりでなく、稲氏との交友から、本書を現実のものとされたからである。前述の諸先達――もちろん、今、この校正を見て戴いている法政大学出版局・松永辰郎氏をふくめて――とも、ここに衷心より御礼を申し上げたい。なお、万一、日本語を読むようなドイツの社会学者のために、レーベルク夫妻への御礼と、またフォン・リーヴェン夫人への感謝も、ここに申しそえる次第である。

一九八七年三月一八日

池井　望

事 項 索 引

とくに関連のある事項は一個所にまとめて発音順を守らなかったものもある．〔 〕は本文中で二様に訳した語を示す．また，著者自身の作成する索引は（特にゲーレンの場合）その書の見取り図である．つまり項目の選択と頻度の高さが重要になる．したがって「訳者あとがき」に付した各語の傍点も，この索引を参考にしている．

ア行

圧縮モーメント Kompressionsmoment 225 f., 245
アニミズム Animismus 239
アプリオリ〔先天性〕，獲得された Apriori, erworbenes 138
ありそうに〔も〕ないこと Unwahrscheinlichkeit 175, 181 ff., 185 f., 194, 199, 288
安定化された緊張 Stabilisierte Spannung 104 ff., 111 f., 115, 121, 161, 180, 353
アンビヴァレンツ Ambivalenz 104, 298
意識 Bewußtsein 23, 49, 51, 54 f., 171, 178 f., 187 f., 202 f., 207, 219 f., 229, 247, 260, 337, 341, 362
意識構造（——の変化） Bewußtseinsstrukturen(Änderung der B.) 5, 132, 137 ff., 161, 198, 256, 323 f.
意志 Wille 110, 230, 256, 366
意志の自由 Willensfreiheit 31
一面化 Vereinseitigung 19 f.
一神教 Monotheismus 16, 74, 132 ff., 137, 165, 191, 199, 218, 231, 250, 307, 324, 344, 352, 355, 366 f.
イデオロギー Ideologie 26, 254
遺伝的運動型 Erbmotorik 21, 176
エクスタシー〔忘我〕 Ekstase 26, 130, 166, 331 ff., 342, 363 f., 366
演出（演出する行動） Darstellung (darstellendes Verhalten) 14, 67, 70 ff., 109 f., 165, 168 ff., 182, 200 ff., 206 ff., 211 f., 234, 247, 288, 312, 325 f., 341, 345
オートマチズム〔自動性〕 Automatismus 42

カ行

外婚制〔族外婚〕 Exogamie 275 ff., 287
外的支点，外的支持物（欲求，理念等々の） Außenhalt, Außenstütze (von Bedürfnissen, Ideen usw.) 24, 28, 42, 48, 52 f., 57, 65 ff., 69 ff., 73 f., 82, 116, 121, 161, 181, 191, 197, 249 f., 307, 323
科学 Wissenschaften 34, 37, 82, 84, 299
獲得運動型 Erwerbmotorik 21, 176, 179
隠れ家 Asyl 129
家族 Familie 274 ff., 282, 291
可塑性 Plastizität 21, 96, 119
価値 Werte 18, 358 f.
カテゴリー Kategorien 2 f., 5, 18, 36, 52, 57 f., 64, 83, 103, 116, 121, 138, 161 ff., 214, 225, 227, 300, 308, 329, 336, 354
喚起的性質 Appellqualität 187, 192 f., 197, 200 ff., 216, 229
間隙〔すき間〕 Hiatus 35, 178

感情衝撃　Gefühlsstoß　177 f., 182, 188, 191
官人制度　Mandarinat　347
管理体系　Führungssysteme　297
企業　Betrieb　41 f.
儀式，儀礼〔祭儀〕　Ritual, Ritus　71, 73f., 107, 120, 126, 165ff., 206ff., 211, 214ff., 218f., 223ff., 229, 241ff., 253, 258, 281ff., 289, 305f., 312, 315, 328 f., 341 ff., 352
儀式化　Zeremonialisierung　47, 301
擬人主義的，人間中心的　anthropomorph, anthropozentrisch　226
寄生客　Parasiten　361
規範，規範化（義務，も参照のこと）　Normen, Normierung (s. auch Sollen)　46, 53, 77f., 92ff., 102, 108, 145ff., 359
義務〔当為〕　Sollen　26, 45, 57, 78, 99, 112, 122, 195, 201 f., 217 f., 223, 257, 288
義務づけ（義務，も参照のこと）Verpflichtungen (s. auch Sollen)　78, 163 f., 198, 221, 225
客観性　Objektivität　11
客観的精神　objektiver Geist　3
共感的関係　sympathetischer Zusammenhang　228, 240, 242 f., 247, 326 f., 365
競技　Spiel　44 f.
虚構〔擬制〕　Fiktionen　287 ff., 292 f., 296 ff.,
居住〔規〕制　Residenzregel　277
共生　Symbiose　121
共同義務〔共に義務づける〕　Mitverpflichtung　95, 115, 128, 161
近親婚禁止　Inzestverbot　275 ff., 287
禁欲　Askese　16, 18, 73, 130 f., 164, 330 ff., 333, 357 f., 360 f., 366
芸術　Kunst　34, 37, 67, 70 f., 82, 85, 93, 108, 117, 134, 150, 155 f., 170, 212, 258, 357, 364 f., 336
啓蒙主義　Aufklärung　135, 351
ゲシュタルト心理学　Gestaltpsychologie　185, 236
ゲマインシャフト　Gemeinschaft　62
元型　Archetypen　3〔訳注(2)参照〕
言語〔言葉〕　Sprache　51ff., 58, 76f., 92, 100, 122, 176, 184, 192, , 196, 201, 223, 240 f., 252, 258, 311, 319 f.
現在性の解放，現在性からの有用な手段の解放　Ablösung des Vorfindbaren, der benutzten Mittel vom Vorfindbaren　67, 69 f., 82, 101, 122, 206 ff., 212, 244, 325 f.
権力　Macht　89 ff., 99 f.
交易　Tausch　57
恒久平和　Ewiger Friede　369
恍惚　Orgie　165, 338
拘束力をもたない基準性　unverbindliche Maßgeblichkeit　301 f.
行動の系列（行動の種類）　Verhaltensklassen (Handlungsarten)　126, 349 ff.
後方への安定　Rückwärts-Stabilisierung　303, 306 f.
合理化　Rationalisierung　323
互恵性→相互性　Reziprozität s. Gegenseitigkeit
語形　Wort　206
婚姻　Ehe　87, 271 ff., 350

サ行

財　Eigentum　66
自意識　Selbstbewußtsein　58, 202ff., 210, 214, 245, 249, 284 f.
自意識の間接性　Indirektheit des Selbstbewußtseins　142f., 162, 203,

239, 366
時間　Zeit　138, 219, 323 f.
此岸〔現世〕の問題　Diesseitigkeit 163
始源状態のもつ切迫性　Aktualität der Ausgangslagen　112, 312
思考　Denken　22, 320
志向　Gesinnung　95, 105ff., 120, 128
自己向上　Selbststeigerung　312, 329, 334, 337, 342, 360
自己目的化　Selbstzweck　33 ff., 41, 46, 63, 79, 82, 84, 124
神経症化　Psychisierung　357
此岸〔現世〕への超越　Tranzendenz ins Diesseits　14 ff., 20, 71 ff., 134, 141, 163, 244, 312, 341
自殺衝動　Selbstmorddrang　159
事実的外界　Faktenaußenwelt　131 ff., 161, 244
事実的内界　Fakteninnenwelt　146, 155, 166, 355
自然，自然らしい　Natur, natürlich 132 ff., 135ff., 145, 162, 165, 199, 235, 287 ff., 296
自然宗教　Naturreligion　349 ff.
失踪体験　Vermissungserlebnis　57, 197, 249
実験的行動　Experimentierendes Verhalten　8 f.
指導理念（イデー・ディレクトリス） Leitidee (Idée directrice)　102, 119, 143, 213, 248, 356, 359, 362
資本主義　Kapitalismus　158
シャーマン　Schamanen　293, 314 f., 233 ff., 342 f.
習慣〔慣習〕　Gewohnheit　19ff., 24, 27, 32, 35, 39 ff., 77, 95, 218 f.
宗教　Religion　50, 124, 147, 150, 163, 165, 170, 199 f., 212, 218, 226, 230, 260 f., 271, 288 f., 296, 304 ff., 317, 329, 339, 341, 344, 357, 362, 366
充足体験　Erfüllungserlebnis　129f., 196, 207 ff.
集団規律　Gruppendisziplin　80
周辺的保有　Beisichbehalten　65 f., 98, 111, 120, 121, 139, 326
主体〔観〕性（主観主義）　Subjektivität (Subjektivismus)　4f., 23ff., 32, 53, 68, 80, 86, 94 f., 101, 115, 146, 148ff., 154ff., 163, 166, 245, 290, 295, 355ff., 362 f., 366
呪術　Magie　26, 54, 73 f., 113, 126, 134, 170 f., 190, 194, 202 ff., 227 f., 251, 259 f., 266, 303, 324ff., 334f., 339 ff., 354
手段としての欲求（表現手段）　Bedürfnisse als Mittel (Ausdrucksmittel)　44, 73, 87, 130, 355
純化　Sublimierung　364 f.
省察　Reflexion　29 f., 50, 72, 109, 126, 156, 246, 359, 362
情緒の解放　Emotionsentbindung 156
衝動過剰　Antriebsüberschuß　22, 131
常套手段　Topoi　94 f.
衝動定位　Antriebsorientierung　6, 10, 31, 59, 88, , 96ff., 100, 122, 188 f., 296
衝動方向の反転（逆転）　Umkehr (Inversion) der Antriebsrichtung 81, 126, 166, 206, 259, 330, 331 ff., 339, 363, 366
衝動（欲求）の言語性　Sprachmäßigkeit der Antriebe (der Bedürfnisse)　59, 100, 103, 122, 189, 192, 201
食人俗（カニバリズム）　Anthropophagie (Kanibalismus)　17, 183, 285 f., 305

書字　Schrift　73 f., 319 ff.,
信仰　Glaube　163
人種対立　Rassengegensatz　369
親族の分類（その等価物） Verwandtschaftszurechnungen (–äquivalente)　145, 270 ff., 291
人道主義　Humanitarismus　26
信念　Meinung　55, 151
シンボル　Symbol　114, 201
心理学　Psychologie　87, 92, 146 f., 158, 364
神話　Mythos　83, 117, 196, 259, 303 ff., 319 ff., 351
ステータス　Status　29, 107, 154, 166, 279 f., 290 ff., 334 f.
砂占い　Geomantik　347
精神　Geist　118 ff., 126 f., 230
精神分析　Psychoanalyse　149 f.
生物学主義　Biologismus　121
世界開放性　Weltoffenheit　22, 96, 217, 229
世界像　Weltbilder　227 ff., 365 ff.,
世俗化　Säkularisierung　123
絶対的な意味での自己価値　Selbstwert im absoluten Sinne　16 f., 83, 107, 120
潜在的意味　Virtuelle Bedeutung　191
前呪術的行動　prämagisches Verhalten　75, 132, 145, 171, 200, 212, 217 f., 227, 288, 350
前兆　Vorzeichen　116 f., 193 f., 200, 342
双方的　bilateral　277, 280
相互性　Gegenseitigkeit　56ff., 60f., 79, 82, 92, 275 ff.
創造神　Schöpfergott　165, 231, 316
像の支配　Bildbesetzung　97
即物化　Versachlichung　86, 88
存在価値　Daseinswert　12 ff., 59, 121, 258
存在の中の自己価値　Selbstwert im Dasein　13 ff., 17, 33, 42, 73 77, 82 f., 121, 228, 257 f., 261, 341, 352

タ行

多神教　Polytheismus　343
脱専門化〔性〕 Entdifferenzierung (Entspezialisierung)　96, 129 179 f., 185 ff., 190, 237, 337 f. 〔訳注(22)参照〕
タブー　Tabu　89, 112, 198, 264, 298, 339, 352
魂〔霊魂〕 Seele　160, 199 f., 239, 247 f., 256 f.
単系的　unilineal　278 f., 283, 287 f., 299
単婚制　Monogamie　270 ff.
単純化　Vereinfachung　219, 245
タンション・スタビリゼ→安定化された緊張　tension stabilisée s. Stabilisierte Spannung
遅滞　Retardation　172
知的文化　Intellektuellenkultur　55
知能　Intelligenz　124 f.
中立化　Neutralisierung　74, 132 f., 141, 149, 194, 226, 231, 289
超越的決断作用　Überdeterminierung　113
超専門化　Überspezialisierung　297
貯蔵　Vorrat　64, 350
通俗的二元論　Vulgärdualismus　121 f., 149
哲学　Philosophie　82, 85, 109, 121, 150, 251, 253, 355, 367, 370
転位（衝動や動機の） Verlagerung (der Antriebe, Motive)　28, 41, 83, 98, 117
天の神　Himmelsgott　231 f., 238, 318

同一化〔一致〕 Identifikation 59, 85, 162, 166, 212, 247, 282, 286, 350, 356
動機，動機づける Motive, motivieren 24 ff., 28 f., 31, 35, 39f., 53, 78, 81, 95, 98, 105, 109, 111 ff., 193, 198, 222 ff., 248, 280, 312 f., 330, 356, 359
動機と目的の分離 Trennung von Motiv und Zweck 36 f., 40, 44 f., 65, 80, 86, 121, 124, 148, 280
道具 Werkzeuge 6 ff.
道具化 Instrumentalisierung 130, 299 f., 336, 341, 345, 354, 363
統合 Integration 21
陶酔 Rausch 261, 331 ff., 363 f., 366
動物飼育，動物保護 Tierzucht, Tierhege 70, 75, 217, 257 ff., 262ff., 352
トーテミズム Totemismus 17, 121, 132, 135, 142, 162 f., 241, 255, 262, 278 ff., 287, 314, 318, 350 f.
鳥占いの法 Auguralrecht 346

ナ行

〔精神〕内部の安定 Innenstabilisierung 51 ff.
内部の外界 Innere Außenwelt 100
内面の道 Innerer Weg 153, 164, 166, 251, 336, 342, 356, 363
何かをする欲求 besoin de faire quelque chose 188f., 196, 205, 210, 214
名前 Name 197, 198
人間性 Menschheit 195
二次的経験 Erfahrung zweiter-Hand 151 f.
二次的，合目的性 Zweckmäßigkeit, sekundäre 37, 113, 144 f., 170, 217, 259, 261, 288, 303, 350 f.
農耕 Ackerbau 69, 76, 268 ff.

ハ行

背景的充足 Hintergrundserfüllung 12, 15, 39, 55, 59, 62 ff., 69 ff., 81 ff., 87, 92, 98, 121, 129, 161, 206, 213, 228, 289 f.
火 Feuer 66
彼岸への超越 Transzendenz ins Jenseits 16 f.
秘密協定 entente secrète 230, 327, 343, 351
表現 Ausdruck 108 f., 130
表象 Vorstellung 151 f.
平等 Gleichheit 61, 294 f.
不安 Angst 227
不定の義務づけ Unbestimmte Verpflichtung 187 ff., 195, 200, 203, 205, 214, 223, 234, 247, 355
プロテスタンティズム Protestantismus 366
文化 Kultur 25, 143
文化の関門〔文化期の始まり〕 Kulturschwelle 16, 69, 123, 132, 140, 145, 365
分業 Arbeitsteilung 36 ff., 63
平板化 Trivialisierung 81
変身 Metamorphosen 248, 308 f., 314
豊富化 Anreicheruhg 39, 120
保証性 Sicherheit 63 f., 67 f., 92
本能，本能的 Instinkt, instinktiv 24, 28, 36, 51, 56 f., 62, 87, 96, 103, 119, 128, 167, 171 ff., 176 ff., 184 f., 210, 222, 228 f., 340
本能退行（本能残基） Instinktreduktion (-residuum) 21, 122, 172 ff., 177 ff., 182 ff., 187, 189, 217, 221, 245, 285, 337 f.

マ行

迷信　Aberglaube　116
命令　Imperativ　26, 32, 216 ff., 221 ff.
目的からの自由→自己目的化　Zweckfreiheit s. Selbstzweck
目的を失った，しかし義務づけを受けた　zwecklos-obligatorisch　214
模倣　Nachahmung　200 ff.

ヤ行

役割　Rolle　291
様式化　Stilisierung　108
欲求のない欲求充足状態　Erfüllungszustand ohne Bedürfnis　107
欲求定位→衝動定位　Bedürfnisorientierung s. Antriebsorientierung
抑制〔阻止〕　Hemmung　18, 93, 104 f., 109, 183 f., 192, 222, 337, 359

ラ行

理解　Verstehen　116f., 132, 157, 160
リズム　Rhythmus　200 ff.
理想主義，観念論哲学　Idearlismus, idealist. Philosophie　247, 360
理念　Idee　3, 49, 127, 131, 216, 220, 240, 253, 302, 357 f.
リリーサー，解発する　Auslöser, auslösen　6, 24 f., 28f., 51, 56, 98 f., 172 ff., 182 ff., 200, 205 ff, 214, 237, 245, 255, 340
歴史意識　Historisches Bewußtsein　303, 319 ff.

人 名 索 引

著名なものは慣例表記にしたがい，名も省いた．なお，人名解説については目下レーベルク（『全集』編者）によるたいへん詳細なものが進行中でもあり，本書のばあい，さし当って不可欠のものと思われないので，次の機会を得て完成させることとした．

ア行

アイクシュテット　Eickstedt, E. v.　263, 319
アウグスチヌス　Augustinus　321
アヌイ　Anouilh, J.　154
アームストロング　Armstrong, E.A.　168
アラルコン　Alarcon　293
アリストテレス　Aristoteles　138
アルクマイオス　Alkmaios　148
アルトハイム　Altheim, F.　281
イエスペルセン　Jespersen, O.　208
イェーリング　Jhering, R.　5, 51, 86 f., 349
イェンゼン　Jensen, A. E.　139, 170, 213, 303, 306, 309, 314, 323, 336
インマーマン　Immermann, K.　302
ヴァヴィーロフ　Vavilov, N. I.　268 f.
ヴァラニャック　Varagnac, A.　169, 239, 331
ヴィルツ　Wirz, P.　304 ff., 310
ヴェーバー　Weber, M.　271, 345, 347
ヴェルト　Werth, E.　262 f., 269
ヴォルテール　Voltaire　129
ウーリー　Woolley, L.　323
エヴァンズ　Evans, A. R.　257
エピクロス　Epikur　31
エリアーデ　Eliade, M.　139, 311, 316 f., 333
オットー　Otto, E.　232
オットー　Otto, R.　189
オッペンハイマー　Oppenheimer, F.　310
オルテガ・イ・ガセ　Ortega y Gasset　151

カ行

カインツ　Kainz, F.　198
カント　Kant　123, 139, 221, 228
キューン　Kühn, H.　307
ギヨーム　Guilleaume, P.　34, 201
キルヒナー　Kirchner, H.　169
クセノポン　Xenophon　125
クラウディウス　Claudius, M.　109
クラフト　Kraft, G.　38, 70 f., 76, 169, 269
クールボーン　Coulborn, R.　269
グレーベ　Grebe, W.　30
クロップシュトック　Klopstock　116
クローバー　Kroeber, A. L.　263, 287, 309
グンプロヴィッチ　Gumplowicz, L.　310
ゲーテ　Goethe　94
ケーラー　Köhler, W.　137, 161, 236, 257
ケルン　Kern, F.　163, 264
ゲーレン　Gehlen　21, 80, 129, 158, 276, 309, 331
コパーズ　Koppers, W.　281
ゴルツ　Goltz, B.　152
ゴルドン　Gordon, P.　313 f.

コンツェ　Conze, E.　248

サ行

ジェームズ　James, W.　164, 237
シェーラー　Scheler, M.　22, 138, 324
シェリング　Schelling　318
シェルスキー　Schelsky, H. 65, 140, 158, 272, 276
ジッド　Gide　94, 110
シーマン　Schiemann, E.　268
シャッハーマイアー　Schachermeyer 265
シャファー　Shaffer, R.　98, 356
シュトルヒ　Storch, O.　21, 176
シュピーゲル　Spiegel　231
シュピーゲルベルク　Spiegelberg, W.　313
シュペングラー　Spengler, O.　318, 344
シュミット　Schmitt, C.　105
シュミット神父　Schmidt, P, W. 66, 238, 264, 270, 272
シュミットヘン　Schmidtchen, G. 158
シュムペーター　Schumpeter, J.　8, 112, 115
シュラーデ　Schrade, H.　20, 133, 252, 310
ショー　Shaw, G. B.　101, 171
ジョイス　Joyce　159
ショット　Schott, R.　310, 319
ショーペンハウアー　Schopenhauer 229 f.
スタール夫人　de Stael　154, 216
スワントン　Swanton, J. R.　46, 317
ソクラテス　Sokrates　125
ゾムバルト　Sombart, W.　42
ソレル　Sorel, G.　360

タ行

タキトゥス　Tacitus　332
ダランベール　d'Alembert　83
ダルトン　Dalton, E. T.　20
ターレス　Thales　135, 136
チャーチル　Churchill　120
ツォッツ　Zotz　267
ティティエフ　Titiev　277
ディルタイ　Dilthey　157
ティンベルヘン　Tinbergen, N.　175
デガーボル　Degerbol, M.　262
デカルト　Descartes　133, 137, 147
デューイ　Dewey, J.　33 f., 110
デリンガー　Döllinger, J. v.　300
トゥキュディデス　Thukydides　91
ドゥ・マデー　de Maday　35
トックヴィル　Tocqueville, A.　166
トーマス　Thomas, W. J.　266, 292
トーマン　Toman, W.　149
トリーユ　Trilles, R. P.　200, 243, 308

ナ行

ナヴァラ　Navarra, B.　347
ノヴァーリス　Novalis　101, 203
ニーチェ　Nietzsche　136, 159, 229f., 356
ニッポルト　Nippold, W.　66
ニュートン　Newton　128 f.
ナル　Narr, K. J.　264

ハ行

ハイゼンベルク　Heisenberg, W. 84
ハイネ＝ゲルデルン　Heine-Geldern, R. v.　322
ハイヘルハイム　Heichelheim　38
バウマン　Bauman, H.　270, 293
パージェット卿　Paget, Sir R. 76f.
パーソンズ　Parsons, T.　42
ハックスリー　Huxley, A.　126
ハックスリー　Huxley, J.　172, 175,

180 f.
ハード　Heard, G.　121, 145, 329 f., 340
バーナード　Bernard, L. L.　179
ハルトマン　Hartmann, N.　92
パレート　Pareto, V.　31, 61, 102, 188
ハーン　Hahn, E.　262, 267 f.
ハンチャ　Hancar, H.　273, 282
ピーコジンスキー　Piekosinsky, F. 310
ピタゴラス　Pythagoras　136, 138
ピディングトン　Piddington　40, 272
ビュルガー＝プリンツ　Bürger-Prinz, H.　28, 68, 98, 179, 202, 225, 245
ヒンツェ　Hintze, O.　310
ファルケンシュタイン　Falkenstein, A.　309, 322
フィアカント　Vierkandt, A. F. 201
フィシェル　Fischel　167
フォルハート　Volhard　17, 286
プシュルスキー　Przyluski　104, 269
ブタイエ　Beuteiller, M.　333, 361
フッペルツ　Huppertz, J.　265
フライアー　Freyer, H.　297
ブラチョフスキー　Blachowski, S. 55
プラディーヌ　Pradines, M.　9, 229 f., 234, 335, 339, 343
ブルイユ　Breuil, H.　169
ブールクハルト　Burckhardt, J. 344
プルタルコス　Plutarch　53
ブレヒト　Brecht, B.　155
プロイス　Preuss, K. Th.　15, 163, 316
フロイト　Freud　104, 159, 178, 364
ブロンデル　Blondel, C. A. A.　95
ベケット　Beckett, S.　160
ヘーゲル　Hegel　3, 18, 123, 183, 289
ベーコン　Bacon　83
ベス　Beth, K.　171, 283, 326, 336
ベッカー　Becker, H. P.　35
ヘッケル　Haeckel, J.　270, 283, 306
ペトリ　Petri, H.　220
ベネディクト　Benedict, R. 39, 260, 336 f.
ヘーベラー　Heberer, G.　285
ヘミングウェイ　Hemingway　155
ベール　Bayle, P.　31
ベルクソン　Bergson　15, 23, 189, 237, 320
ヘルダー　Herder　171, 360
ベルタランフィ　Bertalanffy, L. v. 245
ヘルダーリン　Hölderlin　358
ヘレ　Herre　265, 269
ヘロドトス　Herodot　18, 57, 125, 135, 271, 328, 332
ベン　Benn, G.　159
ボスー　Bossu　46
ホッブズ　Hobbes　64
ホーフシュテッター　Hofstätter, P. R.　30, 47, 102, 179, 301, 320, 368 f.
ホメロス　Homer　60
ポリュビオス　Polybios　38
ボルク　Bolk, L.　172
ホルスト　Holst, E. v.　149
ホルタイ　Holtei, K. v.　158
ポルトマン　Portmann, A.　168, 174 f., 180
ホロズニー　Hrozny, B.　268
ホワイトヘッド　Whitehead, A. N. 329 f.

マ行

マイヤー　Meyer, Ed.　209, 344
マイヤロウィッツ　Meyerowitz, L. R.　254
マーヴィック　Marwick, M. G. 335

マキャベリー Machiavelli 89
マクドゥガル McDougall, W. 356
マードック Murdock, G. P. 99, 271, 277, 280 ff., 290
マリノフスキー Malinowski, B. K. 80
マルク Marc, C. C. H. 158
マルクス Marx 40, 365
マルセル Marcel, G. 150
ミード Mead, G. H. 44 f., 518, 202
ミード Mead, M. 58, 277
ミューア Muir, E. 147 f.
ミュラー=フライエンフェルス Müller-Freienfels, R. 324
ミルスキー Mirsky, J. 38
ムシル Musil, R. E. v. 127
メウリ Meuli, K. 332
メッツガー Metzger, W. 236
メッテルニヒ Metternich 92
メンギン Menghin, O. 38
モース Maus, M. 61, 275, 328, 335
モリエール Molière 154

ヤ行

ユベール Hubert, H. 328, 335
ユンカー Junker, H. 231 f.
ユンガー Jünger, E. 116
ユング Jung, C. G. 97, 179

ラ行

ライアル Lyall, A. C. 190
ラヴィオーサ=ツァンボッティ Laviosa-Zambotti, P. 270
ライハウゼン Leyhausen, P. 149
ライプニッツ Leibniz 31, 229
ラウム Laum 60
ラドクリフ=ブラウン Radcliffe-Brown, A. R. 218
ラッセル Russel, B. 43
ラッツェル Ratzel, F. 310, 317
ラディン Radin, P. 251, 299, 314f., 328, 333
ラテナウ Rathenau, W. 78
ラーマン Rahmann, R. 20, 317
ランケ=グラーヴェス Ranke-Graves, R. v. 313
リヴァーズ Rivers, W. H. R. 273
リヴィウス Livius, T. 347, 362
リグビイ Rigby, D. & E. 323
リースマン Riesman, D. 301
リード Reed, C. A. 262 f.
リヒテンベルク Lichtenberg 116, 157
リュストフ Rüstow, A. 263 f., 309
ルビーノ Rubino 346
レーウ Leeuw, G. v. d. 60, 281, 316
レヴィ=ストロース Lévy-Strauss, C. 43, 49, 58, 276, 280 f., 297
レヴィ=ブリュール Lévy-Bruhl, L, 193, 343
レオナルド・ダ・ヴィンチ Lionardo da Vinci 134
レスキー Lesky, A. 14
レーフェルト Rehfeld, B. 61
レールス Röhrs 269
ローウィ Lowie, R. H. 139, 278, 283
ロータッカー Rothacker, E. 101, 109, 118, 246
ロッツェ Lotze, R. H. 358
ローデ Rohde, E. 331
ローレンツ Lorenz, K. 56, 167, 172 ff., 177, 182, 237

《叢書・ウニベルシタス　213》
人間の原型と現代の文化

1987年7月1日　初　版第1刷発行
2015年1月20日　新装版第1刷発行

アーノルト・ゲーレン
池井 望 訳
発行所　一般財団法人　法政大学出版局
〒102-0071 東京都千代田区富士見 2-17-1
電話 03(5214)5540 振替 00160-6-95814
印刷：三和印刷　製本：誠製本

Printed in Japan

ISBN978-4-588-14001-3

著　者

アーノルト・ゲーレン（Arnold Gehlen）

1904-1976年．ライプツィヒ生まれ．ドリーシュ，ハルトマンらに学び，1934年からライプツィヒ大学，ケーニヒスベルク大学，ウィーン大学哲学科教授．1940年にウィーンで兵役に徴用され，1945年には将校として従軍．戦後はシュパイヤー大学，アーヘン大学に社会学教授として招かれ要職をつとめる．哲学，社会学，文化人類学，社会心理学などを総合して〈制度〉の概念を中心とする独自の人間学を構築し，産業・技術時代における人間の自由と疎外に関して，鋭い問題提起を行なった．本書のほか，『人間』（1940年），『技術時代の魂の危機』（1957年），『モラルと超モラル』（1970年）などの著書があり，レーベルクの編集による全集（全10巻）が刊行されている．

訳　者

池井　望（いけい・のぞむ）

1923年，旧台湾台北市生まれ．京都大学文学部（ドイツ文学専攻）卒．アーヘン大学で文化人類学，社会学をゲーレンに学ぶ．元神戸女学院大学文学部教授．著書に『現代文化論』（1964年），『盆栽の社会学』（1978年）ほか．